Bröker
Erfolgsrechnung im industriellen Anlagengeschäft

Bochumer Beiträge
zur Unternehmungsführung
und Unternehmensforschung

Herausgegeben von

Prof. Dr. Dr. h. c. Walther Busse von Colbe
Prof. Dr. Werner H. Engelhardt
Prof. Dr. Roland Gabriel
Prof. Dr. Karl-Hans Hartwig
Prof. Dr. Arno Jaeger
Prof. Dr. Gert Laßmann
Prof. Dr. Wolfgang Maßberg
Prof. Dr. Eberhard Schwark
Prof. Dr. Rolf Wartmann

Band 42

Institut für Unternehmungsführung
und Unternehmensforschung
der Ruhr-Universität Bochum

Erich W. Bröker

Erfolgsrechnung im industriellen Anlagengeschäft

Ein dynamischer Ansatz auf Zahlungsbasis

GABLER

Die Deutsche Bibliothek – CIP-Einheitsaufnahme

> **Bröker, Erich W. :**
> Erfolgsrechnung im industriellen Anlagengeschäft : ein dynamischer Ansatz
> auf Zahlungsbasis / Erich W. Bröker. - Wiesbaden : Gabler, 1993
> (Bochumer Beiträge zur Unternehmungsführung und
> Unternehmensforschung ; Bd. 42)
> ISBN 3-409-13755-6
> NE: GT

Der Gabler Verlag ist ein Unternehmen der Verlagsgruppe Bertelsmann International.

© Betriebswirtschaftlicher Verlag Dr. Th. Gabler GmbH, Wiesbaden 1993
Lektorat: Brigitte Siegel

Das Werk einschließlich aller seiner Teile ist urheberrechtlich geschützt. Jede Verwertung außerhalb der engen Grenzen des Urheberrechtsgesetzes ist ohne Zustimmung des Verlages unzulässig und strafbar. Das gilt insbesondere für Vervielfältigungen, Übersetzungen, Mikroverfilmungen und die Einspeicherung und Verarbeitung in elektronischen Systemen.

Höchste inhaltliche und technische Qualität unserer Produkte ist unser Ziel. Bei der Produktion und Auslieferung unserer Bücher wollen wir die Umwelt schonen: Dieses Buch ist auf säurefreiem und chlorfrei gebleichtem Papier gedruckt.

Die Wiedergabe von Gebrauchsnamen, Handelsnamen, Warenbezeichnungen usw. in diesem Werk berechtigt auch ohne besondere Kennzeichnung nicht zu der Annahme, daß solche Namen im Sinne der Warenzeichen- und Markenschutz-Gesetzgebung als frei zu betrachten wären und daher von jedermann benutzt werden dürften.

Druck und Buchbinder: Lengericher Handelsdruckerei, Lengerich / Westf.
Printed in Germany

ISBN 3-409-13755-6

Geleitwort

In der vorliegenden Arbeit wird ein bedeutsames Problem der industriellen Erfolgsrechnung aufgegriffen. Die traditionelle Kosten- und Erlösrechnung erbringt bei industriellen Anlagengeschäften sowohl in der Vorkalkulation als auch in der Auftrags- und Periodenerfolgsermittlung zum Teil unbefriedigende Aussagen. Die Hauptursache hierfür liegt in einer unmodifizierten Übertragung der Kalkulations- und Erfolgsermittlungsgrundsätze aus der kurzzyklischen Sorten- und Serienfertigung auf das Großanlagengeschäft. Dabei führt vor allem die ungenaue Berücksichtigung der mehrjährigen Auftragsdauer und der damit verbundenen Zinseffekte vielfach zu einer fehlerhaften Gesamtkosten- und -erfolgsermittlung je Auftrag und Periode.

Das industrielle Anlagengeschäft weist Parallelen zu investitionstheoretischen Problemstellungen auf. Der Verfasser untersucht daher, inwieweit aus der Anwendung finanzmathematischer Methoden der Wirtschaftlichkeitsrechnung auf Basis von Ein- und Auszahlungen betriebswirtschaftlich fundiertere Ergebnisgrößen zur Beurteilung von langfristigen Großaufträgen zu gewinnen sind. Dabei wird die zahlungsorientierte Projektüberschuß- bzw. -fehlbetragsrechnung nicht als Ersatz, sondern vielmehr als Ergänzung der auf Kosten und Erlösen beruhenden kurzfristigen Erfolgsrechnung betrachtet.

Zielführend für die Weiterentwicklung der Projekterfolgsrechnung industrieller Anlagengeschäfte ist eine stärkere Ausrichtung auf die besonderen Eigenarten dieses Fertigungstyps. Dementsprechend werden einleitend die für die Erfolgsrechnung relevanten Wesensmerkmale und Risiken der Großanlagenfertigung aufgezeigt und die sich daraus ergebenden besonderen Anforderungen an eine auftragsbezogene Erfolgsplanungs- und -überwachungsrechnung herausgestellt. Unter Auswertung der umfangreichen Literatur auf diesem Gebiet wird ein differenziertes Anforderungsprofil für die Erfolgsrechnung in diesem Bereich aufgestellt. Darauf aufbauend werden die Hauptmängel der kalkulatorischen Kosten- und Erlösrechnung aufgezeigt, die durch den Übergang auf eine zahlungsorientierte Projekterfolgsrechnung zu beheben oder aber abzumildern sind. Daneben gibt die ungenügende Verbindung der kalkulatorischen Erfolgsrechnung zu der im Anlagengeschäft besonders bedeutsamen Finanzplanung und -überwachung Anlaß zur Kritik.

Nach Klärung der begifflichen Grundlagen einer projektbezogenen Aus- und Einzahlungsrechnung wird die Anwendbarkeit finanzmathematischer Verfahren, wie sie im Kreditwesen und für Wirtschaftlichkeitsrechnungen bei Investitionen üblich sind, eingehend analysiert. Der Vergleich mit der Investitionsrechnung führt zu dem Ergebnis, daß die dort üblichen Methoden und Entscheidungskriterien nicht ohne weiteres auf eine zahlungsorientierte Projekterfolgsrechnung übertragen werden können, so daß sich die Entwicklung auftragsspezifischer Ergebniskennzahlen als notwendig erweist.

Den Schwerpunkt der Gesamtuntersuchung aus wissenschaftlicher und praxisorientierter Sicht bildet die Erarbeitung einer Konzeption für eine dynamische Projekterfolgsrechnung auf der Grundlage von Zahlungsgrößen. Es wird nachgewiesen, daß ein solches Rechensystem die gestellten Anforderungen besser zu erfüllen vermag und gleichzeitig zu einer genaueren finanzwirtschaftlichen Planungs- und Überwachungsrechnung führen kann. Darüber hinaus werden einige bemerkenswerte Ansatzpunkte zur Verbesserung von projektübergreifenden Erfolgsrechnungen sowie zu ihrer Integration mit der unternehmensbezogenen Periodenerfolgsrechnung erarbeitet.

Es handelt sich um eine breit angelegte Untersuchung, die fundierte Kenntnisse der Besonderheiten des industriellen Großanlagengeschäfts sowie der wichtigsten Teilgebiete des externen und internen Rechnungswesens einschließlich Finanz- und Investitionsrechnung sowie der zugehörigen Planungsmethodiken erfordert. Der Verfasser entwickelt zu der sehr komplexen Problemstellung beachtliche Lösungsansätze. Die gewonnenen Erkenntnisse werden durch eine empirische Studie in einem Unternehmen des Anlagenbaus untermauert. Dabei wird die auf Kosten und Erlösen basierende Kalkulation eines abgewickelten Projektauftrags so weit wie möglich in die zugrundeliegenden Aus- und Einzahlungen transformiert, so daß die praktischen Anwendungsmöglichkeiten einer zahlungsorientierten Projekterfolgsrechnung an einem konkreten Zahlenbeispiel überprüft und deren wesentliche Unterschiede zur kalkulatorischen Erfolgsrechnung erkennbar werden. In diesem Zusammenhang wird der Einsatz von Sensitivitätsanalysen und Alternativkalkülen untersucht, die vor allem im Stadium der Auftragsverhandlungen bei der Ermittlung von Preisgrenzen und Zahlungsbedingungen sowie der vorkalkulatorischen Auftragserfolgsbeurteilung große praktische Bedeutung erlangen können.

Dem Unternehmen des Anlagenbaus, das die Untersuchung durch Bereitstellung der Kalkulationsunterlagen und ständige Diskussionsbereitschaft sehr intensiv unterstützt hat, gebührt besonderer Dank. Ein fruchtbarer Brückenschlag zwischen Theorie und Praxis kann nur durch Vertiefung der anwendungsorientierten Forschung herbeigeführt werden. Es ist daher zu hoffen, daß dieses Buch in Wissenschaft und betrieblicher Praxis Verbreitung findet und zur Weiterentwicklung der Methoden des internen Rechnungswesens beiträgt.

Gert Laßmann

Inhaltsverzeichnis

Schaubilderverzeichnis XIII
Abkürzungsverzeichnis XV

I. **Einführung** 1
    A. Problemstellung sowie Ziele und Aufbau der Untersuchung 1
    B. Untersuchungsrelevante Besonderheiten industrieller Anlagengeschäfte 3
        1. Begriff und Wesensmerkmale des industriellen Anlagengeschäfts 3
        2. Spezifische Risiken industrieller Anlagengeschäfte 10
        3. Phasenstruktur der Projektabwicklung 14

II. **Ausgangsbedingungen des industriellen Anlagengeschäfts und Anforderungen an eine Erfolgsplanungs- und -überwachungsrechnung** 19
    A. Unvollkommerheit der Informationen als besonders schwerwiegendes Planungsproblem industrieller Anlagengeschäfte 19
    B. Technische Angebotsklärung und Strukturierung der Anlage 24
        1. Technische Angebotsklärung 24
        2. Aufbau- und ablauforganisatorische Strukturierung der Anlage 26
            a. Aufbauorganisatorische Strukturierung durch den Projektstrukturplan 26
            b. Ablauforganisatorische Strukturierung durch den Netzplan 27
    C. Ausrichtung des Rechnungswesens auf das unternehmerische Zielsystem ... 30
    D. Anforderungen und Gestaltungsgrundsätze einer Erfolgsrechnung industrieller Anlagengeschäfte 35
        1. Grundlegende Anforderungen 35
         2. Spezifische Anforderungen und Gestaltungsgrundsätze in Abhängigkeit vom Rechnungszweck 43
            a. Teilbereiche der Erfolgsrechnung und deren Rechnungszwecke ... 43
            b. Planungsrechnung zur Entscheidungsfindung und Ergebnisplanung 46
                (1) Anfragenbewertung 46
                (2) Angebotskalkulation 50
                (3) Auftragskalkulation 56
                (4) Restkosten/erlös- bzw. -zahlungsermittlung 57
            c. Dokumentation zur Ergebnisermittlung und Informationsgewinnung für Folgeaufträge 58
                (1) Ist-Erfassung 58
                (2) Änderungsmanagement 60

    d. Kontrollrechnung zur Sicherung des Auftragsergebnisses 62
     (1) Soll/Ist-Vergleich 62
     (2) Abweichungsanalyse 63

III. Kritische Beurteilung der kalkulatorischen Erfolgsrechnung für das industrielle Anlagengeschäft 67

 A. Grundstruktur der Kosten- und Erlösrechnung im industriellen Anlagengeschäft 67

 B. Systemimmanente Mängel der kalkulatorischen Erfolgsrechnung für das industrielle Anlagengeschäft 70

  1. Vernachlässigung des Zeitaspekts 70

   a. Bedeutung der Zeit in betriebswirtschaftlichen Planungs- und Entscheidungsmodellen 70

   b. Unzureichende Einbindung des Zeitaspekts 72

  2. Ungenügende Verbindung zur finanziellen Sphäre 76

  3. Vernachlässigung projektübergreifender Zusammenhänge 78

 C. Gestaltungsbedingte Mängel kalkulatorischer Erfolgsrechnungen industrieller Anlagengeschäfte in der Praxis 79

  1. Realitätsfremde Annahmen und unangemessene Vereinfachungen der Verfahren zur Angebotskalkulation 79

   a. Kilokosten- und Materialkostenmethode 79

   b. Kostenfunktionen 84

  2. Schwachstellen bei der Erfassung und erfolgswirtschaftlichen Beurteilung von Projektrisiken 88

  3. Geringe Entscheidungsorientierung der Kosten- und Erlösrechnung in der Praxis 90

   a. Konzeptionelle Schwächen der vollkostenorientierten Kosten- und Erlösrechnung 90

   b. Preisentscheidungen 92

   c. Auftragsselektionsentscheidungen 94

  4. Globalisierung bei der Gemeinkostenverrechnung 94

 D. Zusammenfassende Beurteilung 97

IV. Grundlagen einer zahlungsorientierten Erfolgsrechnung industrieller Anlagengeschäfte auf der Basis eines dynamischen Ansatzes 100

 A. Grundüberlegungen zu einer dynamischen Projekterfolgsrechnung auf Zahlungsbasis 100

 B. Projektzahlungen als Rechengröße der Erfolgsrechnung industrieller Anlagengeschäfte 105

  1. Begriff der Zahlung 105

2. Begriffliche Abgrenzung der Projektzahlungen 106
C. Anwendbarkeit finanzmathematischer Verfahren der Wirtschaftlichkeitsrechnung im Rahmen der dynamischen Erfolgsrechnung industrieller Anlagengeschäfte 111
　　　1. Einführung 111
　　　2. Investitionsrechnung als klassisches Anwendungsfeld der finanzmathematischen Wirtschaftlichkeitsrechnung 112
　　　　　a. Einsatz finanzmathematischer Verfahren bei Investitionen 112
　　　　　b. Verhältnis der Investitionsrechnung zur Kostenrechnung 114
　　　3. Dynamische Erfolgsrechnung industrieller Anlagengeschäfte als neues Anwendungsfeld der finanzmathematischen Wirtschaftlichkeitsrechnung 116
　　　　　a. Vergleich der dynamischen Erfolgsrechnung industrieller Anlagengeschäfte mit der dynamischen Investitionsrechnung 116
　　　　　　　(1) Vergleich der Prämissen und Eingangsdaten 116
　　　　　　　(2) Gemeinsame Merkmale und Unterschiede 119
　　　　　b. Anwendbarkeit einzelner finanzmathematischer Verfahren 125
　　　　　　　(1) Vermögenswertmethoden 125
　　　　　　　　　(a) Kapitalwertmethode und deren Varianten 125
　　　　　　　　　(b) Vermögensendwertmethode 127
　　　　　　　(2) Interne Zinsfußmethode 128
　　　4. Schlußfolgerungen 130

V. Aufbau einer dynamischen Zahlungsrechnung zur Erfolgsplanung und -überwachung industrieller Anlagengeschäfte 131
A. Wesen der dynamischen Zahlungsrechnung 131
B. Ermittlung der Projektzahlungen 133
　　　1. Erfassung und Verrechnung der Projektauszahlungen 133
　　　　　a. Ausgangspunkt der Projektauszahlungsermittlung 133
　　　　　b. Ermittlung der Projekteinzelauszahlungen 134
　　　　　c. Ermittlung der Projektgemeinauszahlungen 140
　　　2. Erfassung und Verrechnung der Projekteinzahlungen 146
C. Erfolgsplanung und -überwachung auf der Grundlage der dynamischen Zahlungsrechnung 147
　　　1. Bestimmung des Auftragserfolgs 147
　　　　　a. Inputgrößen der dynamischen Zahlungsrechnung 147
　　　　　b. Dynamische Kennzahlen zur Messung des Auftragserfolgs 149
　　　2. Dynamische Zahlungsrechnung zur Erfolgsplanung und Entscheidungsfindung 156

        a. Einführung 156
        b. Planung der Projektzahlungen 158
           (1) Planung der Projektauszahlungen 158
              (a) Erstellung des zeitstrukturierten Mengengerüstes anhand von Netzplänen 158
              (b) Ableitung des projektbezogenen Auszahlungsstroms 161
           (2) Planung der Projekteinzahlungen 165
        c. Erfolgswirtschaftliche Berücksichtigung der Projektrisiken 168
        d. Integrierte Erfolgs- und Finanzplanung 175
        e. Erweiterungsansätze der projektbezogenen Erfolgsplanungsrechnung 183
           (1) Einbeziehung der Nutzungsphase zur optimalen Auslegung von Anlagen (Lebenszyklus-Ansatz) 183
           (2) Erweiterung der dynamischen Zahlungsrechnung um eine projektübergreifende Rechnung 189
        f. Entscheidungsfindung auf der Grundlage der dynamischen Zahlungsrechnung 191
    3. Dynamische Zahlungsrechnung zur begleitenden Erfolgskontrolle und Dokumentation 201
        a. Einführung 201
        b. Systematische Dokumentation der projektbezogenen Daten 201
           (1) Datenerfassung 201
           (2) Datenaufbereitung und -speicherung 203
        c. Begleitende Erfolgskontrolle als Voraussetzung einer zielorientierten Steuerung der Auftragsabwicklung 205
D. Empirischer Vergleich zwischen der Erfolgsrechnung auf der Grundlage der Kosten- und Erlösrechnung und der dynamischen Zahlungsrechnung 210
    1. Einführung 210
        a. Ziel der Praxisstudie 210
        b. Beschreibung des Untersuchungsobjekts 212
        c. Ergebnisse der Nachkalkulation auf Kosten-/Erlösbasis 213
    2. Transformation der auf Kosten und Erlösen basierenden Nachkalkulation in eine zahlungsorientierte Rechnung und Bestimmung der dynamischen Ergebniskennzahlen 214
        a. Transformation der Kosten und Erlöse in Projektzahlungen 214
           (1) Erstellung der Projektauszahlungsreihe 214
           (2) Erstellung der Projekteinzahlungsreihe 217
        b. Berechnung der dynamischen Ergebnis- und Liquiditätskennzahlen 221

3. Analyse der Abweichungen zwischen den Ergebnissen der Kosten-/ Erlösrechnung und der dynamischen Zahlungsrechnung 225
   a. Generelle Abweichungsursachen 225
   b. Abweichungen bei den einzelnen Kosten- bzw. Auszahlungsarten 225
   c. Abweichungen bei den Erlösen bzw. Einzahlungen 230
4. Generalisierbare Ergebnisse der empirischen Untersuchung 230
   a. Bereitstellung der für eine zahlungsorientierte Erfolgsrechnung erforderlichen Daten durch das traditionelle Rechnungswesen 230
   b. Unterschiede zwischen der kalkulatorischen und dynamischen Erfolgsrechnung sowie Empfehlungen zur Annäherung beider Ansätze 232
   c. Anwendungsmöglichkeiten der dynamischen Zahlungsrechnung zur Erfolgsplanung 235

E. Einbindung der dynamischen Zahlungsrechnung in das unternehmerische Rechnungswesen im industriellen Anlagenbau 241
   1. Struktur des Rechnungswesens anlagenbauender Unternehmen 241
   2. Grundüberlegungen zur Überführung der dynamischen Zahlungsrechnung in die periodenbezogene Erfolgsrechnung 247
      a. Probleme der Periodenerfolgsrechnung im industriellen Anlagengeschäft 247
      b. Integration von dynamischer Zahlungsrechnung und Betriebsergebnisrechnung 250
      c. Integration von dynamischer Zahlungsrechnung und handelsrechtlichem Jahresabschluß 255

VI. **Zusammenfassung der Untersuchungsergebnisse** **261**

Anhang I 267
Anhang II 271
Literaturverzeichnis 275

Schaubilderverzeichnis

I.1 Charakteristische Merkmale industrieller Anlagengeschäfte 5

I.2 Spezifische Risiken industrieller Anlagengeschäfte 10

I.3 Phasenstruktur industrieller Anlagengeschäfte 15

II.1 Informationszustände 20

II.2 Entwicklung des Informationsstandes in Abhängigkeit vom Projektfortschritt 22

II.3 Zusammenhang zwischen Projektstrukturplan und Netzplan 28

II.4 Zusammenspiel von Erfolgs- und Liquiditätsziel 32

II.5 Projekt- und periodenbezogene Betrachtungsweise der Erfolgsrechnung 37

II.6 Teilbereiche der Erfolgsrechnung industrieller Anlagengeschäfte und deren Rechnungszwecke 45

II.7 Formen und Struktur der Erfolgsrechnung im industriellen Anlagengeschäft 66

III.1 Kalkulationsschema (Hardware-Lieferung) 68

III.2 Mathematische Ableitung der Kilokostenmethode 81

III.3 Schritte bei der Ermittlung von Kostenfunktionen 85

III.4 Vorgehen bei der Kalkulation mit Kostenfunktionen 86

IV.1 Zweckbedingte Ableitung der Projektauszahlungen 110

IV.2 Dynamische Verfahren der Investitionsrechnung 113

IV.3 Unterschiede zwischen Investitions- und Kostenrechnung 115

IV.4 Merkmale der dynamischen Erfolgsrechnung industrieller Anlagengeschäfte 122

V.1 Finanzierungsbedarf eines Anlagengeschäfts bei unterschiedlichen Zahlungsbedingungen 180

V.2 Monatliche Liquiditätssalden eines Anlagengeschäfts (Beispiel) 183

V.3 Erweiterungen des Betrachtungshorizontes der Projekterfolgsrechnung 184

V.4 Beurteilung und Auswahl von Aufträgen als multidimensionales Entscheidungsproblem 198

V.5	Prozeß der Erfolgsplanung und Entscheidungsfindung auf der Grundlage der dynamischen Zahlungsrechnung	199
V.6	System der Projekterfolgsabweichungen	208
V.7	Kostenstruktur der Kostenstellenverrechnungsbereiche	216
V.8	Kumulierte Kosten u. Projektauszahlungen (Projektdauer)	219
V.9	Monatliche Kosten u. Projektauszahlungen (Akquisitions- u. Erstellungsphase)	219
V.10	Kumulierte Projektaus- u. -einzahlungen (Projektdauer)	220
V.11	Kumulierter Projektzahlungssaldo (Akquisitions- u. Erstellungsphase)	220
V.12	Monatliche Liquiditätssalden (Akquisitions- u. Erstellungsphase)	224
V.13	Absolutbeträge der zeitlich von den Kosten abweichend verteilten Auszahlungen	226
V.14	Durchschnittliche zeitliche Abweichungen der Kosten- bzw. Auszahlungsarten	227
V.15	Ergebniswirkung einer Variation des Verkaufspreises	237
V.16	Ergebniswirkung einer Variation der Zahlungsbedingungen	237
V.17	Kombinationen von Verkaufspreisen und Zahlungsbedingungen mit einem dynamischen Auftragsergebnis von Null	238
V.18	Zinsempfindlichkeit des dynamischen Auftragsergebnisses	240
V.19	Ergebniswirkungen von Materialpreisschwankungen	241
V.20	Grundstruktur des Rechnungswesens im industriellen Anlagengeschäft	246
V.21	Überführung der projektbezogenen dynamischen Zahlungsrechnung in die Betriebsergebnisrechnung	254

Abkürzungsverzeichnis

Aufl.	Auflage
bspw.	beispielsweise
bzw.	beziehungsweise
ca.	cirka
CAD	Computer Aided Design
d.h.	das heißt
EDV	elektronische Datenverarbeitung
et al.	etalii
f.	folgende
ff.	fortfolgende
FuE	Forschung und Entwicklung
ggf.	gegebenenfalls
Hrsg.	Herausgeber
hrsg.	herausgegeben
i	Kalkulationszinssatz
i.d.R.	in der Regel
i.e.S.	im engeren Sinne
insb.	insbesondere
i.w.S.	im weiteren Sinne
i.V.m.	in Verbindung mit
Jg.	Jahrgang
KLÜ	kumulierter Liquiditätsüberschuß
KLB	kumulierter Liquiditätsbedarf
KÜ	kumulierter Überschuß
o.a.	oben angeführt
o.ä.	oder ähnliches
o.J.	ohne Jahrgang
o.O.	ohne Ortsangabe
o.V.	ohne Verfasserangabe
PÜ	Periodenüberschuß
r	Soll-Zinssatz
S.	Seite
sog.	sogenannte(r,s)
Sp.	Spalte
Std.	Stunde
t	Zeitraum (Periode)
u.a.	unter anderem

u. dergl.	und dergleichen
u.E.	unseres Erachtens
usw.	und so weiter
u.U.	unter Umständen
VDI	Verein deutscher Ingenieure e.V.
VDMA	Verband Deutscher Maschinen- und Anlagenbau e.V.
vgl.	vergleiche
z.B.	zum Beispiel
ø	Durchschnitt

I. Einführung

A. Problemstellung sowie Ziele und Aufbau der Untersuchung

Aus den besonderen Wesensmerkmalen und spezifischen Risiken industrieller Anlagengeschäfte erwachsen vielfältige Probleme bei der Planung und Überwachung derartiger Projekte, deren mangelnde Bewältigung in der Vergangenheit zu zahlreichen Fehlkalkulationen und Kostenüberschreitungen in einer Größenordnung geführt hat, die einzelne Unternehmen in ihrer Existenz gefährdeten. Dies soll zum Anlaß genommen werden, die im Anlagenbau traditionelle kalkulatorische Erfolgsrechnung auf der Basis von Kosten und Erlösen zu überdenken. In der Betriebswirtschaftslehre wurde diese Problematik bislang nur in unbefriedigendem Umfang thematisiert[1]. Zwar haben die im industriellen Anlagengeschäft tätigen Unternehmen zu Einzelproblemen pragmatische Lösungen entwickelt, insgesamt berücksichtigen die in der Praxis verbreiteten Kalkulationsverfahren die spezifischen Besonderheiten industrieller Anlagengeschäfte jedoch in nicht ausreichendem Maße und sind demnach noch zu sehr auf die Belange des kurzfristigen Sorten- und Seriengeschäfts ausgerichtet.

Eine tragfähige Beurteilung eines Anlagengeschäfts erfordert vor allem die Einbeziehung der erfolgswirtschaftlichen Einflüsse, die von der Langfristigkeit dieses Geschäftstyps ausgehen. Der sehr unterschiedliche Zeitbezug der mit einem Auftrag verbundenen Kosten und Erlöse muß aus betriebswirtschaftlicher Sicht in projektbezogenen Erfolgsplanungs- und -überwachungsrechnungen wesentlich genauer beachtet werden, als dies in der traditionellen kalkulatorischen Erfolgsrechnung geschieht. Diese Überlegung läßt Analogien zur Investitionstheorie erkennen, bei der ebenfalls Aktivitäten mit maßgeblicher Zukunftswirkung und erheblichem Kapitalbedarf erfolgswirtschaftlich zu beurteilen sind. Zur Schaffung eines wertmäßigen Ausgleichs unterschiedlicher Entstehungszeitpunkte der Erfolgskomponenten wird hier mit großer Übereinstimmung der Einsatz finanzmathematischer Verfahren der Wirtschaftlichkeitsrechnung (Zinseszinsrechnung) befürwortet und gefordert[2]. Es liegt daher der Gedanke nahe, die Aussagefähigkeit finanzmathematischer Verfahren für die Aufgaben der erfolgswirtschaftlichen Planung und Überwachung industrieller Anlagengeschäfte zu überprüfen. Das Ziel dieser Arbeit besteht darin zu untersuchen, ob derartige Verfahren den Anforderungen der Erfolgs-

---

[1] Lediglich die Arbeiten von Backhaus (1980) und Plinke (1985) sowie neuerdings die Veröffentlichung des Arbeitskreises "Internes Rechnungswesen" der Schmalenbach-Gesellschaft (Höffken/Schweitzer, 1991) leisten hier einen wissenschaftlichen Beitrag.

[2] Vgl. z.B. Laßmann, 1984, S. 968 f.; Hummel/Männel, 1986, S. 9 f.; Steffen, 1987, S. 584; Kilger, 1988, S. 186; Blohm/Lüder, 1991, S. 50.

rechnung industrieller Anlagengeschäfte besser gerecht werden als die herkömmlichen kalkulatorischen Erfolgsrechnungen auf der Basis von Kosten und Erlösen. Damit stellt sich zugleich die Frage, welche Rechengrößen dem dynamischen Ansatz zugrunde zu legen sind und nach welcher grundlegenden Konzeption eine finanzmathematisch orientierte Erfolgsrechnung aufzubauen ist.

Im Mittelpunkt dieser Arbeit steht das interne projektbezogene Informationssystem zur wirtschaftlichen Planung, Steuerung und Überwachung einzelner industrieller Anlagengeschäfte, das die unternehmensbezogenen Periodenerfolgsrechnungen im Hinblick auf die dort vorhandenen Informationsdefizite ergänzt. Aufgaben und Inhalte der technisch-organisatorischen Projektplanung und -überwachung (insb. Anlagenkonstruktion, Kapazitäts-, Qualitäts- und Terminplanung und -kontrolle) werden nur so weit in die Untersuchung einbezogen, wie sie für die erfolgswirtschaftliche Rechnung relevant sind. Die besonderen Probleme der Preisfindung bei öffentlichen Aufträgen (LSP) bleiben aufgrund der bindenden rechtlichen Regelungen ebenso ausgeklammert wie die Erfolgsrechnung bei kooperativen Anbietergemeinschaften.

Ein Weiterentwicklungsvorschlag zur wirtschaftlichen Projektplanung und -überwachnung kann den gestellten Anforderungen nur dann gerecht werden, wenn er den besonderen Eigenarten und Risiken industrieller Anlagengeschäfte in angemessener Form Beachtung schenkt. Dementsprechend wird einleitend das Wesen des industriellen Anlagengeschäfts charakterisiert, das sich durch eine Vielzahl von Besonderheiten in signifikanter Weise vom Sorten- und Seriengeschäft unterscheidet. Im zweiten Kapitel werden die Ausgangsbedingungen des Anlagengeschäfts sowie die Ziele eines Anlagenbauers beleuchtet. Die daraus abzuleitenden Anforderungen und Gestaltungsgrundsätze einer Erfolgsrechnung werden unter rechnungszweckabhängigen Aspekten behandelt.

Die traditionelle kalkulatorische Erfolgsrechnung industrieller Anlagengeschäfte auf Kosten- und Erlösbasis wird im dritten Kapitel daraufhin untersucht, inwieweit sie die beschriebenen Anforderungen erfüllt. Die kritische Analyse bringt Transparenz sowohl in die wesentlichen systemimmanenten als auch in die gestaltungsbedingten und insofern vermeidbaren Schwachstellen der derzeitig verbreiteten kalkulatorischen Erfolgsrechnung und zeigt dadurch Anknüpfungspunkte auf, an denen eine dynamische Rechnung zur Erreichung wirksamer Verbesserungen ansetzen muß.

Im vierten Kapitel werden grundsätzliche Überlegungen zu einer dynamischen Projekterfolgsrechnung auf Zahlungsbasis angestellt, die die system- und gestaltungsbedingten Unzulänglichkeiten der kalkulatorischen Erfolgsrechnung überwinden soll. Die Ausführungen befassen sich dabei zunächst mit der Abgrenzung der Projektzahlungen und untersuchen anschließend die Anwendbarkeit der aus der Investitionsrechnung bekannten finanzmathematischen Verfahren der Wirtschaftlichkeitsrechnung im Rahmen der dynamischen Erfolgsrechnung industrieller Anlagengeschäfte. Kapitel V beschreibt den Aufbau einer dynamischen Zahlungsrechnung zur projektbezogenen Erfolgsplanung und -überwachung und verdeutlicht anhand einer Praxisstudie die Unterschiede zur kalkulatorischen Erfolgsrechnung. Abschließend wird die Einbindung der dynamischen Zahlungsrechnung in die unternehmensbezogenen Periodenerfolgsrechnungen erläutert.

B. Untersuchungsrelevante Besonderheiten industrieller Anlagengeschäfte

1. Begriff und Wesensmerkmale des industriellen Anlagengeschäfts

In zahlreichen Veröffentlichungen wird die begriffliche Abgrenzung einer *industriellen Anlage* in Anlehnung an den Arbeitskreis "Marketing in der Investitionsgüter-Industrie" der Schmalenbach-Gesellschaft vorgenommen[3], der eine Anlage als ein "durch die Verkaufs-(Vermarktungs-)Fähigkeit abgegrenztes, von einem oder mehreren Anbietern in einem geschlossenen Angebot erstelltes Anlagen-Dienstleistungsbündel zur Befriedigung eines komplexen Bedarfs" definiert[4]. Diese Begriffsfassung ist entsprechend der Intention der darauf aufbauenden Untersuchungen stark von *absatzwirtschaftlichen* Gesichtspunkten geprägt. Um den für das Folgende elementaren Begriff der industriellen Anlage auf eine breitere Basis zu stellen, wird er um die untersuchungsrelevanten *produktionswirtschaftlichen* Merkmale, wie sie auch in einer Produktionstypologie Verwendung finden, ergänzt[5]. Man gelangt daraufhin zu folgender Definition:

---

[3] Einigen eher technisch orientierten Arbeiten wird die Begriffsfassung nach DIN 69901 (1980, S. 1) zugrundegelegt, die unter einem Projekt ein "Vorhaben (versteht), das im wesentlichen durch Einmaligkeit der Bedingungen in ihrer Gesamtheit gekennzeichnet ist, wie z.B.:
- Zielvorgabe
- zeitliche, finanzielle, personelle oder andere Begrenzungen
- Abgrenzungen gegenüber anderen Vorhaben
- projektspezifische Organisation" (Ergänzung in Klammern d.d. Verfasser).
Aufgrund ihres hohen Abstraktionsgrades ist diese Definition für unsere Untersuchungszwecke wenig geeignet.

[4] Arbeitskreis Marketing, 1975, S. 759.

[5] Zur grundlegenden Darstellung einer (Produktions-)Typologie vgl. Kosiol, 1968, S. 35 f.; Große-Oetringhaus, 1974; Hahn, 1975, Sp. 3158 ff.; Schäfer, 1978, S. 12 ff.; Küpper, 1979, Sp. 1636 ff.; Switalski/Kistner, 1988, S. 332 ff.; Hahn/Laßmann, 1990, S. 33 ff.

Eine *industrielle Anlage* wird als eine unmittelbar durch den Kunden determinierte Kombination von interdependenten Hardware-/Softwareleistungen bezeichnet, die teils in ortsgebundenen Fertigungsstätten, teils am Anlagenstandort ggf. von mehreren Anbietern erbracht und zu einer funktions- und verkaufsfähigen Einheit zusammengeführt werden, die in ihrer komplexen Struktur als einmalig anzusehen ist und bis zur endgültigen Fertigstellung einen Zeitraum von mehreren Jahren beansprucht.

Inhaltlich stimmt der Begriff der industriellen Anlage mit dem überein, was oftmals auch als industrielle *Groß*anlage bezeichnet wird[6]. Auf die Vorsilbe "Groß-" wird im weiteren jedoch verzichtet. Beispielhaft für industrielle Anlagen seien Wasserentsalzungsanlagen, Chemiewerke, Kraftwerke, schlüsselfertige Fabriken wie z.B. Zementfabriken, Düngemittelfabriken, Stahl- und Walzwerke genannt. Das *industrielle Anlagengeschäft* hat die Erstellung derartiger Anlagen zum Gegenstand (sog. langfristige Einzelfertigung).

Die praxisnahe Literatur bevorzugt vielfach für eine industrielle Anlage den Begriff *Projekt*. Dies läßt sich vor allem darauf zurückführen, daß der Bau einer Industrieanlage organisatorisch wie ein Projekt behandelt wird. Um den verbreiteten Sprachgebrauch der Praxis zu berücksichtigen, werden im folgenden die Begriffe *Anlage* und *Projekt synonym* verwendet. Vorhaben, die nicht die Erstellung einer industriellen Anlage zum Ziel haben wie z.B. kundenauftragsfreie Forschungs- und Entwicklungsvorhaben, Einführung einer neuen Fertigungstechnologie u. dergl., weisen eine andere Betrachtungsperspektive auf und sind hier nicht Inhalt des Projektbegriffs. In der betrieblichen Praxis wird manchmal eine ausgeschriebene Anlage, um die sich ein Unternehmen bemüht, während des Zeitraumes vor Vertragsabschluß als Projekt bezeichnet. Erhält das Unternehmen den Zuschlag, wird aus dem Projekt ein Auftrag. Dieser terminologischen Regelung wird nicht gefolgt.

Wie aus der Definition bereits andeutungsweise hervorgeht, zeichnet sich das industrielle Anlagengeschäft durch eine Vielzahl von *Besonderheiten* aus, die es maßgeblich vom Massen-, Sorten- und Seriengeschäft unterscheiden. Hierbei handelt es sich einerseits um die charakteristischen *Merkmale* sowie andererseits um die spezifischen *Risiken* des Anlagengeschäfts.

Da der Aufbau einer anforderungsadäquaten Erfolgsrechnung grundsätzlich nur dann gelingen kann, wenn er sich unter strenger Berücksichtigung der Besonderheiten des zugrundeliegenden Geschäftstyps vollzieht, werden die für die Untersuchung wesentlichen

---

[6] Vgl. Engelhardt/Günter, 1981, S. 94.

Merkmale und Risiken im folgenden dargelegt. Zugleich wird dadurch das Verständnis verbessert für die facettenreichen technischen sowie insb. betriebswirtschaftlichen Aufgabenstellungen und Probleme, die bei der Bewältigung industrieller Anlagengeschäfte auftreten. Der Bezug zur Erfolgsrechnung wird dabei teilweise noch nicht sichtbar und erst in den späteren Ausführungen hergestellt, wenn im einzelnen auf die besonderen Merkmale und Risiken zurückgegriffen wird.

Schaubild I.1 gibt einen Überblick über die anschließend erläuterten charakteristischen Merkmale industrieller Anlagengeschäfte, die für eine Erfolgsplanungs- und -überwachungsrechnung bedeutsam sind[7]. Die Darstellung der spezifischen Risiken erfolgt im nächsten Gliederungsabschnitt.

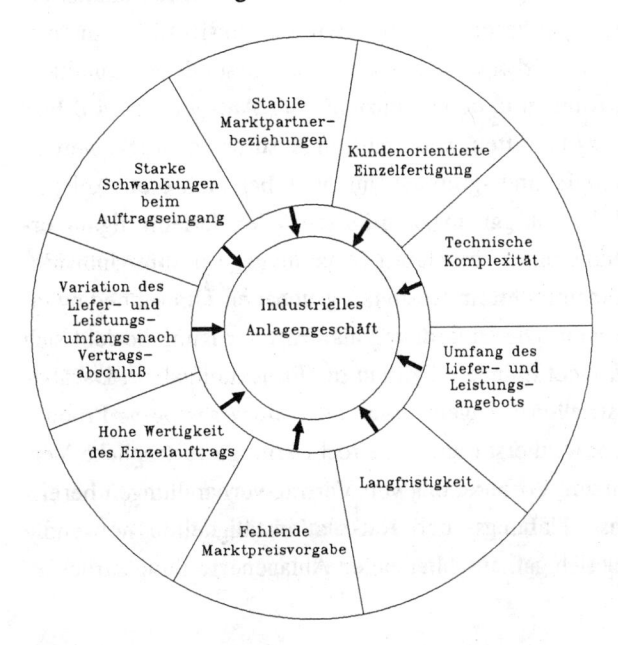

Schaubild I.1   Charakteristische Merkmale industrieller Anlagengeschäfte

Kundenorientierte Einzelfertigung

Da die Auslegung einer Industrieanlage i.d.R. genau auf die Wünsche und Vorgaben eines Kunden zugeschnitten wird, kommt für ihre Erstellung, die sich in enger Abstimmung mit dem Kunden vollzieht, grundsätzlich nur der Produktionstyp der Einzelfertigung in Betracht[8]. Im allgemeinen sind zur Auslegung einer Anlage gemäß den Kunden-

---

7   Vgl auch Backhaus, 1990, S. 388 ff.; Hahn/Laßmann, 1990, S. 90.
8   Zur Einzelfertigung vgl. Ellinger, 1959, S. 71 ff.; Ellinger, 1963, S. 483 ff.

wünschen wichtige Komponenten neu zu entwickeln[9]; Standardisierungen sind dementsprechend nur in begrenztem Umfang realisierbar. Dies schränkt die Verwendungsmöglichkeit vorhandener Konstruktionsunterlagen meist in erheblichem Maße ein und verursacht einen vergleichsweise hohen Anteil ingenieurmäßiger Aktivitäten an den Gesamtprojektaktivitäten[10]. Bei der Frage nach der Einmaligkeit einer Anlage ist allerdings zu berücksichtigen, daß sich der Anbieter zumindest bei einigen Teilen auf vorhandene Lösungen und Vorleistungen vorangegangener Aufträge stützen kann. Er sollte unter erfolgswirtschaftlichen Gesichtspunkten sogar bemüht sein, bei möglichst vielen Anlagenteilen einen wiederholten Einsatz zu erreichen. Die Einmaligkeit einer industriellen Anlage wird dadurch zwar relativiert, sie behält dennoch ihre Gültigkeit, da sich der Bau einer Industrieanlage - auch wenn sie in gleicher oder ähnlicher Form schon einmal erstellt wurde - stets unter den jeweiligen besonderen Bedingungen hinsichtlich Standortmerkmalen, Finanzierungsformen, zusätzlicher Dienstleistungen, besonderen Qualitäts- und Leistungsanforderungen des Kunden u. dergl. vollzieht. Der Anlagenbau wird hier somit als *modifizierte* Einzelfertigung begriffen, wodurch zum Ausdruck gebracht werden soll, daß bestimmte Standardbauteile und -gruppen durchaus bei mehreren Anlagen Verwendung finden (sollen) und deshalb ggf. sogar in Sorten- oder Serienfertigung erstellt werden können. Die Erstellung einer komplexen Gesamtanlage in ihrer individuellen Liefer- und Leistungsstruktur und den im Einzelfall gegebenen Umweltbedingungen ist jedoch als einmalig anzusehen. Die Einordnung als Einzelfertigung bezieht sich also auf die Projektdurchführung, nicht in jedem Fall auf die Projektaufgabe[11]. Darüber hinaus handelt es sich beim industriellen Anlagenbau um eine *auftragsbezogene* Produktion. Der Bau einer Industrieanlage wird erst durch eine rechtskräftige vertragliche Vereinbarung angestoßen, auch wenn zur Vorbereitung von Vertragsverhandlungen bereits nicht unerhebliche Konstruktions-, Planungs- und Kalkulationstätigkeiten notwendig sind, auf deren Ergebnisse bei der sich ggf. anschließenden Anlagenerstellung zurückgegriffen werden kann.

Technische Komplexität

Das Gesamtsystem einer Großanlage ist in zahlreiche Teilsysteme untergliedert, die sich ihrerseits wieder aus mehreren Untersystemen zusammensetzen[12]. Die einzelnen Systeme sind technisch eng miteinander verknüpft, so daß sich eine Anlage als äußerst komplexes Gebilde mit starker technischer Vermaschung darstellt. Die aufeinander ab-

---

[9] Vgl. Hilkert/Krause, 1978, S. 1602; Roth, 1989, Sp. 34.
[10] Vgl. Diehl, 1977, S. 174.
[11] Vgl. Dülfer, 1982, S. 10 f.
[12] Vgl. Höffken/Schweitzer, 1991, S. 4 f.

zustimmenden (Hardware/Software-)Leistungen sind mit Hilfe von branchenspezifischem Know-how in der Weise zu einer funktionsfähigen Einheit zu vereinigen, daß sie als umfassende Problemlösung einer konkreten Aufgabenstellung des Kunden gerecht werden. Eine industrielle Anlage entsteht mithin aus einer außerordentlich großen Anzahl mehrstufiger Arbeitsgänge, deren Planung einen erheblichen Aufwand verursacht. Die zeitliche Abstimmung der Produktionsprozesse kann nur global erfolgen und wird bei komplexen Anlagen durch Methoden der Netzplantechnik unterstützt. Angesichts der kaum überschaubaren Vielzahl von Störeinflüssen, die eine einwandfreie Funktionsfähigkeit und termingerechte Fertigstellung der Anlage gefährden, können die Produktionsprozesse als nur begrenzt beherrschbar angesehen werden.

Umfang des Liefer- und Leistungsangebots

Auch wenn seit einigen Jahren die Nachfrage aus den Industrienationen wieder zunimmt, liegt weiterhin ein bedeutender Teil des Industrieanlagenmarktes in Schwellen- und Entwicklungsländern[13]. Während Nachfrager aus Industrieländern tendenziell weniger Leistungskomponenten der Anbieter in Anspruch nehmen, beziehen sich die Aufträge aus Schwellen- und Entwicklungsländern häufig auf ein breitgefächertes Liefer- und Leistungsangebot[14]. Mit einer Bestellung über eine schlüsselfertige Anlage (turn-key-job) verbindet sich i.d.R. ein ganzes Paket von Leistungen wie Ingenieurleistungen, Fertigung, Montage, Verfrachtung, Versicherung, Inbetriebsetzung, Ausbildung des Bedienungspersonals und Instandhaltung (insb. Wartung) der Anlage. Aber auch darüber hinausgehende Zusatzleistungen werden in Schwellen- und Entwicklungsländern verstärkt nachgefragt wie

- Auftragsfinanzierung,
- Hilfe bei der Betriebsführung und Vermarktung der Produkte,
- Zuverfügungstellung von Betreiber-Know-how,
- Gewährung von Lizenzen und
- Abwicklung von Gegengeschäften, teils unter Verwendung der Erzeugnisse aus der erbauten Anlage[15].

In einigen Fällen muß der Anbieter auch für die Wirtschaftlichkeit des späteren Anlageneinsatzes Sorge tragen[16]. Die Ausweitung der Angebotspalette stellt den Anlagenbauer vor das Problem, sämtliche dieser Bereiche hinsichtlich Know-how und Qualifika-

---

[13] Vgl. o.V., 1978, S. 37; Weiss, H., 1981, S. 948 f.; Backhaus/Molter, 1984, S. 36 f.; Siepert, 1988, S. 334; Schill, 1989; Höffken/Schweitzer, 1991, S. 11 f.

[14] Vgl. Feuerbaum, 1978, S. 993; Milling, 1984, S. 67 f.; Bretschneider, 1986, S. 563 ff.

[15] Vgl. Thiele, 1977, S. 79 f.; Franz, 1982, S. 456 ff.; Herdmann, 1982, S. 70; Lindeiner-Wildau, 1982, S. 3; Weiber, 1985; Singer, 1986, S. 86 ff.; Höffken/Schweitzer, 1991, S. 4 ff.

[16] Vgl. Kirchgässer, 1981, S. 937; Franz, 1982, S. 458.

tion der Mitarbeiter beherrschen zu müssen. Infolge des Umfangs sowie der Verschiedenartigkeit der Liefer- und Leistungsinhalte ist es im Anlagenbau oftmals unmöglich, daß sämtliche Arbeiten durch einen einzelnen Anbieter ausgeführt werden. Er vergibt deshalb Fremdaufträge oder geht mit anderen Firmen eine Anbietergemeinschaft ein.

Langfristigkeit

Die Prozesse zur Vorbereitung und Abwicklung eines Industrieanlagengeschäfts erstrecken sich auf eine Zeitspanne von 2 bis über 10 Jahren, wobei die durchschnittliche Projektdauer erfahrungsgemäß bei ungefähr 3 bis 5 Jahren liegt[17]. Dabei nehmen allein die Akquisitionsbemühungen nicht selten zwei oder mehr Jahre in Anspruch. Hinzu treten vielfach zeitraubende behördliche Genehmigungsverfahren. Aus dieser Langfristigkeit resultiert insb. eine hohe Unsicherheit hinsichtlich der in die Planung eingehenden Größen. Sind in den Zahlungsbedingungen keine oder nur geringe Kundenanzahlungen vereinbart, so nimmt der Vorfinanzierungsaufwand wegen der Höhe und Zeitdauer der gebundenen Finanzmittel beträchtliche Ausmaße an. Eine langfristig festgelegte Kapazitätsbelegung kann sich als sehr folgenschwer erweisen.

Fehlende Marktpreisvorgabe

Aufgrund der starken Individualisierung der Produkte existiert für Industrieanlagen kein allgemein gültiger Marktpreis. Die durch eine Angebotskalkulation zu ermittelnden Selbstkosten einer Anlage haben deshalb maßgeblichen Einfluß auf die Preisbildung[18]. Wegen der Verschiedenheit der technischen Ausgestaltung im Hinblick auf die vom Abnehmer geforderte Leistung der Anlagen gestaltet sich eine vergleichende Beurteilung der Angebote verschiedener Anbieter aus der Sicht des Nachfragers recht problematisch[19] und führt daher zu weitgehend individualisierten Verhandlungen über den Preis und die sonstigen Konditionen.

Hohe Wertigkeit des Einzelauftrags

Die Auftragswerte einzelner Projekte reichen von einigen Millionen DM bis zu Milliardenbeträgen, so daß auch bei größeren Unternehmen der Wert eines einzigen Auftrags den Jahresumsatz und die Ertragslage maßgeblich beeinflussen kann. Kosten- und/oder Erlösabweichungen von nur wenigen Prozentpunkten bewirken i.d.R. eine beträchtliche Veränderung des Auftragsergebnisses[20]. Das Gesetz der großen Zahl zum Ausgleich po-

---

[17] Vgl. Arbeitskreis Marketing, 1975, S. 767; Backhaus, 1980a, S. 2; Engelhardt/Günter, 1981, S. 35.
[18] Vgl. Arbeitskreis Marketing, 1978, S. 4 ff.; Mellerowicz, 1980, S. 323; Plinke, 1982.
[19] Vgl. Thiele, 1977, S. 80.
[20] Vgl. Funk, 1986, S. 17.

sitiver und negativer Erfolgsbeiträge wird aufgrund der vergleichsweise geringen Anzahl von Aufträgen nicht bzw. nur über Jahrzehnte hinweg wirksam[21].

Variation des Liefer- und Leistungsumfangs nach Vertragsabschluß

Auch während der Abwicklung ergeben sich häufig Änderungswünsche des Kunden sowohl hinsichtlich der technischen als auch der kaufmännischen Auslegung[22]. Das sog. *Claim-Management* versucht sicherzustellen, daß Mehrleistungen durch den Kunden anerkannt und in Preisaufschlägen berücksichtigt werden. Mit den Änderungswünschen sind vielfach erhebliche Steigerungen des Auftragswertes[23], allerdings auch Verlängerungen der Bauzeit mit entsprechenden Auswirkungen auf den Finanzierungsbedarf verbunden[24]. Änderungen folgen aber auch aus eigener Forschungs- und Entwicklungs- sowie Konstruktionsaktivität des Anlagenbauers. Häufig müssen sogar besondere Maßnahmen zur Kostensenkung ergriffen werden, die das Ursprungskonzept mehr oder weniger stark verändern.

Starke Schwankungen im Auftragseingang

Unstetigkeiten bei der Auftragsgewinnung schaffen besondere Probleme für eine möglichst gleichmäßige Kapazitätsauslastung und kontinuierliche Entwicklung der Unternehmensergebnisse[25].

Stabile Marktpartnerbeziehungen

Hohe Investitionsbeträge zwingen potentielle Auftraggeber, vor einer Kaufentscheidung die Offerten der anbietenden Unternehmen sehr genau zu prüfen. Bei der Auswahl spielt es eine wichtige Rolle, ob ein Anlagenbauer die erfolgreiche Erstellung einer Referenzanlage nachweisen kann. Entscheidet sich der Kunde für ein Unternehmen und ist er mit dem fertiggestellten Projekt zufrieden, so empfiehlt es sich für ihn, bei Folgeprojekten das Risiko der Wahl eines anderen Unternehmens zu vermeiden und wieder auf den vertrauten Geschäftspartner zurückzugreifen[26].

---

[21] Vgl. Milling, 1984, S. 71; Höffken/Schweitzer, 1991, S. 9.
[22] Vgl. Diehl, 1977, S. 176.
[23] Vgl. Siepert, 1986, S. 48; Roth, 1989, Sp. 34.
[24] Vgl. Backhaus/Molter, 1983, S. 1088.
[25] Vgl. Hilkert/Krause, 1978, S. 1602; Höffken/Schweitzer, 1991, S. 9 ff.
[26] Vgl. Backhaus, 1980a, S. 6.

2. Spezifische Risiken industrieller Anlagengeschäfte

Neben diesen betriebswirtschaftlich bedeutsamen Eigenarten ist das industrielle Anlagengeschäft mit besonderen *Risiken* behaftet (vgl. Schaubild I.2).

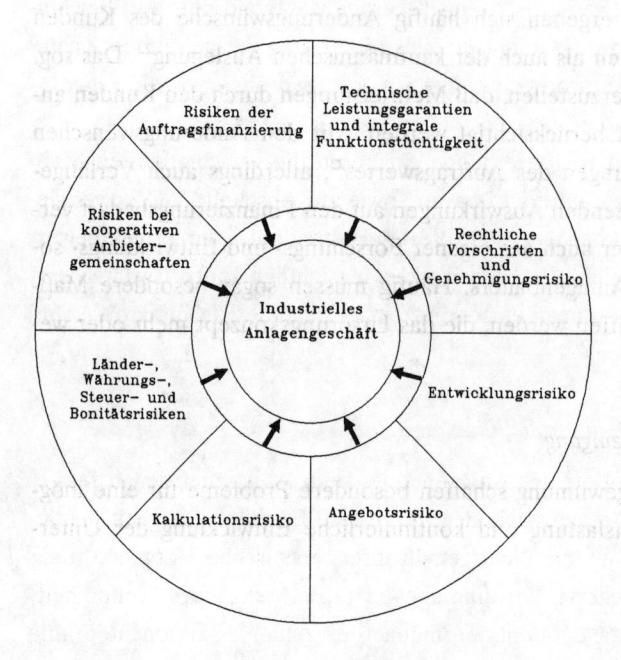

Schaubild I.2   **Spezifische Risiken industrieller Anlagengeschäfte**

Die Risiken sind stets im Zusammenhang mit entsprechenden *Chancen* zu sehen, d.h. aus den Risikoarten (insb. Kalkulations- und Festpreisrisiko) resultieren möglicherweise auch positive Ergebnisbeiträge. Einige dieser Risiken sind zwar prinzipiell nicht auf das industrielle Anlagengeschäft beschränkt, jedoch infolge der hohen Wertdimension sowie der langen Auftragsdurchlaufzeit von erheblicher wirtschaftlicher Tragweite.

Von Seiten vieler Praktiker wird in der Bewältigung der Risiken und Wahrnehmung entsprechender Chancen das Zentralproblem des Anlagengeschäfts gesehen. Dies wird allerdings dadurch erschwert, daß viele Risiken und Chancen im Vorfeld kaum abschätzbar sind und bei der Auftragsabwicklung zu schwerwiegenden wirtschaftlichen Problemen führen können[27]. Darüber hinaus bestehen zwischen den Einzelrisiken zahlreiche

---

[27] Vgl. Sürth, 1984, S. 57 ff.; eine sehr anschauliche Beschreibung der vielgestaltigen Detailprobleme bei der Vorbereitung und Abwicklung eines internationalen Anlagengeschäfts geben Blecke/Wilhelm, 1977.

Verbundwirkungen. Bspw. kann eine nicht gewährte Teilgenehmigung in Verbindung mit einem vereinbarten Festpreis zu Auftragsverlusten führen, wenn während der Verzögerung Kostensteigerungen (insb. durch erhöhten Vorfinanzierungsbedarf) eintreten und/oder Konventionalstrafen fällig werden. Die Kundenzahlungen können dann später eintreffen und sind durch das Währungsrisiko in stärkerem Maße bedroht. Darüber hinaus besteht durch den Zeitverzug die Gefahr einer Überalterung der gewählten technischen Lösung, wodurch das Gesamtprojekt in seiner Existenz bedroht wird.

Zur Beurteilung der Risiken und Risikoverbunde existieren die verschiedensten Maßnahmen, zu deren Darstellung hier auf die Literatur sowie auf Abschnitt V.C.2.c verwiesen wird[28]. Eine detaillierte Risikoanalyse sollte fester Bestandteil jeder Projektbewertung sein[29]. Dabei empfiehlt es sich, die Einzelrisiken hinsichtlich Eintrittswahrscheinlichkeit und möglicher Erfolgswirkungen einzuschätzen[30]. Folgende Risikofaktoren sind dabei besonders zu berücksichtigen:

Technische Leistungsgarantien und integrale Funktionstüchtigkeit

Mit dem Vertragsabschluß garantiert der Anlagenbauer dem Abnehmer genau festgelegte (Mindest-)Leistungen der Anlage sowie deren integrale Funktionsfähigkeit. Es besteht die Gefahr, daß einzelne Systeme nicht gemäß ihrer technischen Vorgaben funktionieren und/oder eine zugesicherte Leistungsabgabe (z.B. Menge pro Zeiteinheit) nicht erbringen. Wegen technischer Funktionsmängel einzelner Komponenten und Schnittstellenproblemen zwischen den Komponenten kann es zu Störungen oder zum Ausfall der Gesamtanlage kommen. Das Problem einer einwandfreien Abstimmung der zahlreichen Teilsysteme, die für einen störungsfreien Anlagenbetrieb unabdingbar ist, verschärft sich, wenn mehrere Anbieter an der Anlagenerstellung beteiligt sind[31].

Rechtliche Vorschriften und Genehmigungsrisiko

Der Anlagenbauer hat während der Konstruktion und Fertigung zahlreiche rechtliche Vorgaben zu beachten (insb. sicherheitstechnische Erfordernisse und Umweltschutzvorschriften) und benötigt zum Bau bzw. Weiterbau verschiedene, der jeweiligen Anlage entsprechende Genehmigungen bzw. Teilgenehmigungen[32]. Das Risiko einer nicht erteil-

---

[28] Vgl. z.B. Dreger, 1977, S. 25 ff.; Endell, 1984; Schoof, 1984; Hunsdorfer, 1985; Kley, 1986, S. 61 ff.; Backhaus/Meyer, 1987, S. 47 ff.; Backhaus/Uekermann, 1990, S. 109 ff.; Franke/Fürnrohr, 1990, S. 3 ff.; Ternirsen, 1990, S. 220 ff.; Höffken/Schweitzer, 1991, S. 31 ff.

[29] Vgl. Schoof, 1984, S. 1 ff.

[30] Vgl. Höffken/Schweitzer, 1991, S. 31 f.

[31] Vgl. Siepert, 1986, S. 49.

[32] Vgl. Roth, 1989, Sp. 36.

ten (Teil-) Genehmigung spielt insb. bei denjenigen Anlagentypen eine große Rolle, die wegen ihrer Umweltbelastung oder -gefährdung als besonders reglementierungsbedürftig angesehen werden (z.B. Kraftwerke und Chemieanlagen). Entsprechen Anlagen aufgrund verschärfter Vorschriften in ihrer technischen Auslegung nicht mehr den modifizierten Normen, so kann dies bedeuten, daß der Bau gar nicht erst anläuft oder in angearbeitetem Zustand zeitweise brachliegt.

Entwicklungsrisiko

Der Bau einer Anlage basiert auf Konstruktions- und Entwicklungsunterlagen, die teilweise eigens dafür zu schaffen, teilweise aber auch schon verfügbar sind. Im Laufe der Auftragsabwicklung kann es dazu kommen, daß sich neue technische Lösungen eröffnen, die die Anlage noch vor ihrer Fertigstellung als veraltet erscheinen lassen[33] und deshalb Anpassungsmaßnahmen hinsichtlich der konstruktiven und technischen Auslegung erfordern. Allerdings liegen hierin auch Chancen, kostengünstigere Lösungen zu finden.

Angebotsrisiko

Für die Kalkulation des Angebotspreises fallen vor Vertragsabschluß hohe Kosten an, die 3-5 % des Auftragswertes ausmachen können[34]. Da die Angebotskosten im allgemeinen nicht erstattet werden, ist in Anbetracht einer durchschnittlichen Auftragsrate von nur ca. 10 % das Risiko sehr groß, die Angebotsleistungen ohne jegliche Gegenleistung zu erbringen[35]. Damit steigt die Belastung der erhaltenen Aufträge mit den Angebotskosten der nicht erhaltenen in erheblichem Umfang[36].

Kalkulationsrisiko

Vor allem die techische Komplexität und die Langfristigkeit des Anlagengeschäfts erschweren eine exakte Kalkulation der Auftragsselbstkosten[37]. Durch falsch angesetzte Mengenverbräuche, unberücksichtigte Kalkulationsposten, fehlerhafte Einschätzung der Beschaffungspreise und vieles mehr besteht die Gefahr, die Selbstkosten falsch einzuschätzen. Findet ein zu niedrig kalkulierter Angebotspreis Eingang in den Vertrag, so er-

---

[33] Vgl. Scherer/Seyfferth, 1970, S. 7 f.

[34] Vgl. Eversheim/Minolla/Fischer, 1977, S. 7 f.; Backhaus/Dringenberg, 1984, S. 54; Hackstein/Buscholl, 1984, S. 285; Schill, 1989; Schwanfelder, 1989, S. 23; Höffken/Schweitzer, 1991, S. 17 und S. 64.

[35] Die *Auftragsrate* gibt das Verhältnis an von Anzahl erhaltener Aufträge zur Anzahl abgegebener Angebote. Zur Höhe der Auftragsrate vgl. Autorenkollektiv, 1970, S. 1566 ff.; Michels, 1971, S. 502; Grabowski, 1972, S. 3 ff.; Kambartel, 1973, S. 1 f.; Neipp, 1979, S. 15; Fischer/Minolla, 1981, S. 7; Hampl, 1985, S. 18; Höffken/Schweitzer, 1991, S. 17.

[36] Vgl. VDI, 1983, S. 37 f.

[37] Vgl. Thiele, 1977, S. 81.

scheint ein Auftragsverlust oftmals unvermeidlich[38]. Umgekehrt entstehen durch zu hoch angesetzte Kalkulationsposten zwar versteckte Gewinnpotentiale, die aber den kalkulatorischen Anlagenpreis in die Höhe treiben und damit die Auftragserlangungschance verringern. Enthalten die Vereinbarungen weder eine Preisgleitklausel noch Regelungen über die Erstattungen außergewöhnlicher Kosten, sondern einen Fixpreis, so sind alle Kostenabweichungen vom Anbieter zu tragen. Ein zu Fertigungsbeginn gewinnträchtiger Auftrag kann sich dadurch unter ungünstigen Bedingungen bis zur Fertigstellung in ein Verlustobjekt verwandeln[39]. Hier liegt eine besondere Herausforderung für eine weitsichtige und möglichst flexible Vertragsgestaltung.

Länder-, Währungs-, Steuer- und Bonitätsrisiken

Das Anlagengeschäft bewegt sich auf einem internationalen Markt, d.h. Anbieter und Nachfrager richten ihren Blick zunehmend auf ausländische Marktpartner[40]. Die Auftraggeber stammen zu einem großen Anteil aus Entwicklungs- oder Schwellenländern[41]. Die damit verbundenen Gefahren hinsichtlich der Zahlungseingänge resultieren vor allem aus dem Währungsrisiko, dem Bonitätsrisiko sowie der politischen Instabilität solcher Länder. Auch steuerliche Risiken dürfen nicht aus den Augen verloren werden[42]. Erfolgt die Montage von Anlagen in Ländern, deren Boden- und Klimaverhältnisse weitgehend unbekannt sind, so können bspw. ein unerwartet harter Boden Ausschachtungsarbeiten beträchtlich erschweren oder starke Regenfälle Montagearbeiten zum Erliegen bringen. Dadurch eintretende Verzögerungen sind meist von schwerwiegenden wirtschaftlichen Folgen begleitet. In diesem Zusammenhang darf nicht vernachlässigt werden, daß einige Schwellenländer inzwischen durch eigenes Know-how bei standardisierten Fertigungstechnologien selbst Baukapazitäten für Industrieanlagen aufgebaut haben.

Risiken bei kooperativen Anbietergemeinschaften

Vielfach werden Großanlagen von Anbieterkoalitionen in Form von Konsortien, Arbeitsgemeinschaften oder Joint Ventures erstellt. Durch eine Anbieterkoalition, in der sich selbständige Unternehmen zur gemeinsamen Abwicklung eines Anlagengeschäfts vertraglich zusammenschließen, wachsen Koordinationsaufwand und Störanfälligkeit der

---

[38] Vgl. Lindeiner-Wildau, 1986, S. 25 f.
[39] Vgl. Scherer/Seyffert, 1970, S. 8 f.
[40] Vgl. Herdmann, 1982, S. 74; Schwanfelder, 1989, S. 15 f.
[41] Vgl. Backhaus/Molter, 1984, S. 36 f.; Singer, 1986, S. 84.
[42] Vgl. Hopfenbeck, 1974; Arbeitskreis Marketing, 1978, S. 6; Spiller, 1979, S. 210 ff.; Eilenberger, 1986; Fastrich/Hepp, 1991. Zu den rechtlichen Regelungen und Möglichkeiten der Absicherung bei der Exportfinanzierung vgl. Zahn/Eberding/Ehrlich, 1986; Graf von Westphalen, 1987.

Abwicklungsprozesse deutlich an[43]. Insbesondere Schwellenländer fordern in verstärktem Maße, lokale Fertigungsanteile einzubeziehen. Die Vergabe von meist arbeitsintensiven Fertigungsaufträgen an lokale Partner, die i.d.R. über geringes Know-how verfügen und wenig bekannt sind, birgt beträchtliche Risiken hinsichtlich einer plangemäßen Auftragsabwicklung sowie der Gesamtfunktionsgarantie für die Anlage[44]. Durch juristisch einwandfreie vertragliche Regelungen, die im Anlagengeschäft meherere hundert Seiten umfassen können, ist eine genaue Aufteilung der zu erbringenden Leistungen und Haftungsbeiträge sicherzustellen[45].

Risiken der Auftragsfinanzierung

Bei hohen Auftragswerten kann vor allem in devisenschwachen Ländern das Anbieten einer Auftragsfinanzierung (financial engineering) eine für die Auftragserteilung ausschlaggebende Bedeutung erlangen[46]. Die damit verbundenen Risiken betreffen vor allem die Finanzmittelbeschaffung, Zins- und Wechselkursentwicklungen sowie die sonstigen Finanzierungskosten. Wird dem Abnehmer eine Finanzierung angeboten, so muß aus Wettbewerbsgründen häufig ein Festzins zugesagt werden. Ein gegebenenfalls ansteigendes Zinsniveau ist dann durch den Anbieter auszugleichen[47], während ein sinkender Zinssatz zusätzliche Gewinnchancen eröffnet. Zusätzlich führen internationale Unterschiede bei der staatlichen Kreditförderung zu nicht unbeachtlichen Wettbewerbsunterschieden[48].

3. Phasenstruktur der Projektabwicklung

Der Zeitraum zwischen der ersten Kontaktaufnahme mit dem Kunden und der endgültigen Abwicklung eines Projekts zeichnet sich durch besondere Ereignisse und Entschei-

---

[43] Vgl. Kutschker, 1972, S. 24; Weiss, 1981, S. 947 ff.

[44] Vgl. Arbeitskreis Marketing, 1975, S. 761 f.; Backhaus/Molter, 1984, S. 39 f.

[45] Vgl. Kirchgässer, 1981, S. 936 ff.; Molter, 1984, S. 191 ff.; detaillierte Darstellungen zum Vertragsrecht im Anlagengeschäft finden sich bei Joussen, 1981; Dünnweber, 1984; Nicklisch, 1984; Flocke, 1986.

[46] Vgl. Hopfenbeck, 1974, S. 103; Spiller, 1979, S. 211; Backhaus/Molter, 1983, S. 1078; Singer, 1986, S. 93 ff.; Endell/Reichelt, 1987, S. 195; Schwanfelder, 1989, S. 87.

[47] Vgl. Kley, 1986, S. 61 ff.; Ansorge, 1987, S. 23 f.

[48] Vgl. Herdmann, 1982, S. 72 f.; Reeder, 1982, S. 121 f.; in einem internationalen Vergleich der Exportkreditversicherungs- und Exportfinanzierungssysteme stellt Hombach eine deutliche Benachteiligung deutscher Unternehmen fest; vgl. Hombach, 1984; Hombach, 1987, S. 108 ff.

dungen aus, die abhängig sind vom zeitlichen Stand des Projektfortschritts[49]. Es ist daher üblich, bestimmte Zeitspannen so in Phasen zusammenzufassen, daß die Ergebnisse am jeweiligen Phasenende als input-Größen in die darauffolgende Phase eingehen (vgl. Schaubild I.3). Die Phasendarstellung bezieht sich auf die nach außen gerichtete Beziehung zum Abnehmer und der diesbezüglichen Abwicklung des Anlgengeschäfts. Interne Aktivitäten der Auftragsplanung und -überwachung sind damit nicht erfaßt.

ANFRAGEPHASE
unverbindlicher Schätzwert für das Auftragsvolumen

↓

ANGEBOTSPHASE
Abgabe eines Angebots i.S. einer Maximalpreisvorstellung

↓

PHASE DER VERHANDLUNGEN MIT KONSORTIALPARTNERN
Abgabe eines gemeinsamen Angebots

↓

PHASE DER VERHANDLUNGEN MIT DEM ABNEHMER
verbindliche Festlegung der Kontraktbedingungen

↓

ERSTELLUNGSPHASE
Abnahmeerklärung durch den Kunden

↓

GEWÄHRLEISTUNGS- UND BETREUUNGSPHASE
Ablauf der Gewährleistungs- bzw. Vertragsfristen

Schaubild I.3   **Phasenstruktur industrieller Anlagengeschäfte**

---

[49] Vgl. Keist, 1984, S. 12 ff.; Plinke, 1985, S. 7 ff. Zu den einzelnen Aktivitäten bei der Abwicklung eines Anlagengeschäfts vgl. Hahn/Laßmann, 1990, S. 88 f.

Die einzelnen Phasen können folgendermaßen charakterisiert werden[50]:

1) Anfragephase

Von Seiten potentieller Kunden ergehen Anfragen über nur sehr grob spezifizierte Anlagen. Der Anbieter hat zunächst zu prüfen, ob die angefragte Anlage im Einklang mit seinem Liefer- und Leistungsspektrum steht. Um eine gewissenhafte Bearbeitung der Anfragen zu gewährleisten, sind daraufhin wegen ihrer großen Anzahl diejenigen auszuwählen, die in wirtschaftlicher Hinsicht interessant erscheinen. Die kategorische Ablehnung einer Anfragebearbeitung ist bspw. denkbar, wenn der potentielle Auftraggeber wegen seiner schlechten Bonität bekannt ist. Entspricht ein Projekt den Zielvorstellungen des Anbieter und sieht er Chancen für eine Auftragserlangung, erfolgt auf der Grundlage des nicht näher spezifizierten Liefer- und Leistungsumfanges eine unverbindliche Schätzung des Auftragwertes, die im wesentlichen dazu dient, das Investitionsvolumen des Kunden zu umreißen[51].

2) Angebotsphase

Auf der Grundlage der in der Angebotsphase zu erarbeitenden technischen Lösung sowie der Selbstkostenkalkulation wird dem Kunden ein Angebot für die ausgeschriebene Anlage unterbreitet, welches für den Anbieter i.d.R. verbindlichen Charakter hat. Bestandteile des Angebots sind die technische Projektierung, Liefertermine, juristische Angebotsbedingungen und ein erster Angebotspreis mit den zugehörigen Zahlungsbedingungen[52]. Falls der Angebotspreis im Rahmen eines Festpreisangebots keine flexiblen Bestandteile (Preisgleitklauseln o.ä.) enthält, darf er grundsätzlich nicht mehr ohne Änderung der zugrundeliegenden Leistung überschritten werden. Bei neuartigen Anlagen ist eine Festpreisangabe in der Angebotsphase außerordentlich risikobehaftet. Daher sieht das Preisrecht für öffentliche Aufträge in Deutschland in derartigen Fällen Selbstkostenerstattungspreise vor, die auch eine vorgegebene Gewinnmarge enthalten[53].

3) Phase der Verhandlungen mit Konsortialpartnern

Soll der in Aussicht stehende Auftrag zusammen mit anderen Unternehmen abgewickelt werden, so wird in Abstimmung mit den Konsortialpartnern ein gemeinsames Angebot

---

[50] Die Phaseneinteilung erfolgt hier in Anlehnung an Backhaus/Günter, 1976, S. 255 ff.; Engelhardt, 1977, S. 24 ff.; Backhaus, 1990, S. 391 ff.

[51] Man spricht in diesem Zusammenhang häufig von der *Größenordnung* des Projekts.

[52] Vgl. Kambartel, 1973, S. 12 f.; Eversheim/Koch, 1984, S. 114.

[53] Zu den Leitsätzen für die Preisfindung bei öffentlichen Aufträgen (LSP) vgl. insb. Ebisch/Gottschalk, 1987; Sakerer, 1988; Michaelis/Rhösa, 1990.

erarbeitet. Besonderes Augenmerk ist dabei auf eine genaue Abgrenzung der von den jeweiligen Unterlieferanten zu erbringenden Leistungen sowie auf die Koordination der Teilleistungen zu legen.

4) Phase der Verhandlungen mit dem Abnehmer

Ist kein Festpreis angegeben, so geht es in den Verhandlungen zwischen Abnehmer und Anlagenanbieter neben der exakten Bestimmung des Liefer- und Leistungsumfangs in erster Linie um die Aushandlung von Auftragspreis und Zahlungsbedingungen, wobei das Angebot die Verhandlungsgrundlage darstellt. Gelangt man zu einer Einigung, so liegt als Ergebnis zum einen der genaue Liefer- und Leistungsumfang, zum anderen der dafür zu zahlende, juristisch abgesicherte Auftragspreis fest. Dabei wird gewöhnlich kein Gesamtpreis für den kompletten Auftrag vereinbart; üblich sind vielmehr mehrere nach Teilleistungen strukturierte Einzelpreise und daraus abgeleitete Teilzahlungen. In die vertragliche Regelung der Zahlungsmodalitäten, die häufig nach technisch fixierten Bau- bzw. Abnahmephasen gestaffelt werden, sind ggf. zusätzliche Finanzierungsforderungen des Kunden einzubinden.

5) Erstellungsphase

Innerhalb dieses Zeitraumes, den man oftmals etwas unscharf als Lieferphase bezeichnet, wird die Anlage gemäß den Vertragsvereinbarungen im Detail konstruiert, gefertigt und montiert. Die sich während der Abwicklung ergebenden Änderungen des ursprünglich Liefer- und Leistungsumfangs sowie der entsprechenden Gegenleistung sollten nach Möglichkeit vertraglich abgesichert werden (Claim-Management). Das Ende der Erstellungsphase bildet die Abnahmeerklärung des Kunden.

6) Gewährleistungs- und Betreuungsphase

Bis zum Ende der Gewährleistungsfrist ist der Anbieter verpflichtet, Fehler und Störungen im Anlagenbetrieb zu beseitigen. Während und häufig auch noch im Anschluß an diese Phase begleitet der Anbieter den Betrieb der Anlage, indem er bspw. Anlagenersatzteile liefert und/oder verschiedene Serviceleistungen wie Wartung und Schulung erbringt. Teilweise unterstützt der Anlagenbauer den Abnehmer als eigentlichem Anlagenbetreiber bei der Vermarktung der hergestellten Produkte oder nimmt diese im Rahmen von Kompensationsgeschäften selber ab. Auch wird eine ggf. vereinbarte Absatzfinanzierung zum Abschluß gebracht. Das Ende dieser Phase ist von den im Einzelfall getroffenen Vereinbarungen abhängig.

Für einige Aussagezwecke ist es sinnvoller, bestimmte Phasen zu einer übergeordneten Einheit zusammenzufassen. Dabei wird der Vertragsabschluß als auftragsentscheidender Zeitpunkt zur Phasenunterscheidung herangezogen. Der Zeitraum vor Vertragsabschluß wird im folgenden als *Akquisitionsphase*, der Zeitraum nach Vertragsabschluß bis zum Ende der Gewährleistungsphase als *Abwicklungsphase* bezeichnet. Sind nach Ablauf der Gewährleistungsphase noch den Auftrag betreffende Geschäftsvorfälle abzuwickeln (z.B. Auftragsfinanzierung, Raten an die Hermes-Kreditversicherung, Ersatzteillieferungen), wird für diesen Zeitraum, dessen Umfang beträchtlich sein kann, der Begriff *Nachlaufphase* verwendet. Die *Projektdauer* schließlich überspannt sämtliche der genannten Einzelphasen.

II. Ausgangsbedingungen des industriellen Anlagengeschäfts und Anforderungen an eine Erfolgsplanungs- und -überwachungsrechnung

A. Unvollkommenheit der Informationen als besonders schwerwiegendes Planungsproblem industrieller Anlagengeschäfte

Zu Beginn eines Anlagengeschäfts haben die Projektverantwortlichen zahlreiche in die Zukunft gerichtete Entscheidungen zu treffen, die für den technischen und wirtschaftlichen Erfolg des Geschäfts von grundlegender Bedeutung sind. Dazu benötigen die Entscheidungsträger möglichst gesicherte Informationen in bezug auf die anzustrebenden Ziele, die zur Verfügung stehenden Handlungsmöglichkeiten sowie die Umweltlagen[1]. Wie in Schaubild II.1 dargestellt, kann man grundsätzlich drei Informationszustände unterscheiden[2]. Verfügt der Entscheidungsträger über sämtliche entscheidungsrelevanten Informationen, kann er mit Sicherheit die Verhältnisse nach dem Entscheidungszeitpunkt vorherbestimmen (*vollkommene Information*)[3]. Dieser Situation fehlt im Anlagengeschäft ebenso die praktische Relevanz wie dem Fall, daß der Entscheidungsträger gar keine Informationen besitzt (*vollkommene Ignoranz*)[4]. Bei den sehr wichtigen Entscheidungen während der frühen Projektphasen handelt es sich deshalb um Entscheidungen, bei denen die Entscheidungsträger über *unvollkommene Informationen* verfügen. Besondere Probleme bereitet vor allem die Unvollkommenheit der Informationen über die Umwelt, die sich auf vergangene, gegenwärtige oder zukünftige Ereignisse beziehen kann[5].

Die Unvollkommenheit der Informationen über *vergangene* Ereignisse offenbart sich bei Planungstätigkeiten insb. dann, wenn zur Planung notwendige Informationen in der Vergangenheit bereits erarbeitet worden, dem Planungsträger jedoch gegenwärtig nicht bekannt sind. Dieses Problem wird bspw. bei einer Anlagenprojektierung und Vorkalkulation wirksam, die aufgrund fehlender Datendokumentation nicht auf die Unterlagen eines vergleichbaren früheren Auftrages zurückgreifen können. Die Unvollkommenheit der Informationen bezüglich *gegenwärtiger* Umweltlagen, die in den meisten Fällen durch Maßnahmen der Informationsbeschaffung reduziert werden kann, ist u.a. die Ursache

---

[1] Vgl. Mag, 1990, S. 6 f. und S. 43 ff.; Schneider, D., 1990, S. 339 f.
[2] Vgl. Mag, 1990, S. 8.
[3] Vgl. Mag, 1977, S. 17 f.; Bamberg/Coenenberg, 1991, S. 18 f.
[4] Vgl. Mag, 1977, S. 17.
[5] Vgl. Arbeitskreis Hax, 1964, S. 688.

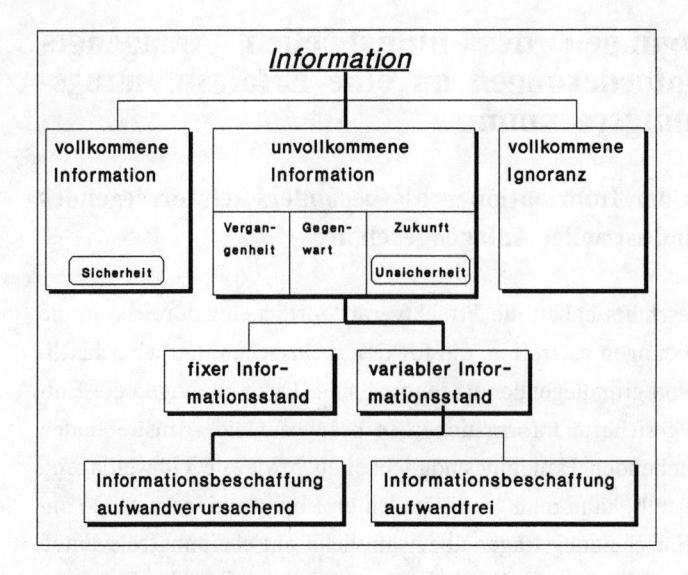

```
                         Information
            ┌─────────────────┼─────────────────┐
    vollkommene         unvollkommene       vollkommene
    Information          Information         Ignoranz
                    ┌────────┬────────┐
                    │Vergan- │ Gegen- │ Zukunft │
                    │genheit │  wart  │         │
     Sicherheit                        Unsicherheit
                         ┌──────┴──────┐
                    fixer Infor-  variabler Infor-
                    mationsstand    mationsstand
              ┌────────────┴────────────┐
    Informationsbeschaffung    Informationsbeschaffung
    aufwandverursachend            aufwandfrei
```

Schaubild II.1 Informationszustände

für einen geringen Detaillierungsgrad der Projektbearbeitung während der Akquisitionsphase. Der Zustand der unvollkommenen Information über die *zukünftig* zu erwartende Umweltlagen wird als *Unsicherheit* bezeichnet[6]. Die Unsicherheit bildet ein inhärentes Problem der technischen und wirtschaftlichen Planung eines Anlagengeschäfts und beeinflußt nachhaltig die Ausagekraft von Planungsinformationen[7].

Das grundlegende Prognoseproblem bleibt völlig unberührt davon, ob die Planungsrechnung auf Kosten oder Auszahlungen basiert, da man zukünftigen Ereignissen und Veränderungen der Umweltzustände in beiden Fällen mit der gleichen Unkenntnis gegenübersteht. Die in einer Planungsrechnung zu berücksichtigende Prognoseunsicherheit ist also scharf zu trennen von der Frage, in welcher Weise eine kostenorientierte Rechnung zu anderen Planungsergebnissen gelangt als eine zahlungsorientierte Rechnung.

Die Planungsunsicherheit erstreckt sich auf zahlreiche für den wirtschaftlichen Erfolg wesentliche Parameter wie Materialpreis- und Wechselkursentwicklungen, Verbräuche an Material und Arbeitsstunden, politische und steuerliche Veränderungen im eigenen sowie im Abnehmerland u. dergl. Der unvollkommene Informationsstand kann *fix* oder

---

[6] Die Schlußfolgerung, daß bei unvollkommener Information auch Unsicherheit vorliegt, ist nicht zulässig, da Unkenntnis über Sachverhalte aus der Vergangenheit einen Fall der unvollkommenen Information, nicht jedoch der Unsicherheit darstellt; vgl. auch Wittmann, 1959; Schneider, D., 1990, S. 340 f.

[7] Vgl. Thiele, 1977, S. 82.

variabel sein. Handelt es sich um einen variablen Informationstand, ist zu unterscheiden, ob Informationen mit oder ohne Aufwendungen zu beschaffen sind. Da die Beschaffung zusätzlicher Informationen im Anlagengeschäft, bspw. mittels detaillierterer Projektierungen oder genauerer Kalkulationen auf der Grundlage von Lieferantenanfragen, überwiegend zu beträchtlichen Kosten bzw. Auszahlungen führt, entsteht ein Entscheidungsproblem im Hinblick auf die Bestimmung des Genauigkeitsgrades der Angebotsbearbeitung. Die für das industrielle Anlagengeschäft geltenden Informationszustände sind in Schaubild II.1 fett gekennzeichnet.

Die frühen Phasen industrieller Anlagengeschäfte, in denen die erfolgswirtschaftlich wichtigsten Entscheidungen zu treffen sind, werden geprägt durch eine besonders hohe Unvollkommenheit der Informationen. Die Projektbearbeiter sehen sich bereits sehr frühzeitig gezwungen, den Abwicklungsprozeß der Anlagenerstellung in ihren Planungsüberlegungen zu antizipieren[8]. Bei sinkender Unvollkommenheit der Information, die durch zusätzliche Informationsbeschaffung hinsichtlich vergangener, gegenwärtiger und zukünftiger Ereignisse zu erreichen ist, nimmt die Prognosegenauigkeit zu[9].

Der Informationsstand verändert sich bei Anlagengeschäften phasenspezifisch (vgl. Schaubild II.2)[10]. Während der Anfrage- und Angebotsphase bleibt der Informationsstand aufgrund vager Spezifizierungen der Anlage vergleichsweise gering und steigt erst kurz vor der verbindlichen Angebotsabgabe stärker an. Während des Verhandlungsprozesses werden eine Vielzahl von technischen und kaufmännischen Details geklärt, so daß die Informationen deutlich zunehmen. Die nach Auftragserteilung endgültig festgelegte Anlagenauslegung läßt den Informationsstand in der Erstellungsphase auf ein Niveau ansteigen, wie es bei einer identischen Wiederholung einer Anlagenerstellung anzutreffen ist. In Abhängigkeit von den Ereignissen nach der Inbetriebsetzung ergeben sich zusätzliche Informationen in der Gewährleistungsphase.

Der in Schaubild II.2 dargestellte Kurvenverlauf kann nur einen tendenziellen Verlauf der Informationszuwächse aufzeigen. Er ist im Einzelfall abhängig vom Innovationsgrad und der Komplexität der Anlage: Je höher der Innovationsgrad eines Projekts ist, desto weniger Vergleichsobjekte und Erfahrungen aus der Vergangenheit können herangezogen werden. Zusätzlich werden die bei neueren Anlagentypen häufiger auftretenden

---

[8] Vgl. Madauss, 1985, S. 303; Siepert, 1986, S. 87.

[9] Die plausible Annahme einer positiven Korrelation von Prognosegenauigkeit und Genauigkeit der Informationsgrundlage wurde von Baumann (1964) empirisch nachgewiesen; vgl. auch Wildemann, 1982, S. 155 ff.

[10] Vgl. Fischer, 1977, S. 27; Backhaus, 1980a, S. 39.

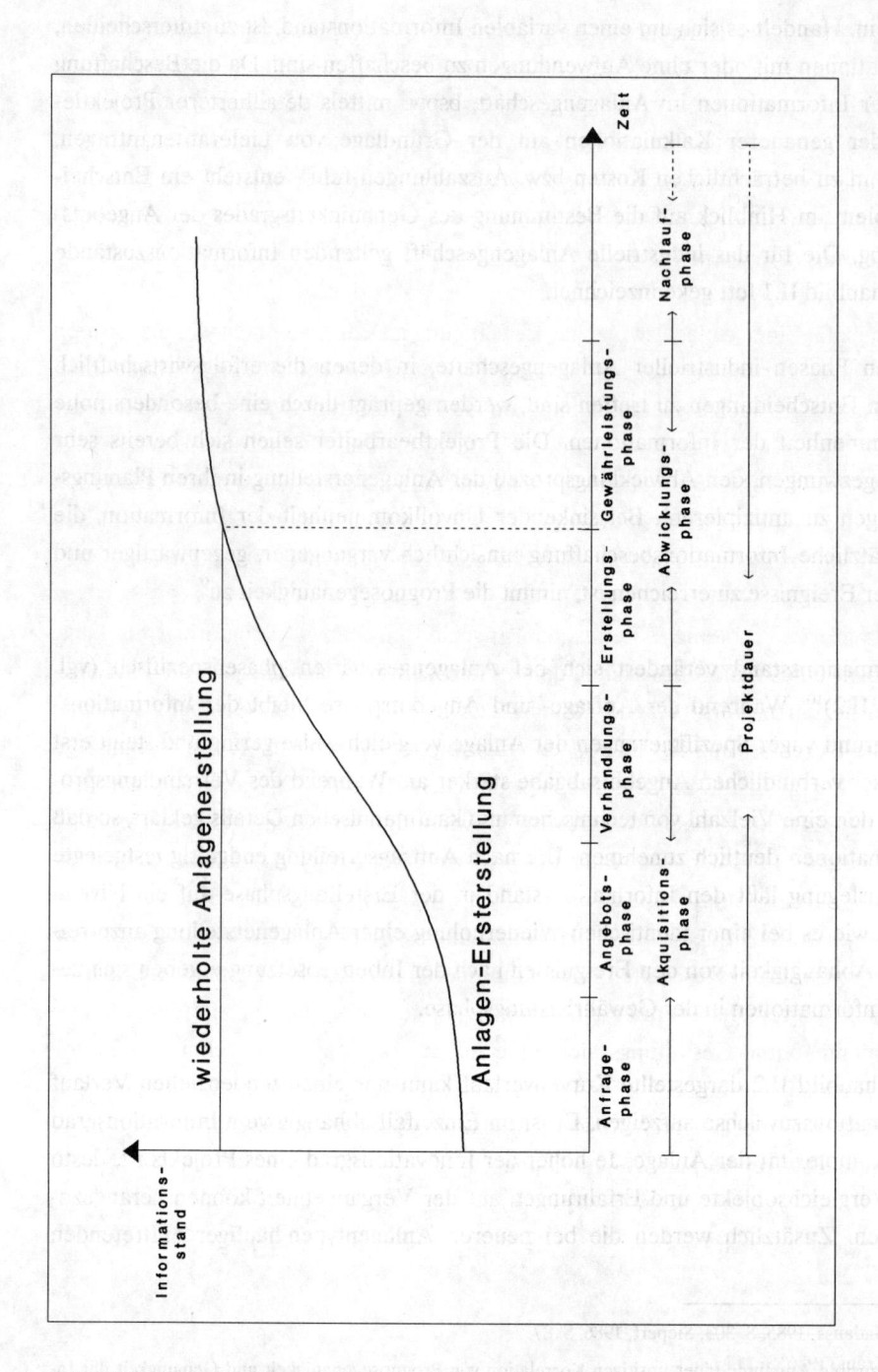

Schaubild II.2 Entwicklung des Informationsstandes in Abhängigkeit vom Projektfortschritt

Änderungswünsche des Kunden, die die gesamte Erstellungsphase durchziehen können, eine Verschlechterung der Datensituation bewirken[11]. Wird die Möglichkeit geschaffen, bereits in frühen Stadien der Projektbearbeitung in größerem Umfang auf die Unterlagen früherer Angebote bzw. Aufträge zurückzugreifen, so bedeutet dies eine zeitliche Vorverlegung der betreffenden Informationen. Neben einer Verringerung der Planungsunsicherheit ist damit ein wesentlich rationelleres Vorgehen bei der Anfrage- und Angebotsbearbeitung zu erreichen[12].

Die Komplexität einer Anlage zwingt zur Bewältigung großer Datenmengen, die in ihren Einzelheiten oft nur schwer beschaffbar sind. Sie verhindert die zu einem frühen Zeitpunkt äußerst aufwendige Detailplanung, da die Realisierungswahrscheinlichkeit des einzelnen Projekts i.d.R. gering ist. Hohe Neuartigkeit und Komplexität einer Anlage gemeinsam lassen die Gefahr, einzelne Elemente in der Projektierung und Kalkulation zu vergessen, zu einem Faktor anwachsen, der für den technischen und wirtschaftlichen Erfolg bzw. Mißerfolg eines Anlagengeschäfts in hohem Maße bestimmend sein kann[13].

Besonders große Probleme bereitet den Ingenieuren und Kalkulatoren die lange Durchlaufzeit eines Anlagengeschäfts, da sich der Zeitraum, auf den sich die Planungsaktivitäten beziehen, entsprechend ausdehnt. Dagegen ist die zur Verfügung stehende Zeit für die Durchführung der Planungen aufgrund von Angebotsfristen in den meisten Fällen sehr knapp bemessen. Die Prognoseunsicherheit nimmt zu, je weiter die Zeiträume in die Zukunft reichen, wodurch die Gewinnung hinreichend genauer Planungsunterlagen immer diffiziler wird. Auch die Schätzung der Projektdauer oder der Lieferfrist an sich ist nicht unproblematisch und von erfolgswirtschaftlicher Relevanz, wenn man bspw. an Konventionalstrafen bei Terminüberschreitungen, Wechselkursänderungen bei Fremdwährungsgeschäften oder Zinsänderungsrisiken bei Festzinsvereinbarungen denkt. Andererseits eröffnet eine längere Projektzeit Möglichkeiten für Anpassungsmaßnahmen und Gestaltungsspielräume zur Erforschung neuer technischer Lösungen, zur Rationalisierung der Produktion, Erschließung günstigerer Lieferquellen u. dergl., so daß mit einer längeren Abwicklungsdauer eines Anlagengeschäfts auch erfolgsverbessernde Chancen verbunden sein können.

---

[11] Vgl. Kraus, 1986, S. 114 f.
[12] Backhaus (1980, S. 41 ff.) hat eine dadurch bedingte deutliche Verkürzung der durchschnittlichen Bearbeitungszeiten von Angeboten empirisch nachgewiesen.
[13] Vgl. Kraus, 1986, S. 113 f.

B. Technische Angebotsklärung und Strukturierung der Anlage

1. Technische Angebotsklärung

Der erfolgsorientierten Planung eines Anlagengeschäfts ist stets die Ermittlung der technischen Lösung (*Projektierung*) vorgeschaltet. Einen wesentlichen Gegenstand der Projektierung bildet das *Pflichtenheft* (Lastenheft), in dem sämtliche Anforderungen an die technische Lösung sowie deren Parameter und Daten wie insb. Leistung, Abmessungen, Toleranzen, Lebensdauer, Qualitätsforderungen, Emissionsgrenzwerte sowie zu verwendende Materialien und Technologien zusammengefaßt sind[14]. Die Anforderungen werden untergliedert in Fest-, Mindest- und Wunschforderungen[15].

Gibt der anfragende Kunde ein vollständiges Pflichtenheft vor, reduziert sich die Arbeit des Anbieters auf die Überprüfung und ggf. Verbesserung der Lösung sowie auf die Untersuchung der Durchführbarkeit. In dem häufiger anzutreffenden Fall hat der Kunde nur erste Vorstellungen von den Problemlösungen. Er überläßt die Festsetzung der zahlreichen technischen Details einem sog. Consulting Engineering Unternehmen oder dem in diesen Dingen erfahrenen Anbieter[16]. Die Erarbeitung des Pflichtenhefts durch den Anbieter eröffnet ihm einerseits die Möglichkeit, die Detaillösungen auf die eigenen Stärken und spezifischen Fähigkeiten auszurichten[17], verursacht andererseits aber auch einen Mehraufwand, der das Angebotsrisiko verschärft. Falls es der Innovationsgrad der Anlage zuläßt, sollte das Pflichtenheft im Interesse eines rationellen Vorgehens anhand eines standardisierten Vordruckes oder einer Checkliste erstellt werden und in möglichst großem Umfang auf Standardbaugruppen oder -module zurückgreifen[18].

Zu Beginn der Angebotsbearbeitung ist der Detaillierungsgrad des Pflichtenhefts sowie des gesamten Anlagenengineering aufgrund der Unvollkommenheit der Informationen noch vergleichsweise gering. Mit zunehmender Projektdauer vollzieht sich das *Engineer-*

---

[14] Vgl. Kambartel, 1973, S. 20 f.; VDMA, 1985, S. 37.

[15] Vgl. Fischer, 1977, S. 4; Eversheim/Koch, 1984, S. 118 f.

[16] Unter einer *Consulting Engineering Firm* (CEF) versteht man ein Unternehmen, dessen Leistungen je nach Know-how des Kunden von einer projektbezogenen Beratung bis zur Planung und Abwicklung einer Anlagenerstellung reichen können, ohne über eigene Fertigungseinrichtungen zu verfügen. Die Consultingfirmen, die im angelsächsischen Raum ihren Ursprung nahmen, gewinnen auch im deutschsprachigen Raum, wo sie meist als Ingenieurfirmen bezeichnet werden, seit geraumer Zeit zunehmend an Bedeutung; vgl. dazu Börschlein/Kleiner, 1984, S. 31 ff.; Backhaus, 1986, S. 18.

[17] Vgl. Kraus, 1986, S. 136.

[18] Vgl. Eversheim/Koch, 1984, S. 119 ff.; VDMA, 1985, S. 37 f. und Anlagen 9, 10.

ing, welches sämtliche ingenieurmäßigen Vorleistungen zur Anlagenerstellung umfaßt[19] und die Voraussetzung für die Angebotskalkulation bildet, zumeist in vier Stufen ansteigender Präzisierung[20]:

1) Das *conceptual engineering* (front-end engineering) dient der Konkretisierung der anzuwendenden Technologien und prüft mittels einer feasibility-study die wirtschaftlichen, politischen und technischen Voraussetzungen des Anlagengeschäfts.

2) Durch das *process engineering* werden die einzusetzende Produktions- und Verfahrenstechnik sowie die terminliche und räumliche Gestaltung definiert.

3) Im *basic engineering* werden die Hauptanlagenteile sowie die wichtigsten Leistungsparameter und Schnittstellen i.S. einer Grobprojektierung festgelegt. Die hierbei gewonnenen Daten fließen in das oben erwähnte Pflichtenheft ein, das eine geeignete Grundlage für die Ausschreibung der Anlage bildet.

4) Das *detail engineering* erstellt als Feinprojektierung die genauen Konstruktionen der bisher nur grob spezifizierten Komponenten und die entsprechenden Detailzeichnungen. Darüber hinaus werden alle weiteren für die Beschaffung, Auslegung, Montage und Inbetriebsetzung wichtigen Daten fixiert.

Wenngleich es sich bei der Projektierung vornehmlich um eine technische Aufgabe handelt, dürfen Überlegungen im Hinblick auf eine betriebswirtschaftlich günstige Gestaltung der Anlagenerstellung nicht vernachlässigt werden. Eine Begleitung der Projektierung durch Maßnahmen zur betriebswirtschaften Beurteilung der jeweils erarbeiteten technischen Lösung wird vor dem Hintergrund der ökonomischen Ziele des Unternehmens unabdingbar. Dies gilt umso mehr, als sich während der Projektierungsphase in erster Linie Ingenieure mit dem Projekt beschäftigen, die erfahrungsgemäß einer in ihrem Sinne technisch optimalen Lösung einen höheren Stellenwert einräumen als einer unter wirtschaftlichen Aspekten günstigen Lösung.

---

[19] Vgl. Backhaus, 1986, S. 25.

[20] Die Unterteilung des Engineering in vier Stufen wurde in Verbindung mit dem *Projektlebensphasenschema* in der angelsächsischen Literatur entwickelt, wobei die Stufenbezeichnungen nicht durch einen einheitlichen Sprachgebrauch geregelt sind. Der Begriff des *Engineering* ist inhaltlich annähernd deckungsgleich mit dem Begriff der *Projektierung*; vgl. dazu Clark/Lorenzoni, 1978, S. 159 ff.; Stewart, 1982, S. 108 ff.; Börschlein/Kleiner, 1984, S. 33; Backhaus, 1986, S. 8 und S. 22; Kraus, 1986, S. 134 f.; Höffken/Schweitzer, 1991, S. 41 ff. und 88 ff.

2. Aufbau- und ablauforganisatorische Strukturierung der Anlage

a. Aufbauorganisatorische Strukturierung durch den Projektstrukturplan

Um das komplexe Gebilde einer Anlage für eine Erfolgsrechnung überschaubar zu machen, ist eine Aufgliederung der Anlage erforderlich[21]. Es bietet sich dazu an, einen *Projektstrukturplan* zu erstellen, der die Anlage in grafischer oder tabellarischer Form hierarchisch in ihre Bestandteile zerlegt, so daß sich eine Untergliederung des Projekts in Teilprojekte, der Teilprojekte in Unterprojekte usw. ergibt[22]. Die Strukturplanung bildet damit die Basis für die projektbezogene Mengenplanung anhand von Stücklisten, die ihrerseits ebenfalls hierarchisch aufgebaut sind[23].

Ein Projektstrukturplan kann objekt-(erzeugungs-) oder verrichtungs-(funktions-)orientiert sein. Ein objektorientierter Aufbau unterscheidet nach den einzelnen Anlagenteilen und eignet sich daher besonders für die Planung des erforderlichen Materials. Bei einer verrichtungsorientierten Vorgehensweise bestimmen die auszuführenden Tätigkeiten den Aufbau des Projektstrukturplans, so daß sich daraus die Fertigungsplanung ableiten läßt. In der Praxis finden sich meist Mischformen beider Ausprägungen, wobei auf jeder Stufe zwischen verrichtungs- und objektorientierter Struktur gewählt werden kann[24].

Die unterste Ebene eines jeden Zweiges des Projektstrukturplans bilden die *Arbeitspakete* (work packages). Sie sind hinsichtlich ihrer technischen Durchführbarkeit gut überschaubar und bedürfen innerhalb des Projektstrukturplans keiner weiteren Untergliederung[25].

---

[21] Vgl. Möckelmann, 1970, S. 38; Mellerowicz, 1980, S. 324; Kilger, 1988, S. 260 f.; Höffken/Schweitzer, 1991, S. 69.

[22] Vgl. Gewald/Kasper/Schelle, 1974, S. 16 ff.; Schulze/Sedlmayr, 1975, S. 261; Thumb, 1975, S. 392 ff.; Saynisch, 1979, S. 250; DIN 69901, 1980, S. 2; Post, 1984, S. 157 f.; Siepert, 1986, S. 87; Schwarze, 1990, S. 35. In älteren Veröffentlichungen findet sich für den Projektstrukturplan zumeist die Bezeichnung Arbeitsgliederungsplan, die sich stärker an den Begriff work breakdown structure aus der angelsächsischen Literatur anlehnt, der im Zusammenhang mit dem PERT/COST-System zur Kostenplanung und -kontrolle entstanden ist; vgl. z.B. Management Planning Systems Company, 1963, S. 2; Schelle, 1969, S. 31; Kerzner, 1979, S. 287 ff.

[23] Vgl. Backhaus, 1980a, S. 45 ff.; Mellerowicz, 1980, S. 323; Madauss, 1990, S. 180 f.

[24] Zur beispielhaften Darstellung von verrichtungs- und objektorientierten Projektstrukturplänen vgl. Eversheim/Minolla/Fischer, 1977, S. 33; Grabowski/Kambartel, 1977, S. 22 f.; Studt, 1983, S. 83 ff.; Nickel, 1985, S. 134 f.; Kraus, 1986, S. 141 f.; Schwarze, 1990, S. 36 ff.

[25] Vgl. Schelle, 1969, S. 31; Withauer, 1971, S. 614; Gewald/Kasper/Schelle, 1974, S. 25; DIN 69901, 1980, S. 1; Post, 1984, S. 160 ff.; Bretschneider, 1986, S. 559 ff.; Neubauer, 1989, S. 70 f.

Die Gliederungstiefe im Projektstrukturplan ist projektspezifisch festzulegen und wird im wesentlichen durch die Größe und Komplexität des Projekts sowie dessen Innovationsgrad eingegrenzt. Sie verfeinert sich mit zunehmender Dauer der Anfrage- bzw. Angebotsbearbeitung, teilweise bis in die Abwicklungsphase hinein[26]. Obwohl generell geltende Empfehlungen zum Vorgehen bei der Projektstrukturierung sowie zur Bestimmung des Detaillierungsgrades der Arbeitspakete angesichts der unterschiedlichen Erscheinungsformen industrieller Anlagen nur schwer zu geben sind, so läßt sich doch folgendes anmerken[27]:

- Auf den oberen Hierarchiestufen sollte eine objektorientierte Struktur gebildet werden, um sämtliche Komponenten des Projekts zu erfassen. Die unteren Ebenen hingegen sind weitgehend verrichtungsbezogen zu strukturieren, um geeignete Ansatzpunkte für die Ablaufplanung auf der Grundlage von Vorgängen zu geben.
- Zwischen den einzelnen Elementen des Projektstrukturplans, insb. den Arbeitspaketen, sollten möglichst wenige sachliche Abhängigkeiten bestehen.
- Sind für bestimmte Projektbestandteile besondere vertragliche Vereinbarungen wie die Ausweisung eines gesonderten Preises oder die Forderung nach getrenntem Kostennachweis getroffen, sollten diese als einzelne Elemente im Projektstrukturplan aufgenommen werden.
- Jedes Element des Strukturplans sollte klar spezifizierbar sein.
- Die Durchführung eines Arbeitspakets sollte ohne Unterbrechung möglich sein und nicht mehr als 20 % der Projekterstellungsphase beanspruchen.
- Die Abgrenzung eines Arbeitspakets sollte in der Weise vorgenommen werden, daß die Durchführungsverantwortung einer Organisationseinheit übertragen werden kann, um Kompetenzüberschneidungen entgegenzuwirken.

Die genannten Aspekte sind für eine schnelle, genaue und reibungslose Ableitung einer wertmäßigen Beurteilung der technischen Lösung von grundlegender Bedeutung.

b. Ablauforganisatorische Strukturierung durch den Netzplan

Da der Projektstrukturplan keine zeitliche Planung des Projektablaufs enthält, reicht dieser für den später darzustellenden dynamischen Ansatz einer Erfolgsrechnung nicht aus. Zur Schaffung eines auch zeitlich dimensionierten Mengengerüstes werden die Arbeitspakete in *Vorgänge* aufgespalten. Ein Vorgang stellt die kleinste Leistungseinheit

---

[26] Vgl. Nickel, 1985, S. 136; Höffken/Schweitzer, 1991, S. 116.

[27] Vgl. Withauer, 1971, S. 614 f.; Gewald/Kasper/Schelle, 1974, S. 17 f. und 24 f.; Grabowski/Kambartel, 1977, S. 22 ff.; Studt, 1983, S. 96 f.; Nickel, 1985, S. 136.

des Projekts dar und sollte vollständig von einer Organisationseinheit durchgeführt werden können. Anfang und Ende eines Vorgangs müssen genau definierbar sein[28]. Die Vorgänge sind auf ihre gegenseitigen Abhängigkeiten hin zu untersuchen, woraus sich eine sachlogische Abfolge aller Teilprozesse ergibt. Zur Darstellung dieser Anordnungsbeziehungen wird zweckmäßigerweise ein Graph in Form eines *Netzplans* verwendet. In Schaubild II.3 sind die Vorgänge eines Arbeitspakets in ihren ablaufbedingten Abhängigkeiten als Netzplan dargestellt[29].

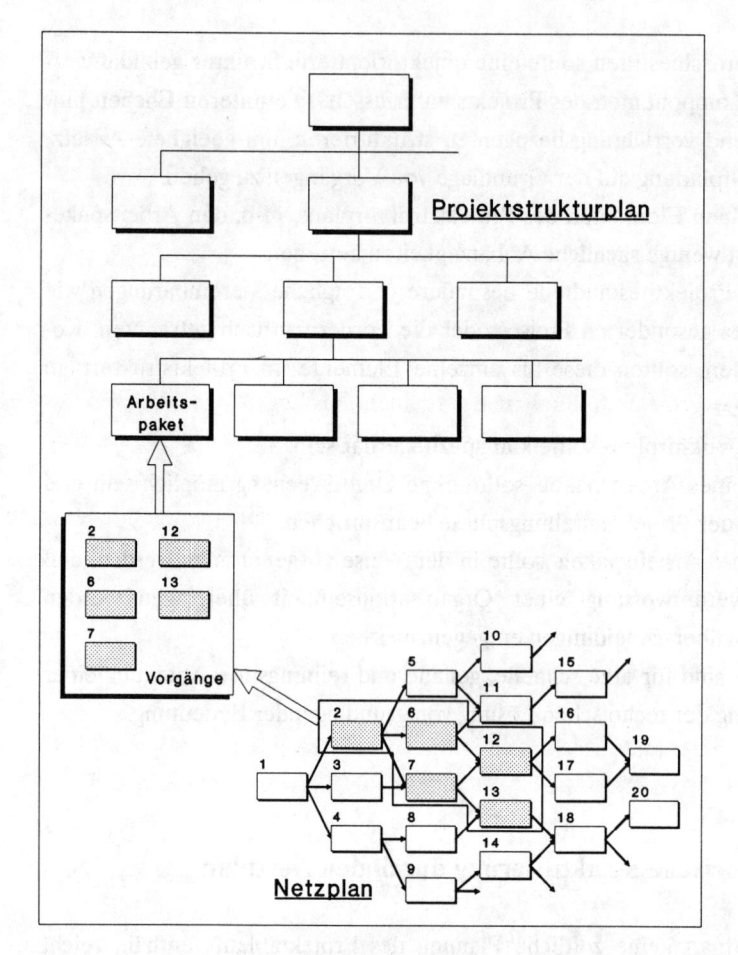

Schaubild II.3   Zusammenhang zwischen Projektstrukturplan und Netzplan

---

[28]   Vgl. Schwarze, 1979, S. 198; Nickel, 1985, S. 139 f.; Schwarze, 1990, S. 35 ff.
[29]   Vgl. Withauer, 1971, S. 615.

Es wird deutlich, daß die Arbeitspakete das Verbindungsglied darstellen zwischen der aufbauorganisatorischen Projektstrukturierung und der technisch-organisatorischen Ablaufgestaltung, die mit Hilfe der Netzplantechnik erfaßt und visualisiert werden kann[30].

Die Netzplantechnik ist ein in hohem Maße geeignetes Verfahren zur Planung, Steuerung und Kontrolle von Projekten[31]. Die Gestalt eines Netzplans einer Industrieanlage wird durch ihre technologischen und organisatorischen Abhängigkeiten unter Berücksichtigung der erwarteten Vorgangszeiten bestimmt. Auf der Grundlage des für alle Vorgänge ermittelten Zeitbedarfs kann auch die Gesamtprojektdauer ermittelt werden, wobei es sich empfiehlt, die frühesten Anfangs- und spätesten Endzeitpunkte der Vorgänge festzulegen, um daraus Pufferzeiten abzuleiten, die die terminlichen Handlungsspielräume dokumentieren[32]. Durch die zeitliche Ordnung der zur Durchführung eines Anlagengeschäfts notwendigen Vorgänge (Terminplanung) wird auch die Voraussetzung für eine zeitlich strukturierte Erfolgsrechnung geschaffen.

Um die bei Großanlagen äußerst große Anzahl an Bauteilen sowie die zahlreichen interdependenten Vorgänge beherrschbar zu machen, hat man bereits vor geraumer Zeit erkannt, daß die gesamte Projektstrukturierung von einem leistungsfähigen *Nummernsystem* (Schlüssel-, Nummernschlüssel- oder Klassifizierungssystem) begleitet sein muß[33]. Der Aufbau eines Nummernsystems, das zur besseren Systematisierung und Identifizierung der Anlagenteile und Vorgänge sehr hilfreich, wenn nicht gar unentbehrlich ist, vollzieht sich im Gleichschritt mit der Erstellung des Projektstrukturplans, so daß sich dafür ein ebenfalls hierarchischer Aufbau ergibt[34]. Die Beibehalung der Nummerung, die auch für die Kalkulationseinheiten gilt, sichert die Einheitlichkeit von Planungs-, Dokumentations- und Kontrollrechnungen während der gesamten Projektdauer.

Für die Anlagen eines Geschäftsbereichs sollten die von einem Nummernsystem durchzogenen Projektstrukturpläne nicht jeweils völlig neu erstellt werden; vielmehr sollte so

---

[30] Vgl. Schelle, 1969, S. 32; Gewald/Kasper/Schelle, 1974, S. 25 f.; Rinza, 1985, S. 75 f.; Madauss, 1990, S. 177 ff.; Höffken/Schweitzer, 1991, S. 69 ff.

[31] Vgl. Thumb, 1975, S. 245 ff.; Schwarze, 1990, S. 11 ff.

[32] Zur weiteren Darstellung der Netzplantechnik sei auf die Literatur verwiesen, die in großer Fülle vorliegt; vgl. insb. Schwarze, 1990 und die dort angegebene Literatur sowie zusätzlich Zimmermann, 1971; Wasielewski, 1975; Altrogge, 1979; Große-Oetringhaus, 1979; Saynisch, 1979; Schwarze, 1979; Rensing, 1984, S. 24 ff.

[33] Vgl. Nähring/Ziegler, 1961, S. 31; Schelle, 1969, S. 31; Withauer, 1971, S. 617.

[34] Vgl. Thumb, 1975, S. 393; Madauss, 1990, S. 181 und S. 187. Vorschläge für die Gestaltung von Klassifizierungssystemen finden sich bei Opitz/Brankamp/Wiendahl, 1970, S. 664 ff.; Michels, 1971, S. 505; Grabowski, 1972, S. 130 ff.; Schulze/Sedlmayr, 1975, S. 261 f.; Grabowski/Kambartel, 1977, S. 24 ff.; Kunerth/Werner, 1981, S. 79 ff.; Eversheim/Koch, 1984, S. 135 ff.; Hackstein/Buscholl, 1984, S. 287 ff.

weit wie möglich anhand von standardisierten, ausbaufähigen Strukturierungsschemata sowie Standard-Teilnetzplänen für sich wiederholende Arbeitsabschnitte vorgegangen werden[35]. Bestrebungen zur Normung und Typung von Bauteilen oder gar Baugruppen ermöglichen große Vereinfachungen für eine systematische Strukturierung[36]. Ein gezielter Einsatz standardisierter Komponenten setzt insb. bei CAD-gestützter Konstruktion deren zugriffsgünstige Aufbereitung und Speicherung voraus.

C. Ausrichtung des Rechnungswesens auf das unternehmerische Zielsystem

Den Gegenstand dieser Arbeit bildet ein betriebliches Informationssystem, das als Teil des Rechnungswesens neben der Erfolgsermittlung vor allem die Aufgabe hat, Informationen zur wirtschaftlichen Planung und Abwicklung der zum Bau einer industriellen Anlage notwendigen Aktivitäten bereitzustellen. Da für jeden konkreten Handlungsbedarf nach Möglichkeit mehrere Lösungsalternativen gesucht werden, von denen eine realisiert werden soll, muß diejenige ausgewält werden, die die Ziele des anlagenbauenden Unternehmens am besten erfüllt[37]. Die Bestimmung der Vorteilhaftigkeit sowie die daraus abzuleitende Auswahl einer Alternative kann immer nur im Hinblick auf bestimmte Ziele getroffen werden. Die hier betrachtete Erfolgsrechnung versteht sich als Informationssystem, das die Erreichung der wirtschaftlichen Unternehmensziele unterstützen soll; infolgedessen hat es u.a. offenzulegen, welchen Erfolgsbeitrag die einzelnen Handlungsmöglichkeiten zur Anlagenerstellung erwarten lassen bzw. erbracht haben[38]. Da die Anforderungen an das Informationssystem sowie dessen formale und inhaltliche Gestaltung erst bei Kenntnis der monetären Unternehmensziele abgeleitet werden können, ergibt sich die Notwendigkeit, Klarheit über das Zielsystem eines im Anlagenbau tätigen Unternehmens herzustellen[39].

---

[35] Vgl. Kambartel, 1973, S. 21 ff.; Madauss, 1990, S. 181 ff.; Post, 1984, S. 163 ff.; Nickel, 1985, S. 137 f.; Kraus, 1986, S. 143 f.; Höffken/Schweitzer, 1991, S. 117 f.

[36] Vgl. Möckelmann, 1970, S. 38; Thumb, 1975, S. 382 ff.

[37] Vgl. Berthel, 1973, S. 2; Mag, 1990, S. 28; Schneider, D., 1990, S. 340.

[38] Informationen werden dementsprechend auch als *zweckorientiertes Wissen* bezeichnet; vgl. Wittmann, 1959, S. 14.

[39] Unter einem *Zielsystem* versteht man die sinnvolle Ordnung der einzelnen in einem Unternehmen verfolgten Ziele (Zielbündel), zwischen denen i.d.R. vielschichtige Abhängigkeitsbeziehungen bestehen; vgl. dazu sowie zur vollständigen Formulierung eines Ziels Heinen, 1972, S. 7 f.; Berthel, 1973, S. 31 ff.; Andrä, 1975, S. 102 ff.; Bidlingmaier/Schneider, 1976, Sp. 4731 ff.; Heinen, 1976, S. 59 ff.; Hauschildt, 1980, Sp. 2420 ff.; Mag, 1990, S. 30 ff.; Schneider, D., 1990, S. 36 f.; Bamberg/Coenenberg, 1991, S. 26 ff. Zum Prozeßcharakter der Zielbildung vgl. Hauschildt, 1977, S. 77 ff.

Im allgemeinen werden von einem Unternehmen auch nicht-quantifizierbare Ziele wie Prestige- und Unabhängigkeitsstreben, Imageziele u. dergl. verfolgt; die Abbildung der relevanten Handlungsergebnisse in einem System des betrieblichen Rechnungswesens setzt jedoch voraus, daß es sich bei den Zielgrößen um quantifizierbare, monetäre Größen handelt. Nicht-monetäre Ziele, die auch für Anlagengeschäfte eine bedeutende Rolle spielen können, sind darin nicht unmittelbar zu erfassen.

Zur Ableitung eines operationalen Zielsystems eines im Industrieanlagenbau tätigen Unternehmens wird eine Unterscheidung in Sachziel und Formalziel vorgenommen[40]. Das *Sachziel* eines Anlagenbauers besteht in der Erstellung industrieller Anlagen, einschließlich der dazugehörigen Dienstleistungen. Der Projektstrukturplan ist als hierarchische Untergliederung des Sachziels eines Anlagenbauers aufzufassen. Dieses inhaltliche Ziel darf jedoch nicht auf irgendeine Art und Weise, sondern muß unter Beachtung des Wirtschaftlichkeitsprinzips, d.h. bspw. mit einem möglichst geringen Ressourceneinsatz, verfolgt werden. Das Sachziel wird somit vom *Formalziel* begleitet, das für die Wahrung der Wirtschaftlichkeit bei der Anlagenerstellung Sorge trägt. Als Formalziel, dem die Funktion des Oberziels der Unternehmung zukommt, ist zunächst die Sicherung der Überlebensfähigkeit des Unternehmens in Betracht zu ziehen. Diese Zielvorgabe scheidet wegen der ungenügenden Operationalität als formales Oberziel aus und kann allenfalls als langfristig angelegte Globalstrategie aufgefaßt werden. In den meisten Fällen stellt das *Erfolgsstreben*[41;42] als Leitmaxime jeglicher unternehmerischer Betätigung in einer wettbewerbsorientierten Wirtschaft das Oberziel dar[43]. Das Erfolgsziel wird im allgemeinen ergänzt um das *Liquiditätsziel*, das die Zahlungsfähigkeit von Unternehmen als deren grundlegende Existenzvoraussetzung sichern soll und insofern eine notwendige Nebenbedingung darstellt[44]. Infolge der Höhe und vor allem der Diskontinuität der Zahlungsein- und -ausgänge muß man dieser Aufgabe im Anlagengeschäft besondere Aufmerksamkeit widmen. Die Wahrung der Zahlungsfähigkeit sollte sich unter Berück-

---

[40] Die Unterscheidung in *Sach- und Formalziele* geht zurück auf Kosiol, 1966; vgl. dazu auch Chmielewicz, 1981b, Sp. 1607 ff.; Dülfer, 1982, S. 18; Hahn/Laßmann, 1990, S. 14 ff.

[41] Der wirtschaftliche *Erfolg* stellt das Ergebnis der Geschäftsaktivitäten dar und ergibt sich als Differenz von bewertetem Output und bewertetem Input eines Betrachtungszeitraumes oder -objekts; bei positiver Differenz liegt ein *Gewinn* vor, andernfalls ein *Verlust*. Die Begriffe Erfolg und Ergebnis werden synonym verwendent. Vgl. Hahn/Laßmann, 1990, S. 15; zur empirischen Zielforschung vgl. Hauschildt, 1977, S. 2 ff. und die dort angegebene Literatur.

[42] Auf die unterschiedlichen begrifflichen Inhalte des Gewinnbegriffs weist Busse von Colbe bereits 1964 (S. 616) hin; vgl. auch die zusammenfassende Diskussion bei Kirsch, 1968, S. 28 ff.

[43] In der Literatur werden eine Reihe weiterer Formalziele diskutiert; vgl. z.B. Heinen, 1976, S. 59 ff. Diese Ziele lassen sich jedoch i.d.R. auf das Erfolgsziel zurückführen und werden dementsprechend nicht weiter betrachtet.

[44] Zum Liquiditätsziel vgl. allgemein Chmielewicz, 1972, S. 46 ff.; Berthel, 1973, S. 110 ff.; Kupsch, 1979, S. 82; Franke/Hax, 1990, S. 15 ff.; Wurl, 1990, S. 28 ff. und S. 60 ff.

sichtigung des übergeordneten Erfolgsziels vollziehen, indem insb. unnötig hohe Liquiditätsvorhaltungen, die von ungünstigen erfolgswirtschaftlichen Auswirkungen begleitet sind, vermieden werden[45].

Schaubild II.4 veranschaulicht das Zusammenspiel von Erfolgs- und Liquiditätsziel[46]. Die hier für den Anlagenbau angenommene Zielsetzung - möglichst hoher Gewinn bei niedriger Liquiditätsvorhaltung - wird unter Berücksichtigung eines Mindesterfolges bzw. einer Mindestliquidität dargestellt[47].

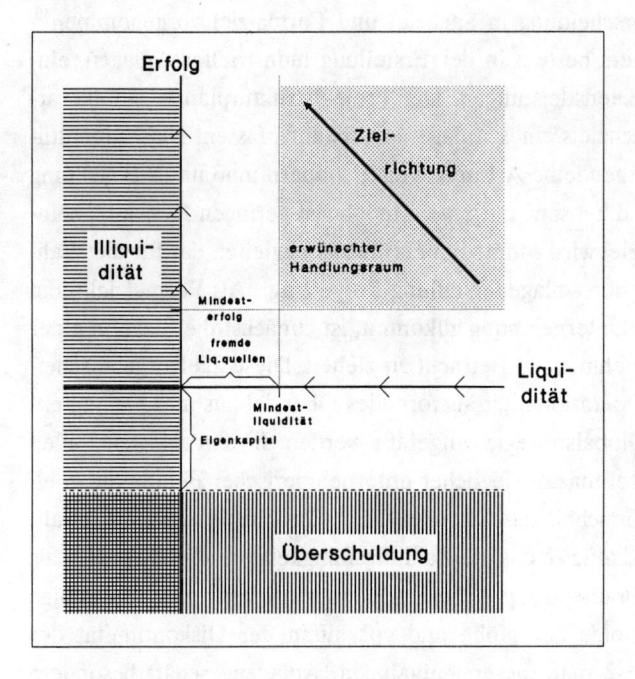

Schaubild II.4   Zusammenspiel von Erfolgs- und Liquiditätsziel

Finanzwirtschaftliche Ziele spielen darüber hinaus in einem anderen Zusammenhang eine wichtige Rolle: Ein Unternehmen ist zur Sicherung des eigenen Fortbestandes sowie zur Expansion darauf angewiesen, daß externe Kapitalgeber in ausreichendem Maße

---

[45] Vgl. Klein, 1984, S. 324 ff. In der finanzwirtschaftlichen Literatur wird in diesem Zusammenhang von der *Wahrung des finanziellen Gleichgewichts* gesprochen; vgl. z.B. Süchting, 1989, S. 16. Zum Verhältnis von Liquiditäts- und Erfolgsziel vgl. auch Massig, 1975, S. 37 ff.; Wurl, 1990, S. 33 ff.

[46] In Anlehnung an Chmielewicz, 1988b, S. 40. Zum Zielsystem einer integrierten Erfolgs- und Finanzplanung vgl. Chmielewicz, 1972, S. 33 ff.; Chmielewicz, 1976a, S. 84 ff.; Chmielewicz, 1981a, S. 91 f.

[47] Daneben sind verschiedene *Human-* bzw. *Sozialziele* der Mitarbeiter sowie zahlreiche *umweltbedingte Vorgaben*, die zu exogenen Einengungen des Handlungsspielraums führen, zu berücksichtigen. Vgl. dazu Hauschildt, 1977, S. 173 ff.; Hahn/Laßmann, 1990, S. 20 ff.

und zu tragfähigen Konditionen Finanzmittel für die geplanten Projekte zur Verfügung stellen. Im Hinblick auf die Eigenkapitalgeber muß gerade ein Unternehmen des industriellen Anlagenbaus wegen der beträchtlichen Projektdauern darauf bedacht sein, langfristige Kapitalanleger zu gewinnen. Diese haben bei ihrer Anlageentscheidung vor allem langfristige Gewinnerwartungen im Auge und beurteilen Unternehmen mit kurzfristigen Ergebnisschwankungen eher negativ. Für die Unternehmensleitung entsteht dadurch eine mittelbare Verpflichtung, eine Politik der Ergebnis- bzw. Dividendenverstetigung zu betreiben, was auch zu einer besseren finanzanalytischen Bewertung führt[48]. Von zentraler Bedeutung für die Fremdkapitalgeber sind Bilanzkennzahlen, die zur Unternehmensbewertung herangezogen werden, so daß von Seiten des Unternehmens zur Sicherung und Neuerschließung günstiger Kreditquellen auf eine entsprechende Bilanzstruktur hinzuwirken ist. Um die Bereitschaft der Eigen- und Fremdkapitalgeber zu fördern, dem Unternehmen auch in Zukunft genügend Finanzmittel zufließen zu lassen, ist es mithin unerläßlich, finanzwirtschaftliche Ziele in das unternehmerische Zielsystem aufzunehmen[49].

Im industriellen Anlagenbau kommt dem *Verhältnis vom Unternehmens- und Projektziel* besondere Bedeutung zu, da einzelne Aufträge, die gewöhnlich in Form einer Projektorganisation abgewickelt werden, einen gewichtigen Einfluß auf das Unternehmensergebnis haben. Den Projektgruppen sind Unter- bzw. Projektziele vorzugeben, da die Entscheidungen in den (organisatorischen) Teilbereichen aufgrund zerschnittener Wirkungsketten häufig nicht unmittelbar in Ausrichtung auf das unternehmensbezogene *Oberziel der Erfolgsoptimierung*[50] getroffen werden können. Die Verfolgung der projektbezogenen Unterziele sollte eine möglichst weitreichende Annäherung an das unternehmensbezogene Erfolgsziel erlauben[51]. Dazu muß ausgehend von einer Analyse der Zielbeziehungen versucht werden, die Zielhierarchie derart zu gestalten, daß zwischen den Ober- und Unterzielen Zweck/Mittel-Beziehungen bestehen, wodurch eine Substitution des Oberziels durch projektbezogene Ziele ermöglicht wird[52].

---

[48] So auch Stein, 1991.

[49] Vgl. ausführlich Franke/Hax, 1990, S. 6 ff.

[50] Erfolgs*optimierung* bedeutet, daß im Falle eines positiven Erfolgs (Gewinn) dieser maximiert, im Falle eines negativen Erfolgs (Verlust) dieser minimiert werden soll.

[51] Vgl. Bidlingmeier/Schneider, 1976, Sp. 4734.

[52] Ähnlich auch Heinen, 1970, S. 25 f.; Berthel, 1973, S. 11 ff.; Heinen, 1976, S. 102 ff.; Kupsch, 1979, S. 80 ff.; Faßnacht, 1989, Sp. 2297. Die bekannteste Erfolgszielhierarchie auf Basis von Kennzahlen stellt das *Dupont-System* dar; vgl. dazu z.B. Berthel, 1973, S. 105 ff.; Kupsch, 1979, S. 86 ff. Aufgrund der vielschichtigen Interdependenzen komplexer Projekte ist die Bildung eines durchgehend konfliktfreien Zweck/Mittel-Gefüges mit erheblichen praktischen Problemen verbunden; vgl. Heinen, 1972, S. 3 f.; Bidlingmeier/Schneider, 1976, Sp. 4735; Hauschildt, 1980, Sp. 2427; Faßnacht, 1989, Sp. 2298 ff.

Grundsätzlich wird davon ausgegangen, daß der Unternehmenserfolg durch einen möglichst hohen Projekterfolg gesteigert werden soll. Das im weiteren zugrundegelegte *Projektziel* besteht daher in der *Optimierung von Auftragserfolgen* unter den jeweils extern gegebenen und intern durch die Unternehmensleitung gesetzten Nebenbedingungen. Die Beurteilung eines Anlagengeschäfts erfolgt somit auf einer *ersten projektbezogenen Beurteilungsebene* anhand des Projekterfolgs. Das Teilsystem des Rechnungswesens zur Planung und Überwachung *einzelner* Projekte bildet den Kerngegenstand dieser Arbeit.

Da die Aufträge in einem Unternehmen des Anlagenbaus wegen ihrer gemeinsamen Inanspruchnahme der Ressourcen nicht unabhängig voneinander sind, müssen sie auf einer *zweiten unternehmensbezogenen Beurteilungsebene* zusammen mit *allen* übrigen Projekten in einer Periodenerfolgsrechnung betrachtet werden. Da sich einzelne Projekte stets dem Oberziel der Unternehmenserfolgsoptimierung unterzuordnen haben, kann es im Rahmen langfristiger Programmentscheidungen bspw. dazu kommen, daß zur Sicherung der zukünftigen Erfolgsbasis des Unternehmens eine verlustbringende Referenzanlage in Auftrag genommen wird, wenn dies für den Eintritt in einen neuen Markt oder zur Ausweitung des bisherigen Marktanteils zweckmäßig erscheint. Eine allein projektbezogene Beurteilung würde zu einer Ablehnung des Auftrags führen, d.h. die Projektentscheidung wäre nicht am übergeordneten Ziel der Unternehmenserfolgsoptimierung ausgerichtet.

Aus dem Zielsystem eines anlagenbauenden Unternehmens kann mithin die Forderung nach einer *Brücke zwischen Auftrags- und Periodenerfolgsrechnung* abgeleitet werden, um die erfolgswirtschaftlichen Auswirkungen einzelner Projekte auf die periodischen Unternehmensergebnisse transparent zu machen. Es wird dadurch die Voraussetzung geschaffen für eine Einbindung der Projekte in die unternehmensinterne Periodenerfolgsplanung und -überwachung sowie in die Jahresabschlußplanung.

Die das Liquiditätsziel einbeziehende Projekterfolgsoptimierung ist nur erreichbar, wenn die Prozesse der Anlagenerstellung hinsichtlich ihrer Erfolgs- und Liquiditätswirkungen gesteuert werden können. Die dazu erforderlichen Informationen sind durch Teilsysteme des betrieblichen Rechnungswesens bereitzustellen, die im folgenden als *Erfolgsplanungs- und -überwachungsrechnung* (Erfolgsrechnung) bzw. als *Finanzplanungs- und -überwachungsrechnung* (Finanzrechnung) bezeichnet werden. Die in den Systemen ausgewiesenen Erfolgs- bzw. Liquiditätsgrößen müssen in ihrer Abgrenzung mit den entsprechenden tatsächlich verfolgten Zielgrößen übereinstimmen.

D. Anforderungen und Gestaltungsgrundsätze einer Erfolgsrechnung industrieller Anlagengeschäfte

1. Grundlegende Anforderungen

Um einen Maßstab für die betriebswirtschaftliche Beurteilung der in den folgenden Kapiteln darzustellenden kalkulatorischen bzw. zahlungsorientierten Ansätze einer Erfolgsplanungs- und -überwachungsrechnung zu erhalten, ist es notwendig, die Anforderungen an ein derartiges Rechenwerk zu beleuchten. In Abhängigkeit vom Ausmaß, in dem die beiden Ansätze den Anforderungen genügen, wird ihre Eignung als Erfolgsrechnung im industriellen Anlagengeschäft bewertet. Eine den Anforderungen genügende Rechnung führt dabei nicht zwangsläufig zu betriebswirtschaftlich günstigeren Ergebnissen der unternehmerischen Tätigkeit, sondern kann lediglich durch Aufzeigen von Einflußnahmemöglichkeiten und durch die Bereitstellung von Informationen, die dem jeweiligen Informationsbedarf angemessen sind, die Voraussetzungen dazu schaffen.

Die in der Standardliteratur zur Kostenrechnung aufgeführten allgemeinen Grundanforderungen an das interne Rechnungswesen werden hier nicht mehr diskutiert; vielmehr richten wir unser Augenmerk auf die besonderen Anforderungen an eine Erfolgsplanungs- und -überwachungsrechnung im industriellen Anlagengeschäft, die in erster Linie bestimmt werden durch die
- *Zwecke* der Rechnung
  Die von den Rechnungszwecken abzuleitenden Anforderungen werden in Abschnitt D.2 untersucht.
- *Art* und *Struktur* des Unternehmens
  Die Art und der strukturelle Aufbau eines im Anlagenbau tätigen Unternehmens hängt im Einzelfall vor allem von der technischen Ausrichtung, der Fertigungstiefe und der Art der Aufträge ab.
- *Produktions- und Absatzbedingungen*
  Von größter Bedeutung für einen anforderungsgerechten Aufbau einer Erfolgsrechnung sind diejenigen Anforderungen, die aus den Besonderheiten industrieller Anlagengeschäfte bezüglich ihrer Produktions- und Absatzbedingungen erwachsen.

Der Anspruch auf Vollständigkeit der nachfolgend dargestellten und im Verlaufe der Arbeit wieder aufgegriffenen Anforderungen wird dabei nicht erhoben, da bevorzugt solche Aspekte behandelt werden, die die Wesensunterschiede zwischen der kalkulatorischen Rechnung auf der Grundlage von Kosten und Erlösen und dem dynamischen Ansatz auf Zahlungsbasis heraustreten lassen:

Projektbezogenheit

Bedingt durch die Wertdimension der Einzelprojekte sowie die Langfristigkeit kommt der *Projekt*erfolgsrechnung im industriellen Anlagengeschäft besondere Bedeutung zu[53]. Erfolgsorientierte Vorgaben zur Planung und Überwachung beziehen sich i.d.R. auf einzelne Anlagen. Im Begriffssystem der Kosten- und Erlösrechnung stellt jede Anlage einen Kostenträger dar, dessen hohe Wertigkeit eine herausgehobene Behandlung rechtfertigt. Sämtliche Überlegungen, die sich mit der wirtschaftlichen Planung und Abwicklung einer Anlage beschäftigen, müssen nach dem Prinzip einer Gesamtrechnung den vollständigen Zeitraum von der ersten Anfrage bis zum endgültigen Abschluß des Auftrages umfassen. Die daraus folgende *periodenübergreifende* Sichtweise der Erfolgsrechnung impliziert, daß *Perioden*erfolge bei der Beurteilung *einzelner* Projekte nur über einen begrenzten Informationsgehalt verfügen[54]. Die oft zitierte Aussage von RIEGER, daß eine periodenbezogene Erfolgsrechnung Vorgänge "mit der Willkür einer Guillotine"[55] in Zeitabschnitte zertrennt und das Auftragsergebnis zum jeweiligen Periodenende ermittelt, ohne die produktions- und absatzwirtschaftlichen Zusammenhänge zu berücksichtigen, gilt für das Anlagengeschäft in besonderem Maße, da die mit einem Auftrag verbundenen Produktions- und Absatzprozesse weit über die Grenzen einer Abrechnungsperiode hinausgehen. Eine Periodenrechnung, die zwar für Aufgaben der Unternehmensführung von großer Wichtigkeit ist, vermag *allein* nicht die sachlich-zeitlichen Interdependenzen bei der Anlagenerstellung zu erfassen und kann deshalb für die Erfolgsplanung und -überwachung eines einzelnen Anlagenauftrages nur in sehr beschränktem Maße aussagefähig sein[56]. Eine *Projekterfolgsrechnung* stellt im industriellen Anlagengeschäft somit eine *unverzichtbare Ergänzung der periodenbezogenen Unternehmenserfolgsrechnung* dar, weil eine Vielzahl der für das *Auftrags*controlling notwendigen Informationen nur durch eine projektorientierte Rechnung bereitgestellt werden können. Die unterschiedlichen Betrachtungsweisen sind in Schaubild II.5 dargestellt[57].

---

[53] Vgl. Laßmann, 1979, S. 136; Riebel, 1979b, S. 877; Plinke, 1985, S. 42; Hahn/Laßmann, 1990, S. 220.
[54] Vgl. Backhaus, 1980a, S. 61.
[55] Rieger, 1928, S. 209; vgl. auch Langen, 1966a, S. 2307; Backhaus, 1980, S. 60 f.;
[56] Vgl. Laßmann, 1973, S. 16; Kücken, 1974, S. 1969; Laßmann/Vogt, 1989, Sp. 1342.
[57] Vgl. Schwanfelder, 1989, S. 31.

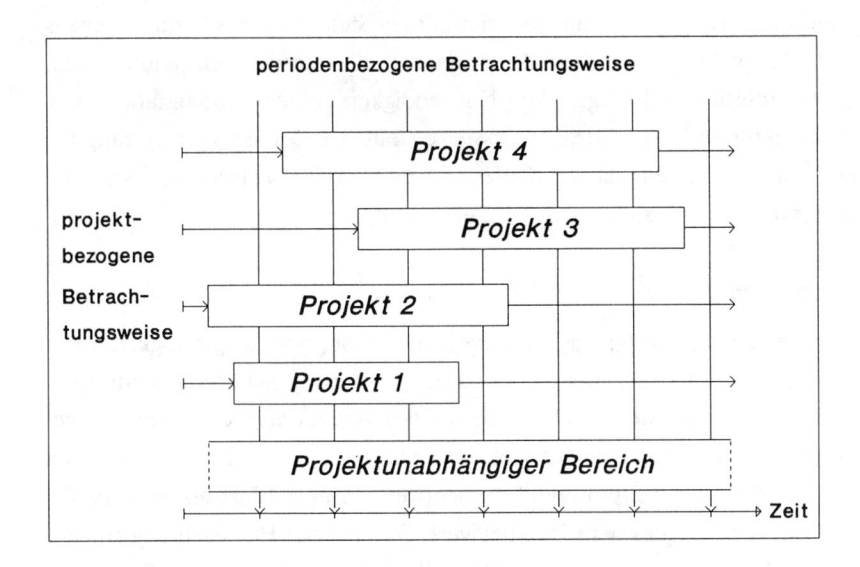

Schaubild II.5 Projekt- und periodenbezogene Betrachtungsweise der Erfolgsrechnung

Integrierbarkeit mit periodenbezogenen Rechnungssystemen

Für das *Unternehmens*controlling[58] sowie für die Erfüllung allgemeiner Rechnungslegungsvorschriften erweisen sich eine interne Periodenerfolgsrechnung sowie der übliche gesetzlich geforderte Jahresabschluß als unerläßlich. Eine Vielzahl der sich in Wirtschaftssystemen vollziehenden Prozesse ist auf periodischen Zeitintervallen aufgebaut. Die Unternehmensleitung muß bspw. zur Beurteilung der derzeitigen und zukünftigen Gesamtsituation des Unternehmens, zur bilanziellen Ergebnisplanung (Ergebnisverstetigung) u. dergl. über eine zeitraumbezogene Erfolgsrechnung verfügen, aus der Plan-Periodenerfolge für jedes Projekt bestimmbar sind[59]. Die in Arbeit befindlichen und geplanten Aufträge, die das Produktprogramm des Anbieters zu einem Zeitpunkt darstellen, sind unter Berücksichtigung ihrer gegenseitigen Abhängigkeiten und kompensatorischen oder verstärkenden Effekte periodenbezogen in ihrer Gesamtheit zu beurteilen. Die Einbindung der Projekterfolgsrechnung in die Periodenerfolgsrechnung verdeutlicht die Auswirkungen eines Auftrags auf den Unternehmenserfolg einer Periode und gibt damit auch Anhaltspunkte für die Festlegung der Periode, in der ein Auftrag ergebnis-

---

[58] Der Begriff des *Controlling*, hier verstanden als erfolgsorientierte Steuerung, wird im weiteren aufgrund seiner inhaltlichen Verschwommenheit nicht mehr verwendet; zur ausführlichen Diskussion des ControllingBegriffs vgl. z.B. Reichmann, 1990, S. 1 f.; Welge, 1988, S. 12 ff.; Horváth, 1991, S. 25 ff. sowie den Vorschlag von Küpper/Weber/Zünd, 1990, S. 281 ff.

[59] Vgl. Laßmann, 1973, S. 16 f.

wirksam abgerechnet werden soll. Zur zielorientierten Steuerung des Unternehmens sind laufende Rückkopplungen zwischen der Projekt- und Unternehmensplanung bzw. -überwachung erforderlich[60]. Infolge der Notwendigkeit einer Kombination von perioden- und projektorientierter Betrachtungsweise stellt sich der Erfolgsrechnung die Aufgabe, eine Überführbarkeit dieser beiden Bereiche zu gewährleisten, was die Bewältigung zahlreicher Schnittstellenprobleme erfordert[61].

Wertmäßige Vergleichbarkeit der Rechengrößen

Infolge der Komplexität der Fertigungsstrukturen sowie insb. der Langfristigkeit industrieller Anlagengeschäfte erstrecken sich die zu einem Auftrag gehörenden Mengen- und Wertgrößen auf die gesamte Projektdauer, die besonders durch eine lange Nachlaufphase erhebliche Zeitspannen umfassen kann. Eine weit in der Zukunft liegende Wertgröße wird aufgrund der Zeitpräferenz geringerwertig eingeschätzt als eine zeitlich naheliegende Wertgröße mit gleichem Nominalwert. Da man bei Entscheidungsträgern in marktwirtschaftlichen Systemen von der Gültigkeit der Zeitpräferenz ausgehen kann, ist nur eine integrative Betrachtung von Zeit- und Wertgrößen in der Lage, diesen Zusammenhang einzufangen[62], wobei vorausgesetzt wird, daß die Wertgrößen gemäß ihrer tatsächlichen zeitlichen Entstehung angesetzt werden. Es muß deshalb zu den elementaren Anforderungen an eine Erfolgsplanungs- und -überwachungsrechnung gehören, eine *wertmäßige Vergleichbarkeit* der Rechengrößen entsprechend ihres zeitlichen Anfalls herzustellen.

Liquiditätsbeurteilung

Aufgrund der hohen Auftragswerte, die die Finanzkraft der Käufer oftmals übersteigen, sind die Anbieter vielfach gezwungen, beträchtliche Teile der Anlage vorzufinanzieren. Umgekehrt leisten zahlungskräftige Kunden oftmals hohe Vorauszahlungen, aus denen der Anbieter möglicherweise andere Aufträge anteilig mitfinanzieren kann. Infolgedessen dürfen neben der Erfolgsbetrachtung die *finanziellen Bedingungen des Auftrages* nicht aus den Augen verloren werden. Eine mangelhafte Abstimmung der Mittelzu- und abflüsse kann angesichts der Größenordnung mancher Aufträge auch einen wirtschaftlich starken Anbieter in Bedrängnis bringen[63]. Da die in zunehmendem Maße anzubietenden

---

60 Vgl. Höffken/Schweitzer, 1991, S. 156.

61 Vgl. Hilkert/Krause, 1978, S. 1605; Saynisch, 1979, S. 262 ff. Greift man hier auch die Überlegungen der Zieldiskussion auf, so wird deutlich, daß die *Projekterfolgsrechnung als ergänzendes Informationssystem* zur Erreichung der Unternehmensziele aufzufassen ist.

62 Vgl. Saynisch, 1979, S. 246; Milling, 1984, S. 83.

63 Vgl. Klein, 1984, S. 329 f. Einen Überblick an die allgemeinen Anforderungen an ein Finanzplanungssystem gibt Günther, 1988, S. 112.

Auftragsfinanzierungen einerseits die Liquidität der Unternehmen in erheblichem Umfang belasten können und andererseits den Auftragserfolg maßgeblich beeinflussen, ergibt sich für das industrielle Anlagengeschäft die Forderung, über ein Instrument zu verfügen, welches Aussagen über die finanzwirtschaftlichen Gegebenheiten der Aufträge über die gesamte Projektdauer sowie über deren Einflüsse auf die Unternehmensliquidität erlaubt[64]. Auch die liquiditätsorientierte Auftragsbeurteilung verfügt somit neben der Einzelprojektbetrachtung über eine gesamtunternehmensbezogene Beurteilungsebene.

Hoher Einzelkosten- bzw. -auszahlungsanteil

Insb. durch die im industriellen Anlagengeschäft übliche Projekt- oder Projekt-Matrix-Organisation[65] lassen sich die Aufträge als Kosten- bzw. Auszahlungsträger recht gut isolieren. Einzelne Geschäftsvorfälle können meist ohne Probleme einem bestimmten Auftrag zugeordnet werden, was eine Bestimmung der auftragsbezogenen Kosten und Erlöse bzw. Zahlungen erleichtert[66]. Bei Unternehmen mit geringem Anteil selbsterstellter Hardware ist der Anteil der echten Gemeinkosten/-erlöse bzw. -zahlungen vergleichsweise gering. Dieser Umstand muß in der Erfolgsrechnung berücksichtigt werden, da eine vereinfachende Verrechnung von Auftragseinzelkosten bzw. -auszahlungen als unechte Gemeinkosten bzw. -auszahlungen das Ergebnis eines Auftrages durch die individuellen Gegebenheiten bei anderen Aufträgen verfälscht und somit als betriebswirtschaftlich sehr bedenklich anzusehen ist[67]. Um der Einmaligkeit einer Industrieanlage Rechnung zu tragen, sollte die Erfolgsrechnung bemüht sein, die anlagenspezifischen Gegebenheiten durch eine *möglichst weitgehende Verrechnung von Einzelkosten bzw. -auszahlungen* wiederzugeben.

Einheitlichkeit

Die projektbezogene Erfolgsrechnung im Anlagengeschäft verändert sich während der Projektdauer in ihrer Zwecksetzung und dem Durchführungszeitpunkt[68]. Um die vor allem bei Soll/Ist-Vergleichen notwendige inhaltliche Vergleichbarkeit der Rechnungsformen sicherzustellen, ist eine *Vereinheitlichung* ihrer Begriffsbezeichnungen, Mengen- und Wertgrößenabgrenzungen, ihres Aufbaus und der sonstigen Konstruktionsmerkmale

---

[64] Vgl. Buchmann/Chmielewicz, 1990, S. 78 f.

[65] Die Projekt-Matrix-Organisation ist eine spezielle Form der Projektorganisation, bei der sich die horizontalen Gliederungsebenen der Projektorganisation mit der vertikalen Gliederung der Aufbauorganisation überschneiden; vgl. dazu Pukowski, 1984, S. 221 ff.; Rinza, 1985, S. 125 ff.; Groetschel, 1989.

[66] So auch Plinke, 1984, S. 269.

[67] Vgl. Radomski/Betzing, 1977, passim.

[68] Wie in Abschnitt II.D.2 zu zeigen sein wird, handelt es sich um die verschiedenen Unterformen der Vor- und Begleitkalkulation.

unverzichtbar[69]. Die Erfüllung dieser generellen Anforderung bereitet im Anlagengeschäft aufgrund der Komplexität der Projekte und der zahlreichen Veränderungen während der mehrjährigen Abwicklungszeit besondere Probleme. Ein einheitliches Verständnis bezüglich Anlageninhalt und -struktur stellt zudem eine unabdingbare Grundlage für die reibungslose Übergabe der Daten in die verschiedenen Rechnungsformen dar.

Flexibilität

Aus der hohen Variabilität des Liefer- und Leistungsumfangs - nicht nur während der Akquisitionsphase, sondern auch nach Vertragsabschluß - resultieren hohe Anforderungen an die *Flexibilität* der Erfolgsrechnung. Änderungswünsche des Kunden bezüglich technischer Auslegung oder kaufmännischer Vertragsgestaltung müssen in ihren erfolgswirtschaftlichen Auswirkungen ohne große zeitliche Verzögerungen transparent gemacht werden, damit umgehend über eine entsprechende Anpassung der Gegenleistung verhandelt werden kann. Zusätzlich muß die Erfolgsrechnung in der Lage sein, die mit einer Anbieterkooperation verbundenen Vorgänge aufzunehmen.

Wirtschaftlich vertretbare Genauigkeit

Zweifelsohne ist von jedem Rechnungssystem hinreichende Genauigkeit bei der Erfolgsermittlung zu fordern. Wie einleitend bereits festgestellt wurde, wirken sich Ungenauigkeiten in der Vorkalkulation von nur wenigen Prozentpunkten angesichts der hohen Auftragswerte erheblich auf das absolute Auftragsergebnis aus. Wenig präzise Angaben in der begleitenden Kontrollrechnung können dazu führen, daß notwendige gegensteuernde Maßnahmen zur Erreichung der angestrebten Projektziele unterbleiben oder ungeeignete ausgesucht werden. Dem Streben nach Exaktheit sind jedoch *Grenzen der Wirtschaftlichkeit* gesetzt[70]. Dies gilt besonders für die Vorkalkulationen in der Akquisitionsphase, die sich vor dem Hintergrund des Angebotsrisikos in ihrem Detaillierungsgrad beschränken müssen, um wirtschaftlich noch vertretbar zu sein. Es ist für jedes neue Projekt ein Kompromiß zu suchen zwischen einer angemessenen Genauigkeit und der Wirtschaftlichkeit der Vorkalkulation. Die Möglichkeit zu einer engen Zusammenarbeit zwischen Projektierungs- und Vorkalkulationsabteilung spielt dabei eine besondere Rolle.

---

[69] Vgl. Hofmann, 1966, S. 1025; Fischer, 1977, S. 28; VDMA, 1983, S. 16; Erwart, 1985, S. 56.
[70] Vgl. Weber/Kalaitzis, 1984, S. 451.

EDV-Orientierung

Die drei zuvor genannten Anforderungen machen eine EDV-Unterstützung der Erfolgsrechnung notwendig. Nur durch den Einsatz von modernen Computeranlagen können die exorbitant großen Datenmengen eines Anlagengeschäfts erfaßt und verarbeitet werden, ohne gegen die Forderungen nach Einheitlichkeit, Flexibilität und angemessener Genauigkeit verstoßen zu müssen. Mit dem Computereinsatz ist allerdings keine vollständige Automatisierung der Informationsprozesse verbunden, da der Mensch integraler Bestandteil des Informationssystems bleibt[71]. Inhalt und Struktur der Erfolgsrechnung sollten in ihrer Ausgestaltung die EDV-Anwendung begünstigen.

Anwendbarkeit auf alle Auftragstypen

Auch wenn ein Trend zu Aufträgen über umfassende Liefer- und Leistungsspektren zu verzeichnen ist, beziehen sich einige Geschäfte nur auf eine Auswahl des Angebots wie z.B. Engineering, Consulting, Hardware-Lieferung, Montage oder Mitarbeiterschulung. Solche Aufträge unterscheiden sich in der Struktur der Kosten- bzw. Auszahlungsarten. Eine Bestellung über eine Hardware-Lieferung erfordert bspw. einen sehr viel größeren Materialanteil als ein Konstruktionsauftrag. Vielfach sind spezielle Methoden erforderlich, um die unterschiedlichen Liefer- und Leistungsarten erfolgsrechnerisch bewerten zu können. Eine Erfolgsrechnung muß also derart gestaltet werden, daß sie auf *sämtliche* im jeweiligen Unternehmen vorkommenden *Auftragstypen* anwendbar ist[72].

Integrierbarkeit mit projektübergreifenden Rechnungssystemen

Im industriellen Anlagengeschäft werden verlustbringende Referenzanlagen[73] vielfach in Auftrag genommen, um die Beherrschung einer bestimmten Technologie unter Beweis zu stellen und damit den Zugang zu einem neuen Markt zu erleichtern. Ein Verlustauftrag wird auch dann in Kauf genommen, wenn ein Kunde durch ein für ihn sehr attraktives Angebot im Hinblick auf spätere Aufträge an das Unternehmen gebunden werden soll. Unter Ausnutzung der Tatsache, daß die Marktpartnerbeziehungen im internationalen Anlagengeschäft recht stabil sind, werden Nachfolgeaufträge erwartet oder schon vorverhandelt, die dem Anlagenbauer einen angemessenen Gewinn einbringen (kalkulatorischer Ausgleich). In beiden Fällen ist eine betriebswirtschaftliche Beurteilung der Verlustaufträge nur unter Einbeziehung der dadurch ermöglichten Folgeaufträge sinn-

---

[71] Vgl. Nickel, 1985, S. 30 f.
[72] Vgl. Franke, 1985, S. 74 f.
[73] Günter (1979, S. 148) nennt als unterschiedliche Formen der Referenz die System-Referenz, Know-how-Referenz, Komponenten-Referenz und die Angebotspartner-Referenz.

voll[74]. Zur Abbildung dieser Verbundwirkungen ist eine *projektübergreifende Rechnung* mit dynamischem Zeitbezug erforderlich, die alle diejenigen Aufträge gemeinsam erfaßt, die in der beschriebenen engeren finalen Beziehung zueinander stehen. Neben diesen zeitlich-vertikalen sind zeitlich-horizontale Interdependenzen zu berücksichtigen, die die Abhängigkeiten zwischen den Projekten im Rahmen der Auftragsselektion betreffen (Projekt-Programmrechnung)[75].

Lebenszyklusorientierung

Der wesentliche Einfluß der Projektierung auf die Kosten- bzw. Auszahlungen sowohl der Erstellung als auch der Nutzung einer Anlage läßt es naheliegend erscheinen, die Erfolgsrechnung für die Ergänzung um ein Rechnungssystem offenzuhalten, welches eine erfolgswirtschaftliche Beurteilung der technischen Auslegung einer Anlage für den Zeitraum ihrer Nutzung bis zur Ausmusterung erlaubt[76]. Die Forderung nach einer *projektlebenszyklusorientierten* Rechung wird durch das Interesse des Kunden genährt, welches sich nicht nur auf den Verkaufspreis der Anlage, sondern auch auf die Wirtschaftlichkeit des Anlagenbetriebes richtet. Einer derart übergreifenden Rechnung steht jedoch zum einen entgegen, daß die Anlagennutzung i.d.R. in autonomer Bestimmung des Abnehmers liegt und damit den Annahmen, auf denen die Wirschaftlichkeitsschätzungen beruhen, eine annähernd sichere Grundlage fehlt. Zum anderen sind die zukünftigen Veränderungen der Parameter, die den wirtschaftlichen Erfolg des Anlagenbetriebs determinieren, kaum überschaubar. Eine fundierte lebenszyklusorientierte Projektrechnung kann daher nur in enger und intensiver Zusammenarbeit mit dem Kunden erstellt werden.

Entscheidungsorientierung

Das Projektmanagement ist während der Projektdauer laufend aufgefordert, ergebniswirksame Entscheidungen zu treffen, wobei die Anfrage- und Auftragsselektionsentscheidungen sowie die erforderlichen Anpassungen bei kunden- und anbieterbedingten Änderungen des Liefer- und Leistungsumfangs eine herausragende Stellung einnehmen. Betriebswirtschaftlich fundierte Entscheidungen können in vielen Fällen nur anhand einer Rechnung getroffen werden, die lediglich die *entscheidungsrelevanten* Wertgrößen berücksichtigt[77]. Die Informationen sind in der Weise zu verdichten, daß den Entschei-

---

[74] Vgl. zu den Verbundformen Engelhardt, 1976, S. 77 ff.; Backhaus, 1980a, S. 72 ff.

[75] Vgl. Backhaus, 1980a, S. 102 ff.; Plinke, 1984, S. 282 ff.

[76] Dieser Gedanke führte insb. in der anglo-amerikanischen Literatur zur Entwicklung des *Life-cycle-cost-Ansatzes*; vgl. Abschnitt V.C.2.e.(1).

[77] Aus dieser Erkenntnis heraus sind die verschiedenen Systeme der Teilkostenrechnung entstanden.

dungsträgern auf den jeweiligen Projektebenen nur solche Informationen zugeführt werden, die sie im Rahmen ihres Handlungs- und Kompetenzbereichs benötigen[78].

Risikoerfassung

Die vielschichtigen Risiken internationaler Anlagengeschäfte bedeuten eine ständige Bedrohung des technischen und wirtschaftlichen Erfolgs der Anlagenerstellung, sie bergen gleichzeitig aber auch vielgestaltige Chancen zur Erfolgssteigerung. Damit der wirtschaftliche Erfolg nicht zum Zufallsprodukt degeneriert, sind die Risiken in der Erfolgsrechnung in adäquater Weise zu berücksichtigen. Dabei sollten die *Einzelrisiken* nicht nur *projektspezifisch* analysiert und in ihrer Höhe bewertet werden, sondern auch nach der Erfassung in der Erfolgsrechnung *sichtbar* bleiben, um deren mögliche erfolgswirtschaftliche Auswirkungen isoliert darstellen zu können. Das Risikomanagement sollte über die Möglichkeit verfügen, den Einfluß der Einzelrisiken auf den Auftragserfolg auch mit Hilfe von Sensitivitätsanalysen untersuchen zu können.

2. Spezifische Anforderungen und Gestaltungsgrundsätze in Abhängigkeit vom Rechnungszweck

a. Teilbereiche der Erfolgsrechnung und deren Rechnungszwecke

Gemäß den grundlegenden Zwecken des internen Rechnungswesens (Planung, Dokumentation, Kontrolle)[79] besteht die *rechnungszweckabhängige Grundanforderung* an die Erfolgsplanungs- und -überwachungsrechnung in der Informationsbereitstellung zur erfolgs- und liquiditätsorientierten Planung und Überwachung der zur vollständigen Abwicklung eines Anlagengeschäfts erforderlichen Prozesse. Der Begriff der *Überwachung* wird hier als Oberbegriff für die *Dokumentation* und die *Kontrolle* verwendet.

Die *Erfolgsplanungsrechnung* verfolgt dabei den Zweck, die auf Mengengrößen beruhende technische Lösung zu bewerten und in eine Ergebnisvorschau umzusetzen, um damit Aussagen über die erfolgswirtschaftlichen Auswirkungen der Dispositionen wäh-

---

[78] Die Bestimmung des Informationsbedarfs eines Entscheidungsträgers bereitet in der Praxis große Probleme; vgl. z.B. Dreger, 1973; Ackoff, 1974, S. 370 ff.; Horváth, 1991, S. 371 ff. und die dort angeführte Literatur.

[79] Vgl. z.B. Laßmann, 1980, S. 327; Weber/Kalaitzis, 1984, S. 447 f.; Hummel/Männel, 1986, S. 22 ff.; Weigand, 1988, S. 134.

rend der Akquisitionsphase zu ermöglichen[80]. Im Verlaufe der Abwicklungsphase sind Planungsrechnungen für die noch offenen Projektschritte erforderlich. Eine vorausschauende Analyse der jeweiligen technischen Lösung erlaubt eine frühzeitige Einleitung von Maßnahmen zur Gestaltung einer zieladäquaten Anlagenauslegung. Die Ergebnisvorschaurechnung gibt Auskunft über das Auftragsergebnis zu jedem Zeitpunkt vor und während der Abwicklung eines Projekts. Sie sollte darüber hinaus in der Lage sein, das Auftragsergebnis in seiner Bedeutung für die unternehmensbezogenen Periodenerfolge darzustellen, um daraus eine Plan-Periodenerfolgsermittlung für Zwecke der Unternehmensplanung ableiten zu können. Eine Beurteilung des voraussichtlichen Erfolgspotentials anhand des Auftragseingangs wird damit möglich[81]. Die *Überwachungsrechnung* soll in erster Linie sicherstellen, daß die geplanten Erfolgsziele während der Auftragsabwicklung tatsächlich erreicht oder gar übertroffen werden[82].

Zur Erfüllung des Planungs-, Dokumentations-, und Kontrollzwecks sind im internen Rechnungswesen industrieller Anlagengeschäfte eigene Rechnungsformen entstanden, die sich an den spezifischen Aufgaben in den einzelnen Projektphasen ausrichten. Die grundlegende Unterscheidung in Vor-, Zwischen- und Nachkalkulation bei Unternehmen mit langfristiger Einzelfertigung wurde vor allem von MELLEROWICZ[83] verbreitet, findet sich allerdings schon etwas früher bei HOFMANN[84] und geht ursprünglich auf LEWIN[85] zurück. Sie hat sich seitdem weitgehend durchgesetzt[86]. Die Planung von Kostenträgerkosten bedeutet hierbei stets eine *Vorkalkulation*. Sie vollzieht sich im Vorfeld der Auftragsrealisierung, während die *Mitlaufende Auftragskalkulation*[87] die Anlagenerstellung bis zur endgültigen Fertigstellung begleitet. Die *Nachkalkulation* bildet den abschließenden Stand der Mitlaufenden Auftragskalkulation und wird deshalb im folgenden nicht gesondert aufgeführt. Untergliedert man nicht nur nach dem Zeitpunkt, sondern auch nach dem Zweck der Rechnung, so gelangt man zu der in Schaubild II.6 veranschaulichten Einteilung.

---

[80] Vgl. Schwermer, 1971, S. 25.

[81] Vgl. Dietz, 1977, S. 127. Der Auftragseingang stellt im Anlagengeschäft eine zentrale Größe der Unternehmenssteuerung dar.

[82] Vgl. Wiederstein, 1979, S. 51 f.

[83] Vgl. Mellerowicz, 1968, S. 289 ff.

[84] Vgl. Hofmann, 1966, S. 1025.

[85] Vgl. Lewin, 1909, S. 130.

[86] Vgl. z.B. Möckelmann, 1970, S. 25 ff.; Vormbaum, 1977, S. 38 ff.; Vormbaum, 1978, S. 348; VDMA, 1983, S. 9 ff.; Kilger, 1988, S. 650 ff.

[87] Die Begriffe Mitlaufende Auftragskalkulation, Zwischenkalkulation und Begleitkalkulation werden synonym verwendet.

Organisations-einheit Rechnungs-zweck	Vorkalkulation	Begleitkalkulation
Planung	- Anfragenbewertung - Angebotskalkulation - Auftragskalkulation	- Restkosten-/-auszahlungs- bzw. -erlös-/-einzahlungs- ermittlung
Dokumentation		- Ist-Erfassung - Änderungsmanagement
Kontrolle		- Soll/Ist-Vergleich - Abweichungsanalyse

Schaubild II.6   Teilbereiche der Erfolgsrechnung industrieller Anlagengeschäfte und deren Rechnungszwecke

Der Erfüllung von Planungsaufgaben dienen die *Anfragenbewertung*, die *Angebotskalkulation*, die *Auftragskalkulation* sowie die *Restkosten-/-auszahlungsermittlung* bzw. *Resterlös-/-einzahlungsermittlung*. Entsprechend ihres Durchführungszeitpunktes werden die ersten drei Bereiche organisatorisch der Vorkalkulation, letzterer der Begleitkalkulation zugerechnet. Weitere Bereiche der Begleitkalkulation bilden im Rahmen der Dokumentation die *Ist-Erfassung* und das *Änderungsmanagement* sowie im Rahmen der Kontrolle der *Soll/Ist-Vergleich* und die *Abweichungsanalyse*. Die Gestaltungsgrundsätze der einzelnen Rechnungsformen und die an sie gerichteten Anforderungen werden im folgenden dargestellt.

b. Planungsrechnung zur Entscheidungsfindung und Ergebnisplanung

(1) Anfragenbewertung

In einer *Anfrage*, durch die ein Anbieter zur Abgabe eines Angebots aufgefordert wird, kommt das Vertrauen des potentiellen Kunden in die Liefer- und Leistungsfähigkeit des Anbieters zum Ausdruck[88]. Teilweise erfolgt zuerst eine *Voranfrage*, durch die sich der Kunde grundsätzliche Klarheit über die einschlägigen Fähigkeiten des Anbieters verschafft. Die Erarbeitung eines Angebots stellt die unabdingbare Grundvoraussetzung für eine Auftragserlangung dar.

Infolge der zu verzeichnenden Entwicklung im Angebotswesen ist es für einen Anbieter wirtschaftlich nicht sinnvoll, jede Anfrage mit einem entsprechenden Angebot zu bedienen. Das einerseits zu beobachtende Absinken der Auftragsrate[89] läßt sich vor allem auf die zunehmende internationale Konkurrenz[90] sowie auf das Verhalten der Nachfrager zurückführen, die verstärkt bei einer größeren Anzahl von Anbietern anfragen[91]. Die Ursachen für das andererseits festzustellende Ansteigen der Kosten pro Angebot sind in der zunehmenden Komplexität der Projekte sowie im Wunsch der Kunden zu suchen, genau auf die eigene Problemstellung zugeschnittene Angebote zu erhalten[92]. Die steigenden Kosten pro Angebot bei gleichzeitig sinkender Auftragsrate zwingen die Anbieter zu einem rationellen Vorgehen bei der Angebotsbearbeitung[93].

Die Aufgabe der Anfragenbewertung besteht in der Auswahl derjenigen Anfragen, für die ein Angebot ausgearbeitet werden soll. Diese *Anfragenselektion* entscheidet darüber, ob eine Chance zur Auftragserlangung wahrgenommen wird und verfügt damit über eine beachtliche wirtschaftliche Tragweite. Um frühzeitig gezielte Hinweise darauf zu erhalten, ob und in welcher Weise eine Anfrage weiterverfolgt werden soll, ist sie im Rahmen der *operativen* Anfragenbewertung hinsichtlich folgender Kriterien zu beurteilen:

---

[88] Vgl. Backhaus/Dringenberg, 1984, S. 53.
[89] Vgl. die Angaben zum Angebotsrisiko in Abschnitt I.B.2. sowie bei Grabowski, 1972, S. 3 ff.
[90] Vgl. Schneider, W., 1984, S. 4.
[91] Vgl. Kambartel, 1973, S. 2.
[92] Vgl. Kambartel, 1973, S. 5 f.; Eversheim/Minolla/Fischer, 1977, S. 8.
[93] Dazu sind an der Fakultät für Maschinenwesen der Rheinisch-Westfälischen Technischen Hochschule in Aachen unter der Führung von Eversheim und Opitz verschiedene Arbeiten erschienen, die sich allerdings hauptsächlich mit der technisch-organisatorischen Angebotsbearbeitung beschäftigen; vgl. insb. Grabowski, 1972; Kambartel, 1973; Fischer, 1977.

- *Zu erwartende Angebotskosten bzw. -auszahlungen*
  Bei Anfragen über Anlagen mit einem hohen Innovationsgrad werden die Angebotskosten/-auszahlungen, die für die Akquisition, Projektierung und Angebotskalkulation anfallen, einen größeren Umfang annehmen als bei bekannten Anlagentypen. Dabei sind ggf. Projektierungsvergütungen z.B. für eine feasibility study zu berücksichtigen, die unabhängig von der Auftragsvergabe geleistet werden.
- *Durch Angebotsbearbeitung, Konstruktion und Abwicklung beanspruchte Kapazitäten*
  Durch die gezielte Auswahl von Aufträgen kann eine gleichmäßige Auslastung der Personal- und Betriebsmittelkapazitäten erreicht werden[94].
- *Risikosituation*
  Die mit dem potentiellen Auftrag verbundene Chance/Risiko-Position ist zu erfassen und nach Möglichkeit in ihren Ergebniswirkungen abzuschätzen.
- *Auftragswahrscheinlichkeit*
  Zur Bestimmung der Wahrscheinlichkeit, mit der eine Auftragsannahme (Auftragserlangung) erwartet wird, sind weitergehende Informationen über die Mitbewerber und die Absichten des Kunden einzuholen. Darüber hinaus sind die Erfahrungen und bisherigen Geschäftsbeziehungen mit dem betreffenden Kunden sowie Referenzen von Bedeutung[95].
- *Wirtschaftliche Erfolgsschätzung*
  Die Beurteilung der wirtschaftlichen Erfolgsaussichten des Auftrages beruht zu diesem frühen Zeitpunkt vornehmlich auf subjektiven Einschätzungen.

Unter Berücksichtigung dieser Bewertungskriterien sind diejenigen Anfragen auszuwählen, die aus der Sicht des Anbieters erfolgversprechend erscheinen, d.h. die einen Beitrag zur Erreichung der Unternehmensziele erwarten lassen. Die Bewertung erfolgt nicht unabhängig von anderen Projekten, da Anfragen bspw. wegen Kapazitätsengpässen oder einem zu stark anwachsenden Gesamtrisiko zurückgewiesen werden müssen. Durch eine Steigerung der Auftragsrate soll die durchschnittliche Belastung der erhaltenen Aufträge mit Angebotskosten bzw. -auszahlungen in vertretbaren Grenzen gehalten werden. Dabei stellen die Unsicherheit und die Unvollständigkeit der Informationsgrundlage besondere Anforderungen an die Anfragenbewertung[96].

Neben diesem Bereich der operativen Anfragenbewertung, die der Gewinnung projektbezogener Informationen dient, besitzt die Anfragenbewertung eine *strategische* Dimension. Sie hat die Aufgabe, durch eine gezielte Anfragenselektion eine Auftragsstruktur zu

---

[94] Vgl. Backhaus/Dringenberg, 1984, S. 55.
[95] Vgl. Dorin, 1979, S. 238 f.
[96] Vgl. Heger, 1988, S. 2 ff.

schaffen, die der Produktions- und Marketingstrategie des Anlagenbauers entspricht[97] und eine ausgewogene Entwicklung des Unternehmenserfolgs gewährleitstet. Dazu ist vor allem zu klären, ob

- der Anfrager der Zielgruppe des Anbieters angehört;
- das angefragte Projekt zur Geschäftsfeldabgrenzung[98] des Anbieters paßt;
- die für das angefragte Projekt erforderlichen Technologien vom Anbieter beherrscht werden[99];
- sich das angefragte Projekt hinsichtlich seiner wirtschaftlichen Erfolgserwartungen in das bestehende Auftragsprogramm und die daraus resultierenden unternehmensbezogenen Periodenerfolge ohne Probleme einfügen läßt.

Zur Systematisierung der Vorgehensweise bei der Anfragenbewertung sind in Theorie und betrieblicher Praxis verschiedene Verfahren entwickelt worden, die nachfolgend kurz erläutert werden[100].

Große Verbreitung in der Praxis hat die Verwendung von *Checklisten* gefunden. Eine Checkliste beinhaltet alle aus der Sicht der jeweiligen Unternehmung relevanten Kriterien zur Bewertung einer Anfrage und gewährleistet so die Vollständigkeit der Prüfung. Für jedes Kriterium ist eine meist nur wenig differenzierte Einstufungsskala vorgesehen. Zwar bilden die Checklisten ein geeignetes Instrument zur Beschaffung und Aufbereitung von Informationen zur Anfragenbewertung, da sie jedoch keinen Entscheidungsprozeß umfassen, reichen sie als alleinige Grundlage der Anfragenselektion nicht aus[101].

Eine Weiterentwicklung stellt das von BARRMEYER entworfene Verfahren zur Anfragenbewertung durch *Profilvergleich* dar[102]. In einer Vorauswahl scheiden alle nicht durchführbaren oder zu risikobeladenen Projekte aus. Für die verbleibenden Anfragen werden genauere Ausschreibungsunterlagen angefordert und in einer zweiten Stufe detaillierter analysiert, indem die Erfüllung eines Mindestprofils bezüglich verschiedener Beurteilungskriterien überprüft wird. Ist das Profil eines potentiellen Auftrages in jedem Punkt mindestens gleich dem Mindestprofil, erfolgt die Angebotsfreigabe. Das Verfahren stellt insb. wegen der vergleichenden Analyse mit Mindestanforderungen eine deutliche Verbesserung gegenüber der Verwendung von Checklisten dar. Die Anwendung sollte allerdings nicht mechanistisch geschehen und mit Kompensationsmöglichkeiten zwischen den

---

[97] Vgl. Backhaus/Dringenberg, 1984, S. 53 f.; Heger, 1988, S. 154.
[98] Zum Begriff des strategischen Geschäftsfeldes vgl. insb. Abell, 1980, S. 169 ff.
[99] Vgl. Heger, 1988, S. 155 ff.
[100] Anhang I enthält beispielhaft einige Checklisten und Formulare zur Anfragenbewertung.
[101] Vgl. Heger, 1988, S. 22 ff.
[102] Vgl. im einzelnen Barrmeyer, 1982.

Kriterien versehen werden, damit nicht die Chance eines erfolgversprechenden Auftrags durch die Nicht-Erfüllung eines möglicherweise weniger wichtigen Beurteilungskriteriums vergeben wird.

In eine ähnliche Richtung gehen die Anfragenselektionsverfahren auf Basis von *Scoring-Modellen*[103]. Vor allem das von KAMBARTEL vorgeschlagene Wertziffernverfahren erlaubt eine eindeutige Festlegung der zu wählenden Angebotsform. Die einzelnen Bewertungskriterien, die in dominierende und ergänzende unterteilt sind und eine unterschiedliche Gewichtung aufweisen, werden durch mathematische Verknüpfungen zu einer Gesamtwertziffer aggregiert, die ihrerseits einer bestimmten Angebotsform zugeordnet ist[104]. Da die Beurteilung der einzelnen Kriterien einen relativ weiten Spielraum für subjektive Einschätzungen läßt, kann das Verfahren je nach Anwender zu unterschiedlichen Ergebnissen führen.

BACKHAUS bildet zur Anfragenbewertung eine *Angebotskosten-Erfolgs-Kennziffer* (AEK), indem er das Produkt von Auftragswahrscheinlichkeit und Preis ins Verhältnis setzt zu den geschätzten Angebotskosten[105]. Diese Kennziffer soll quantitativer Ausdruck des Risikos verlorener Angebotskosten sein. Der Grenzwert der AEK, der über die weitere Behandlung der Anfragen entscheidet, zeigt sich von den subjektiven Risikopräferenzen der Entscheidungsträger abhängig und in seiner Interpretation recht problematisch. Da die Höhe der Angebotskosten für kleinere Projekte in Unternehmen, die überwiegend größere Anlagen erstellen, überproportional hoch sind[106], erscheint eine Festlegung der AEK-Grenzwerte getrennt nach verschiedenen Größenklassen als sinnvoll.

Bedingt durch den mangelnden Realitätsbezug der beschriebenen Anfragenbewertungsverfahren im Hinblick auf den idealtypischen Phasenverlauf sowie auf die Annahmen des Entscheidungsproblems sah sich HEGER veranlaßt, einen Ansatz mit stärkerer Realitätsbezogenheit zu entwickeln[107]. Auf der Grundlage einer Analyse des organisationalen Verkaufsverhaltens stellt er ein Modell zur Erklärung des Anfragenbewertungsverhaltens auf, um daraus eine realitätsnahe Gestaltung der Anfragenbewertung abzuleiten[108].

---

[103] Vgl. Paranka, 1971, S. 39 ff.; Fischer, 1977, S. 99 ff.; Backhaus, 1980a, S. 132 ff.
[104] Vgl. im einzelnen Kambartel, 1973, S. 57 ff.
[105] Vgl. Backhaus, 1980a, S. 31.
[106] Vgl. Backhaus/Dringenberg, 1984, S. 54.
[107] Vgl. Heger, 1988, S. 104 ff.
[108] Eine nähere Beschreibung des Vorschlags ist für unsere Untersuchung nicht zielführend und wird deshalb vernachlässigt; vgl. dazu Heger, 1988.

(2) Angebotskalkulation

Die vorrangige Aufgabe der Angebotskalkulation[109] besteht darin, auf der Grundlage der Selbstkostenbestimmung für ein Projekt Unterlagen bereitzustellen, die die Ermittlung desjenigen Preises ermöglichen, der die Zielsetzung des Anbieters erfüllt[110]. Durch die Angebotskalkulation wird lediglich der *Angebotspreis* und die angestrebte Erlösstruktur bzw. Einzahlungsverteilung über die Zeit, nicht der endgültige *Verkaufspreis* einer Anlage festgelegt. Der vertraglich fixierte Verkaufspreis unterliegt neben den qualitativen und leistungsbezogenen Merkmalen, die die Angebote verschiedener Anbieter unterscheiden, dem Einfluß
- des *Kunden* (Finanzkraft, Preisvorstellungen, bisherige Geschäftsverbindungen) und
- der *Konkurrenten* (Angebotspreis und -bedingungen, Marketingstrategie)[111].

Bei konsortialer Zusammenarbeit sind zusätzlich die Preisvorstellungen der Angebotspartner zu berücksichtigen[112], da diese versuchen werden, den bestehenden Preisdruck auf die Mitanbieter abzuwälzen. Die Preisentscheidung des Anbieters hängt somit einerseits ab vom wahrgenommenen *Preisdruck*, der durch Abnehmer, Konkurrenten und ggf. Mitanbietern von außen einwirkt, andererseits vom empfundenen *Deckungsdruck*, der intern aufgrund der Notwendigkeit, die vorkalkulierten Kosten bzw. Auszahlungen der Anlage sowie ggf. einen Gewinnaufschlag zu decken, entsteht[113]. Grundsätzlich ergibt sich der Preis im industriellen Anlagengeschäft wie beim Seriengeschäft als Resultante von Angebot und Nachfrage[114], wobei sich die Preisbildung bei Anlagengeschäften auf einem Punktmarkt vollzieht. Da ein vorbestimmter Marktpreis, der sich aus einer

---

[109] Der Begriff der *Kalkulation* beinhaltet in der Literatur gemeinhin die *Kostenträgerstückrechnung*; vgl. z.B. Schmalenbach, 1963, S. 35; Kosiol, 1979b, S. 377; Mellerowicz, 1980, S. 80; Chmielewicz, 1988b, S. 58 f.; Kilger, 1988, S. 605; Hahn/Laßmann, 1990, S. 211. Eine Ausnahme bildet hier Vormbaum (1977, S. 13 f.), der auch die Kostenträgerzeitrechnung als Kalkulation bezeichnet. Da bei industriellen Anlagengeschäften das Projekt den Kostenträger bildet, hat die Kostenträgerstückrechnung dort die Bedeutung einer auf das einzelne Projekt bezogenen Rechnung. Der Kalkulationsbegriff ist nicht an die Verwendung von Kosten und Erlösen gebunden und wird im folgenden auch für eine zahlungsorientierte Projektrechnung verwendet. Demgegenüber basiert eine *kalkulatorische* Erfolgsrechnung stets auf Kosten und Erlösen, während eine auf Ein- und Auszahlungen gestützte Rechnung als *finanzwirtschaftliche* oder *pagatorische* Rechnung bezeichnet wird. Der von Koch (1958, S. 362) in die Diskussion um den Kostenbegriff eingebrachte Begriff *pagatorisch* geht auf Kosiol zurück, der in der Bilanzlehre die periodenbezogene Einnahmen-/Ausgabenrechnung als pagatorische Erfolgsrechnung bezeichnete; vgl. Kosiol, 1949, S. 43 ff.

[110] Vgl. Schmidt, 1930, S. 6; Hofmann, 1966, S. 1025; Möckelmann, 1970, S. 25; Hackstein/Buscholl, 1984, S. 286; Plinke, 1985, S. 13; Kilger, 1988, S. 650.

[111] Vgl. Hofmann, 1966, S. 1025; Heinen, 1975, S. 56; Diehl, 1977, S. 176 ff.; Vormbaum, 1977, S. 27; Beier, 1989, S. 198 ff.; Schwanfelder, 1989, S. 149; Backhaus, 1990, S. 430 f.

[112] Vgl. Diehl, 1977, S. 181; Backhaus, 1990, S. 417 ff.

[113] Vgl. Plinke, 1982, S. 246.

[114] Vgl. Riebel, 1964, S. 551; Heinen, 1975, S. 56. Zur Gegenüberstellung der Unterschiede bei der Preisbildung im Serien- und Anlagengeschäft vgl. Arbeitskreis Marketing, 1978.

Vielzahl identischer oder sehr ähnlicher Geschäfte in der Vergangenheit ergibt, im allgemeinen nicht existiert, bestehen im Anlagengeschäft gewöhnlich größere Preisspielräume als im Seriengeschäft. Demzufolge hat die Angebotskalkulation im Anlagengeschäft zur erfolgswirtschaftlich günstigen Handhabung dieses Gestaltungsfreiraums einen höheren Stellenwert für die Preisfindung als im Seriengeschäft.

Wenn sich der gewünschte Angebotspreis sowie die sonstigen Angebotsbedingungen im Rahmen der Kundenvorstellungen bewegen, lädt dieser zu Verkaufsverhandlungen ein. Während der Verhandlungen werden veränderte und teilweise konkretere wirtschaftliche und technische Bedingungen des Anlagengeschäfts diskutiert, so daß eine neue Kalkulation der Anlage, ggf. sogar mehrere Durchläufe, mit geänderten Input-Größen notwendig wird[115]. Das Ergebnis dieser Neu-Kalkulation(en) gibt Aufschluß darüber, ob der Auftrag angesichts der geänderten Ausgangsdaten für den Anbieter noch akzeptabel ist. Zudem gilt es, aus unternehmensbezogener Perspektive zu prüfen, wie sich das Projekt im Hinblick auf die bestehende Auftragslage (Auftragsbestände, deren Anarbeitungsgrad sowie zukünftige Auftragserlangungserwartungen) darstellt. Von besonderer Wichtigkeit ist dabei, inwiefern sich das Projekt hinsichtlich seiner zeitlichen Verteilung der Erfolgs- und Liquiditätsentwicklung, der Beanspruchung verschiedener Abteilungskapazitäten und ihrer Anpassungsmöglichkeiten sowie der Erfolgsrealisierung im Jahresabschluß problemlos in das Auftragsprogramm einbinden läßt. Zur Unterscheidung wird die Kalkulation vor Beginn der Verhandlungsphase als Angebotskalkulation I, die Kalkulation(en) mit veränderten Parametern während der Verhandlungen als Angebotskalkulation II bezeichnet.

Bei der Ermittlung des zieladäquaten Angebotspreises hat die Angebotskalkulation nicht nur die zur Anlage gehörenden *Hard- und Softwareleistungen* einzubeziehen; vielmehr sind auch zweitens die kaufmännischen und juristischen *Angebotsbedingungen* wie
- Zahlungs- und Finanzierungsbedingungen,
- Garantie- und Gewährleistungsübernahmen,
- Versicherungen,
- Pönalen,
- Kompensationsgeschäfte,
- Lieferbedingungen und -termine[116]

sowie drittens *Zusatzleistungen* (Schulungen, Hilfe beim Anlagenbetrieb u. dergl.) erfolgswirtschaftlich zu bewerten. Als viertes müssen die Interdependenzen zu den bestehenden Aufträgen berücksichtigt werden, da sich daraus bspw. Engpässe bei der Verfüg-

---

[115] Vgl. auch Kilger, 1988, S. 658 f.

[116] Vgl. VDMA, 1985, S. 39.

barkeit gemeinsam genutzter Ressourcen oder Vorteile z.B. durch den Rückgriff auf gemeinsam verwendete Bauelemente ergeben können.

Teilweise wird die Aufgabe der Angebotskalkulation in der Festlegung von Sollwerten gesehen[117]. Diese Auffassung geht an der Intention der Angebotskalkulation vorbei, da diese u.E. einen Vorschaucharakter besitzt, d.h. sie will den voraussichtlichen Ablauf der Auftragsabwicklung unter erfolgswirtschaftlichen Gesichtspunkten ermitteln, nicht unbedingt in dessen Soll-Struktur festschreiben[118].

Vor dem Hintergrund der oftmals massiven Vorfinanzierungsnotwendigkeit und einer ggf. anzubietenden Auftragsfinanzierung ist zum einen die einwandfreie Berechnung der Zinsbelastungen zu fordern[119]. Zum anderen sollte die Angebotskalkulation in der Lage sein, durch die Ermittlung der zeitlichen Stuktur des voraussichtlichen projektbezogenen Auszahlungsstromes die Basis für eine *liquiditätsorientierte Preistellung* zu schaffen[120]. Dadurch wird die Herstellung einer weitgehenden Kongruenz zwischen Aus- und Einzahlungsverlauf ermöglicht, was zu einer Verringerung der Kapitalbindung und damit der Zinsbelastung führt. Darüber hinaus sollte die Angebotkalkulation ein *Abbruchkriterium* enthalten, das anzeigt, ab wann eine weitere Angebotsbearbeitung wirtschaftlich als nicht mehr lohnend erscheint, um die blockierten Kapazitäten für die Bearbeitung anderer Anfragen verfügbar zu machen.

Da mit der Festlegung der Vertragsparameter wie Preis, Zahlungsbedingungen und Liefertermine die Weichen für das wirtschaftliche Ergebnis des Anlagengeschäfts gestellt werden, muß die Angebotskalkulation auf der Grundlage eines einflußgrößenorientierten Aufbaus[121] die ergebnismäßigen Auswirkungen von Variationen der erfolgsbestimmenden Parameter transparent machen. Es sind die zur Erreichung der jeweiligen Projektziele notwendigen Werte der Parameter zu ermitteln und Grenzwerte abzuleiten, die den Verhandlungsspielraum des Akquisiteurs beschränken. Dies bezieht sich nicht nur

---

[117] Vgl. z.B. Eversheim/Minolla/Fischer, 1977, S. 11; Fischer, 1977, S. 26.

[118] Diese Sichtweise wird von Stewart (1982, S. 14) geteilt: "A cost estimate, therefore, is a judgment or opinion of the cost of a process, product, project or service. It is a prediction or forecast of what a work output or work activity will cost". Ähnlich äußern sich Clark/Lorenzoni (1978, S. 12): "An estimate is a prediction of the manner in which a project will be executed". Der Begriff cost estimating ist i.S. von Angebotskalkulation zu verstehen. Kosiol (1960, S. 22 f.) verwendet hier den Begriff der *Prognosekosten*. Vgl. auch Widmer (1962, S. 13), der die Aufgabe der Angebotskalkulation in der Bestimmung des Erwartungswertes der Nachkalkulation sieht. Soll-Vorgaben für die Abwicklung werden aus der Auftragskalkulation abgeleitet, die im nachfolgenden Abschnitt behandelt wird.

[119] Vgl. Kraus, 1986, S. 59 f.

[120] Ähnlich auch Keil, 1990, S. 67 ff.

[121] Vgl. dazu Laßmann, 1991, S. 162 f.

auf die Preis(unter)grenze, sondern auch auf die anderen wirtschaftlichen Einflußgrößen unter besonderer Berücksichtigung der vielschichtigen Risiken eines Anlagengeschäfts. Eine so verstandene Angebotskalkulation bildet einen umfassenden Kalkül zur Erfolgsplanung, auf den sich der Akquisiteur in den Verkaufsverhandlungen stützen kann[122].

Der Vermarktungsprozeß von Industrieanlagen vollzieht sich in individuellen Transaktionen[123]. Die zahlreichen Abstimmungserfordernisse zur Klärung der technischen und kaufmännischen Gestaltung des Anlagengeschäfts sind nur durch ein *Personal Selling* zu bewältigen[124]. Der Akquisiteur spielt dabei eine Schlüsselrolle, da sämtliche zur Vorbereitung des Vertragsabschlusses relevanten Aktivitäten in sein Aufgabengebiet fallen. Er befindet sich in einem Konfliktfeld, in dem er auf der einen Seite die Interessen der einzelnen Fachabteilungen wahren muß (intraorganisationale Grenzposition) und auf der anderen Seite für einen Konsens zwischen Anbieter und Abnehmer verantwortlich ist (interorganisationale Grenzposition)[125]. Die Mitglieder der beiden Vertragsseiten verfolgen unterschiedliche Zielsetzungen und erwarten vom Akquisiteur dementsprechend verschiedene Handlungsweisen, die nicht immer in Einklang gebracht werden können. Die Bewältigung dieser sehr brisanten und konfliktreichen Aufgabe stellt höchste Ansprüche an das Persönlichkeitsbild und die Fähigkeiten des Akquisiteurs[126]. Um sich sicher innerhalb des ihm überlassenen Handlungsspielraums bewegen zu können, benötigt der Akquisiteur Informationen zur eigenen Meinungsbildung hinsichtlich der einzelnen Vertragspunkte. Er wird dabei massiv von Mitgliedern sowohl des eigenen als auch des nachfragenden Unternehmens unter Druck gesetzt, so daß er oftmals auf sein subjektives Empfinden angewiesen ist, um zu entscheiden, ob und inwieweit er der jeweiligen Seite entgegenkommen kann. In dieser Situation ist zur Objektivierung der Entscheidungen ein Informationssystem erforderlich, das schnelle und vor allem genaue Informationen über die ergebnismäßigen Auswirkungen von Veränderungen einzelner Vertragsparameter bereitstellt und damit gewährleistet, daß das Verhalten des Akquisiteurs in Übereinstimmung mit den Projektzielen steht. Den Einfluß von Art und Höhe der Kalkulatiosergebnisse auf die Preisentscheidung des Akquisiteurs unter Berücksichtigung verhaltens-

---

[122] Der Begriff *Plankalkulation* wird in diesem Zusammenhang vermieden, da er sich im System der Plankostenrechnung auf die Periodenplanung von standardisierten Erzeugnissen bezieht; vgl. dazu insb. Kilger, 1957, S. 619 f.; Kilger, 1988, S. 605 ff.

[123] Vgl. Engelhardt/Günter, 1981, S. 95.

[124] Vgl. zum *Personal Selling* Heger, 1988, S. 48 ff. und die dort angegebene Literatur sowie Backhaus, 1990, S. 245 ff.

[125] Vgl. Plinke/Heger, 1983, passim; Heger, 1984, S. 235 ff.; Plinke, 1985, S. 123 ff. Diese Situation wird dort als *Akquisiteurs-Dilemma* bezeichnet. Weber/Kalaitzis (1984, S. 448) sehen in der Erfolgsrechnung ebenfalls ein Instrument zur Handhabung von Interessenkonflikten.

[126] Vgl. Heger, 1984, S. 237 ff.

wissenschaftlicher Überlegungen hat PLINKE in sehr differenzierter Weise nachgewiesen[127].

Wie Erfahrungen aus der Praxis gezeigt haben, hegen die Akquisiteure ein gewisses Mißtrauen gegenüber der Genauigkeit und Zuverlässigkeit von Kalkulationsergebnissen und weichen deshalb nach "Fingerspitzengefühl" mehr oder weniger weit davon ab. Da die Kostenschätzungen in der Praxis von Verhaltensweisen des Kalkulators, die sich an der jeweiligen Umweltsituation orientieren, in typischer Weise beeinflußt werden, erscheint dieses Mißtrauen vielfach auch als gerechtfertigt[128]. Auch wenn subjektive Elemente nicht völlig ausgeschaltet werden können, so wirken Bestrebungen zu einer höheren Exaktheit der Angebotskalkulation hier doch vertrauensbildend und geben dem Akquisiteur fundiertere und umfassendere Anhaltspunkte an die Hand, die seine schwierige Position in den Verkaufsverhandlungen auf eine festere Grundlage stellen. Eine generelle Forderung nach höchst möglicher Genauigkeit ist allerdings nicht vertretbar, da sich die Angebotskalkulation diesbezüglich in einem *Dilemma* befindet:

- Einerseits spricht einiges dafür, die Konstruktionsunterlagen und die darauf aufbauenden Mengen- und Wertberechnungen nur recht grob und damit nicht sehr aufwendig zu erstellen, da ca. 90% der Angebote keinen Erfolg haben. Die entstandenen Aufwendungen oft erheblichen Ausmaßes müssen durch erhaltene Aufträge getragen werden.
- Andereseits unterliegt der Anbieter einem gewissen Druck, die Angebotsunterlagen möglichst detailliert anzufertigen, da in der Verhandlungsphase, der die Angebotskalkulation als maßgebliche Orientierung des Anbieters zugrunde liegt, mit dem Preis und den Zahlungsbedingungen die wesentlichen erlösseitigen Parameter für den Auftragserfolg festgelegt werden. Großzügig bemessene Risiko- und Gewinnaufschläge sind infolge der Konkurrenzsituation im internationalen Anlagengeschäft kaum durchsetzbar[129].

Angesichts dieses *Genauigkeits-Dilemmas* empfiehlt es sich, den Detaillierungsgrad weitestgehend an der Realisierungswahrscheinlichkeit zu orientieren, d.h. eine hohe Wahrscheinlichkeit der Auftragserteilung erfordert eine relativ genaue Angebotskalkulation. Die Wahrscheinlichkeit, den Zuschlag zu erhalten, ist mit zunehmender Dauer des Vermarktungsprozesses besser abzuschätzen. Gleichzeitig nimmt der Informationsstand

---

[127] Vgl. Plinke, 1982. Eine erste Untersuchung dazu findet sich bei Backhaus/Plinke, 1978.

[128] Vgl. hierzu die überaus interessanten Beobachtungen von Höffken (1990, S. 138 ff.), der auf der Basis von Praxiserfahrungen darstellt, wie Kosten- und Erlösschätzungen durch optimistische und pessimistische Erwartungen der Planer geprägt werden.

[129] Vgl. Feuerbaum, 1978, S. 993; Milling, 1984, S. 71 f.

insb. im Hinblick auf die technischen Daten des ausgeschriebenen Projekts zu[130]. Diesem Verlauf entsprechend haben sich drei Angebotsformen herausgebildet[131]:

1) Kontaktangebot
Das grundlegende technische Konzept der Anlage wird ohne umfassende Projektierungsarbeiten, meist auf der Basis vorhandener Unterlagen und Schätzungen, umrissen.

2) Richtangebot
Die technischen und kaufmännischen Daten sind stärker detailliert, bleiben jedoch noch mit Abweichungstoleranzen versehen.

3) Festangebot
Sämtliche Angaben über technische Ausführung, Preis, Liefertermin und -bedingungen liegen fest.

Mit der Genauigkeit und dem Informationsgehalt steigen vom Kontakt- zum Festangebot wegen des höheren Bearbeitungsaufwandes auch die Angebotskosten bzw. -auszahlungen. Je nach Realisierungswahrscheinlichkeit kann die Höhe des Arbeitsaufwandes, der für eine Angebotserstellung in Kauf genommen werden soll, durch die dementsprechende Auswahl der Angebotsform reguliert werden[132]. Dabei ist zu berücksichtigen, daß sämtliche Angebotsformen verbindlichen Charakter haben, und der Abnehmer somit ohne besonderes Risiko auf jedes Angebot eine Bestellung erteilen kann[133]. Während der Vertragsverhandlungen ist eine hohe Flexibilität der Verhandlungsführung gefordert, da der Informationsstand laufend steigt und technische sowie wirtschaftliche Festlegungen nicht zu einem bestimmten Zeitpunkt erforderlich sind. Es liegt im Interesse den Anbieters, möglichst weitreichende Anpassungsklauseln und Toleranzen in das Angebot einfließen zu lassen.

Insgesamt kann man festhalten, daß die Forderung nach hoher Genauigkeit bei vertretbarem Aufwand höchste Ansprüche an die Effizienz der Angebotskalkulation stellt. Da sie die für die Auftragsselektionsentscheidung wesentlichen Informationen liefert, kommt der Angebotskalkulation eine herausragende Bedeutung für den wirtschaftlichen Erfolg, wenn nicht sogar für die Überlebensfähigkeit der Unternehmung zu[134]. Ein zu niedrig kalkulierter Auftrag belastet das Unternehmensergebnis auf Jahre hinaus; durch zu hohe Ansätze kalkuliert man sich aus dem Markt, um es in der Sprache der Praxis auszudrücken.

---

[130] Vgl. Schaubild II.2 sowie Madauss, 1990, S. 245 ff.
[131] Vgl. hierzu im einzelnen Kambartel, 1973, S. 46 ff.; Grabowski/Kambartel, 1977, S. 38 ff.; Eversheim/Koch, 1984, S. 116 ff.
[132] Vgl. Eversheim/Koch, 1984, S. 117.
[133] Vgl. Kambartel, 1973, S. 47 f.
[134] Vgl. Hübers-Kemink, 1987, S. 199.

(3) Auftragskalkulation

Die Auftragskalkulation erfolgt unmittelbar im Anschluß an den Auftragseingang und löst die Angebotskalkulation ab, deren Aufgabe für dieses Projekt erfüllt ist. Andere Bezeichnungen wie *differenzierte Vorkalkulation*[135] weisen deutlicher darauf hin, daß es nunmehr um die Erstellung genauer, bis ins Detail reichender Unterlagen mit Soll-Charakter geht. Die zu diesem Zeitpunkt nicht mehr bestehende Unsicherheit bezüglich der Auftragserteilung sowie die durch vertragliche Vereinbarungen festgelegten Liefer- und Leistungsspezifikationen erlauben eine tiefergehende Untergliederung der Kalkulationspositionen sowie die Erstellung sämtlicher Konstruktionszeichnungen, Stücklisten und Arbeitspläne[136]. Durch die Auftragskalkulation sind die Positionen der Angebotskalkulation nicht nur exakter zu differenzieren[137], sondern auch in ihrer grundlegenden Gültigkeit als Vorgabegrößen kritisch zu beurteilen und ggf. neu festzusetzen[138].

Zwischen der Angebotskalkulation und der Auftragskalkulation liegt häufig ein langer Zeitraum der Verhandlungen. Währenddessen ergeben sich sowohl von der technischen Auslegung als auch von den kaufmännischen Vereinbarungen her zahlreiche Neufestlegungen, wodurch die Ergebnisse von Angebots- und Auftragskalkulation erheblich voneinander abweichen können[139]. Unterschiede resultieren auch aus den jeweiligen Aufgaben der beiden Kalkulationsformen. Dient die Angebotskalkulation u.a. auch der Befriedigung externer Informationsbedürfnisse, so bildet die Auftragskalkulation die Grundlage für interne Steuerungs- und Überwachungsfunktionen. Wenngleich die grundsätzliche Gliederungssystematik beizubehalten ist, sind etwas andere Strukturierungen einiger Kalkulationspositionen durchaus zweckmäßig, um den unterschiedlichen Informationsbedürfnissen besser gerecht zu werden.

Die in der Auftragskalkulation fixierten Mengen- und Wertgrößen stellen die *Referenzgrößen* (Soll-Größen) für die Überwachung der Auftragsabwicklung dar, die durch eine *Budgetierung* auf die durchführenden Stellen und Verantwortungsbereiche verteilt werden[140]. Anhand dieser *(Basis-) Budgets* wird der Erfolgsbeitrag der an der Abwicklung Beteiligten gemessen und kontrolliert. Neben dem Basis-Budget sind *Budgetänderungen* bei Variationen des Liefer- und Leistungsumfangs sowie *Budgettransfers* zu berücksichti-

---

[135] Vgl. Mellerowicz, 1980, S. 323.
[136] Vgl. Hofmann, 1966, S. 1025; Brunner/Laßmann, 1983, S. 525; Kilger, 1988, S. 261 und S. 653 f.
[137] Vgl. z.B. Mellerowicz, 1980, S. 331 f.
[138] Vgl. Höffken/Schweitzer, 1991, S. 145.
[139] Vgl. Möckelmann, 1970, S. 26; Höffken/Schweitzer, 1991, S. 144 ff.
[140] Vgl. Saynisch, 1979, S. 252; Milling, 1984, S. 74; VDMA, 1985, S. 64; Siepert, 1988, S. 343.

gen, die bei Erbringung einer Leistung durch eine andere als die geplante Stelle vorzunehmen sind. *Sonder-Budgets* werden nur in begründeten Ausnahmefällen, bspw. bei unvorhersehbar hohen Preissteigerungsraten, eingeräumt[141]. Bei der Umsetzung der Auftragskalkulation in Budgets ist zu bedenken, daß das Leistungsverhalten eines Budgetleiters in gewissem Umfang durch die Höhe seines Budgets beeinflußt wird. Während zu großzügig bemessene Budgetvorgaben erfahrungsgemäß motivationsmindernd wirken können[142], regen eher niedrige, aber gerade noch als erreichbar empfundene Kosten- bzw. Auszahlungsziele einen Budgetleiter möglicherweise dazu an, Anstrengungen zur Einhaltung der knappen Vorgaben zu unternehmen. Dies gilt jedoch nur so lange, wie die Vorgaben nicht unterhalb eines bestimmten Schwellenwertes liegen, da das Budgetziel dann als unrealistisch zurückgewiesen wird und dadurch seine motivationssteigernde Wirkung verliert[143].

(4) Restkosten/erlös- bzw. -zahlungsermittlung

Nicht nur vor Beginn der Fertigung sind Planungsaufgaben wahrzunehmen; auch während der Abwicklung sind laufend die noch zu erwartenden Kosten bzw. Auszahlungen (cost to complete) sowie Erlöse bzw. Einzahlungen zu bestimmen, um die Einhaltung des geplanten Auftragsergebnisses zu kontrollieren. Zeichnen sich dabei Unterschiede im Vergleich zu den Restwerten ab, die gemäß der Auftragskalkulation noch anfallen müßten, so sind die Ursachen und mögliche Handlungskonsequenzen umgehend zu untersuchen[144]. Im Gegensatz zu den bereits angefallenen oder vordisponierten Größen[145] sind die Restkosten bzw. -auszahlungen zum jeweiligen Zeitpunkt während der Abwicklung noch beeinflußbar und deshalb für eine Verbesserung des Auftragsergebnisses von besonderer Bedeutung[146]. Hinsichtlich der grundlegenden Merkmale und Anforderungen gelten die Ausführungen zur Auftragskalkulation analog.

Die Bestimmung der Restkosten bzw. -auszahlungen ist organisatorisch eng verflochten mit der Dokumentation der Ist-Werte. Da die Mitlaufende Auftragskalkulation beide

---

[141] Vgl. Siepert, 1988, S. 343 f.; Höffken/Schweitzer, 1991, S. 147.
[142] Vgl. Keist, 1984, S. 16.
[143] Vgl. Coenenberg, 1970, S. 1137 ff.
[144] Vgl. Feuerbaum, 1979a, S. 15; Franke, 1985, S. 84.
[145] Bereits angefallene oder irreversibel vordisponierte Kosten werden auch als *sunk costs* bezeichnet; vgl. z.B. Hummel/Männel, 1986, S. 117.
[146] Vgl. Milling, 1984, S. 77 ff.

Bereiche umfaßt, stellt sie insofern eine Kombination dar aus vergangenheitsorientierter Nachkalkulation und zukunftsbezogener Vorkalkulation. Mit zunehmender Projektdauer nimmt der Anteil der Ist-Größen zu, der Anteil der im Hinblick auf eine Zielerreichung noch beeinflußbaren Größen hingegen ab.

c. Dokumentation zur Ergebnisermittlung und Informationsgewinnung für Folgeaufträge

(1) Ist-Erfassung

Die Ist-Erfassung hat als wesentlicher Teilbereich der Mitlaufenden Auftragskalkulation die Aufgabe, alle bis zu einem bestimmten Fertigstellungsgrad
- bereits *angefallenen* Auftragskosten/-auszahlungen,
- (irreversibel vor-) *disponierten* Auftragskosten/-auszahlungen[147] sowie
- *realisierten* Erlöse bzw. *eingegangenen* Einzahlungen

zu ermitteln. Die dokumentierten Ist-Größen werden den laufenden Kontrollrechnungen zugrunde gelegt und bilden damit eine wesentliche Informationsbasis für korrektive Eingriffe in die Abwicklungsprozesse. Die *Aktualität* der Daten ist deshalb von wesentlicher Bedeutung für den Informationsgehalt der Ist-Rechnung[148]. Als weitere Anforderungen, die für die Aussagekraft der begleitenden Erfolgsrechnung sehr bedeutsam sind, kommen vor allem die *Zuverlässigkeit* sowie eine angemessene *Genauigkeit* der Datenerfassung in Betracht[149].

Es ist große Sorgfalt darauf zu verwenden, daß sämtliche Ist-Kosten/-Erlöse bzw. Ist-Zahlungen auf *ein und denselben Fertigstellungsgrad* der Anlage bezogen sind. Angesichts der komplexen Fertigungsstrukturen einer Industrieanlage wirft die Ermittlung der Kosten bzw. Auszahlungen eines bestimmten Fertigstellungsgrades im Rahmen der Fortschreibung der Anlagenerstellung erhebliche erfassungsorganisatorische Probleme auf[150]. Der Einsatz von Netzplänen bei der Planung und Durchführung des Projekts erweist sich in diesem Zusammenhang als sehr zweckdienlich[151].

---

[147] Vgl. Wiederstein, 1979, S. 51 ff.; Höffken/Schweitzer, 1991. S. 72 f.
[148] Vgl. Feuerbaum, 1978, S. 994 und 1041; Keist, 1984, S. 29; Franke, 1985, S. 77.
[149] Vgl. Wiederstein, 1979, S. 52 f.; Laßmann, 1981, Sp. 1020 ff.; Milling, 1984, S. 73.
[150] Vgl. Müller-Ettrich, 1979, S. 320.
[151] Vgl. Saynisch, 1979, S. 253 ff.

Grundlage einer anforderungsgerechten Dokumentationsrechnung bilden die Erfassung und Zuordnung aller für die Kalkulation relevanten Daten nach einem *klassifizierenden Nummernsystem*, welches bereits bei der Projektstrukturierung Anwendung gefunden hat[152]. Dadurch werden einerseits eine eindeutige Identifizierung der Kalkulationseinheiten eines Projekts sowie ein schneller und unverwechselbarer Zugriff darauf ermöglicht, andererseits erfährt die unüberschaubare Menge an Elementen der Projektstrukturierung eine systematische Ordnung[153]. Umspannt ein einheitliches Klassifizierungssystem das gesamte Unternehmen bzw. einen Konzern, so wird ein Überblick über alle gefertigten Bauteile und -gruppen gegeben und damit die Möglichkeit geschaffen, vor der Fremdvergabe von Auftragsteilen die Verwendung eigener Produkte zu überprüfen[154]. Reichen für kleinere Projekte möglichweise noch verbale Beschreibungen aus, ist bei größeren Anlagenaufträgen die Belegung der einzelnen Elemente mit einer Klassifizierungsnummer nahezu unumgänglich. Werden zur Erfassung der Daten EDV-Anlagen, die zu einem unverzichtbaren Hilfsmittel bei der Abwicklung von Anlagengeschäften geworden sind, eingesetzt, wird die Nummerung obligatorisch[155].

Da es sich beim Anlagenbau nicht um eine einmalige, sondern um eine modifizierte Einzelfertigung handelt[156], besteht grundsätzlich die Möglichkeit, einige Projektunterlagen mehrfach zu verwenden. Die Dokumentation der technischen Daten (z.B. realisierte Konstruktion eines Anlagenteils) und der zugehörigen wirtschaftlichen Kenngrößen (z.B. für das betreffende Teil angefallene Kosten bzw. Auszahlungen) sollte deshalb unbedingt in der Weise aufgebaut sein, daß sie als *Informationsquelle für Nachfolgeaufträge* zur Verfügung steht. Der mit der Projektierung und Vorkalkulation verbundene Arbeits- und Zeitaufwand verringert sich erheblich, wenn auf vorhandene Unterlagen gleicher oder ähnlicher Vorgänger-Anlagen zurückgegriffen werden kann. Damit ein gezielter Rückgriff auf vorhandene Problemlösungen nicht allein vom Erinnerungsvermögen langjähriger Mitarbeiter abhängt, muß eine datenbankgestützte Speicherung der Daten unter Verwendung des Klassifizierungssystems eingerichtet werden, die u.a. eine genaue Zuordnung der Kosten bzw. Auszahlungen zu den zugrundeliegenden Leistungen erlaubt[157]. Als Anhaltspunkte dienen nicht nur Nachkalkulationen abgewickelter Aufträge, sondern auch Angebotskalkulationen für nicht erhaltene Aufträge. Eine Ist-Erfassung, die mit Hilfe eines Nummernsystems eine EDV-gerechte, eindeutige und kontinuierliche

---

[152] Vgl. Studt, 1983, S. 174; VDMA, 1983, S. 32 ff.; Madauss, 1990, S. 181.
[153] Vgl. Kunerth/Werner, 1981, S. 18 ff.; Madauss, 1990, S. 305 ff.
[154] Vgl. Michels, 1971, S. 503.
[155] Vgl. Biel, 1981, S. 90; Kunerth/Werner, 1981, S. 20 ff.
[156] Vgl. Abschnitt I.B.1.
[157] Vgl. Nähring/Ziegler, 1961, S. 29 ff.; Michels, 1971, S. 502; Biel, 1981, S. 91 ff.; Madauss, 1990, S. 236 f.

Identifizierung sämtlicher Teile und Vorgänge erlaubt, stellt eine hervorragende Grundlage dar für die *Wiederverwendung der* in Datenbanken gespeicherten *Projektierungs- und Kalkulationsunterlagen* für zukünftige Projekte[158]. Werden für einen Folgeauftrag gleiche Komponenten benötigt, so ist lediglich die Bewertung zu aktualisieren. Handelt es sich um ähnliche Anlagenteile, kann die Dokumentation über Äquivalenzrechnungen dennoch nutzbar gemacht werden[159]. Die Voraussetzungen einer systematischen Dokumentation, die einen schnellen und sicheren Datenzugriff erlaubt, müssen bereits während der Projektstrukturierung geschaffen werden.

Der oftmals erhebliche Arbeitsaufwand für Dokumentationen im Rahmen behördlicher Genehmigungsverfahren kann durch ein derart systematisiertes Vorgehen deutlich verringert werden. Des weiteren wird dadurch ein Anstoß zu Standardisierungsbemühungen im Anlagenbau gegeben. Die Vereinheitlichung des Begriffssystems der Erzeugnisse verbessert zudem die Kommunikation und Koordination zwischen den Verantwortungsbereichen. Eine sorgfältige Dokumentation der erbrachten Leistungen und der dafür angefallenen Kosten bzw. Auszahlungen und Erlöse bzw. Einzahlungen wird darüber hinaus als Grundlage für die Abnahmeerklärung des Kunden, für Zwischenfakturierungen sowie für die bilanzielle Bestandsbewertung benötigt[160].

(2) Änderungsmanagement

Während der Abwicklungsphase ergeben sich laufend *Veränderungen der Liefer- und Leistungsspezifikation* des Auftrags, die im Rahmen eines Änderungsmanagements zu erfassen sind, damit in den Kontrollrechnungen nur einander vergleichbare Daten gegenübergestellt werden[161]. Außer den Anpassungen, die infolge von Veränderungen der umweltbedingten, politischen und rechtlichen Rahmenbedingungen notwendig werden, handelt es sich in erster Linie um anbieterbedingte und kundenbedingte Änderungsanlässe, die zu einer Aktualisierung der Auftragskalkulation führen müssen.

Bei den *kundenbedingten* Änderungswünschen (change order) stellt sich die Frage, ob und in welchem Umfang sich diese auch in einer Anpassung des Auftragserlöses widerspiegeln. Das *Claim-Management* hat dafür zu sorgen, daß die infolge der Änderungen

---

[158] Vgl. Backhaus, 1980a, S. 44 f.; Post, 1984, S. 163 ff.
[159] Vgl. Biel, 1981, S. 94; Milling, 1984, S. 72.
[160] Vgl. Gareis, 1984, S. 40; VDMA, 1985, S. 63 ff.
[161] Vgl. Höffken/Schweitzer, 1991, S. 74 f.

notwendigen Mehrleistungen kalkuliert, vom Kunden anerkannt und vergütet werden[162]. Voraussetzung für eine erfolgreiche Durchsetzung von Claims ist eine genaue Dokumentation der vereinbarten, vor allem aber der tatsächlich erbrachten Leistungen des Anbieters[163]. Infolgedessen sind alle Absprachen mit dem Kunden in bezug auf eine Abwandlung des ursprünglich vereinbarten Vertragsumfanges schriftlich festzuhalten. Handelt es sich bei den Änderungswünschen um Nachtragsaufträge, die aufgrund des meist größeren Volumens wie ein neuer Auftrag getrennt geführt werden sollten[164], ist eine zusätzliche Preisvereinbarung mit dem Kunden im allgemeinen ohne Probleme durchsetzbar. Sind die Änderungswünsche hingegen nur wenig aufwendig, verzichtet der Anbieter teilweise aufgrund vertriebspolitischer Überlegungen auf eine Vergütung. Nichtsdestoweniger müssen diese Änderungen zur Anpassung der Soll-Vorgaben in der Auftragskalkulation erfaßt werden.

Anbieterbedingte Änderungen resultieren aus Anregungen der Fachabteilungen und sind i.d.R. durch die Projektverantwortlichen zu genehmigen[165]. Werden bspw. während der Projektabwicklung neue technische Entwicklungen anwendungsreif, die eine wirtschaftlich günstigere Teilekonstruktion erlauben, so führt dies zu einer entsprechenden Ergebnisverbesserung. Grundsätzlich sind die vielfältigen Maßnahmen zur Ergebnisbeeinflussung während der Abwicklung zu dokumentieren. Ergeben sich hinsichtlich der Anlagennutzung günstigere Lösungen, die jedoch mit erhöhten Herstellkosten bzw. -auszahlungen verbunden sind, so sollten diese dem Kunden angeboten werden, um eine Preisanpassung zu erreichen. Wird hingegen eine Veränderung oder Ergänzung des ursprünglichen Leistungsumfanges aufgrund von Vertragsmängeln wie vergessenen Positionen notwendig, so kann dies von gravierenden Erfolgseinbußen begleitet sein[166].

Jeder Projektbeteiligte, der von einer Änderung erfährt, hat diese unverzüglich über ein fest installiertes Meldesystem mit allen ihm bekannten Einzelheiten zu verbreiten, damit sämtliche Verantwortungsträger die neue Informationslage in ihren Entscheidungen berücksichtigen können[167]. Um Fehlentwicklungen aufgrund nicht bekannt gewordener Veränderungen zu unterbinden, sind Hemmschwellen, die insb. auch psychologische Ursachen haben können, abzubauen[168]. Der Einsatz der EDV gewährleistet eine schnelle

---

[162] Vgl. Wiederstein, 1979, S. 62; Studt, 1983, S. 181; Backhaus, 1986, S. 16.
[163] Vgl. Siepert, 1986, S. 88; Höffken/Schweitzer, 1991, S. 149.
[164] Vgl. VDMA, 1985, S. 62.
[165] Vgl. VDMA, 1985, S. 62 und 66.
[166] Zu weiteren Änderungsanlässen vgl. Keist, 1984, S. 45; Plinke, 1985, S. 147 ff.; VDMA, 1985, S. 64 f.
[167] Vgl. Wiederstein, 1979, S. 56; Milling, 1984, S. 78.
[168] Vgl. Dreger, 1977, S. 23 ff.

und gezielte Verbreitung der Änderungsinformationen, wobei sich eine Kennzeichnung der geänderten Auftragsdaten zur Unterstützung der Abweichungsanalyse als sinnvoll erweist.

Einen Überblick über die wichtigsten Vertragsbestandteile sowie die technischen und wirtschaftlichen Auftragsdaten gibt der *Projekt-Status-Bericht*. Er beinhaltet aktuelle Angaben über
- Projektfortschritt,
- Änderungen,
- Terminstatus,
- erfolgs- und finanzwirtschaftliche Situation

und stellt damit ein effizientes Instrument zur zielorientierten Projektsteuerung dar[169].

d. Kontrollrechnung zur Sicherung des Auftragsergebnisses

(1) Soll/Ist-Vergleich

Angesichts der hohen Wertigkeit eines Auftrags kommt der ständigen wirtschaftlichen Kontrolle der Auftragsabwicklung zur Aufdeckung der Abweichungen von den Vorgabewerten zentrale Bedeutung zu[170]. Gegenstand von Abweichungskontrollen sind neben den Kosten/Auszahlungen und Erlösen/Einzahlungen vor allem auch die Qualitäts- und Terminvorgaben. Da die Anzahl der laufenden Aufträge im Vergleich zum Sorten- und Seriengeschäft geringer ist, kommt es im Anlagengeschäft in nicht so starkem Maße zu einem kompensatorischen Effekt von positiven und negativen Abweichungen.

Den durch die Dokumentationsrechnung erfaßten Ist-Kosten/-Auszahlungen pro Kalkulationseinheit sind regelmäßig die entsprechenden Soll-Werte eines Auftrags entgegenzuhalten. Für die Aussagefähigkeit der Kontrollrechnung ist es von großer Wichtigkeit, die verschiedenen Kalkulationsebenen getrennt zu halten und auszuwerten. Durch einen jeweils gesonderten Vergleich der ursprünglichen Auftragskalkulation und der veränderten aktualisierten Auftragskalkulation mit den Ist-Werten der Begleitkalkulation können *entscheidungsbedingte* und *ausführungsbedingte* Abweichungen sichtbar ge-

---

[169] Zum Projekt-Status-Bericht vgl. Jaeschke/Feuerbaum, 1984, S. 1634; VDMA, 1985, S. 89 ff.; Siepert, 1988, S. 345 ff.

[170] Die Abweichungen beziehen sich auf den Auftragserfolg und auf die Einhaltung der angestrebten Liquiditätsziele; siehe dazu Niebling, 1973, S. 119 ff.

macht werden[171]. Die Soll/Ist-Vergleiche, in denen teilweise der Kern der Mitlaufenden Auftragskalkulation gesehen wird[172], beziehen sich nicht auf bestimmte Zeitpunkte, sondern auf genau zu definierende Fertigstellungsgrade der Anlage und sind insofern *zeitraumbezogen*[173]. Es muß mit besonderer Sorgfalt darauf geachtet werden, daß die Soll- und Ist-Größen den aktuellen Projektfortschritt nach Zeit-, Mengen-, Qualitäts- und Wertgrößen wiedergeben, da nur dann ein *frühzeitiges* Erkennen von Abweichungen möglich ist. Insb. der Werte/Zeit-Bezug kann für die Auftragsüberwachung von besonderer Bedeutung sein. Je früher eine Abweichung aufgedeckt wird, umso größer gestaltet sich der Handlungsspielraum für rechtzeitige Maßnahmen zur Sicherung oder Verbesserung des angestrebten Auftragsergebnisses[174].

(2) Abweichungsanalyse

Die gewissenhafte Analyse der bei den Soll/Ist-Vergleichen festgestellten Abweichungen bildet einen festen Bestandteil der Kontrollrechnung. Diese bezieht sich nicht nur auf die *Ursachen* der Abweichungen[175], sondern auch auf die dafür *verantwortlichen Stellen*[176]. Zu Beginn sollte man sich stets vergewissern, ob sich die Soll-Größen noch auf den tatsächlich erbrachten Liefer- bzw. Leistungsumfang beziehen, oder ob zwischenzeitlich Änderungen eingetreten sind[177]. Grundsätzlich gilt, daß die Abweichungsanalyse nur bei einer genauen und realistischen Ermittlung der Soll-Vorgaben zu zielführenden und gerechten Ergebissen gelangen kann[178]. Die *Abweichungsursachen* können recht vielgestaltig sein und bestehen insb. in folgenden Faktoren[179]:
- Ungenauigkeit und/oder Unvollständigkeit der technischen und wirtschaftlichen Soll-Vorgaben;
- unzureichende Akzeptanz der Soll-Vorgaben in den ausführenden Stellen;
- ungenaue und zu späte Istdaten-Erfassung;

---

[171] Vgl. Laßmann, 1973, S. 13 ff.
[172] Vgl. z.B. Siepert, 1988, S. 343.
[173] Vgl. Saynisch, 1979, S. 253; Coenenberg/Raffel, 1988, S. 199 ff.
[174] Vgl. Withauer, 1971, S. 621; Wiederstein, 1979, S. 51 f.
[175] Vgl. Wiederstein, 1979, S. 72.
[176] Vgl. Laßmann, 1968, S. 137; Kloock/Bommes, 1982, S. 225; Siepert, 1988, S. 344.
[177] Vgl. Landsberg, 1988, S. 105.
[178] Vgl. Albach, 1988, S. 643.
[179] Vgl. Jung, J., 1982, S. 71 ff.; VDMA, 1983, S. 65 f.; Kilger, 1988, S. 261 ff.; Plinke, 1991, S. 204 und insb. Nickel, 1985, S. 15 ff. mit der dort angegebenen Literatur.

- zu geringe/hohe Risikovorsorge;
- falsche Prognosen der Beschaffungspreis- und Wechselkursentwicklungen;
- vermeidbare Mengen-Mehrverbräuche durch Ausführungsmängel und sonstiges Fehlverhalten;
- Minderverbräuche durch verbesserte Faktorqualitäten und Produktionsverfahren;
- Eintritt unvorhergesehener Ereignisse.

Die Abweichungsanalyse setzt stets an der Gesamtabweichung einer Bezugsgröße an und spaltet diese in Teilabweichungen auf. Wegen der additiven Verknüpfung bereitet dieser Vorgang bei unabhängigen Abweichungsursachen kaum Probleme. Im Gegensatz dazu gestaltet sich die Aufspaltung der Teilabweichungen zur Bestimmung ihrer Ursachen aufgrund der multiplikativen Verknüpfung der Kosten- bzw. Auszahlungseinflußgrößen recht schwierig[180]. Den Abweichungen sollte deshalb aus Gründen der Wirtschaftlichkeit nur bei Überschreitung einer gewissen Toleranzhöhe nachgegangen werden. Besonderes Augenmerk ist in diesem Zusammenhang auf Abweichungssaldierungen zu richten, die u.a. durch vergleichsweise lange Kontrollspannen entstehen können. Abweichungen innerhalb einer Periode werden dabei möglicherweise von entgegengesetzten Abweichungen kompensiert und damit verdeckt.

Aus der Abweichungsanalyse ergeben sich *Konsequenzen* sowohl für den laufenden als auch für nachfolgende Aufträge. Bezogen auf den *laufenden* Auftrag ist auf der Grundlage der festgestellten Abweichungsursachen und -verantwortlichkeiten unverzüglich korrigierend einzugreifen, um den Auftrag insb. durch technische, personelle und organisatorische Maßnahmen einer Realisierung seiner Ziele näherzubringen[181]. Darüber hinaus können Anhaltspunkte für die Bildung und Auflösung von Risiko-Rückstellungen gewonnen werden[182]. Aus den Fehlern, die zu unerwünschten Abweichungen führten, sollten aber auch Konsequenzen für *nachfolgende* Aufträge gezogen werden, um die gleichen Fehlentwicklungen nicht noch einmal zuzulassen[183]. Die Fehleranalyse verdeutlicht Schwachstellen bei der Projektplanung und -abwicklung und zeigt dem Vorkalkulator, ob er z.B. die Mengenverbräuche und Preisentwicklungen in richtiger Höhe vorhergesehen, Risiken vernünftig eingeschätzt oder Positionen vergessen hat[184]. Angesichts der Lernef-

---

[180] Vgl. Kloock/Bommes (1982, S. 226 f.), die sich grundlegend mit Methoden der Kostenabweichungsanalyse auseinandergesetzt haben.

[181] Vgl. Biel, 1981, S. 94; Keist, 1984, S. 53 ff.

[182] Vgl. VDMA, 1985, S. 67; Gareis, 1984, S. 40.

[183] Vgl. Hofmann, 1966, S. 1027; Blecke/Wilhelm, 1977, S. 42 ff. Dieser Gedanke liegt auch dem Regelkreisprinzip zugunde.

[184] Vgl. Kraus, 1986, S. 131; Kilger, 1988, S. 262.

fekte, die von derartigen Informationen ausgehen können, verwundert die geringe Bedeutung, die ihnen in der Praxis teilweise beigemessen wird[185]. Darüber hinaus können die festgestellten Abweichungen grundsätzlich auch als Grundlage für eine erfolgsorientierte Beurteilung und zum Teil auch Vergütung der Projektleiter herangezogen werden. Voraussetzung für eine effiziente Verwendung der Abweichungsanalysen ist wiederum deren Aktualität, Genauigkeit und systematische Dokumentation, auf die jeder dazu Autorisierte zugreifen kann.

Einen zusammenfassenden Überblick über die Struktur und die verschiedenen Formen der Erfolgsrechnung im industriellen Anlagengeschäft gibt Schaubild II.7.

---

[185] Vgl. Madauss, 1990, S. 236 ff.

```
ANFRAGE
   ↓
┌─────────────────────────────────────────────────┐
│ ANFRAGENBEWERTUNG                               │
│ Beurteilung der Anfrage hinsichtlich technischer│
│ Realisierbarkeit und wirtschaftlichen Erfolgser-│
│ wartungen                                       │
└─────────────────────────────────────────────────┘
   ↓
┌─────────────────────────────────────────────────┐
│ PROJEKTSTRUKTURIERUNG                           │
│ Zerlegung des Projekts in dessen aufbau- und ab-│
│ lauforganisatorische Struktur auf Basis der tech-│
│ nischen Lösung                                  │
└─────────────────────────────────────────────────┘
   ↓
┌─────────────────────────────────────────────────┐
│ ANGEBOTSKALKULATION I                           │
│ Bestimmung der Selbstkosten/-auszahlungen von Ei-│
│ gen- und Fremdleistungen sowie deren Umsetzung in│
│ Preise und Zahlungsbedingungen unter Berücksich-│
│ tigung der Angebots- bzw. Vertragskonditionen, Wett-│
│ bewerbssituation und Gewinnanteile              │
└─────────────────────────────────────────────────┘
   ↓
ANGEBOT
┌─────────────────────────────────────────────────┐
│ ANGEBOTSKALKULATION II                          │
│ Erneute Kalkulation mit veränderten Vertragspara-│
│ metern während der Verkaufsverhandlungen (z.B. Zah-│
│ lungs- und Finanzierungsmodalitäten, Liefertermine)│
└─────────────────────────────────────────────────┘
   ↓
VERTRAG
┌─────────────────────────────────────────────────┐
│ AUFTRAGSKALKULATION                             │
│ Überarbeitung und Detaillierung der Selbstkosten-/│
│ -auszahlungskalkulation gemäß den vertraglichen │
│ Vereinbarungen                                  │
└─────────────────────────────────────────────────┘
   ↓
┌─────────────────────────────────────────────────┐
│ AUFTRAGSBUDGETIERUNG                            │
│ Verteilung der Gesamtleistungen auf die Verantwor-│
│ tungsbereiche in Form von Budget-/Leistungsvorgaben│
└─────────────────────────────────────────────────┘
   ↓
┌─────────────────────────────────────────────────┐
│ BEGLEITKALKULATION                              │
│  ┌──────────────────────────────────┐           │
│  │ aktualisierte Auftragskalkulation│           │
│  └──────────────────────────────────┘           │
│  ┌─────────┐ ┌─────────┐ ┌────────┐ ┌─────────┐ │
│  │angefal- │ │disponier│ │ Rest-  │ │ungeplante│
│  │lene     │ │te       │ │ kosten/│ │Mehr-/Min-│
│  │Kosten/  │ │Kosten/  │ │zahlun- │ │derkosten │
│  │Zahlungen│ │Zahlungen│ │gen     │ │u.-erlöse/│
│  │         │ │         │ │        │ │-zahlungen│
│  └─────────┘ └─────────┘ └────────┘ └─────────┘ │
│  ┌──────────────────────────────────────────┐   │
│  │dokumentierter Kosten- bzw. Ein-/Auszahlungsstatus│
│  └──────────────────────────────────────────┘   │
│                              ┌─────────┐        │
│                              │(Analyse │        │
│                              │ der) Ab-│        │
│                              │weichungen│       │
│                              └─────────┘        │
└─────────────────────────────────────────────────┘
```

Schaubild II.7 Formen und Stuktur der Erfolgsrechnung im industriellen Anlagengeschäft

III. Kritische Beurteilung der kalkulatorischen Erfolgsrechnung für das industrielle Anlagengeschäft

A. Grundstruktur der Kosten- und Erlösrechnung im industriellen Anlagengeschäft

Zur Klärung des grundlegenden Verständnisses der herkömmlichen Kosten- und Erlösrechnung im Anlagengeschäft sei zunächst ein kurzer Abriß zur Struktur dieses Rechnungssystems gegeben. Ausführliche Darstellungen zur Kosten- und Erlösrechnung im Anlagenbau finden sich in der einschlägigen Literatur in genügender Anzahl, so daß sich ihre Beschreibung bis auf einige wenige Aspekte, auf die sich die kritischen Überlegungen im wesentlichen beziehen, erübrigt[1].

Da jeder Auftrag als eigenständiger Kostenträger zu behandeln und demnach gesondert zu kalkulieren ist, wird der projektorientierten Kosten- und Erlösrechnung im Anlagenbau ein weitgehend gleichförmiges Kalkulationsschema zugrunde gelegt. Das der klassischen Zuschlagskalkulation entsprechende Schema wird je nach Auftragstyp mehr oder weniger modifiziert und für jede im Projektstrukturplan ermittelte Kalkulationseinheit verwendet. Je nachdem, ob es sich um die Kalkulation von Hardware-Lieferungen, Software-Leistungen oder von sonstigen Dienstleistungen handelt, zeigt das Kalkulationsschema, welches als Vollkostenrechnung konzipiert ist, ein etwas verändertes Erscheinungsbild. In Schaubild III.1 wird ein derartiges Schema für Hardware-Lieferungen beispielhaft wiedergegeben.

Finden sich Leistungen des Anbieters, für die zwar eine Kalkulationsposition, aber kein entsprechender Posten im Angebot existiert, werden die zugehörigen Kosten als Umlage auf die Angebotspositionen verteilt. Dies betrifft solche Leistungen, die für eine erfolgreiche Anlagenerstellung unentbehrlich sind, sich jedoch nicht einzelnen Baugruppen zurechnen lassen (z.B. Gesamt-Koordination). Bei nur überschlägiger Kostenschätzung im frühen Angebotsstadium werden andere wichtige Kostenfaktoren (Sammelkosten) wie die Sondereinzelkosten des Vertriebs (insb. Auftragsfinanzierung, Gegengeschäfte, Provisionsverpflichtungen), die allgemeinen Wagniskosten und die kalkulatorischen Zinsen oftmal nicht gesondert als Kalkulationsposition aufgeführt, sondern als Prozent-

---

[1] Vgl. z.B. Möckelmann, 1970; Scherer/Seyfferth, 1970; Feuerbaum, 1978; Hilkert/Krause, 1978; Feuerbaum, 1979a; Wiederstein, 1979; Mellerowicz, 1980, S. 322 ff.; Studt, 1983; VDMA, 1983; Milling, 1984; VDMA, 1985; Hummel/Männel, 1986, S. 283 ff.; Kilger, 1988, S. 650 ff.; Siepert, 1988; Plinke, 1991, S. 188 ff.; Höffken/Schweitzer, 1991, S. 113 ff.

KALKULATIONSSCHEMA Lieferung			Auftrags-Nr.:		
			Abteilung:		

Besteller:		Liefertermin:	
Gegenstand:		Rechnungsdatum:	
bestellt am:		Kalkulationsbasis:	

Zeile	KOSTENARTEN	Kalkulationseinheit 1		Kalkulationseinheit..	
		Mengen kg/Std/%	Kosten DM	Mengen kg/Std/%	Kosten DM
1	Fertigungsstoffe				
2	Fertigteile				
3	Fertigaggregate, Anlagen u. Systeme				
4	Fremdleistungen für die Produktion				
5	Vorgefertigte Bestandteile/Stoffe				
6	vom Kunden beigestelltes Material				
7	Festpreiszuschlag Material				
8	Materialgemeinkostenzuschlag				
1-8	MATERIALKOSTEN				
9	Fertigungskosten mech. Bearbeitung				
10	Fert.kosten Zusammenbau u.Handarb.				
11	Fertigungskosten Schweißarbeiten				
12	Sonst. Fertigungs- u. Montagekosten				
13	Vorgefert. Bestandteile/Fert.kosten				
14	Sondereinzelkosten der Fertigung				
15	Festpreiszuschlag Fertigung				
9-15	FERTIGUNGSKOSTEN				
16	Konstruktionskosten				
17	Vorgefert. Bestandteile/Kons.kosten				
18	Fremdkostruktion				
16-18	KONSTRUKTIONSKOSTEN				
1-18	HERSTELLKOSTEN				
19	Entwicklungsgemeinkostenzuschlag				
20	Verwaltungsgemeinkostenzuschlag				
21	Vertriebsgemeinkostenzuschlag				
22	Wagniskostenzuschlag				
23	Sonderwagnisse				
24	Sondereinzelkosten des Vertriebs				
25	Kalkulatorische Auftragszinsen				
1-25	SELBSTKOSTEN				

Schaubild III.1   Kalkulationsschema (Hardware-Lieferung)

satz vom Auftragswert ermittelt und den Kalkulationseinheiten als sog. Angebotsfaktor zugeschlagen.

Zur Bestimmung der baugruppenbezogenen Einzelkosten anhand des Kalkulationsschemas werden für den Bereich der Eigenleistungen die erwarteten Mengen- und Zeitverbräuche ermittelt und mit den jeweiligen normalisierten Verrechnungssätzen bewertet. Die Ansätze für Fremdlieferungen und -leistungen erhält man durch Preisanfragen und Angebotseinholung. Die Gemeinkosten für Material, Entwicklung, Verwaltung und Vertrieb werden ebenso wie die Wagnisse - in Analogie zur kalkulatorischen Erfolgsrechnung im Seriengeschäft - als prozentuale Zuschläge auf die Materialeinzelkosten bzw. Herstellkosten errechnet, wobei die Zuschlagssätze bei einigen Kalkulationspositionen differenziert bemessen werden. Die Gemeinkosten und Wagnisse bilden zusammen mit den Einzelkosten, den kalkulatorischen Auftragszinsen und den Sondereinzelkosten des Vertriebs die Selbstkosten des Auftrags. Zur Ermittlung des Soll-Erlöses ist zusätzlich ein Gewinnzuschlag zu berücksichtigen. Im Rahmen der begleitenden Kontrolle der vorkalkulierten Kosten werden in einer kumulativen Rechnung die gebuchten Kosten des Auftrags monatlich fortgeschrieben, bis sich daraus nach Fertigstellung und Abrechnung des Auftrages die Nachkalkulation ergibt.

Die folgenden kritischen Überlegungen beschäftigen sich zunächst mit den *systemimmanenten* Mängeln der kalkulatorischen Erfolgsrechnung industrieller Anlagengeschäfte. Anschließend werden Schwachstellen aufgezeigt, die nicht durch das System der kalkulatorischen Rechnung an sich, sondern durch deren konkrete Ausgestaltung und Handhabung in der Praxis bedingt und insofern *vermeidbar* sind[2]. Die Ausführungen gehen dabei von einer Kosten- und Erlösrechnung im Anlagenbau aus, wie sie sich in der praxisorientierten Literatur und in den Erfahrungen des Verfassers darstellt. Besondere unternehmensspezifische Gestaltungsformen, auf die einzelne Kritikpunkte nicht zutreffen mögen, können im Rahmen dieser konzeptionellen Betrachtung nicht einbezogen werden. Die Beurteilung der Eignung der herkömmlichen Kosten- und Erlösrechnung für das industrielle Anlagengeschäft greift auf die in Abschnitt II.D erarbeiteten grundlegenden Anforderungskriterien an ein derartiges Informationssystem zurück.

---

[2] Mit der von Langen (1965, 1966a, 1966b) vorgebrachten allgemeinen Kritik an der Kostentheorie und -rechnung sowie seinem Vorschlag einer zahlungsorientierten Rechnung für das kurzfristige Seriengeschäft haben sich Kilger (1968) und insb. Schwermer (1971) kritisch auseinandergesetzt.

B. Systemimmanente Mängel der kalkulatorischen Erfolgsrechnung für das industrielle Anlagengeschäft

1. Vernachlässigung des Zeitaspekts

a. Bedeutung der Zeit in betriebswirtschaftlichen Planungs- und Entscheidungsmodellen

Infolge der Langfristigkeit industrieller Anlagengeschäfte und der dadurch bedingten zeitlich ausgedehnten Verteilung der Mengen- und Wertgrößen kommt dem *Zeitaspekt* hier eine deutlich höhere Relevanz zu als bei Sorten- oder Serienprodukten, deren Herstellung eher kurzfristiger Natur ist. Um die betriebswirtschaftliche Bedeutung des Zeitaspekts für ein System der Erfolgsrechnung ermessen zu können, ist zu fragen, ob und inwieweit unterschiedliche Entstehungszeitpunkte der Rechengrößen die Ergebnisse der Rechnung beeinflussen. Dazu sei in einem vorgelagerten Schritt untersucht, wie der Zeitfaktor in betriebswirtschaftlichen Planungs- und Entscheidungsmodellen Berücksichtigung findet.

Zeit offenbart sich in Veränderungen realer Zustände der Umwelt. Existieren mindestens zwei sich beeinflussende Zustände, erfährt die Zeit durch die Trennung von Vergangenheit und Zukunft eine Strukturierung[3]. Bei den durch Handlungen eines Entscheidungsträgers herbeigeführten Zustandsveränderungen der realen Welt ist das zeitliche Moment unter betriebswirtschaftlichen Gesichtspunkten in zweifacher Hinsicht bedeutsam:

1) Berücksichtigt ein Entscheidungsträger bei der Bewertung der Handlungsalternativen zur Erreichung eines bestimmten Umweltzustandes die zeitliche Struktur der Handlungskonsequenzen, so kommt darin seine *Zeitpräferenz* zum Ausdruck[4]. Für Entscheidungsprobleme in marktwirtschaftlichen Systemen kann angesichts der Existenz eines positiven Kapitalmarktzinses davon ausgegangen werden, daß ein positiver Erfolgsbeitrag zu einem früheren Zeitpunkt dem eines späteren Zeitpunkts gleicher Nominalhöhe vorgezogen wird; die umgekehrte Einschätzung gilt für negative Erfolgsbeiträge[5]. Die Gültigkeit dieser *Gegenwartspräferenz* wird in Einklang mit der

---

[3] Vgl. Schneeweiß, 1989, S. 5 f. Der Begriff Gegenwart bezeichnet einen Schnittpunkt, der die Zeit in die Intervalle Vergangenheit und Zukunft unterteilt. Im Gegensatz zu den *Zeiträumen* Vergangenheit und Zukunft bezieht sich die Gegenwart auf einen Zeit*punkt*, da sie bei marginaler Betrachtung unmittelbar zu Vergangenheit wird, d.h. sie umfaßt einen unendlich kleinen Zeitraum.

[4] Vgl. Dyckhoff, 1988, S. 990; Sieben/Schildbach, 1990, S. 103 ff.; Bamberg/Coenenberg, 1991, S. 27.

[5] Vgl. Fisher, 1930; Eisenführ, 1988, S. 128.

einschlägigen Literatur den weiteren Überlegungen zugrunde gelegt, wohlwissend, daß auch andere Ausprägungen der Zeitpräferenz plausibel begründbar sind[6].

2) Die Auswirkungen von Handlungen treten oft erst viele Perioden später in Erscheinung. Dieser Ursache/Wirkungs-Zusammenhang steht während des Zeitraums von der Auswahl einer Handlungsalternative bis zu deren Wirksamwerden unter dem ständigen Einfluß sich *verändernder Umfeldbedingungen*. Je länger die Zeitspanne ist, auf die sich der Wirkungsprozeß bezieht, desto massiver werden sich Veränderungen der Einflußgrößen in den Handlungskonsequenzen niederschlagen. Gleichzeitig vergrößern sich die Unsicherheit der Informationen sowie die damit verbundenen Risiken.

Vor allem der erste Aspekt führt zu der von zahlreichen Wirtschaftswissenschaftlern vorgetragenen Forderung, das zeitliche Moment in Form einer *Dynamisierung* der entscheidungsunterstützenden Modelle und vor allem des internen Rechnungswesens zu berücksichtigen[7]. Ein Modell wird als *dynamisch* bezeichnet, wenn sich dessen Variablen nicht alle auf denselben Zeitraum (Periode) beziehen und zwischen den Variablen intertemporale Abhängigkeitsbeziehungen bestehen, d.h. eine Variablenänderung wird erst in einer späteren Periode oder in mehreren Perioden wirksam[8]. Eine dynamische Analyse bedingt folglich die Unterteilung des Analysezeitraumes in mindestens zwei Abschnitte, wohingegen die Variablen *statischer* Modelle jeweils ein und derselben Periode angehören; dementsprechend nennt man sie auch Einperiodenmodelle. Aufgrund der Prämisse einer unendlich hohen Reaktionsgeschwindigkeit bei Datenänderungen werden hierbei Ursache/Wirkungs-Zusammenhänge losgelöst vom Zeitbedarf der Zustandsveränderungen betrachtet. Bei *komparativ-statischen* Modellen handelt es sich zwar um eine mehrperiodige, nicht jedoch um eine kausalanalytische Betrachtung, da die Gründe für die Entstehung der einzelnen Periodenergebnisse und ihre gegenseitigen Abhängigkeiten nicht untersucht werden[9].

---

[6] Vgl. Sieben/Schildbach, 1990, S. 27; Mus, 1988a, S. 504 ff.; zur nutzentheoretischen Behandlung der Zeitpräferenz vgl. Lehmann, 1975.

[7] Vgl. insb. Langen, 1966a; Langen, 1966b; Laßmann, 1984, S. 967 ff.; Kilger, 1988, S. 109 ff.; Küpper, 1989, S. 46 ff.; Riebel, 1989b, S. 247 ff.; Seicht, 1990b, S. 272 ff. Die in den letzten Jahren vorgestellten Ansätze für eine Integration von Kosten- und Investitionsrechnung unterstreichen das verstärkte Interesse an einer Dynamisierung der Unternehmensrechnung. Eine Dynamisierung der Kalkulation im Anlagengeschäft, die Hilkert/Krause (1978, S. 1653 f.) durch die Berücksichtigung von Einsatzfaktorverteuerungen sowie durch Kalkulationsanpassungen aufgrund von Mengenänderungen verwirklichen wollen, ist hier bei weitem nicht ausreichend.

[8] Zum Begriff der Dynamik in der Betriebswirtschaftslehre vgl. Kern, 1969.

[9] Vgl. Kern, 1969, S. 345 ff.

Unternehmerisches Handeln ist eingebettet in den Zeitablauf und hat den technischen und ökonomischen Wandel zu beachten. Eine Dynamisierung allein reicht daher zur vollständigen Erfassung des Zeitaspekts in Planungs- und Entscheidungsmodellen nicht aus. Zusätzlich ist dem zweiten Aspekt - den sich im Zeitablauf einstellenden *Veränderungen der Einflußgrößen* einer Handlungskonsequenz und den damit verbundenen Informationen - Beachtung zu schenken[10]. Um dem Entscheidungsträger die Möglichkeit einer Reaktion auf die Zustandsveränderungen zu eröffnen, ist eine *flexible Planung* notwendig, die der Variabilität des Informationsstands gerecht wird und nicht mehr sämtliche Entscheidungen zu Beginn des Planungszeitraumes endgültig trifft[11]. Da die flexible Planung eine zeitlich gestaffelte Reaktion auf veränderte Informationslagen erlaubt und damit den sich wandelnden Umweltzuständen Rechnung trägt, fördert sie eine hohe Sensibilität der unternehmerischen Aktivitäten im Hinblick auf die realen Wirtschaftsabläufe.

Beide Aspekte, Dynamisierung und Flexibilität, nehmen in ihrer Bedeutung mit der Länge des Betrachtungszeitraumes zu und sind infolgedessen für die Erfolgsplanungs- und -überwachungsrechnung langfristiger Anlagengeschäfte von besonderer Relevanz. Vernachlässigt die Erfolgsrechnung diese von der Zeit ausgehenden Einflüsse, kann sie aus betriebswirtschaftlicher Perspektive nicht zu hinreichend genauen und befriedigenden Ergebnissen gelangen.

b. Unzureichende Einbindung des Zeitaspekts

Die Erfolgsplanung und -überwachung industrieller Anlagengeschäfte basiert sowohl in der einschlägigen Literatur als auch in der praktischen Anwendung auf Kosten und Erlösen. Auch wenn in der Vergangenheit einige Verfahrensvariationen der Kosten- und Erlösrechnung entwickelt wurden, bleibt unverkennbar, daß sie vor allem mit Blick auf das kurzfristige Seriengeschäft konzipiert wurde[12] und lediglich in sehr beschränktem Maße eine Anpassung an die Besonderheiten des industriellen Anlagengeschäfts erfahren hat. Vor allem erfolgt eine Einbeziehung des Zeitaspekts nur in unzureichender Weise:

---

[10] Vgl. Knolmayer, 1989, S. 79. Riebel (1989b, S. 251) schlägt in diesem Zusammenhang eine *kontinuierliche Zeitablaufrechnung* vor.

[11] Vgl. Schneeweiß, 1989, S. 8 f.; Abschnitt II.A.

[12] Vgl. Plinke, 1985, S. 41; Coenenberg/Raffel, 1988, S. 199.

Die in der Praxis verbreiteten kalkulatorischen Verfahren zur Vorkalkulation auf der Basis von Kosten und Erlösen gehen von einer *starren* Planung aus, d.h. sie ignorieren die im Zeitablauf hinzukommenden Informationen über Veränderungen der erfolgsbeeinflussenden Faktoren[13]. Ein veränderlicher Kenntnisstand wird lediglich insofern berücksichtigt, als je nach Informationslage Neukalkulationen aufgestellt werden. Der *statische Charakter* einzelner Planungsdurchläufe und die dadurch bedingte *fehlende zeitliche Dimension* schränken die Möglichkeit eines flexiblen Reagierens auf veränderte Umweltzustände erheblich ein. Darüber hinaus verhindern die statische Zielformulierung[14] und das Fehlen einer zeitlich strukturierten Kostenplanung einerseits den Aufbau einer *periodenbezogenen Erfolgsplanungsrechnung*, die vor allem zur Glättung der oft stark schwankenden Periodenergebnisse vonnöten ist. Andererseits stellt eine nach Arbeitsschritten untergliederte Kostenplanung die Voraussetzung dar für eine Kostenkontrolle unmittelbar nach Fertigstellung abgegrenzter Teilabschnitte, die Abweichungen früher als erst nach Abschluß der gesamten Auftragsbearbeitung in Erscheinung treten läßt.

Die Gegenwartspräferenz wird im System der kalkulatorischen Erfolgsrechnung auf Kosten- und Erlösbasis durch den Ansatz *kalkulatorischer Zinsen* zu berücksichtigen versucht. Die Erfassung und Kalkulation von Zinsen weist im Anlagengeschäft einige Besonderheiten gegenüber der kurzfristigen Fertigung auf, die es in der Erfolgsrechnung zu beachten gilt. Es handelt sich dabei insb. um[15]
- das größere erfolgswirtschaftliche Gewicht der Zinsen,
- die Notwendigkeit einer Einbeziehung von Zinseszinsen,
- die besonderen Zahlungs- und Finanzierungsvereinbarungen,
- die Möglichkeit einer projektweisen Zinsberechnung sowie
- der Notwendigkeit einer Berücksichtigung von Kundenanzahlungen.

Aufgabe der kalkulatorischen Zinsen ist es, die durch eine Vorfinanzierung der Anlagenerstellung gebundenen *Finanz*mittel in ihren erfolgswirtschaftlichen Auswirkungen zu erfassen[16]. Dies ist aus betriebswirtschaftlicher Sicht in exakter Form aber nur auf der Basis einer *zahlungsstromorientierten* Rechnung möglich. Die Berechnung kalkulatorischer Zinsen in der Kosten- und Erlösrechnung erfolgt während der Auftragsabwicklung

---

[13] Ähnlich auch Schneeweiß, 1989, S. 12 ff. Eine Ausnahme bildet hier Riebel, der in seiner hierarchisierten Kostenrechnung den Zeitaspekt explizit berücksichtigt; vgl. Riebel, 1970; Riebel, 1988; Riebel, 1989b.

[14] Vgl. dazu Hax, 1967, S. 751; Heinen, 1976, S. 85 ff.

[15] Vgl. Scherrer, 1992, S. 1008 f.

[16] Laufen die Kundenanzahlungen den zum Anlagenbau benötigten Finanzmitteln zeitlich voraus, führen die daraus resultierenden Zinserlöse zu einer Ergebnisverbesserung.

hingegen *bestandsorientiert* nach folgender Formel zur Bestimmung des im Auftrag gebundenen Kapitals[17]:

      Gebuchte Auftragskosten (Halbfabrikatebestand)
+ geleistete Anzahlungen
- <u>erhaltene Anzahlungen</u>
= Kapitalbindung

Durch Multiplikation der monatlich errechneten Kapitalbindung mit dem kalkulatorischen Zinssatz erhält man die dem Auftrag zu belastenden Zinskosten des betreffenden Monats. Die Verwendung des Halbfabrikatebestands bei der Zinsberechnung impliziert fälschlicherweise die *Zahlungswirksamkeit von Kostenzugängen*. Diese Annahme ist angesichts der erheblichen zeitlichen Abweichungen zwischen einzelnen Kostenarten und zugehörigen Auszahlungen, die bei Anlagengeschäften in besonders starkem Maße zu beobachten sind, nicht aufrechtzuerhalten[18].

Die kalkulatorische Zinsberechnung erfolgt nur *innerhalb* des Abrechnungszeitraumes, der sich von den ersten ergebniswirksamen Buchungen nach dem Vertragsabschluß bis zur Auftragsabrechnung nach der Kundenabnahme erstreckt. Eine einwandfreie Zinsberechnung bedarf der Berücksichtigung von *Zinseszinseffekten*, d.h. die Zinsen sind von Periode zu Periode ihrerseits wieder mitzuverzinsen. In den Halbfabrikatebeständen, die der Zinsberechnung in jeder Periode zugrunde liegen, müssen somit entsprechende Zinsanteile enthalten sein, was allerdings häufig nicht beachtet wird[19].

Eine korrekte Berechnung kalkulatorischer Zinsen für die *außerhalb* des Abrechnungszeitraums anfallenden Kosten setzt voraus, daß diese gemäß ihrer tatsächlichen Entstehung angesetzt werden. Es handelt sich dabei in erster Linie um die Vertriebseinzelkosten für die Auftragsakquisition (vor Abrechnungszeitraum) sowie die Kosten für Wagnisse, Auftragsfinanzierung und Hermes-Kreditversicherung (nach Auftragsabrechnung), die gewöhnlich folgendermaßen behandelt werden:

- Die Vertriebseinzelkosten für die Akquisition eines Auftrags (*Akquisitionskosten*) fallen je nach Größenordnung des Projekts weit vor Vertragsabschluß und der dann

---

[17]   Küpper (1991, S. 3 ff.) stellt eine vergleichende Betrachtung bestands- und zahlungsorientierter Berechnungsweisen von Zinsen an.

[18]   Vgl. hierzu die im Rahmen der Praxisstudie vorgenommene Abweichungsanalyse in Abschnitt V.D.3. Ein Vorschlag zur genaueren (zahlungsstromorientierten) Zinsermittlung innerhalb der Kosten- und Erlösrechnung wird in Abschnitt V.D.4.b. unterbreitet. Vgl. auch den Vorschlag von Küpper, 1991, S. 11 ff. Zu den zeitlichen Verschiebungen zwischen Kosten- und Auszahlungsanfall siehe auch Buchmann/Chmielewicz, 1990, S. 81 f.

[19]   Vgl. Scherrer, 1992, S. 1016.

erst einsetzenden projektbezogenen Zinsberechnung an. Sie werden in der kalkulatorischen Erfolgsrechnung gewöhnlich den Vertriebsgemeinkosten zugeordnet und damit über den gesamten Abwicklungszeitraum hinweg verteilt, so daß die Zurechnung großer Teile der Vertriebsgemeinkosten auf den Auftrag nicht zum Zeitpunkt der Leistungserbringung erfolgt; die Entlastung der Kostenstelle findet im falschen Zeitpunkt statt[20]. Die durch die Akquisitionskosten gegebene frühzeitige Kapitalbindung führt demnach nicht zu einer angemessenen Zinsbelastung des Projekts. Liegt der Berechnung der kalkulatorischen Zinsen nur der aktivierbare Halbfabrikatebestand zugrunde, so unterbleibt eine erfolgswirtschaftliche Berücksichtigung des Vorfinanzierungsaufwandes völlig, da Vertriebskosten grundsätzlich nicht aktiviert werden dürfen[21].

- Gleichsam werden die kalkulatorischen *Wagnisse* durch laufende Zuschläge auf die Herstellkosten in Ansatz gebracht, obwohl die überwiegende Inanspruchnahme der Gewährleistungswagnisse erst während der Garantiefrist, d.h. gewöhnlich nach Auftragsabrechnung, erfolgt.

- Auch das oft noch lange Jahre nach Auftragsfertigstellung zu leistende *Zeitentgelt für die Hermes-Kreditversicherung* sowie die mit einer ggf. vereinbarten *Auftragsfinanzierung* verbundenen Zahlungen werden unter Vernachlässigung ihrer effektiven Entstehung zum Abrechnungszeitpunkt als Nominalsumme erfaßt.

Ein Ausgleich dieser chronologischen Verzerrungen könnte durch den Ansatz kalkulatorischer Zinsen i.S. des Lücke-Theorems[22] erreicht werden. Da ein solcher Ausgleich i.d.R. ausbleibt und damit die realen Verhältnisse ungenau bis verfälscht wiedergegeben werden, müssen die Ergebnisse der Kosten- und Erlösrechnung als unzureichend, strenggenommen sogar als fehlerhaft bezeichnet werden. Die Rechnung enthält dadurch zugleich eine gewichtige Inkonsistenz, da sich der Versuch einer Berücksichtigung der Gegenwartspräferenz durch die Verrechnung kalkulatorischer Zinsen lediglich auf den (ermessensbestimmten) Abrechnungszeitraum bezieht, und die Diskontierungserfordernisse in bezug auf die außerhalb liegenden Wertgrößen unerfüllt bleiben. Je nach zeitlicher Struktur der tatsächlichen Kosten- und Erlösreihe kann die unzureichende Vergleichbarkeit der Wertgrößen zu folgenschweren Fehleinschätzungen des Auftragserfolges führen, wie auch anhand eines Praxisfalles noch gezeigt werden soll[23].

---

[20] Vgl. Höffken/Schweitzer, 1991, S. 135.
[21] Zur Frage der Aktivierbarkeit von Projektkosten/-auszahlungen vgl. Abschnitt V.E.2.c.
[22] Zum Lücke-Theorem vgl. Abschnitt IV.A mit der dort angegebenen Literatur.
[23] Vgl. Abschnitt V.D.

Im Rahmen der Vorkalkulation kommt aufgrund der hohen Wertigkeit einzelner Projekte der *Planung der Auftragszinsen* besondere Bedeutung zu. Die Vorkalkulation auf der Grundlage der traditionellen Kosten- und Erlösrechnung muß sich dabei infolge der fehlenden zeitlichen Strukturierung auf einen vorgegebenen *fiktiven Normalkostenverlauf* stützen, der die Entwicklung der Auftragskosten gemäß eines festen, bei allen Aufträgen eines Geschäftsbereichs identischen Musters unterstellt. Der Kostenreihe wird die Reihe der erwarteten Einzahlungen gegenübergestellt, die sich aus dem erwarteten bzw. vereinbarten Preis und den jeweils zugrundegelegten Zahlungsbedingungen ableiten läßt, wobei vielfach auch bei den Zahlungsbedingungen von standardisierten Regelungen ausgegangen wird. Aus dem Saldo des Kosten- und Einzahlungsverlaufs werden die Zinskosten für die Vorfinanzierung des Auftrags errechnet, die in die Selbstkosten einfließen. Anhand von Nachrechnungen einzelner Aufträge in der Praxis wurde festgestellt, daß die tatsächlichen Kosten der Auftragsabwicklung erheblich später anfielen, als dies in der Vorkalkulation bei Verwendung des Normalkostenverlaufs angenommen wurde. Die tatsächlichen Zinskosten waren in diesen Fällen infolge des geringeren Vorfinanzierungsbedafs um ungefähr ein Drittel niedriger als die Werte, die im Rahmen der Planungsrechnung unter Zugrundelegung des normalisierten Kostenverlaufs errechnet wurden.

Als Fazit ist festzuhalten, daß sich die Verrechnung der kalkulatorischen Zinsen in der Kosten- und Erlösrechnung in einer Weise vollzieht, die die tatsächlich durch den Auftrag verursachten Finanzierungskosten nur sehr grob und allenfalls näherungsweise zu bestimmen vermag. Das Fehlen einer zeitlichen Strukturierung der Planungsrechnung wird dem Wesen des industriellen Anlagengeschäfts nicht gerecht. Bedingt durch den statischen Charakter der Kosten- und Erlösrechnung wird ein wertmäßiger Ausgleich der weit auseinanderliegenden Entstehungszeitpunkte der Wertgrößen nur unzureichend hergestellt, was die Aussagefähigkeit der Rechnungsergebnisse erheblich beeinträchtigt.

2. Ungenügende Verbindung zu finanziellen Sphäre

Wegen der Größenordnung der mit einem Anlagengeschäft verbundenen Zahlungsmittelbewegungen spielt die Sicherung der Liquidität eine besondere Rolle. Eine dazu notwendige Planung und Überwachung der Zahlungsströme bereitet allerdings aufgrund der diskontinuierlich verlaufenden Einzahlungen und der stark schwankenden Auszahlungen einige Probleme[24]. Feste funktionale Zusammenhänge zwischen Kundenanfragen/-auf-

---

[24] Vgl. Endell/Reichelt, 1987, S. 194 f.

trägen und den entsprechenden Ein- und Auszahlungen, wie sie bspw. LANGEN für das Seriengeschäft entwickelt hat[25], lassen sich für Anlagengeschäfte nicht ableiten, so daß die Finanzströme für jedes einzelne Projekt und deren Einfluß auf die Unternehmensliquidität unter Berücksichtigung der zeitlichen Abfolge des Leistungserstellungsprozesses sowie der besonderen Zahlungs- und Finanzierungsbedingungen bestimmt werden müssen.

Die Kosten- und Erlösrechnung erlaubt keine Beurteilung der Finanzlage eines Auftrags, die stets im Zusammenhang mit der Gesamtliquiditätssituation des Unternehmes gesehen werden muß. Mit der Verwendung fiktiver Konstrukte wie vor allem kalkulatorischer Kostenarten als Rechengröße löst sich die Kosten- und Erlösrechnung weitgehend von den Zahlungsströmen; für die Entstehung von (wertmäßigen) Kosten ist die Zahlungswirksamkeit eines Vorgangs grundsätzlich ohne Belang[26]. Zwar werden die Faktoreinsätze in Geldwerten erfaßt, es handelt sich dennoch nicht um eine Geldrechnung, da hinsichtlich Höhe und Realisationszeitpunkt keine unmittelbare Orientierung an den zugrundeliegenden Zahlungen erfolgt[27]. Eine Verbindung zum Finanzsektor wird allenfalls durch die Verrechnung kalkulatorischer Zinsen hergestellt, was jedoch, wie im vorangehenden Abschnitt dargestellt, nur sehr ungenau erfolgt.

Zur fundierten Ermittlung der finanziellen Auswirkungen eines Anlagenauftrags benötigt man daher eine eigenständige Finanzplanungs- und -überwachungsrechnung, die in der erforderlichen Detaillierung von Seiten der Unternehmen überwiegend als zu aufwendig empfunden wird. Nicht selten stützt sich die Finanzplanung deshalb, ähnlich wie bei der Planung der Auftragszinsen, auf einen normalisierten Kostenverlauf. Da hierbei wiederum von einer Gleichheit der Kosten und Auszahlungen eines Projekts ausgegangen wird, kann der Finanzmittelbedarf bzw. -überschuß nur sehr grob ermittelt werden[28]. Angesichts der daraus resultierenden hohen Unsicherheit bezüglich Höhe und Zeitpunkt der erforderlichen Geldmittel sieht sich der Anlagenbauer möglicherweise gezwungen, der Gefahr einer Zahlungsunfähigkeit über die Bereitstellung eines umfangreichen und kostspieligen Kreditrahmens durch Banken zu begegnen.

---

[25] Vgl. Langen, 1964; Langen, 1965; Langen, 1966b.

[26] Vgl. auch Schwermer, 1971, S. 71 f.

[27] Kosiol (1979, S. 160) spricht davon, daß "die kalkulatorische Rechnung in der Buchhaltung die ihr vorgeschaltete pagatorische Rechnung (...) überwuchert". Vgl. auch Witte, 1964, S. 131 ff. Zur allgemeinen Kritik an der finanzwirtschaftlichen Aussagekraft von Bilanz und Erfolgsrechnung auf der Basis von Kosten und Erlösen bzw. Aufwand und Ertrag vgl. Chmielewicz, 1973, S. 577 ff.

[28] Zur Kritik an der kostenorientierten Finanzplanung anlagenbauender Unternehmen in der Praxis vgl. auch Buchmann/Chmielewicz, 1990, S. 81 f.

Die mit einer kostenorientierten Finanzplanung einhergehende mangelnde Kenntnis der Finanzströme verhindert eine effiziente Inanspruchnahme des Kapitalmarktes und führt zu Erfolgseinbußen, wenn man bspw. infolge der Unsicherheit bezüglich zukünftiger Liquiditätsdefizite dazu gezwungen ist, diese über den Kapitalmarkt kurzfristig (und damit teuer) zu decken oder für längere Zeiträume unnötig hohe Finanzmittelbestände disponibel zu halten[29].

3. Vernachlässigung projektübergreifender Zusammenhänge

Werden aus vertriebspolitischen und strategischen Gründen Deckungsverzichte für eine *Referenzanlage* bewußt in Kauf genommen, sollte in der Erfolgsrechnung durch entsprechende Ausgestaltungen die Möglichkeit vorgesehen sein, die betreffende Anlage nicht nur isoliert, sondern auch in einer übergreifenden Rechnung mit denjenigen Aufträgen zu betrachten, die durch das Vorweisen der Referenzanlage gewonnen werden können[30]. Erst diese integrative Rechnung schafft die Voraussetzungen für eine wirkungsvolle Kontrolle vertriebspolitischer Entscheidungen und stellt die Grundlage dar für die Ermittlung der erforderlichen Überdeckungen (Mindestgewinne) der Folgeaufträge, die den geplanten Deckungsverzicht ausgleichen sollen. Eine übergreifende Betrachtung solcher Erfolgsverbunde ist darüber hinaus bei *Einmalkosten*, z.B. für eine spezielle technische Entwicklung, die von mehreren Aufträgen in Anspruch genommen wird, betriebswirtschaftlich sinnvoll, im Falle hoher derartiger Kosten sogar notwendig.

Die herkömmliche Kosten- und Erlösrechnung im Anlagengeschäft sieht eine projektübergreifende Erfolgsrechnung nur im Rahmen der Periodenrechnung i.S. einer horizontalen Verklammerung vor. Eine fundierte Beurteilung von erfolgswirtschaftlichen Interdependenzen zwischen einzelnen aufeinanderfolgenden Projekten durch eine ergänzende Programmrechnung, die zur Erfassung der zeitlichen Struktur auf einem dynamischen Ansatz basieren muß, ist auf der Basis der kalkulatorischen Rechnung nur sehr ungenau möglich. Neben den geplanten werden auch die ungeplanten Verluste im periodischen Betriebsergebnis mit Gewinnen anderer Projekte saldiert und entziehen sich damit einer Deckungskontrolle. Da sie danach im Rechnungssystem nicht mehr betrachtet werden, hat das kurzfristige Periodenergebnis in vielen Fällen die Wirkung einer *"Generalabsolution"*[31]. Auch wenn im Rahmen der Kosten- und Erlösrechnung die ge-

---

[29] Vgl. hierzu Kairies, 1990, S. 171 f. und die dort angegebene Literatur.
[30] Vgl. Plinke, 1984, S. 282 f.; Plinke, 1985, S. 167 ff.; Höffken/Schweitzer, 1991, S. 162 f.
[31] Plinke, 1985, S. 41.

planten Verluste budgetiert und die Auftragserfolge der Nachfolgeanlagen, denen bestimmte Deckungsverzichte einer früheren Anlage als Soll-Deckungsbeitrag zuzurechnen sind, zur Berücksichtigung der Gegenwartspräferenz abgezinst werden, kann man u.a. deshalb nicht zu befriediegenden Ergebnissen gelangen, weil die Auftragserfolge bzw. Deckungsbedarfe in sich auf statische Weise ermittelt werden.

Die Betriebskosten einer Anlage sind für den Kunden als Anlagennutzer von besonders großem Interesse und stellen infolgedessen aus der Sicht des Anbieters ein wesentliches Verkaufsargument dar. Da die Kosten der Anlagennutzung bekanntermaßen schon während der Anlagenkonstruktion in wesentlichem Umfang vorherbestimmt werden, sind diesbezügliche Informationen bereits zu diesem frühen Zeitpunkt von großer Wichtigkeit. Die Erfolgsrechnung des Anbieters sollte so gestaltet sein, daß sie gemeinsam mit dem Abnehmer um Zusatzrechnungen ergänzt werden kann, die einen Zusammenhang zwischen wesentlichen Parametern der Anlagenauslegung und den daraus resultierenden Betriebskosten herstellen[32]. Nur eine solche Betrachtungsweise läßt die Bewertung der Gesamtwirtschaftlichkeit der Anlage zu und kann wirksam zur Verkaufsunterstützung eingesetzt werden. Da der Betrachtungshorizont der traditionellen Kosten- und Erlösrechnung bei der Fertigstellung und Abrechnung des Auftrages endet, sind Anknüpfungspunkte für eine derartige Ergänzung der Rechnung, die aus betriebswirtschaftlicher Sicht ebenfalls einen dynamischen Ansatz erfordern würde, ebensowenig zu erkennen wie eine Analyse der Einflußgrößen der Betriebskosten. Die Kosten- und Erlösrechnung bietet daher in ihrer traditionellen Form nicht die Voraussetzungen für die Ableitung von Aussagen über die Betriebskosten einer Anlage in Abhängigkeit von ihrer technischen Auslegung in der Projektierungsphase

C. Gestaltungsbedingte Mängel kalkulatorischer Erfolgsrechnungen industrieller Anlagengeschäfte in der Praxis

1. Realitätsfremde Annahmen und unangemessene Vereinfachungen der Verfahren zur Angebotskalkulation

a. Kilokosten- und Materialkostenmethode

Die Angebotskalkulation einer Industrieanlage stellt eine maßgebliche Orientierungsgröße bei der Festlegung der Preisforderung dar, die den gewünschten Erlös des Anla-

---

[32] Vgl. Buskies/Ternirsen, 1991, S. 239 ff. sowie Abschnitt V.C.2.e.(1).

gengeschäfts darstellt. Der Angebotspreis prägt ganz wesentlich die Attraktivität des Angebots sowie die daraus resultierende Chance einer Auftragserteilung. Darüber hinaus ist der Auftragserfolg nach Festlegung des Angebotspreises aufgrund seines verbindlichen Charakters auf der Erlösseite nur noch in recht begrenztem Maße - sofern keine Gleit- und Anpassungsklauseln verabredet wurden - beeinflußbar, so daß der Angebotspreis grundsätzlich sowohl die Projekteinzelkosten als auch einen angemessenen Anteil der nicht projektbezogenen Kosten sowie einen Gewinnanteil abdecken muß. Trotz dieser zentralen Bedeutung der Angebotskalkulation verbietet sich nach herrschender Meinung eine differenzierte Ermittlung der Projektkosten in der Angebotsphase, da einerseits noch keine vollständigen Anlagenspezifikationen vorliegen, andererseits der Aufwand angesichts nur schlecht abschätzbarer Realisierungswahrscheinlichkeiten als zu hoch erachtet wird[33]. In der betrieblichen Praxis bedient man sich deshalb stark vereinfachender Verfahren zur Bestimmung der Herstellkosten, von denen die Kilokostenmethode, die Materialkostenmethode und die Verwendung von Kostenfunktionen die bekanntesten sind. Diese Verfahren ermitteln wohlgemerkt lediglich die Herstellkosten eines Projekts, die ihrerseits sogar nur die Material- und Fertigungkosten umfassen. Die *Schätzung* als weitere Bestimmungsweise der Herstellkosten stützt sich lediglich auf grobe Skizzen sowie die Erfahrung der Kalkulatoren und ist deshalb nicht als Kalkulationsverfahren anzusehen.

Bei der *Kilokostenmethode* werden die Herstellkosten einer Anlage in Abhängigkeit vom geschätzten Gewicht bestimmt. Ein aus Nachkalkulationen ähnlicher Anlagen gewonnener Erfahrungswert für die Herstellkosten je Kilogramm Fertiggewicht (Kilokosten) wird mit dem geschätzten Gewicht des zu kalkulierenden Projekts multipliziert[34]. Es wird eine funktionale Beziehung unterstellt zwischen den Herstellkosten einer Anlage (bzw. deren Komponenten) und ihrem Gewicht, welches allein durch die Hardware determiniert wird[35]:

$$HK_n = \frac{HK_d \ [DM]}{G_d \ [kg]} \cdot G_n \ [kg]$$

mit

HK_n : "Herstellkosten" der zu kalkulierenden Anlage
G_n : geschätztes Gewicht der zu kalkulierenden Anlage
HK_d : durchschnittliche Herstellkosten vergleichbarer Anlagen
G_d : durchschnittliches Gewicht vergleichbarer Anlagen

---

[33] Vgl. zum *Genauigkeits-Dilemma* Abschnitt II.D.2.b.(2).
[34] Neben dem Gewicht als kostenbestimmendes Merkmal kommen je nach Auftragstyp auch andere Größen wie Kubikmeter umbauter Raum oder Längenmeter Walzstraße zur Anwendung.
[35] Vgl. Kambartel, 1973, S. 30 f.; Eversheim/Minolla/Fischer, 1977, S. 13 ff.; Plinke, 1991, S. 190 ff.

Zwar ist eine Korrelation zwischen Gewicht und Herstellkosten einer Anlage in verschiedenen empirischen Untersuchungen nachgewiesen worden[36], diese ist jedoch nicht ausreichend hoch, um daraus zuverlässige Prognosen ableiten zu können. Hinzu kommt, daß in der Praxis eine Zunahme des Gewichts oftmals zu einem unterproportionalen Anstieg der Herstellkosten führt[37]. Da den Herstellkosten der neuen Anlage die Bewertungssätze der historischen Vorgänger-Anlagen zugrunde liegen, entsteht die Notwendigkeit einer Anpassung an zwischenzeitlich eingetretene Lohn- und Materialkostenänderungen sowie an eine ggf. gestiegene Produktivität[38], die sich allerdings wegen der Pauschalität des Verfahrens recht problematisch gestaltet. Außerdem werden zum Teil geänderte Einsatzstoffe (z.B. Substitution von Stahl durch Leichtmetall oder Kunststoffe) verwendet.

Zur Eruierung der wesentlichen Anwendungsvoraussetzungen der Kilokostenmethode werden die über die Zuschlagskalkulation ermittelten Herstellkosten mathematisch formuliert[39]:

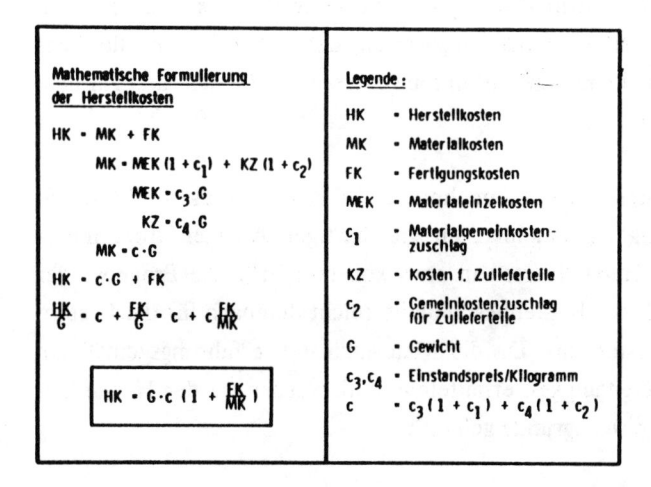

Mathematische Formulierung der Herstellkosten	Legende:	
$HK = MK + FK$	HK	= Herstellkosten
$MK = MEK(1+c_1) + KZ(1+c_2)$	MK	= Materialkosten
$MEK = c_3 \cdot G$	FK	= Fertigungskosten
$KZ = c_4 \cdot G$	MEK	= Materialeinzelkosten
$MK = c \cdot G$	c_1	= Materialgemeinkostenzuschlag
$HK = c \cdot G + FK$	KZ	= Kosten f. Zulieferteile
$\frac{HK}{G} = c + \frac{FK}{G} = c + c\frac{FK}{MK}$	c_2	= Gemeinkostenzuschlag für Zulieferteile
	G	= Gewicht
	c_3, c_4	= Einstandspreis/Kilogramm
$\boxed{HK = G \cdot c \left(1 + \frac{FK}{MK}\right)}$	c	$= c_3(1+c_1) + c_4(1+c_2)$

Schaubild III.2   Mathematische Ableitung der Kilokostenmethode

---

[36] Vgl. Opitz/Brankamp/Kambartel, 1971, S. 12 ff.; Eversheim/Minolla/Fischer, 1977, S. 18 ff.
[37] Vgl. Fischer, 1977, S. 68.
[38] Vgl. Michels, 1971, S. 504; Kambartel, 1973, S. 31.
[39] Entnommen aus Kambartel, 1973, S. 110.

Wie aus dem Ergebnis der Umformung hervorgeht, sind die Kilokosten nur dann eine zur Ermittlung der Herstellkosten geeignete Größe, wenn Fertigungs- und Materialkosten aller einbezogenen Anlagen im gleichen Verhältnis auftreten oder wenn die Materialkosten um vieles größer sind, so daß der Quotient bedeutungslos wird[40]. Abgesehen von reinen Ingenieur-Unternehmen mit einem vernachlässigbar kleinen Fertigungskostenanteil sind diese Fälle in der betrieblichen Praxis eher selten. Will man die anteilsmäßig überaus bedeutsamen anlagenspezifischen Konstruktionskosten, die je nach Kalkulationsschema Bestandteil der Herstellkosten sind, in das Verfahren einbeziehen, so wird aus der Ergänzung der mathematischen Ableitung deutlich, daß als zusätzliche Bedingung die Verhältnisgleichheit von Konstruktions- und Materialkosten hinzukommt[41]. Denkt man hier aber an die Höhe der Material- und Konstruktionskosten z.B. bei einem Pilotprojekt und einem Wiederholauftrag, liegen starke Schwankungen der jeweiligen Kostenanteile auf der Hand. Aufgrund der unrealistischen Annahmen der Kilokostenmethode, die sich auch in empirischen Untersuchungen als für die Praxis unhaltbar erwiesen haben, liefert sie bei der Herstellkostenbestimmung nur recht grobe Anhaltspunkte. Angesichts des oftmals niedrigen Informationsstandes in der frühen Angebotsphase sind die Unternehmen jedoch in Ermangelung besserer Kostenschätzmethoden auf die Anwendung der Kilokostenmethode angewiesen, deren Ergebnisse allerdings auch wegen der i.d.R. hohen "Fehlerzuschläge" mit angemessener Vorsicht und Zurückhaltung beurteilt werden sollten.

Die *Materialkostenmethode* basiert auf der Annahme, daß das Verhältnis von Materialkosten, Lohnkosten und Fertigungsgemeinkosten gleichartiger Anlagen trotz unterschiedlicher Absolutwerte der Herstellkosten in etwa konstant ist[42]. Die Prognose der absoluten Höhe eines dieser Herstellkostenbestandteile reicht demnach für die Bestimmung der gesamten Herstellkosten aus. Da die Materialkosten erfahrungsgemäß am leichtesten mit hinreichender Genauigkeit ermittelbar sind, werden sie der Herstellkostenberechnung in folgender Weise zugrunde gelegt[43]:

$$HK = \frac{MK}{m}$$

---

[40] Vgl. Kambartel, 1973, S. 110; Grabowski/Kambartel, 1977, S. 133 f.; Natau, 1985, S. 28.

[41] $HK = c \cdot G + FK + KK$ (mit KK = Konstruktionskosten)

    $HK/G = c + c \cdot FK/MK + c \cdot KK/MK$

    $HK = c \cdot G (1 + FK/MK + KK/MK)$

[42] Diese Annahme stützt sich auf das *Gesetz von der Konstanz der prozentualen Kostenaufteilung*, welches auf Kesselring (1954, S. 189 ff.) zurückgeht. Vgl. auch Kambartel, 1973, S. 112 ff.; Eversheim/Minolla/Fischer, 1977, S. 15 ff.

[43] Vgl. Kambartel, 1973, S. 113; Plinke, 1991, S. 196.

mit

HK : "Herstellkosten" der zu kalkulierenden Anlage
MK : geschätzte Materialkosten der Anlage
m : Materialkostenanteil gemäß angenommener Kostenstruktur

Die Materialkostenmethode geht von den Voraussetzungen aus, daß erstens eine Gleichartigkeit zwischen dem neuen und den früheren Vergleichsprojekten hinsichtlich Struktur und Fertigungsart besteht sowie zweitens die Kalkulationen auf denselben Bezugszeitpunkt bezogen sind, da unterschiedliche Entwicklungen bei den Bewertungskomponenten der jeweiligen Kostenarten ausgeschlossen werden müssen. Da diese Annahmen in der Realität kaum erfüllt sein werden, sind Korrekturfaktoren einzuführen, die Abweichungen bei den Lohnkosten- und Fertigungsgemeinkosten berücksichtigen[44]. Bei richtiger Einschätzung der Kostenrelationen und sehr genauer Schätzung der Materialkosten ließen sich in der Vergangenheit Kalkulationsergebnisse empirisch nachweisen, die exakter als bei der Kilokostenmethode, von zuverlässigen Herstellkostenprognosen jedoch noch weit entfernt waren. Erhebungen in der Praxis ergaben, daß beim Kilokostenverfahren bei 55 % der ermittelten Ergebnisse Abweichungen von mehr als 10 % zwischen den in der Angebotsphase kalkulierten und den nachkalkulierten Herstellkosten auftraten. Beim Materialkostenverfahren waren derartige Abweichungen in 17 % der untersuchten Fälle festzustellen[45].

Die Beurteilung der Kilokosten- und Materialkostenmethode muß vor dem Hintergrund der seit geraumer Zeit zu beobachtenden allgemeinen Veränderung der Kostenstruktur gesehen werden, die sich auch im Großanlagenbau vollzieht und durch einen steigenden Anteil der Kosten für immaterielle Leistungen zu Lasten der Material- und Fertigungsanteile gekennzeichnet ist[46]. Diese Verlagerung der Ergebnisträger sollte Anlaß sein, nicht nur die Anwendbarkeit der Verfahren, sondern auch deren Existenzberechtigung grundlegend zu überdenken. Beide Verfahren knüpfen ausschließlich an der Hardware der Anlage an und vernachlässigen damit völlig die an Bedeutung stark zunehmenden immateriellen Leistungen. Läßt sich die Höhe der Material- und Fertigungskosten unter der Voraussetzung des Vorhandenseins adäquater Vergleichsprojekte in einigen Fällen noch mit akzeptabler Genauigkeit ermitteln, so sind die Verfahren zur Schätzung der übrigen Projektkosten gänzlich unbrauchbar. Zudem ist die ausreichende Vergleichbar-

---

[44] Vgl. dazu Wildemann, 1982, S. 134 f.
[45] Vgl. Michels, 1971, S. 504; Kambartel, 1973, S. 111 f.; Eversheim/Minolla/Fischer, 1977, S. 19 ff.; Fischer, 1977, S. 20 ff.
[46] Unter *immateriellen Leistungen* seien hier neben der EDV-Software auch andere Vorleistungen wie FuE sowie sämtliche Dienstleistungen verstanden.

keit der zugrundegelegten Anlagen überaus problematisch, da die Verfahren gegenüber dem stetigen technischen Fortschritt und den darauf aufbauenden Weiterentwicklungen der Produkte wenig sensibel sind.

Die Kalkulationsergebnisse sollten infolge der mangelnden theoretischen Fundierung und einer unzureichenden empirischen Absicherung in der Praxis nur als ungefähre Näherungswerte angesehen werden. Angesichts der erfolgswirtschaftlichen Bedeutung der Angebotskalkulation empfiehlt es sich demnach nicht, einen verbindlichen Angebotspreis, der aus Wettbewerbsgründen nicht mit ausreichenden Toleranzen versehen werden kann, über die Kilokosten- oder Materialkostenmethode zu bestimmen. Ihr Anwendungsbereich sollte auf Kontakt-, Richt- oder Pro-Forma-Angebote beschränkt bleiben, bei denen die Verfahren unter Beachtung der Modifikationserfordernisse mit vertretbaren Kalkulationsrisiken verbunden sind. Da die Fristen zur Erstellung dieser Angebotsformen meist sehr knapp bemessen sind, können die Verfahren hier ihre Stärken zur Geltung bringen, die vor allem im geringen Planungs- und Zeitaufwand bestehen. Die außer den Herstellkosten anfallenden Projektkosten müssen allerdings auch dann noch auf andere Weise ermittelt werden.

b. Kostenfunktionen

Um eine wesentliche Schwäche der beiden bisher beschriebenen Kalkulationsmethoden, die Verwendung nur einer einzigen Einflußgröße zur Herstellkostenermittlung, auszugleichen, wurde eine Angebotskalkulation auf der Grundlage von *Kostenfunktionen* vorgeschlagen[47]. Dieses Verfahren geht davon aus, daß die Höhe der Herstellkosten vergleichbarer Produkte durch eine abgegrenzte Anzahl von Kosteneinflußgrößen bestimmt wird. Die einzelnen Stufen bei der Ermittlung von Kostenfunktionen sind in Schaubild III.3 dargestellt[48].

Wegen der Heterogenität der Projekte können die Abhängigkeitsbeziehungen allerdings nicht für eine Gesamtanlage betrachtet werden; sie sind vielmehr für die Bestandteile der Anlage zu untersuchen, die bereits in gleicher oder ähnlicher Form bei früheren Aufträgen eingesetzt wurden und deshalb eine gesichertere statistische Basis bieten. Weil

---

[47] Vgl. Eversheim/Minolla/Fischer, 1977, S. 41 ff.; Fischer, 1977, S. 47 ff.; Wildemann, 1982, S. 130 f. und S. 136; vgl. zum Verfahren auch Laßmann, 1991, S. 162 ff.

[48] Entnommen aus Eversheim/Minolla/Fischer 1977, S. 49.

die technische Lösung in der Angebotsphase i.d.R. nur bis auf die Baugruppe hinunterreicht, empfiehlt sich eine baugruppenbezogene Ermittlung der Kostenfunktionen, deren

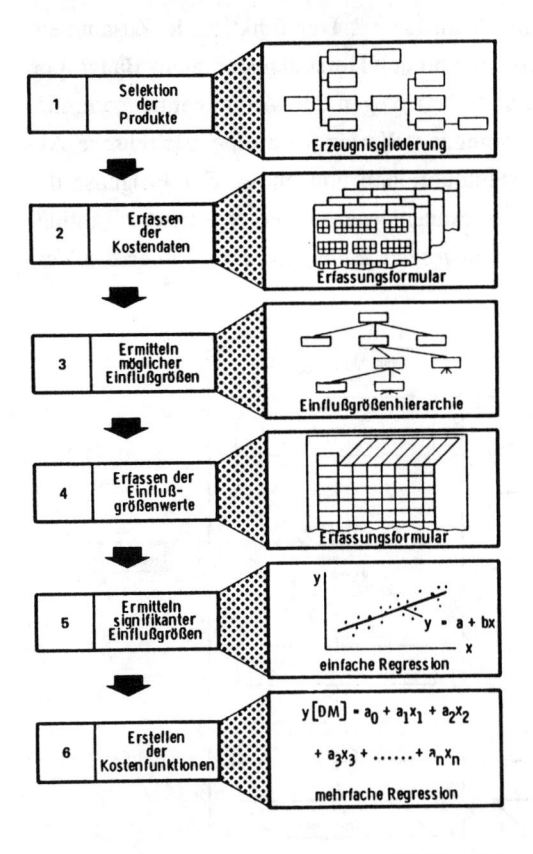

	Schritt	Darstellung
1	Selektion der Produkte	Erzeugnisgliederung
2	Erfassen der Kostendaten	Erfassungsformular
3	Ermitteln möglicher Einflußgrößen	Einflußgrößenhierarchie
4	Erfassen der Einflußgrößenwerte	Erfassungsformular
5	Ermitteln signifikanter Einflußgrößen	$y = a + bx$ einfache Regression
6	Erstellen der Kostenfunktionen	$y[DM] = a_0 + a_1 x_1 + a_2 x_2 + a_3 x_3 + \ldots + a_n x_n$ mehrfache Regression

Schaubild III.3   Schritte bei der Ermittlung von Kostenfunktionen

Vergleichbarkeit durch ein Klassifizierungsnummernsystem sichergestellt werden sollte[49]. In einer Einflußgrößenanalyse werden auf der Grundlage empirischer Aufzeichnungen für jede Baugruppe die Abhängigkeitsbeziehungen untersucht und Kosteneinflußgrößen (unabhängige Variablen) abgeleitet. Daraus werden diejenigen Einflußgrößen ausgewählt, die
- aus den in der Angebotsphase vorliegenden Unterlagen hinreichend genau bestimmbar sind und

---

49   Vgl. Kambartel, 1973, S. 116 f.; Eversheim/Minolla/Fischer, 1977, S. 30 f.

- einen signifikanten Einfluß auf die Herstellkosten ausüben.

Die Kosteneinflußgrößen können grundsätzlich sowohl quantitativer (z.B. Gewicht, Abmessungen, Leistungswerte) als auch qualitativer (z.B. Komplexitätsgrad, Qualitätsanforderungen an die technische Ausführung) Natur sein[50]. Der funktionale Zusammenhang zwischen den quantitativen Einflußgrößen und den Herstellkosten einer Baugruppe wird mit Hilfe der Regressionsrechnung ermittelt[51]. Wegen der Vergangenheitsorientierung der den Kostenfunktionen zugrundeliegenden Werten wird eine periodische Aktualisierung der Preiskomponente der Kostenfunktionen notwendig. Zur Prognose der Herstellkosten der Baugruppen einer neuen Anlage werden die Werte der Einflußgrößen festgelegt und in die Kostenfunktion eingesetzt. Einen Überblick über das Verfahren gibt Schaubild III.4[52].

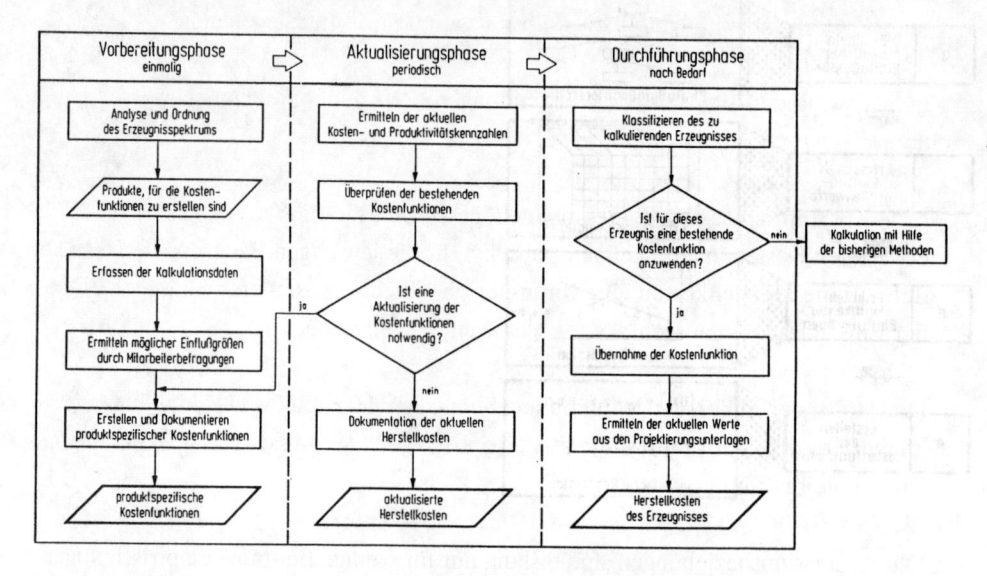

Schaubild III.4   Vorgehen bei der Kalkulation mit Kostenfunktionen

Im Gegensatz zur Kilokosten- und Materialkostenmethode werden die Erfahrungen aus historischen Projekten durch die Verwendung von Kostenfunktionen differenziert erfaßt und aufbereitet, da zum einen nicht das Endprodukt als Ganzes, sondern dessen Baugruppen betrachtet und zum anderen nicht eine, sondern mehrere Einflußgrößen herangezogen werden. Wenngleich dieses Verfahren genauere Herstellkostenprognosen er-

---

[50] Vgl. Kambartel, 1973, S. 115 f.; Fischer, 1977, S. 59 f.

[51] Zum Verfahren vgl. z.B. Fischer, 1977, S. 42 ff.; Backhaus et al., 1990, S. 1 ff. Will man auch die qualitativen Einflußgrößen bei der Regressionsanalyse berücksichtigen, so sind diese zuvor in numerische Werte kardinaler Ordnung zu transformieren.

[52] Entnommen aus Plinke, 1991, S. 199; im Original bei Fischer, 1977, S. 87.

laubt als die beiden Pauschalverfahren, ist dessen Anwendung doch an die Erfüllung sehr enger Voraussetzungen geknüpft[53]:

1) Im Rahmen der Regressionsanalyse müssen umfangreiche empirische Aufzeichnungen über die Höhe der Herstellkosten einer großen Anzahl vergleichbarer Anlagen bzw. Baugruppen bei jeweiliger Ausprägung der Einflußgrößen bestehen.

2) Die Ursache/Wirkungs-Prozesse zwischen den Einflußgrößen und Herstellkosten sowie die Höhe der Einflußgrößen beim neuen Projekt müssen bekannt sein.

3) In der praktischen Handhabung wird eine lineare Abhängigkeit von Einflußgröße und Herstellkosten unterstellt, die in der Realität nur selten gegeben ist.

Zusätzlich verbinden sich mit der Verwendung von Kostenfunktionen schwerwiegende Probleme:

1) Eine Kostenprognose auf Baugruppenebene erlaubt die Einbeziehung von zukünftig erwarteten Kostenänderungen nur pauschal für die jeweiligen Baugruppen. Der Einfluß auf die Herstellkosten, der von unterschiedlichen Kostenentwicklungen einzelner Einsatzfaktoren ausgeht, kann nicht wiedergegeben werden.

2) Die Höhe der außer den baugruppenabhängigen Herstellkosten anfallenden Projektkosten wie Verwaltungs- und Vertriebskosten, Wagnisse und kalkulatorische Zinsen bleibt offen.

3) Die Regressionsbeziehungen sind bislang nur für wenige Beispiele empirisch abgesichert.

4) Durch die laufende technische Weiterentwicklung der Anlagenkomponenten wird die Vergleichbarkeit mit dem Kostenverhalten früherer Projekte beeinträchtigt. Bei Neuentwicklungen fehlt die Datenbasis des Verfahrens völlig.

Auch die Einflußgrößenkalkulation auf der Grundlage von Kostenfunktionen kann insgesamt als zuverlässiges Verfahren zur Angebotskalkulation nicht überzeugen. Wirtschaftlich ist ihr Einsatz nur für solche Baugruppen, die einen hohen Kalkulationsaufwand erfordern, bei denen hohe Differenzen zwischen Angebots- und Nachkalkulation

---

[53] Vgl. Saynisch, 1979, S. 250; Eversheim/Koch, 1984, S. 143 f.; Hackstein/Buscholl, 1984, S. 287; Plinke, 1991, S. 196 ff.; Backhaus, 1990, S. 435 f.

auftraten und für die eine Kalkulation häufig zu erstellen ist. Letzteres gilt insb. für Standardbaugruppen und Ähnlichteile wie Antriebsaggregate, Steuerungen u. dergl. Die im Rahmen von Festangeboten erforderliche Genauigkeit der Kalkulationsergebnisse läßt sich bei ausreichender Information nur durch eine Detailkalkulation erzielen, deren Aufwand im Angebotsstadium allerdings nicht immer zu vertreten ist.

2. Schwachstellen bei der Erfassung und erfolgswirtschaftlichen Beurteilung von Projektrisiken

Die wirtschaftliche Brisanz der Auftragsrisiken verlangt deren adäquate Berücksichtigung in der Erfolgsrechnung. In der herkömmlichen Kosten- und Erlösrechnung werden die Risiken einerseits durch den Ansatz der Wagniszuschläge und Sonderwagnisse, andererseits über risikoorientierte Korrekturen der einzelnen Kalkulationspositionen und durch den Ansatz der Versicherungsprämien erfaßt.

Sichtbaren Niederschlag finden die Risiken zunächst in der für *Wagnisse* vorgesehenen Zeile des Kalkulationsschemas, deren Höhe sich i.d.R. als prozentualer Zuschlag auf die Herstellkosten errechnet. Die Herstellkosten werden zuvor meist um einige Positionen wie bspw. die Sondereinzelkosten der Fertigung und die Lieferungen von Konsortialpartnern gekürzt. Der Zuschlagsatz wird nach Maßgabe der in der Betriebsabrechnung insgesamt in einer Periode angefallenen Wagniskosten unabhängig von den individuellen Gegebenheiten eines Auftrages festgesetzt und für eine bestimmte Zeit konstant gehalten. Diese der Periodenrechnung entstammende Normalisierung von Wagnissen, die ein Periodenergebnis von zufälligen Ereignissen freihalten soll und die Wagnissituation deshalb in einer Durchschnitts-Rechnung erfaßt, erweist sich in einer projektorientierten Erfolgsrechnung als wenig sinnvoll, weil dadurch das Auftragsergebnis durch die eingetretenen Risiken bei anderen Aufträgen in unnötiger Weise beeinflußt wird. Denkt man z.B. an den Bau eines bekannten Anlagentyps im Heimatland des Herstellers und vergleicht diesen mit der Erstellung einer für den Anlagenbauer neuartigen Anlage, wird deutlich, daß die Risikosituationen der einzelnen Aufträge in grundlegender Weise voneinander abweichen können. Ein Vorgehen über kalkulatorische Wagniszuschläge, das eine Nivellierung der erfolgswirtschaftlichen Bedeutung der Projektrisiken bewirkt, läßt sich für Teile der Produktionswagnisse, nicht jedoch für Gewährleistungswagnisse rechtfertigen, da dort eine auftragsspezifische Berücksichtigung von Art und Höhe der Risikofaktoren zu fordern ist. Zwar besteht die Möglichkeit dazu grundsätzlich auch in der Kostenrechnung, häufig wird allerdings übersehen, daß bei Maßnahmen zur Risikovermeidung - wie z.B. ein Devisentermingeschäft zur Absicherung des Währungsrisikos - das entsprechende Risiko nicht mehr im Wagniszuschlag enthalten sein darf; vielmehr sind die Kosten des Geschäfts explizit anzusetzen.

Die Einbeziehung der besonderen Risiken eines Anlagengeschäfts durch die *Sonderwagnisse* ist zwar in ihrer Intention zu befürworten, sie kann jedoch in der praktischen Handhabung derzeit noch nicht befriedigen, weil dadurch nur sehr große und augenfällige Risikopositionen in Ansatz gebracht werden. Der überwiegende Anteil der Auftragsrisiken wird pauschal in den Wagniszuschlägen erfaßt, so daß die Einzelrisiken nicht mehr sichtbar sind und sich einer tiefergehenden Analyse ihrer Ergebniswirksamkeit verschließen.

Die zweite wichtige Möglichkeit, Auftragsrisiken in die Vorkalkulation der Selbstkosten einfließen zu lassen, besteht darin, diejenigen Kostenpositionen, deren Beträge u.a. vom Einfluß gewisser Risiken abhängen, mit einem Risikoaufschlag zu versehen. Sind auch die Erlöse risikobehaftet, wird entsprechend ein Abschlag vorgenommen. Dieses *Korrekturverfahren* verfolgt die Absicht, neben dem Eigenkapital, das der Abdeckung des allgemeinen Unternehmensrisikos dient, zusätzlich auf Projektebene eine Art Polster gegen eventuell eintretende Risiken aufzubauen. Es führt jedoch aufgrund folgender Schwachstellen zu wenig aussagefähigen Kalkulationsergebnissen:

- Die Auswirkungen der einzelnen Risiken auf den Projekterfolg werden *summarisch* für das Gesamtprojekt ermittelt, so daß keine Anknüpfungspunkte gegeben sind, die Relevanz von Veränderungen der Einzelrisiken für den Auftragserfolg zu analysieren. Es kann keine Aussage darüber gemacht werden, in welchem Umfang die jeweiligen Risikoeinflüsse für das Zustandekommen des Auftragsergebnisses verantwortlich sind[54].

- Bei der Verrechnung von Zu- bzw. Abschlägen finden i.d.R. nur negative Entwicklungen Beachtung, d.h. mögliche *Kompensationseffekte* durch positive Veränderungen wie bspw. günstige Rohstoffpreiserwartungen werden meistens vernachlässigt.

- Sind mehrere Personen an verschiedenen Stellen mit der Kalkulation betraut, kann es zu einer mehrfachen Berücksichtigung einzelner Risiken durch Korrekturen der Kostengrößen kommen. Dieser *Kumulationseffekt*, dessen Folgen kaum mehr überschaubar sind, kann zu unbegründet hohen Selbstkosten führen, wodurch im Falle

---

[54] Ähnlich auch Backhaus, 1980a, S. 91; Blohm/Lüder, 1991, S. 234.

entsprechend überhöhter Angebotskalkulationen auch die Chancen der Auftragsgewinnung erheblich herabgesetzt werden können[55].

- Werden bei nicht genauer Bestimmbarkeit einzelner Kostenwerte diese um Zuschläge erhöht, besteht die Gefahr einer Vermengung von *allgemeiner* Zukunftsunsicherheit und den *spezifischen* Risiken des Projekts.

Die kalkulatorische Erfolgsrechnung ist bei der Anwendung von Korrekturverfahren somit in nur sehr beschränktem Maße imstande, den erfolgswirtschaftlichen Einfluß der mannigfaltigen Risiken des industriellen Anlagenbaus herauszuarbeiten. Vor allem bleiben die Auswirkungen von möglichen Veränderungen der Risikofaktoren im Zeitablauf, die in der Angebotsphase infolge der Unvollkommenheit der Informationen von großem Interesse sind, weitgehend undurchsichtig. Die meist nach subjektiver Einschätzung vorgenommenen Korrekturen der Wertgrößen durch Zu- bzw. Abschläge sind in ihren Konsequenzen nicht mehr kontrollierbar. Um eine für die Risikobewältigung notwendige Tranzparenz bezüglich der Projektrisiken und ihrer wirtschaftlichen Relevanz zu schaffen, sind über die Erfolgsrechnung hinaus Risikoanalysen in Form von Sonderrechnungen unausweichlich.

3. Geringe Entscheidungsorientierung der Kosten- und Erlösrechnung in der Praxis

a. Konzeptionelle Schwächen der vollkostenorientierten Kosten- und Erlösrechnung

Im Verlaufe der Projektdauer sind durch die Unternehmens- bzw. Projektleitung fortwährend ergebniswirksame Entscheidungen zu treffen. Soll die Kosten- und Erlösrechnung dem Anspruch eines entscheidungsorientierten Rechnungswesensystems gerecht werden, muß sie dafür relevante Informationen bereitstellen. *Relevante* Kosteninformationen beinhalten im Idealfall genau das, was an Wissen zur Lösung eines bestimmten Entscheidungsproblems bzw. zur Erfüllung eines bestimmten Kalkulationszwecks notwendig ist[56].

---

[55] In der Praxis, wo man in diesem Zusammenhang vom "Totrechnen" eines Projekts spricht, ist eine Beseitigung dieses eher organisatorischen Problems vergleichsweise unproblematisch; vgl. Hackstein/Buscholl, 1984, S. 287.

[56] Vgl. Vormbaum, 1977, S. 42; Hummel, 1981, Sp. 968 ff.; Hummel/Männel, 1986, S. 26; Weigand, 1988, S. 135.

Ein Entscheidungsproblem besteht grundsätzlich darin, zwischen Alternativen wählen zu müssen. Der dazu erforderliche Vergleich der in Frage kommenden Alternativen hat herauszustellen, welche Veränderungen der Zielgröße durch die Auswahl und Durchführung einer Alternative herbeigeführt werden. Das Entscheidungsproblem kann somit nur über eine Grenzbetrachtung gelöst werden. So sind z.B. im Hinblick auf die Auftragsselektionsentscheidung nur solche Kosten und Erlöse relevant, die *zusätzlich* durch die Auftragshereinnahme verursacht werden[57]. Als Voraussetzung für die Bestimmung der entscheidungsrelevanten Kosten ergibt sich also, daß die kalkulatorische Erfolgsrechnung prinzipiell als Teilkostenrechnungssystem auf der Basis von entscheidungsbezogenen Einflußgrößen konzipiert sein muß. Eine verallgemeinernde Aussage darf diesbezüglich allerdings nicht getroffen werden, da auch Vollkostenrechnungen bei entsprechender Strukturierung nach Einflußgrößen als Entscheidungsrechnung auf der Basis relevanter Kosten geeignet sein können, wie z.B. eine flexible Vollplankostenrechnung mit Teilkostenkennzeichnung zeigt. In der betrieblichen Praxis des industriellen Anlagengeschäfts herrscht jedoch vielfach eine vollkostenorientierte Erfolgsrechnung ohne Einflußgrößenstrukturierung vor[58], so daß sich die Frage stellt, ob damit eine Entscheidungsorientierung ausgeschlossen ist.

Die Gründe, die für eine Anwendung der Vollkostenrechnung im Anlagengeschäft angeführt werden, stützen sich sowohl auf theoretische als auch auf praktische Überlegungen und sind in der Literatur wiederholt anzutreffen[59]. Als wesentliche Aufgabe der projektbezogenen Erfolgsrechnung wird in diesem Zusammenhang stets die Preiskalkulation in den Vordergrund gestellt, die den Deckungsbedarf eines Projekts ermitteln soll. Der Preis der Anlage muß nach vorherrschender Meinung vor allem wegen der langen Auftragsdurchlaufzeiten neben den variablen auch anteilige fixe Kosten abdecken, so daß auf die Vollkostenermittlung nicht verzichtet werden kann. Nimmt man nur einige wenige Projekte unter den Vollkosten in Auftrag, um die Fixkosten ungenutzter Kapazitäten anteilig zu decken, kann dies zu existenzbedrohenden Verlusten des Unternehmens führen. Nur eine Vollkostenrechnung kann - so die gängige Argumentation - die Deckung der gesamten Kosten gewährleisten und damit einen Preisverfall verhindern, der ggf. später bei vergleichbaren Anlagen nicht wieder zu korrigieren ist. Im Rahmen der Unternehmensplanung und -steuerung gelten die nur über eine Vollkostenrechnung bestimmbaren Nettoerfolge (Erlöse - Vollkosten) als unerläßliche Größe für die Beurtei-

---

[57] Vgl. Bohr, 1988, S. 1174 f.
[58] Vgl. Feuerbaum, 1979a, S. 19.
[59] Vgl. Munzel, 1966; Diehl, 1977, S. 178 f.; Mellerowicz, 1977, S. 239; Feuerbaum, 1978, S. 1043 f.; Kilger, 1980, S. 302; Menrad, 1983, S. 3 ff.; Plinke, 1984, S. 266 ff.; Franzen, 1985, S. 7 ff.; Meßkirch, 1988, S. 441; Höffken/Schweitzer, 1991, S. 134 ff.

lung von Aufträgen. Die Belastung eines Auftrages mit allen Kosten schafft nach der in der Praxis vertretenen Auffassung einen Deckungsdruck, der Handlungen zur Beseitigung von Verlustquellen fördert. Außer für die Preisermittlung auf der Basis von Selbstkosten bei öffentlichen Aufträgen (LSP) erweist sich die Vollkostenrechnung für weitere Zwecke als notwendig wie die Verrechnungspreisbildung, Halb- und Fertigfabrikatebewertung in Handels- und Steuerbilanz, Betriebsvergleiche sowie die Verrechnung von Akquisitionskosten nicht realisierter Aufträge.

Mit dem System der Vollkostenrechnung hat man sich auf wissenschaftlicher Ebene bereits sehr früh kritisch auseinandergesetzt. Erste Bedenken gegen eine vollkostenorientierte Rechnung hat SCHMALENBACH bereits 1899 erhoben[60]. Sie wurden in den 30er Jahren von RUMMEL aufgegriffen[61] und insb. durch RIEBEL und KILGER in den 50er und 60er Jahren weitergeführt[62]. Die Kritik richtet sich hauptsächlich gegen die systemimmanente Gemeinkostenschlüsselung und die damit verbundene Proportionalisierung fixer Kosten[63]. Für das industrielle Anlagengeschäft ist im Rahmen dieser Diskussion insb. zu fragen, inwieweit die dargestellte Argumentation zur Rechtfertigung einer vollkostenorientierte Kosten- und Erlösrechnung für Zwecke der Preiskalkulation und der Auftragsselektion überzeugt.

b. Preisentscheidungen

Im Gegensatz zu den Einzelkosten ist infolge der fehlenden Kausalität eine logisch eindeutige Zurechnung der Gemeinkosten auf die Kostenträger (Projekte) nach dem Verursachungsprinzip nicht möglich[64]. Dennoch sieht sich der Anbieter gezwungen, einen Angebotspreis zu bestimmen, der neben den Einzelkosten des Auftrages auch Gemeinkosten sowie Gewinnanteile abdeckt. Dieser Zusammenhang wird in Anlehnung an RIEBEL als *Preiskalkulations-Dilemma* bezeichnet[65]. Sollen für die Preiskalkulation Gemeinkosten auftragsweise zugerechnet werden, sind Regelungen für die Verrechnung zu

---

[60] Vgl. Schmalenbach, 1899, S. 9.

[61] Vgl. Rummel, 1967, S. 192 ff.

[62] Vgl. Riebel, 1959, S. 213 ff.; Kilger, 1961; Riebel, 1964, S. 549 ff.

[63] Die diesbezügliche Diskussion wurde in zahlreichen Veröffentlichungen hinlänglich geführt und sei deshalb hier nicht im einzelnen wiederholt; vgl. z.B. Möckelmann, 1970, S. 96 ff.; Heinen, 1975; Laßmann, 1976; Männel, 1978; Kilger, 1980; Chmielewicz, 1983, S. 157 ff.; Menrad, 1983, Franzen, 1985; Gayer, 1988; Männel/Helm, 1988.

[64] Vgl. Sertl/Kotek, 1981, Sp. 945 ff.

[65] Vgl. Riebel, 1964, S. 580 ff.

schaffen, die unvermeidlich einen fiktiven Charakter haben. Mit den Gemeinkosten werden dem Projekt auch große Teile der fixen Kosten belastet, die unabhängig von der Auftragserteilung und -bearbeitung anfallen. Während beim Seriengeschäft in diesem Zusammenhang die Begriffe beschäftigungsabhängige (variable) bzw. beschäftigungsunabhängige (fixe) Kosten üblich sind, spricht man im Anlagenbau treffender von projektabhängigen (-variablen) bzw. projektunabhängigen (-fixen) Kosten. Dadurch wird deutlicher zum Ausdruck gebracht, daß es sich um diejenigen Kostenanteile handelt, die durch die Inauftragnahme und Durchführung des Anlagengeschäfts (nicht) beeinflußt werden.

Die zur vollständigen Kostendeckung geforderte Überwälzung von Gemeinkosten auf die Anlagenaufträge vollzieht sich bei der Vollkostenrechung mit Hilfe von Verteilungschlüsseln, die aus dem Betriebsabrechnungsbogen (BAB) abgeleitet werden. Erfolgt die Schlüsselung dieser (teilweise projektfixen) Kosten auf der Basis der jeweiligen Ist-Beschäftigung, so erhöhen sich - rein schematisch - aufgrund ansteigender Zuschläge die an den Vollkosten orientierten Preisforderungen mit sinkender Beschäftigung, oder genauer: mit abnehmendem Volumen aller in Arbeit befindlicher Projekte. Doch auch wenn man unterstellt, daß sich die Projektverkäufer nicht starr an die Selbstkostenpreise halten, sondern die Preisforderung den Marktgegebenheiten anpassen und darüber hinaus eine Normalbeschäftigung zugrundegelegt wird, ist die Vollkostenrechnung nicht in der Lage, verschiedene Arten von Preisuntergrenzen zu ermitteln. Dabei soll nicht in Zweifel gezogen werden, daß insb. in Anbetracht des langen Zeitraums, in dem ein Anlagengeschäft die Kapazitäten in Anspruch nimmt, grundsätzlich auch sämtliche fixen Kosten gedeckt werden müssen[66]; wegen der mehrstufigen Schlüsselung bei der Vollkostenrechnung und der bei fehlender Primärkostenrechnung undurchsichtigen Struktur der Gemeinkosten und projektfixen Kosten ist jedoch ein Ausweis derjenigen Kostenanteile, bei denen aus vertriebspolitischen Gründen ggf. ein Deckungsverzicht in Kauf genommen werden kann, nicht möglich. Die Entscheidung über den Angebotspreis unter Preisdruck kann nur pauschal und ohne Kenntnis darüber erfolgen, welche Konsequenzen ein Preisnachlaß für die Deckung einzelner Kostenblöcke hat. Für eine flexible, marktorientierte Preispolitik eignet sich das starre und schematische Vorgehen der reinen Vollkostenrechnung zur Ermittlung des auftragsindividuellen Deckungsbedarfs somit nur sehr bedingt.

---

[66] Vgl. Rüschenphöler, 1975, S. 1; Plinke, 1984, S. 281 f.; Höffken/Schweitzer, 1991, S. 140 ff.

c. Auftragsselektionsentscheidungen

Bei einem Vergleich zweier in Aussicht stehender Aufträge im Rahmen der Auftragsselektionsentscheidung benötigt der Entscheidungsträger Informationen über die Höhe der Kosten und Erlöse, die zusätzlich durch einen Auftrag anfallen. Da die in der Praxis verbreiteten Formen der Vollkostenrechnung vielfach nur ungenügende Informationen hinsichtlich des Anteils der projektvariablen Kosten zur Verfügung stellen, sind sie zur Entscheidungsunterstützung bei der Auswahl des erfolgswirtschaftlich günstigeren Projekts nur in sehr beschränktem Maße aussagefähig.

Die vollkostenorientierte Kosten- und Erlösrechnung berücksichtigt darüber hinaus die Fristigkeit bei Selektionsentscheidungen in ungenügender Weise. Für die langfristigen Entscheidungen im Anlagengeschäft werden auch die auf kurze Sicht projektfixen Kosten relevant, da z.B. die Personalkosten nach Ablauf der jeweiligen Kündigungsfristen in gewissen Grenzen disponibel sind. Diese Beeinflußbarkeit ist meist nur sprunghaft in bestimmten Intervallen und zu bestimmten Terminen gegeben und kann nicht durch das Rechnen mit Zuschlags- und Stundensätzen erfaßt werden.

4. Globalisierung bei der Gemeinkostenverrechnung

Die im vorigen Abschnitt dargestellten Nachteile der Gemein- und Fixkostenverrechnung verschärfen sich dadurch, daß einige Kostenarten einem Projekt als Gemeinkosten zugeschlüsselt werden, obwohl sie diesem als Einzelkosten direkt zurechenbar wären. Es handelt sich also um sog. *unechte* Gemeinkosten[67]. Die z.B. vom VDMA gegebene Empfehlung, einen möglichst großen Anteil der Gesamtkosten eines Auftrages als Einzelkosten zu erfassen[68], ist vor allem deshalb mit Nachdruck zu unterstreichen, da nur Auftragseinzelkosten verursachungsgemäß ermittelt werden können. Eine Kalkulation wird grundsätzlich umso genauer, je höher der Einzelkostenanteil an den Gesamtkosten ist, oder umgekehrt: die Verrechnung unechter Gemeinkosten bewirkt eine höhere Ungenauigkeit der projektbezogenen Erfolgsrechnung[69].

Besonders die Verrechnung der *Akquisitionskosten* eines Auftrages über einen Vertriebsgemeinkostenzuschlag auf die Herstellkosten gibt im Hinblick auf den damit ver-

---

[67] Vgl. Riebel, 1964, S. 555 f.
[68] Vgl. VDMA, 1985, S. 40.
[69] Vgl. Hummel/Männel, 1986, S. 283 ff.

bundenen Nivellierungseffekt Anlaß zur Kritik, da sich damit nicht ausreichend exakt zum Ausdruck bringen läßt, ob für die Erlangung eines Auftrags große Anstrengungen und langwierige Verhandlungen erforderlich sind, oder ob es sich um einen schnell ausgehandelten Nachfolgeauftrag handelt. Bspw. würde eine ohne bedeutenden Aufwand mögliche auftragsweise Aufschreibung von Reisekosten, Provisionen u. dergl. eine Erfassung großer Teile der Vertriebsgemeinkosten als Einzelkosten erlauben. Auch die Verteilung der Gemeinkosten auf die einzelnen Projekte sollte versuchen, dem Verursachungsprinzip durch die Auswahl geeigneter Schlüsselgrößen möglichst weitgehend zu folgen. Werden die Akquisitionskosten über den Vertriebsgemeinkostenzuschlag belastet, so bedeutet dies, daß die in Arbeit befindlichen Projekte von heute die Akquisitionskosten der Projekte von morgen tragen[70]. Abgesehen von den Akquisitionskosten für nicht realisierte Aufträge ist nicht einzusehen, warum für andere Kostenarten wie bspw. die projektbezogenen Konstruktionskosten eine auftragsweise Erfassung erfolgt[71], dies hingegen bei den an Höhe sicherlich nicht unbedeutenden projektbezogenen Akquisitionskosten unterbleibt.

Ansatzpunkte zur stärkeren Berücksichtigung der auftragsspezifischen Gegebenheiten und damit zu einer Erhöhung der Kalkulationsgenauigkeit bieten, wie bereits in anderem Zusammenhang erwähnt, auch die *Wagnisse*. Ein Ansatz in der kalkulatorischen Erfolgsrechnung über einen normalisierten Zuschlagssatz ist nicht imstande, die individuelle Risikosituation eines Anlagengeschäfts darzustellen und sollte deshalb auf ein erforderliches Minimum reduziert werden. Nur ein verstärkter Ausweis dieser unechten Gemeinkosten als Sonderwagnisse, die infolge ihrer auftragsweisen Festlegung Einzelkostencharakter haben, kann der im Anlagenbau höchst brisanten und vieldimensionalen Risikoproblematik gerecht werden.

Im Falle echter Gemeinkosten steht man im Anlagengeschäft vor dem Problem, daß sich die Aufträge in ihrer Liefer- und Leistungsstruktur teilweise erheblich voneinander unterscheiden. Projekte mit hohem Fremdliefer- und -leistungsanteil stehen neben Projekten mit hoher eigener Wertschöpfung. Angesichts dieser inhomogenen Kostenstruktur ist evident, daß die Zurechnung der Gemeinkosten über gesamtunternehmensbezogene Durchschnittssätze, wie sie die herkömmliche Kosten- und Erlösrechnung auf Vollkostenbasis vornimmt, zu nicht tragbaren Kalkulationsfehlern führt. Die Erfolgsrechnung

---

[70] Zu der Problematik im Sorten- und Seriengeschäft vgl. auch Radomski/Betzing, 1977, S. 185 ff.; Betzing, 1980, S. 681 ff.; Laßmann, 1984, S. 959 ff.

[71] Dabei ist allerdings zu beachten, daß die zur Verrechnung der Konstruktionskosten verwendeten Stundensätze zwar für jeden Auftrag gesondert als Einzelkosten ermittelt werden. Sie enthalten als Normalkostensatz aber auch Gemeinkostenanteile wie bspw. Abschreibungen für CAD-Anlagen sowie aus Fehldispositionen resultierende Mehrkosten; vgl. Gareis, 1984, S. 35.

verliert durch die Zugrundelegung dieser *globalen* Gemeinkosten-Zuschlagssätze das Verursachungsprinzip völlig aus dem Blickfeld. Für den Materialbereich bspw. wird ein globaler Materialgemeinkosten-Zuschlagssatz gebildet, indem man sämtliche Gemeinkosten der Einkaufs- und Lagerstellen während einer Periode ins Verhältnis setzt zum gesamten Einzelmaterialverbrauch der Periode. Dieses Vorgehen ist nur dann unproblematisch, wenn sich die

1) Beschaffungsart,
2) Häufigkeit und Größe der Bestellungen,
3) Preise der Materialeinheiten,
4) Lagerungsart sowie
5) Umschlagshäufigkeit und Dauer der Lagerung

der einzelnen Materialgruppen nicht wesentlich voneinander unterscheiden[72]. Treten jedoch Unterschiede bei den genannten Kosteneinflußgrößen auf, ist die Bildung *differenzierter* Verrechnungssätze für die Materialgemeinkosten notwendig. Wie groß die Abweichungen bei den Einflußgrößen sein müssen, um ein differenziertes Vorgehen zu rechtfertigen, ist in Abhängigkeit von der Höhe des entstandenen Kalkulationsfehlers und von den Problemen bei der Ermittlung differenzierter Sätze zu entscheiden[73].

Als problematisch zeigt sich das Vorgehen bei der Bemessung der prozentualen Zuschlagssätze oder Stundenverrechnungssätze, die der Projektkalkulation zugrunde gelegt werden, auch insofern, als diese im Rahmen der kurzperiodischen Betriebsabrechnung unter Einbeziehung der Kostenstellenergebnisse vergangener Perioden und nach Maßgabe der geplanten Kosten bei Normalbeschäftigung *periodenweise* festgelegt werden. Die Zuschlags- und Verrechnungssätze sind also durch eine perioden- und unternehmensbezogene Sichtweise geprägt und deshalb als Sollgrößen der Kostendeckung für langfristige Projekte grundsätzlich inadäquat. Die Möglichkeit einer sinnvollen Nachkalkulation der Zuschlags- und Verrechnungssätze ist insb. aufgrund des unterschiedlichen Zeitbezugs der Betriebs- und Projektabrechnung nicht gegeben[74].

Nicht nur die Verteilung der Projektgemeinkosten über globale periodenorientierte Zuschlagssätze, sondern auch die Verwendung einer einheitlichen Zuschlagsbasis wird den Besonderheiten des industriellen Anlagenbaus nicht gerecht. Die Ermittlung der anlagenbezogenen Entwicklungs-, Vertriebs- und Verwaltungsgemeinkosten als Zuschlag auf

---

[72] Vgl. Kilger, 1969, S. 480 f.

[73] Vgl. Kilger, 1969, S. 481 und S. 486 passim. In der Praxis haben sich einige Ansätze für eine differenzierte Zuschlagssatzermittlung herausgebildet (z.B. eine geringere Materialgemeinkosten-Bezuschlagung hochwertiger Zukaufteile).

[74] Vgl. Plinke, 1984, S. 267; Plinke, 1985, S. 40 f.

die Herstellkosten unterstellt, daß sich alle Herstellkostenbestandteile proportional zu den Gemeinkostenarten verhalten. Die Nicht-Haltbarkeit dieser Annahme bedarf wohl keiner näheren Erläuterung[75].

D. Zuammenfassende Beurteilung

Die kritische Analyse der Eignung einer vollkostenorientierten kalkulatorischen Erfolgsrechnung auf der Basis von Kosten und Erlösen für industrielle Anlagengeschäfte hat gezeigt, daß dieses Rechnungssystem den gestellten Anforderungen in zahlreichen Punkten nicht oder nur unzureichend gerecht wird. Die konzeptionelle Ausrichtung der Kostenrechnung auf das kurzfristige Seriengeschäft und geringe Anpassung an die Besonderheiten des Anlagengeschäfts bleiben unverkennbar. Entsprechende Ergänzungen und Weiterentwicklungen erscheinen somit notwendig und möglich.

Vor allem die mangelnde und inkonsequente Berücksichtigung des Zeitaspekts führt zu einem ungenügenden wertmäßigen Ausgleich zwischen den Rechengrößen und bewirkt angesichts der stark vereinfachten Zinsberechnung eine erhebliche Ungenauigkeit der Erfolgsrechnung, die aufgrund der Langfristigkeit des Anlagengeschäfts von signifikantem Ergebniseinfluß ist. Die in der Betriebswirtschaftslehre weithin bekannten dynamischen Verfahren der Wirtschaftlichkeitsrechnung, die gerade für Zwecke der wirtschaftlichen Bewertung periodenübergreifender und langfristiger Wertströme entwickelt wurden und insb. bei investitionsrechnerischen Fragestellungen Anwendung finden, werden in diesem Zusammenhang bisher weitgehend ignoriert.

Bei der wirtschaftlichen Beurteilung eines Anlagengeschäfts spielt dessen Liquiditätswirksamkeit eine überaus wichtige Rolle. Hierbei sind erhebliche Schwachstellen in der Aussagefähigkeit der herkömmlichen Kosten- und Erlösrechnung zu verzeichnen. Darüber hinaus eignet sie sich aufgrund ihres statischen Charakters nicht als Basis für übergreifende Rechnungen, die einerseits eine Erweiterung des Betrachtungshorizontes der Erfolgsrechnung um den Zeitraum der Anlagennutzung und andererseits eine Beurteilung von erfolgswirtschaftlichen Auswirkungen auf spätere Aufträge ermöglichen.

---

[75] Vgl. auch Börner, 1981, Sp. 1105 ff. An diesen allgemeinen Problemen der Gemeinkostenverrechnung setzt die *Prozeßkostenrechnung* zutreffend an, deren Einsatz auch im Anlagengeschäft durchaus sinnvoll erscheint; diese Frage liegt jedoch außerhalb des Themas dieser Arbeit und wird deshalb ausgeklammert. Vgl. dazu Johnson/Kaplan, 1987, S. 227 ff.; Horváth/Mayer, 1989, S. 214 ff.; Cooper, 1990, S. 210 ff.; Coenenberg/Fischer, 1991, S. 21 ff.

Die auf wenig realistischen Annahmen basierenden Angebotskalkulationsverfahren (insb. Kilokosten- und Materialkostenmethode), die in der Praxis weite Verbreitung gefunden haben, können wegen nur selten tragbarer Kalkulationsungenauigkeiten und vor dem Hintergrund der elementaren Bedeutung der durch sie zu ermittenden Ergebnisse nicht überzeugen.

Die Berücksichtigung der mit einem Auftrag verbundenen Risiken anhand globaler und positionsbezogener Wagniszuschläge ermöglicht nur einen unzureichenden Einblick in deren erfolgswirtschaftliche Auswirkungen.

Eine allein auf Vollkosten basierende Erfolgsrechnung im konventionellen Sinne erbringt als Instrument zur Entscheidungsunterstützung nur sehr unbefriedigende Ergebnisse. Vor allem bei der Entscheidung über verschiedene Preisuntergrenzen sowie bei der Auftragsselektionsentscheidung weist sie Mängel auf. Die globalisierende Vorgehensweise bei der auftragsweisen Zuordnung der Gemeinkosten, die in unzulässiger Weise das Streben nach möglichst weitreichender Verrechnung von Projekteinzelkosten vernachlässigt, verfälscht die auftragsindividuellen Gegebenheiten und damit das Auftragsergebnis durch die oftmals stark abweichenden Verhältnisse bei anderen Aufträgen.

Diesen kritischen Einschätzungen der Kosten- und Erlösrechnung ist entgegenzuhalten, daß die für ein Anlagengeschäft Verantwortlichen über große Erfahrungen im Umgang mit diesem seit langem etablierten Rechnungssystem verfügen. Die Vertrautheit mit dem kostenorientierten Kalkulationssystem und die reichhaltigen Erfahrungen aus früheren Projekten ermöglichen häufig einen Verzicht auf detaillierte Rechnungen und tragen damit zu einer vergleichsweise hohen Wirtschaftlichkeit der Kalkulation bei.

Aufgabe der oben angestellten Überlegungen war eine kritische Analyse der Eignung der kalkulatorischen Erfolgsrechnung im Hinblick auf die spezifischen Eigenschaften industrieller Anlagengeschäfte. Dabei spielen Fragen der praktischen Umsetzbarkeit und Einfachheit der Handhabung aus der Sicht der Praxis zwar eine wichtige, nicht jedoch entscheidende Rolle, da es primär darum geht, eine geeignete Erfolgsrechnung unter wissenschaftlichen Gesichtspunkten zu schaffen.

Ein Ansatz dazu, der auf den Erkenntnissen der kritischen Analyse aufbaut, wird im folgenden entwickelt. Dabei besteht das vorrangige Ziel darin, die *systemimmanenten* Mängel der traditionellen kalkulatorischen Erfolgsrechnung zu überwinden. Zusätzlich werden aber auch die *gestaltungsbedingten* Schwachstellen der in der Praxis verbreiteten Kosten- und Erlösrechnungen aufgegriffen, so daß sich der Weiterentwicklungsansatz als *umfassender Lösungsvorschlag* darstellt.

IV. Grundlagen einer zahlungsorientierten Erfolgsrechnung industrieller Anlagengeschäfte auf der Basis eines dynamischen Ansatzes

A. Grundüberlegungen zu einer dynamischen Projekterfolgsrechnung auf Zahlungsbasis

Die kritische Analyse hat verdeutlicht, daß die kalkulatorische Erfolgsrechnung auf der Basis von Kosten und Erlösen, die vorwiegend mit Blick auf das eher kurzfristig angelegte Seriengeschäft entstanden ist, den Anforderungen an eine Projekterfolgsrechnung industrieller Anlagengeschäfte nur ungenügend gerecht wird. Vor allem erfolgt die Bestimmung der Kapitalbindung und Zinsen unter Beachtung der besonderen Finanzierungsbedingungen eines Auftrags durch ein bestandsorientiertes Vorgehen auf der Grundlage der Herstellkosten viel zu ungenau. Insgesamt finden die spezifischen Merkmale und vielschichtigen Risiken, die den industriellen Anlagenbau grundlegend vom Seriengeschäft unterscheiden, in der projektorientierten Erfolgsrechnung bislang in nicht ausreichendem Maße Berücksichtigung. Die aufgezeigten Schwachstellen geben daher Anlaß darüber nachzudenken, inwieweit andere in der Betriebswirtschaftslehre bekannte oder neu zu entwickelnde Ansätze eine stärkere Einbeziehung dieser Faktoren erlauben und dadurch eine betriebswirtschaftlich tragfähigere Beurteilung einzelner Projekte erwarten lassen. Dies erfordert insb. eine zuverlässige Erfassung der erfolgswirtschaftlichen Einflüsse der Langfristigkeit dieses Geschäftstyps.

In der Betriebswirtschaftslehre wird für die Beurteilung von Aktivitäten mit maßgeblicher Zukunftswirkung und erheblichem Kapitalbedarf der Einsatz finanzmathematischer (synonym auch: dynamischer[1]) Verfahren der Wirtschaftlichkeitsrechnung empfohlen, die durch die Anwendung der Zinseszinsrechnung eine wertmäßige Gewichtung des Zeitfaktors ermöglichen[2]. Da man in diesem Zusammenhang vor allem langfristig wirksame Investitionsentscheidungen im Auge hat, stellt die Investitionsplanung das klassische Anwendungsfeld der dynamischen Wirtschaftlichkeitsrechnung dar. Vereinfachend spricht man daher auch von dynamischer Investitionsrechnung[3].

---

[1] Auch wenn der Begriff *dynamisch* in diesem Zusammenhang nicht genau dem wirtschaftstheoretischen Begriffsinhalt entspricht, wird er im weiteren angesichts seiner großen Verbreitung verwendet; vgl. dazu auch Abschnitt III.B.1 sowie Busse von Colbe/Laßmann, 1990, S. 20.

[2] Vgl. z.B. Laßmann, 1984, S. 968 f.; Hummel/Männel, 1986, S. 9 f.; Steffen, 1987, S. 584; Kilger, 1988, S. 186.

[3] Der Begriff der *Wirtschaftlichkeitsrechnung* ist allerdings allgemeinerer Natur und geht über den Begriff der Investitionsrechnung hinaus. So können z.B. Verfahrensvergleiche durchaus Gegenstand von Wirt-

Die Planung, Überwachung und Ermittlung des Auftragserfolgs im Industrieanlagengeschäft als Aufgaben der Projekterfolgsrechnung sind ihrem Wesen nach ebenfalls langfristiger Natur, so daß auch hier ein finanzmathematischer Ansatz auf der Grundlagen von Ein- und Auszahlungen der Problemstellung angemessener erscheint als eine kalkulatorische Projekterfolgsrechnung auf Kosten- und Erlösbasis[4]. Für Zwecke der auftragsbezogenen Planung und Überwachung wird infolgedessen statt der traditionellen kalkulatorischen Projekterfolgsrechnung eine *dynamische Projekterfolgsrechnung auf Zahlungsbasis* vorgeschlagen und in ihrer Konzeption dargestellt. Sie *ergänzt* die für Zwecke der unternehmensbezogenen Planung und Überwachung notwendigen Systeme der *Periodenerfolgsrechnung* (Betriebsergebnisrechnung auf Kosten/Erlösbasis bzw. Jahresabschluß auf Aufwands/Ertragsbasis), die als solche grundsätzlich beibehalten werden.

Ein dynamischer Ansatz der Projekterfolgsrechnung auf der Basis von Zahlungen führt in erster Linie deshalb zu genaueren Kalkulationsergebnissen als die kalkulatorische Rechnung, weil damit die Kapitalbindung im Projekt und die daraus resultierenden Auftragszinsen realitätsnah bestimmt werden können[5]. Erst Ein- und Auszahlungen führen zu Finanzmittelfreisetzungen bzw. -bindungen. Die hohe erfolgswirtschaftliche Relevanz der Auftragszinsen wird angesichts der oftmals erheblichen Vorfinanzierungsnotwendigkeit und den damit verbundenen Finanzmittelbindungen und Zinsbelastungen für den Anlagenbauer deutlich[6]. Aufgrunddessen stellt eine dynamische Projekterfolgsrechnung auf Zahlungsbasis betriebswirtschaftlich fundiertere Entscheidungsgrundlagen für die Festlegung von Angebotspreis und Zahlungsbedingungen, für die Auftragsselektion sowie für die Ableitung von Planvorgaben im Rahmen der Begleitkalkulation zur Verfügung und bildet zugleich eine ausgezeichnete Informationsbasis für eine projekt- und unternehmensbezogene Finanzrechnung.

Zur möglichst realitätsnahen Erfassung der aus der Kapitalbindung resultierenden Zinswirkungen stützen sich die finanzmathematischen Verfahren üblicherweise auf Ein- und Auszahlungen mit fixiertem Zeitbezug[7]. In der investitionstheoretischen Literatur wird vielfach mit dem Verweis auf das *Lücke-Theorem* die Auffassung vertreten, daß auch periodisierte Kostengrößen uneingeschränkt für dynamische Investitionsrechnungen ge-

---

schaftlichkeitsrechnungen sein, wohingegen sie nicht mehr zum eigentlichen Einsatzgebiet der Investitionsrechnung gehören.

[4] Vgl. Laßmann, 1978, S. 581 f.; Backhaus, 1980a, S. 88; Laßmann/Vogt, 1989, S. 1342; Bröker, 1991, S. 192 ff.

[5] So auch Höffken/Schweitzer, 1991, S. 155 f.

[6] In einigen Fällen kommt es auch zu Finanzierungsüberschüssen und Zinserträgen aufgrund hoher Kundenanzahlungen.

[7] Vgl. Kilger, 1980, S. 312 f.; Männel, 1985, S. 121; Busse von Colbe/Laßmann, 1990, S. 1 und S. 20.

eignet sind. Das Lücke-Theorem besagt, daß der Barwert einer Zeitreihe von Ausgaben zum gleichen Ergebnis führt wie der Barwert der entsprechenden Kostenreihe, falls zu der Kostenreihe zusätzlich kalkulatorische Zinsen berechnet werden. LÜCKE spricht deshalb von der *Ausgleichsfunktion* der kalkulatorischen Zinsen[8]. Das durch Auszahlungen gebundene Kapital verzinst sich mit demselben Zinssatz, mit dem es zur Ermittlung der Barwerte diskontiert wird. Die Richtigkeit des Theorems ist insofern evident und wird auch in allgemeiner Form mathematisch bewiesen[9].

Bei der Beurteilung der Ausgleichsfunktion kalkulatorischer Zinskosten ist vor allem zu berücksichtigen, daß sich der Ausgleich nur auf die unterschiedlichen Entstehungszeitpunkte beider Rechengrößen bezieht. Durch die ergänzende Verrechnung kalkulatorischer Zinskosten wird also lediglich eine wertmäßige Gleichheit im Bezugszeitpunkt ein und derselben Größe hergestellt, die einmal im Zeitpunkt des Geldausgangs und einmal im Verbrauchszeitpunkt anfällt. Eine unterschiedliche Höhe des Ausgangsbetrages, der in die auszahlungs- bzw. kostenorientierte Rechnung eingeht, wird nicht untersucht. Auch wenn man einräumt, daß die zeitlichen Verschiebungen bei der Entstehung von Auszahlungen und Kosten gerade im industriellen Anlagengeschäft besonders groß und für die hier behandelte Fragestellung von hoher Relevanz sind, so müssen doch zusätzlich die auf Bewertungsregeln in der Kostenrechnung zurückzuführenden Unterschiede sowie andere Wesensverschiedenheiten beider Rechnungsgrößen einzubezogen werden. Die Aussage LÜCKES, "daß es vom rechnerischen Ergebnis aus gesehen unerheblich ist, ob man die Investitionsrechnung mit Ausgaben oder mit Kosten durchführt"[10], kann für einen finanzmathematischen Ansatz im Anlagengeschäft in dieser Form nicht gelten, da die Annahme identischer Beträge der Ausgangsgrößen beider Rechnungen nicht getroffen werden kann, die Anwendungsvoraussetzung des Lücke-Theorems also nicht erfüllt

---

[8] Vgl. im einzelnen Lücke, 1955, S. 311 ff.; Lücke, 1965b, S. 165 ff. Einen eindeutigen Hinweis darauf, was Lücke unter den von ihm durchweg genannten *Ausgaben* versteht, findet sich in seiner diesbezüglich ersten Veröffentlichung nicht. Es ist allerdings anzunehmen, daß er mit Ausgaben tatsächliche Geldbewegungen meint, wie es der Begriffsverwendung dieser Zeit entspricht. Zwar führte Lücke als Begriffsabgrenzung die Definition E. Schneiders an (Ausgaben als monetäres Äquivalent eines Kaufs), in einer Beschreibung der buchhalterischen Behandlung einer Ausgabe wird jedoch das Geldkonto, nicht das der Verbindlichkeiten angesprochen. Aber auch aus dem Gesamtverständnis des Lücke-Theorems geht hervor, daß es sich um Geldausgänge handeln muß, da er die kalkulatorischen Zinsen im Zusammenhang mit der Leistungserstellung als Kosten für die Kapitalbindung auffaßt und Kapitalbindungen letzlich nur durch Geldbewegungen entstehen. In einer viel späteren Veröffentlichung zu dieser Thematik spricht Lücke dann unmißverständlich von *Auszahlungen*; vgl. Lücke, 1987, S. 369 ff.

[9] Vgl. Lücke, 1965a, S. E 22 ff. Die von Lücke auf Kosten und Ausgaben (Auszahlungen) beschränkte Betrachtung wurde von Philipp (1960, S. 26 ff.) auf Erträge (Erlöse) und Einnahmen (Einzahlungen) ausgedehnt; seine Untersuchung kommt dabei zu einem gleichlautenden Ergebnis. Das gilt ebenso für Fickert (1986, S. 25 ff.), der die Gültigkeit des Lücke-Theorems für Voll- und Teilkostenrechnungen belegt. Erweiterungen, insb. im Hinblick auf die Verwendung von handelsrechtlichen Erfolgsgrößen (Aufwand/Erträge), hat das Lücke-Theorem durch Kloock (1981, S. 873 ff.) erfahren.

[10] Lücke, 1955, S. 318.

ist. Zudem ist die Ausgleichsfunktion der kalkulatorischen Zinsen nur unter der Annahme eines vollkommenen Kapitalmarktes mit übereinstimmenden Soll- und Habenzinsen gegeben[11]. Des weiteren bleibt in den Ausführungen LÜCKES offen, inwiefern auch solche Größen in die Kosten einzubeziehen sind, denen gar keine Auszahlungen entsprechen, insb. also die Zusatzkosten[12]. Schließlich ist zu berücksichtigen, daß bei der Verwendung von Kosten
- einerseits die Berechnung der kalkulatorischen Zinsen in der erforderlichen Genauigkeit äußerst aufwendig ist; angesichts der komplexen Struktur einer Industrieanlage muß die Machbarkeit hierbei sogar angezweifelt werden, und
- andererseits die Ermittlung der kalkulatorischen Zinsen ohnehin die Kenntnis von Zahlungszeitpunkt und -höhe voraussetzt[13].

Da das Lücke-Theorem von der Wesensverschiedenheit der Kosten und Auszahlungen abstrahiert und einen außerordentlich hohen Rechenaufwand verursachen würde, kommt ihm eher theoretischer Charakter zu. Es erweist sich als sinnvoller, eine die Periodenerfolgsrechnungen ergänzende Projekterfolgsrechnung zur zahlungsstromorientierten Bestimmung der Kapitalbindung und der daraus resultierenden Ergebniseinflüsse unmittelbar auf Zahlungsgrößen aufzubauen[14].

Gegen eine Verwendung von Kostengrößen spricht zudem, daß diese für Zwecke der Betriebsabrechnung nach Maßgabe des entsprechenden mengenmäßigen Güterverzehrs einer bestimmten Periode eindeutig zugeordnet werden müssen. Eine derartige, für die unternehmensbezogene Erfolgsrechnung unverzichtbare Periodisierung verliert im Rahmen einer projektorientierten Erfolgsrechnung jedoch an Bedeutung, da hier die Anlage das zentrale Zuordnungsobjekt bildet; eine Periodeneinteilung ist hier - abgesehen von rechentechnischen Vereinfachungen, auf die später eingegangen wird - eigentlich nur im Hinblick auf die Integrationserfordernisse mit der Unternehmenserfolgsrechnung notwendig. Als relevante Periode ist die gesamte Projektdauer zu betrachten, so daß die Verwendung von Kosten, die vornehmlich der kurzfristigen Periodenerfolgsbestimmung dienen, auch unter grundsätzlichen Aspekten in Frage zu stellen ist[15].

---

[11] Vgl. Müller-Hagedorn, 1976, S. 791 ff.

[12] Vgl. Rückle, 1970, S. 45 ff.

[13] Vgl. auch Küpper, 1991, S. 9.

[14] Für eine Zahlungsorientierung der Erfolgsrechnung industrieller Anlagengeschäfte sprechen sich auch Backhaus (1980, S. 62 f.), Plinke (1985, S. 25 und S. 37) und Laßmann (1990, S. 315) aus; eine ähnliche Auffassung vertreten Küpper (1991, S. 9) und Scherrer (1992, S 1015). Daneben finden sich diesbezüglich eher zaghafte Empfehlungen bei Saynisch (1979, S. 251), Roth (1989, Sp. 40) und Sonnenschein (1990, S. 317).

[15] So auch Sonnenschein, 1990, S. 317.

Das oftmals vorgebrachte Argument, daß es angesichts des langen Zeitraumes und der damit verbundenen hohen Unsicherheit bei der Prognose der Werte keinen Sinn macht, die Unterschiede zwischen Kosten und Auszahlungen bei der finanzmathematischen Wirtschaftlichkeitsrechnung zu berücksichtigen, darf allein schon deshalb nicht herangeführt werden, weil man damit auch ein völlig falsches und theoretisch widersprüchliches Verfahren rechtfertigen könnte[16]. Es sei noch einmal betont, daß das Problem der Prognoseunsicherheit streng von der Frage der methodischen Richtigkeit und betriebswirtschaftlichen Fundierung zu trennen ist.

Neben einer höheren Kalkulationsgenauigkeit bietet eine Ergänzung der Periodenerfolgsrechnung um eine dynamische Projekterfolgsrechnung auf Zahlungsbasis auch erhebliche Vorteile im Hinblick auf die *Finanzrechnung* der Unternehmung. Sie stellt bei Ausnutzung der sich eröffnenden Synergieeffekte eine ausgezeichnete Grundlage dar für Ableitung einer finanzwirtschaftlichen Rechnung zur Planung und Überwachung der projekt- und unternehmensbezogenen Liquiditätsströme. Darüber hinaus lassen sich Auftragsfinanzierungsmaßnahmen, deren vertriebspolitische und vor allem erfolgswirtschaftliche Bedeutung eine zuverlässige Planung und Überwachung erforderlich macht, in eine zahlungsorientierte Rechnung unmittelbar einbeziehen, da durch die Auftragsfinanzierung die Finanzmittelebene direkt berührt wird.

Eine auf Zahlungen gestützte Projekterfolgsrechnung schafft auch günstige Voraussetzungen für die Angebotspreisfindung: Da der Angebotspreis sowie die zugehörigen Zahlungs- und Finanzierungsbedingungen den aus dem Anlagengeschäft erwünschten Zufluß an Finanzmitteln fixieren, empfiehlt sich bei deren Ermittlung eine enge Anlehnung an die mit dem Auftrag einhergehenden Zahlungsströme[17].

---

[16] Vgl. Rückle, 1970, S. 47.

[17] Neben diesen spezifischen Aspekten sollte man sich trotz der seit langer Zeit fest etablierten Systeme des internen und externen Rechnungswesens vergegenwärtigen, daß letztendlich die Zu- und Abflüsse von Zahlungsmitteln über das Schicksal, oder, wie D. Schneider es einmal formuliert hat, "über das Wohl und Wehe einer Unternehmung entscheiden"; Schneider, D., 1974, S. 165. Vgl. auch Neubert, 1952, S. 21; Langen, 1966b, S. 72 ff.; Riebel, 1983, S. 26 ff.; Bohr, 1988, S. 1171 ff.; Eisenführ, 1988, S. 127. Chmielewicz/Caspari (1985, S. 165) stellen eine allgemeine Vernachlässigung des Denkens in unperiodisierten Zahlungsgrößen im Rechnungswesen fest.

B. Projektzahlungen als Rechengröße der Erfolgsrechnung industrieller Anlagengeschäfte

1. Begriff der Zahlung

Zahlungen als Ausdruck für die Bewegung von Geld verändern den Geldmittelbestand eines Unternehmens[18]. Durch Einzahlungen wird Geld von anderen Wirtschaftseinheiten auf ein Unternehmen übertragen (Geldeingänge), wodurch der Geldbestand steigt. Auszahlungen verringern durch die Übertragung von Geld auf andere Wirtschaftseinheiten (Geldausgänge) den Geldbestand eines Unternehmens. Ein- und Auszahlungen vollziehen sich also zwischen einem Unternehmen und den außerhalb dieses Unternehmens stehenden Wirtschaftseinheiten einschließlich der staatlichen Institutionen. Sie umfassen sämtliche Zu- bzw. Abflüsse an liquiden Mitteln eines Unternehmens unabhängig von deren Zweck oder Veranlassung. Ihre laufende Erfassung durch die Buchhaltung kann über einfaches Beobachten der Zahlungsmittelbestände (-konten) sichergestellt werden. Es lassen sich verschiedene *Arten von Zahlungen* unterscheiden[19]:

1) *Nutzungszahlungen*
   Zahlungen, durch die Geld zur Nutzung übertragen wird (z.B. Bareinlagen, Darlehen).

2) *Entgeltzahlungen*
   Zahlungen, durch die Geld als Gegenleistung für Güter übertragen wird (z.B. Kauf von Produktionsfaktoren und Verkauf von Produkten, i.w.S. auch erfolgsunabhängige Steuern und Abgaben).

3) *Ergebniszahlungen*
   Zahlungen, durch die Geld im Rahmen der Gewinnverwendung oder Verlustdeckung übertragen wird (insb. Dividendenausschüttung).

Eine begriffliche Unterscheidung zwischen *Ein- bzw. Auszahlungen* und *Einnahmen bzw. Ausgaben* kann zwar für die meisten Fälle der betrieblichen Praxis, nicht jedoch für die später anzustellenden Überlegungen vernachlässigt werden. Einer häufig anzutreffenden synonymen Verwendung der Begriffe Auszahlung und Ausgabe bzw. Einzahlung und

---

[18] Geld umfaßt hier Bar- und Giralgeld (Buchgeld). Der Begriff Geld wird synonym verwendet mit den Begriffen Finanz-/Zahlungsmittel und liquide Mittel.

[19] Vgl. Witte, 1953, S. 15 f. und S. 42 ff.; Chmielewicz, 1972, S. 43 ff.; Chmielewicz, 1976a, S. 31 ff.; Schäfer, 1980, S. 160 f.; Franke/Hax, 1990, S. 9 ff.; Weber, H.K., 1991, S. 243 f. Eine differenzierte Untergliederung von Ein- und Auszahlungen findet sich bei Buchmann/Chmielewicz, 1990, S. 58 f.

Einnahme, die insb. auf die zeitliche Nähe der Wertgrößen zurückzuführen ist, wird demnach nicht gefolgt. In der wirtschaftswissenschaftlichen Literatur wurde das Begriffspaar Einnahmen/Ausgaben ursprünglich i.S. von Ein-/Auszahlungen verwendet und erst später auf Forderungen und Verbindlichkeiten ausgedehnt[20]. Eine mangelnde Klarstellung des Begriffsverständnisses führte dabei allerdings zu zahlreichen Unklarheiten und Mißverständnissen.

Nach E. SCHNEIDER werden Ausgaben als monetäres Äquivalent einer eingekauften Produktmenge, Einnahmen entsprechend als monetäres Äquivalent einer verkauften Produktmenge bezeichnet[21]. Aufgrund möglicher begrifflicher Überschneidungen mit dem Beschaffungswert- sowie dem Umsatz- bzw. Erlösbegriff erscheint es sinnvoller, die einzelnen Komponenten der Einnahmen bzw. Ausgaben zu nennen:

Ausgaben: Auszahlungen + Verbindlichkeitszunahmen + Forderungsabnahmen.
Einnahmen: Einzahlungen + Forderungszunahmen + Verbindlichkeitsabnahmen.

Um im Rahmen einer auf Einnahmen und Ausgaben basierenden Rechnung die Gefahr von Mehrfacherfassungen zu vermeiden und eine schärfere Abgrenzung zum Zahlungsbegriff zu erhalten, sollte die Definition weiter präzisiert werden[22]:

Ausgaben: Auszahlungen, die nicht mit Forderungszugängen oder Verbindlichkeitsabnahmen verbunden sind + Zunahme der Verbindlichkeiten aus Lieferungen und Leistungen + Abnahme von geleisteten Anzahlungen.

Einnahmen: Einzahlungen, die nicht mit Forderungsabnahmen oder Verbindlichkeitszunahmen verbunden sind + Zunahme von Forderungen aus Lieferungen und Leistungen + Abnahme von erhaltenen Anzahlungen.

2. Begriffliche Abgrenzung der Projektzahlungen

Die Rechengrößen (Grundgrößen) des betrieblichen Rechnungswesens haben die Aufgabe der quantitativen Erfassung und Abbildung der empirischen Real- und Nominalgüterbewegungen eines Unternehmens. Der Begriff der Zahlung als Grundgröße des finanzmathematischen Ansatzes einer Erfolgsrechnung industrieller Anlagengeschäfte bedarf einer näheren Eingrenzung, da er als Begriff der Finanzwirtschaft den externen Liquiditätsstrom zwischen einem Unternehmen und der Umwelt erfaßt und grundsätzlich nichts über die Erfolgswirksamkeit wirtschaftlicher Aktivitäten innerhalb eines Unter-

---

[20] Vgl. Weber, H.K., 1981, Sp. 93 ff.
[21] vgl. Schneider, E., 1968, S. 6.
[22] Vgl. Lücke, 1965b, S. 18 ff.; Weber, H.K., 1981, Sp. 95; Weber, H.K., 1991, S. 244 f.

nehmens auszusagen vermag[23]. Die im folgenden zu konkretisierende Rechengröße des dynamischen Asatzes wird als *Projekt- oder Auftragszahlung* bezeichnet und der weiteren Untersuchung zugrunde gelegt[24].

Ausgangspunkt und konstitutives Element der *Projektauszahlungen* ist deren *Zahlungswirksamkeit*. Vorgänge, die in keiner Weise mit Auszahlungen in Verbindung stehen, sind somit i.d.R. nicht Bestandteil der Projektauszahlungen[25]. Im Rahmen der Projekterfolgsrechnung tritt die Notwendigkeit von *Periodisierungen* der Auftragsauszahlungen nur in einigen wenigen Fällen wie z.B. den Abschreibungen auf; grundsätzlich gehen sie zu ihren jeweiligen Zahlungszeitpunkten in die Projekterfolgsrechnung ein[26]. Für die Einbindung in die unternehmensbezogene Periodenerfolgsrechnung ist eine erfolgswirksame Zurechnung der Projektauszahlungen zu einzelnen Perioden allerdings unverzichtbar.

Die Höhe der Anschaffungsauszahlungen dient als *Bewertungskomponente* der Projektauszahlungen. Bei Istrechnungen kann durch die Erfassung und Bewertung der Einsatzgüter in einem Zuge ein willkürfreies und nachvollziehbares Vorgehen gewährleistet werden[27]. Besonders im Rahmen von Planungsrechnungen sind zwar ebenfalls die erwarteten Beschaffungspreise der Einsatzfaktoren maßgeblich, jedoch sind hier zusätzliche Überlegungen im Hinblick auf die Substanzerhaltung insb. bei hohen Geldentwertungsraten anzustellen[28]. Die Verwendung effektiv gezahlter Preise statt normalisierter Festpreise, wie sie in der herkömmlichen Kosten- und Erlösrechnung zum Zwecke einer nach innen gerichteten und eher technisch orientierten Wirtschaftlichkeitskontrolle angesetzt werden, schafft eine unmittelbare Ankopplung an die Marktpreisveränderungen und die dadurch zum Ausdruck kommenden Marktentwicklungen.

In Analogie zum Merkmal der Leistungs- oder Betriebszweckbezogenheit von Kosten sind nur diejenigen Auszahlungen in die Erfolgsrechnung einzubeziehen, die dem Sachziel des Unternehmens dienen. Entsprechend dem Sachziel eines Anlagenbauers, der Planung und Erstellung industrieller Anlagen, gehen von den gesamten Auszahlungen eines Unternehmens nur die für ein Projekt geleisteten Auszahlungen erfolgswirksam in

---

[23] Vgl. Chmielewicz, 1988a, S. 61 ff.

[24] Der Begriff der Projektauszahlungen wird bei der Erläuterung ihrer Ermittlung in Abschnitt V.B mit Inhalt gefüllt.

[25] Die Bildung "kalkulatorischer" Projektauszahlungen ist bei geschenkten Gütern zulässig.

[26] Chmielewicz (1990, S. 331) weist auf die mangelnde Eindeutigkeit hinsichtlich des Vorgangs hin, der den Zahlungszeitpunkt fixiert (z.B. Scheck-/Wechseleingang oder -gutschrift). Hier wird grundsätzlich auf den Monat der Zahlungsmittelbestandsveränderung des Unternehmens abgestellt.

[27] Vgl. Vollrodt, 1964, S. 391.

[28] Vgl. hierzu Abschnitt V.B.1.b und c.

der auftragsbezogenen Erfolgsrechnung ein[29]. Dabei ist es unerheblich, ob die Auszahlungen innerhalb oder außerhalb der Abwicklungsphase anfallen. Das Kriterium der Leistungsbezogenheit konkretisiert sich im Anlagengeschäft also zur *Projektbezogenheit*. Die Zuordnung von Auszahlungen zu einzelnen Projekten stützt sich auf das *Verursachungsprinzip*[30]. Aufgrund der guten Abgrenzbarkeit einzelner Aufträge lassen sich damit relativ große Anteile der Projektauszahlungen eindeutig auftragsweise zurechnen. Das Verursachungsprinzip versagt allerdings bei Projektgemeinauszahlungen wie Auszahlungen für Grundlagenforschung, Gebäude, Unternehmensverwaltung u. dergl., so daß hierfür eine Zurechnung nur über jeweils zweckmäßig erscheinende Verteilungsschlüssel möglich ist. Dabei ist die zeitliche Differenz zwischen dem tatsächlichen Anfall und der Zurechnung einer Gemeinauszahlung zu einem Projekt zu berücksichtigen. Bei Entscheidungen während der Erstellungsphase kann in Einzelfällen auch das *Identitätsprinzips* hilfreich sein, wonach Auszahlungen bestimmten Leistungen nur dann zugerechnet werden, wenn Auszahlungen und Leistungen durch dieselbe, identische Entscheidung ausgelöst werden[31].

Auszahlungswirksame Vorgänge, die zwar mit dem Sachziel in Verbindung stehen, wegen ihrer Zufälligkeit, ihres unregelmäßigen Anfalls oder ihrer außergewöhnlichen Größenordnung aber als *außerordentlich* gelten, werden in der Kostenrechnung kurzzyklischer Seriengeschäfte üblicherweise aus den Kosten ausgeschieden, da sie nach herrschender Meinung bei einer Erfassung in effektiver Höhe die Aussagefähigkeit der internen Erfolgsrechnung beeinträchtigen. Eine derartige Beschränkung auf den ordentlichen Produktionsfaktorverbrauch wird für die Projektauszahlungen nicht vorgenommen, da angesichts der langen Projektdauer und der komplexen Risikostruktur eines Anlagenauftrags sehr vieles als "außerordentlich" einzustufen ist. Gerade die nicht regelmäßig auftretenden und unvorhersehbaren Ereignisse spielen für den wirtschaftlichen Erfolg

---

[29] Man spricht hier allgemein auch von *Erfolgsein-/-auszahlungen*, die den erfolgsunwirksamen *Finanzein-/-auszahlungen* gegenübergestellt werden; vgl. z.B. Witte, 1953, S. 42 ff.; Chmielewicz, 1972, S. 67 ff.; Niebling, 1973, S. 23 ff.; Chmielewicz, 1981a, S. 85.

[30] Zum *Verursachungsprinzip* vgl. Mrosek, 1983, S. 109 ff. Das *Tragfähigkeitsprinzip* zur Auszahlungsverteilung kann hier nicht angewendet werden, da dazu ein Marktpreis existieren muß, was im Anlagengeschäft in aller Regel nicht der Fall ist; vgl. Kosiol, 1979a, S. 164 f.; Schweitzer/Küpper, 1991, S. 142.

[31] Vgl. Riebel, 1969, S. 49 ff. Dem Konzept der *relativen Einzelkostenrechnung* nach Riebel wird hier nicht gefolgt, da eine solch herausgehobene Stellung der Entscheidungsorientierung innerhalb des Rechnungssystems für eine projektorientierte Erfolgsrechnung eine unzweckmäßige Einengung bedeuten würde. Zudem ergäben sich nicht unerhebliche Schwierigkeiten bei der praktischen Handhabung des Systems, wenngleich die großen Probleme bei der Umsetzung dieses Systems im Seriengeschäft, welche sich aus der Notwendigkeit eines außerordentlich aufwendigen Rechenapparats zur sachlich und zeitlich getrennten Erfassung der einzelnen Entscheidungsfelder ergeben (vgl. dazu Laßmann, 1973, S. 15 ff.), im Anlagengeschäft aufgrund der besseren Abgrenzbarkeit des Einzelauftrages sowie der Fortschritte in der Informationstechnologie entschärft werden.

eines Projekts eine bedeutende, teilweise sogar entscheidende Rolle und sind deshalb unbedingt in den Projektauszahlungen zu berücksichtigen.

Die *Projektauszahlungen* umfassen insgesamt also sämtliche durch die Planung und Durchführung eines industriellen Anlagengeschäfts verursachten Auszahlungen. Von den gesamten Auszahlungen eines anlagenbauenden Unternehmens gehören i.S. einer Negativabgrenzung folgende Auszahlungsarten *nicht* zu den Projektauszahlungen:

1) *Sachzielfremde* Auszahlungen
Während die Auszahlungen sämtliche Geldausgänge ohne Rücksicht auf den Auszahlungszweck umfassen, beschränken sich die Projektauszahlungen auf solche Vorgänge, die dem Betriebszweck (Sachziel) dienen. Hierunter fallen i.w.S. auch die nicht unmittelbar im Zusammenhang mit einem einzelnen Anlagengeschäft stehenden Aktivitäten, soweit sie für die Erhaltung der Betriebsbereitschaft und Wettbewerbfähigkeit des Anlagenbauers erforderlich sind (z.B. auftragsfreie Grundlagenforschung). Die nicht dem Sachziel dienenden Auszahlungen (z.B. Spenden an gemeinnützige Organisationen) sind i.d.R. erfolgsunwirksam.

2) *Kompensatorische* Auszahlungen
Ein Zahlungsausgang, der durch eine gleich hohe Einzahlung zu einem anderen Zeitpunkt ausgeglichen wird, stellt innerhalb der Erfolgsrechnung keinen erfolgswirksamen Vorgang dar. Als Beispiel seien Auszahlungen für Verbrauchsfaktoren genannt, die nicht im Konstruktions-, Produktions- oder Absatzprozeß eingesetzt und aufgrund einer Veräußerung durch entsprechende Einzahlungen kompensiert werden. Den bedeutendsten Posten bilden die Nutzungszahlungen des rein finanzwirtschaftlichen Bereichs, welche vor allem bei einer (nicht-auftragsbezogenen) Kreditaufnahme bzw. -rückzahlung anfallen.

3) *Ergebniszahlungen*
Im Gegensatz zu den Steuerzahlungen oder Abgaben, die durch ein Anlagengeschäft bedingt sind, gehören Auszahlungen im Zusammenhang mit der Gewinnverwendung nicht zu den Projektauszahlungen[32].

Zwischen den gesamten Auszahlungen eines Unternehmens und den im Rahmen der dynamischen Auftragserfolgsrechnung zugrundegelegten Projektauszahlungen ergeben sich insgesamt die in Schaubild IV.1 dargestellten zweckbedingten Unterschiede.

---

[32] Da es sich bei anlagenbauenden Unternehmen durchweg um größere Kapitalgesellschaften handelt, erübrigt sich ein kalkulatorischer Posten für den Unternehmerlohn.

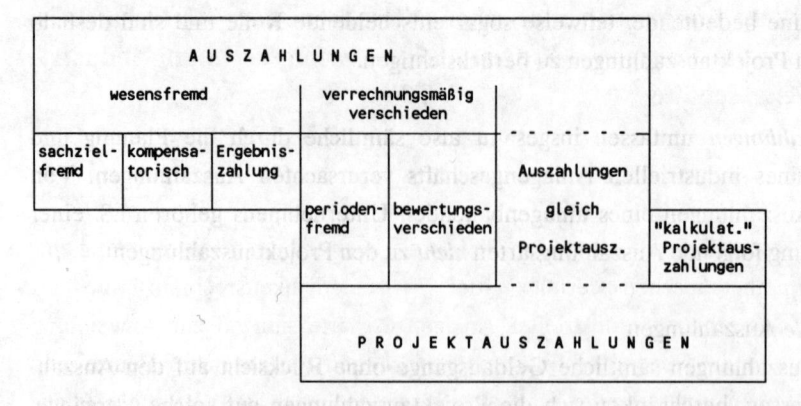

AUSZAHLUNGEN						
wesensfremd			verrechnungsmäßig verschieden			
sachziel- fremd	kompensa- torisch	Ergebnis- zahlung			Auszahlungen gleich Projektausz.	"kalkulat." Projektaus- zahlungen
			perioden- fremd	bewertungs- verschieden		
PROJEKTAUSZAHLUNGEN						

Schaubild IV.1   Zweckbedingte Ableitung der Projektauszahlungen

Parallel dazu ergibt sich die begriffliche Abgrenzung der *Projekteinzahlungen*, die als Gegenleistung des Abnehmers für die im Anlagenvertrag vereinbarten Lieferungen und Leistungen zu verstehen sind. Sie umfassen sämtliche Einzahlungen, die dem Unternehmen aus der Planung und Durchführung eines Anlagengeschäfts entsprechend den jeweiligen Zahlungsbedingungen zufließen.

Aus der zahlungsorientierten Definition der in der Erfolgsrechnung verwendeten Rechengröße resultiert ein gleichermaßen zahlungsorientierter Erfolgsbegriff. Unter dem *Nominalerfolg* als Ausdruck für den undiskontierten Finanzüberschuß (Erfolg) eines Anlagengeschäfts wird demnach die Differenz zwischen der Summe der Projekteinzahlungen und der Summe der Projektauszahlungen verstanden. Der Teilbereich des internen Rechnungswesens eines anlagenbauenden Unternehmens, der die zeitliche Struktur des Nominalerfolgs eines Projekts für dessen erfolgswirtschaftliche Beurteilung mittels Anwendung der finanzmathematischen Wirtschaftlichkeitsrechnung berücksichtigt, wird im weiteren als *dynamische Erfolgsrechnung* bezeichnet.

C. Anwendbarkeit finanzmathematischer Verfahren der Wirtschaftlichkeitsrechnung im Rahmen der dynamischen Erfolgsrechnung industrieller Anlagengeschäfte

1. Einführung

Es stellt sich nunmehr die Frage, ob und inwieweit die bei der Investitionsrechnung eingesetzten finanzmathematischen Verfahren der Wirtschaftlichkeitsrechnung auch im Rahmen der Erfolgsrechnung industrieller Anlagengeschäfte sinnvoll zur Anwendung gebracht werden können. Neben den finanzmathematischen Verfahren zur Beurteilung einzelner Investitionen unterscheidet man im allgemeinen noch *kalkulatorische* (statische) Verfahren, die auf den Kosten- und Erlösgrößen des betrieblichen Rechnungswesens aufbauen. In Analogie zu dem Versuch, die dynamischen Investitionsrechnungsverfahren im Rahmen einer Erfolgsrechnung industrieller Anlagengeschäfte auf finanzmathematischer Basis einzusetzen, könnte man die in der Praxis verbreitete kalkulatorische Erfolgsrechnung i.w.S. als einen Anwendungsfall der kalkulatorischen Investitionsrechnung (insb. der Gewinnvergleichsrechnung) interpretieren. Entsprechend findet sich die an diesen Verfahren vielfach geübte Kritik, die sich hauptsächlich auf die fehlende oder ungenaue wertmäßige Berücksichtigung zeitlicher Unterschiede im Anfall der mit einer Investition verbundenen Kosten und Erlöse bezieht, im wesentlichen in Kapitel III wieder. Für die weiteren Überlegungen bieten demnach allein die finanzmathematischen Ansätze die Chance, eine Verbesserung i.S. einer betriebswirtschaftlich fundierten Erfolgsrechnung zu erreichen.

Zur Klärung der Frage, inwiefern die dynamischen Verfahren der Wirtschaftlichkeitsrechnung auch bei der projektbezogenen Erfolgsrechnung industrieller Anlagengeschäfte eingesetzt werden dürfen, erscheint es zweckmäßig, zunächst die Investition als gängiges Einsatzgebiet dieser Verfahren in kurzen Zügen zu charakterisieren, um anschließend in einer vergleichenden Gegenüberstellung Schlußfolgerungen über deren Anwendbarkeit bei Anlagengeschäften ziehen zu können.

2. Investitionsrechnung als klassisches Anwendungsfeld der finanzmathematischen Wirtschaftlichkeitsrechnung

a. Einsatz finanzmathematischer Verfahren bei Investitionen

Unter einer *Investition* versteht man gewöhnlich die autonome Anschaffung eines Objekts[33]. Die für die Anschaffung des Investitionsprojekts notwendige Auszahlung wird in Erwartung künftiger Einzahlungsüberschüsse getätigt, die sich aus dem Besitz, der Nutzung und/oder dem Wiederverkauf des Investitionsprojekts erzielen lassen. Die mit einer Investition verbundenen Auszahlungen können unterteilt werden in eine oder auch mehrere Anschaffungsauszahlung(en) zu Beginn und nachfolgende Betriebsauszahlungen, die für die Nutzung anfallen. Eine Investition läßt sich ökonomisch durch ihre Ein- und Auszahlungen erfassen[34]. Werden sämtliche Zahlungen einer Investition entsprechend ihrer Zahlungszeitpunkte dargestellt, erhält man die Zahlungsreihe der Investition. Wenngleich Investitionen i.d.R. von längerfristigen Folgewirkungen begleitet sind, kann für den Investitionsbegriff keine Mindestdauer vorgegeben werden; es genügt vielmehr, wenn sich die Investitionszahlungen auf mindestens zwei Zeitpunkte beziehen, deren Zeitdifferenz für die Bewertung des Projekts von Bedeutung ist[35].

Die *Investitionsrechnung* hat die Aufgabe, die absolute und relative Vorteilhaftigkeit einzelner Investitionsprojekte zu beurteilen und damit die Investitionsentscheidung zu unterstützen. Während es bei der einzelprojektbezogenen Vorteilhaftigkeit um die Frage geht, ob ein geplantes Investitionsvorhaben durchgeführt oder unterlassen werden soll (*Akzeptanzentscheidung*), gibt die mehrprojektbezogene Vorteilhaftigkeit Auskunft darüber, welche von mehreren Investitionsalternativen, die für sich dem Kriterium der Vorteilhaftigkeit genügen, unter der gegebenen Zielsetzung und Datenkonstellation die günstigste ist (*Rangfolgeentscheidung*). Einen weiteren Einsatzbereich der Investitionsrechnung bieten die Investitionsprogrammentscheidungen, bei denen einzelne Investitionsprojekte nicht isoliert, sondern Kombinationen mehrerer, sich nicht gegenseitig ausschließender Investitionsprojekte beurteilt werden[36]. Investitionsrechnungen werden zur

---

[33] Als Investitionsobjekt kommen neben Sach- und Finanzanlagen auch Projekte wie Werbefeldzüge, Forschungs- und Weiterbildungsprojekte in Betracht. Man spricht deshalb statt von Investitions*objekt* besser von Investitions*projekt*.

[34] Vgl. Albach, 1959, S. 10 ff.; Hax, H., 1985, S. 9 f.; Blohm/Lüder, 1991, S. 2; Busse von Colbe/Laßmann, 1990, S. 2 f.

[35] Vgl. Lüder, 1977, S. 1; Busse von Colbe/Laßmann, 1990, S. 3.

[36] Vgl. Albach, 1975, S. 15 ff.; Busse von Colbe/Laßmann, 1990, S. 17 ff. und S. 197 ff.; Blohm/Lüder, 1991, S. 49 ff. und S. 271 ff. Die Anwendung der Investitionsrechnung für Nutzungsdauer- und Ersatzzeitpunktentscheidungen sei nur am Rande erwähnt.

Vorbereitung von Investitionentscheidungen[37] und in Ausnahmefällen auch als Kontrollrechnung zur Überprüfung von getroffenen Investitionsentscheidung eingesetzt[38].

Bei den *dynamischen Verfahren* stützt sich die Beurteilung einer Investition vor allem darauf, wie sich das mit der Anschaffungsauszahlung eingesetzte Kapital verzinst. Da die erforderliche Bestimmung der Kapitalbindung einer Investition auf exakte Weise nur auf der Grundlage von Ein- und Auszahlungen vorgenommen werden kann, basieren die dynamischen Verfahren auf Zahlungsgrößen[39]. Sie sind unter den Gesichtspunkten der Aussagefähigkeit und betriebswirtschaftlichen Fundierung den kalkulatorischen Verfahren vorzuziehen, weil durch die Anwendung der Zinseszinsrechnung die Zahlungszeitpunkte explizit berücksichtigt werden. Diese in der Theorie seit langem bestehende Erkenntnis wird zunehmend auch in der betrieblichen Praxis erkannt und durch die verstärkte Anwendung der finanzmathematischen Verfahren entsprechend gewürdigt[40]. Schaubild IV.2 gibt einen Überblick über die wichtigsten Verfahren. Zu deren Darstellung und kritischer Begutachtung wird auf das breite Spektrum der hierzu vorliegenden Literatur verwiesen, in der die dynamischen Verfahren einen bei weitem größeren Raum einnehmen als die statischen Verfahren[41].

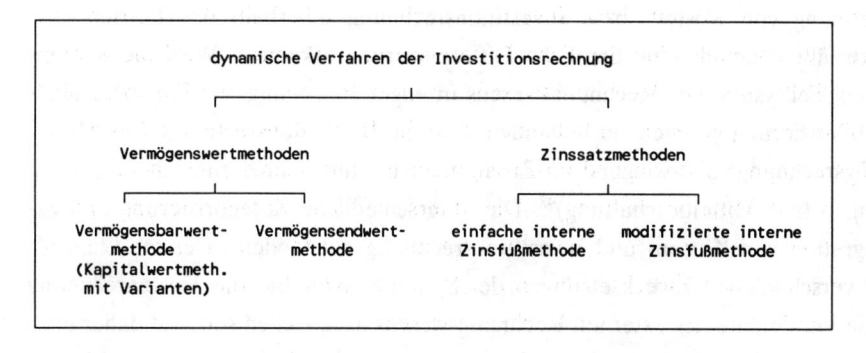

```
                    dynamische Verfahren der Investitionsrechnung
                    ┌──────────────────────┴──────────────────────┐
              Vermögenswertmethoden                          Zinssatzmethoden
              ┌───────┴────────┐                        ┌──────────┴──────────┐
     Vermögensbarwert-   Vermögensendwert-         einfache interne    modifizierte interne
        methode              methode               Zinsfußmethode       Zinsfußmethode
     (Kapitalwertmeth.
       mit Varianten)
```

Schaubild IV.2   Dynamische Verfahren der Investitionsrechnung

---

[37] Vgl. Schneider, E., 1975, S. 76 f.; Hax, H., 1985, S. 9; Sieben/Schildbach, 1990, S. 152 passim.

[38] Auch in der betriebswirtschaftlichen Literatur wird der Investitionskontrolle kaum Beachtung geschenkt; lediglich Lüder (1969) und Spielberger (1983) haben sich intensiver damit befaßt.

[39] Vgl. Kilger, 1980, S. 312; Busse von Colbe/Laßmann, 1990, S. 1 f.; Kruschwitz, 1990, S. 4 f.; Sieben/Schildbach, 1990, S. 152; Blohm/Lüder, 1991, S. 55 f.

[40] Vgl. dazu die empirischen Auswertungen bei Freimann, 1988, S. 17 ff.; Blohm/Lüder, 1991, S. 50 ff.

[41] Vgl. z.B. Blohm/Lüder, 1991, S. 54 ff. mit der dort angegebenen Literatur sowie insb. Hax, H., 1985, S. 13 ff.; Busse von Colbe/Laßmann, 1990, S. 20 ff.; Franke/Hax, 1990, S. 114 ff.; Kruschwitz, 1990, S. 31 ff.; Schneider, D., 1990, S. 70 ff.

b. Verhältnis der Investitionsrechnung zur Kostenrechnung

Eine Abgrenzung der Investitionsrechnung gegenüber der Kostenrechnung dient zum einen der näheren Charakterisierung investitionsrechnerischer Problemstellungen, zum anderen als Vorüberlegung für das Problem der Integrierbarkeit von projektbezogener Erfolgsrechnung auf der Basis des dynamischen Ansatzes und unternehmensbezogener Erfolgsrechnung auf der Basis periodisierter Größen. Es lassen sich möglicherweise Parallelitäten oder Analogieschlüsse darüber ableiten, wie sich im industriellen Anlagengeschäft projektbezogene und unternehmensbezogene Erfolgsrechnung zueinander verhalten und wie sich eine Brücke zwischen beiden Systemen schlagen läßt.

In der betrieblichen Praxis wird eine scharfe Trennlinie zwischen der Kostenrechnung auf der einen und der Investitionsrechnung auf der anderen Seite gezogen. Die Kostenrechnung wird als Routinerechnung laufend durchgeführt und geht von vorhandenen Kapazitäten aus. Demgegenüber wird die Investitionsrechnung in Form einer Sonderrechnung fallweise veranlaßt und bezieht sich auf einzelne Projekte, insb. solche mit kapazitätsverändernder Wirkung.

Die Einordnung von Kosten- bzw. Investitionsrechnung innerhalb der Betriebswirtschaftslehre läßt ebenfalls eine deutliche Differenzierung erkennen. Wird die Kostenrechnung als Teilsystem des Rechnungswesens in enger Beziehung zur Finanzbuchhaltung und Bilanzierung gesehen, so behandelt man die Investitionsrechnung (als Mittelverwendungsrechnung) überwiegend im Zusammenhang mit finanzierungstheoretischen Überlegungen (zur Mittelbeschaffung)[42]. Die unterschiedliche Kategorisierung und geringe Integration von Kosten- und Investitionsrechnung entstanden in erster Linie als Folge der verschiedenen Zwecksetzungen der Systeme. Während die Kostenrechnung die Informationsdefizite des externen Rechnungswesens ausgleichen soll und daher eher dem kurzfristigen Bereich zugeordnet wird, unterstützt die (dynamische) Investitionsrechnung den langfristigen Bereich. Infolgedessen wurden für beide Rechnungssysteme ihren Zwecksetzungen entsprechende und somit unterschiedliche Rechengrößen und -verfahren entwickelt[43]. Auch wird der Kostenrechnung i.d.R. ein einperiodiges, der Investitionsrechnung ein mehrperiodiges Erfolgsziel zugrunde gelegt. Einen weiteren Unterschied kann man darin sehen, daß Investitionsrechnungen durchweg auf Projekte oder einzelne Vorhaben, Kostenrechnungen hingegen mehr auf Bereiche oder Stellen und nur

---

[42] Vgl. Schneider, D., 1966, S. 342; Hax, H., 1982, S. 49 ff.; Franke/Hax, 1990, S. 166 ff. und 265 ff.; Küpper, 1990, S. 253 f.; Schneider, D., 1990, S. 24 f. passim.

[43] Eine derartige Polarisierung läßt sich natürlich nicht für jedes Rechnungswesenmodell aufrechterhalten, wenn man insb. an die von Chmielewicz (1972, insb. der Hinweis auf S. 236), Riebel (1990a, insb. S. 60 ff.) und Küpper (1985, 1989, 1990) vorgestellten Systeme denkt.

teilweise auf Kostenträger oder Aufträge bezogen sind. Den Hauptanwendungsbereich der Investitionsrechnung sieht man in der rechnerischen Beurteilung langfristiger Anschaffungsentscheidungen, wohingegen die Kostenrechnung eher bei Einsatz- oder Verwendungsentscheidungen sowie bei Entscheidungen über Eigenerstellung oder Fremdbezug in kurzfristiger Sicht herangezogen wird[44]. Da eine generell gültige Differenzierung beider Systeme aufgrund der verschiedenen Gestaltungsformen der Kostenrechnung nicht möglich erscheint, sind die in Schaubild IV.3 stichwortartig zusammengefaßten Unterscheidungsmerkmale lediglich als Anhaltspunkte für eine Differenzierung zu verstehen.

Unterscheidungs-merkmal	INVESTITIONSRECHNUNG	KOSTENRECHNUNG
1) Rechengröße	Aus- u. Einzahlungen	Kosten und Erlöse
2) Zeitbezug	langfristig (ges. Nutzungsdauer)	kurzfristig (Periode)
3) Zieldauer	mehrperiodig	einperiodig
4) Rechnungszweck	Entscheidungsvorbereitung (Planung)	zusätzl. Kontrolle, Ergebnisermittlung
5) Entscheidungsart	Anschaffungsentscheidungen	Einsatz- o. Verwendungsentscheidungen
6) Bezugsobjekt	Projekte/Vorhaben	Bereiche/Stellen (Ko.träger/Auftrag)
7) Durchführung	fallweise	laufend
8) externe Rechnungslegungsvorschriften	ohne Einfluß	bedingter Einfluß

Schaubild IV.3   Unterschiede zwischen Investitions- und Kostenrechnung

Im Einzelfall kann sich eine eindeutige und klare Unterscheidung anhand der genannten Kriterien als recht schwierig erweisen[45], zumal Kosten- und Investitionsrechnung in einigen Punkten auch *Gemeinsamkeiten* aufweisen:

---

[44] Vgl. Kilger, 1980, S. 312; Küpper, 1985, S. 26 f.; Männel, 1985, S. 121; Fickert, 1986, S. 25 f.; Hummel/Männel, 1986, S. 9 f.; Kloock, 1986, S. 291 f.; Albach, 1988, S. 633 f.; Bohr, 1988, S. 1172 f.

[45] Vgl. Kilger, 1988, S. 186; Küpper, 1990, S. 254.

Kosten- und Investitionsrechnung sind im Prinzip am selben übergeordneten Erfolgsziel des Unternehmens orientiert. Bei der Beurteilung der Diskrepanzen zwischen den Rechnungssystemen muß man sich vergegenwärtigen, daß sich beide Systeme auf weitgehend identische güterwirtschaftliche Vorgänge beziehen. Das bedeutet bspw., daß für die periodenweise Bestimmung der Betriebsauszahlungen einer Sachanlageinvestition genauso die pro Periode anfallenden Lohnauszahlungen/-kosten, Instandhaltungsauszahlungen/-kosten u. dergl. ermittelt werden müssen wie für die Wirtschaftlichkeitskontrolle der jeweiligen Kostenstelle in der Fertigung[46]. Diese *Identität in den ökonomischen Grunddaten* sowie in den damit verbundenen Erfassungsproblemen bildet das fundamentale Verbindungselement zwischen Kosten- und Investitionsrechnung sowie die Grundlage für die Überführbarkeit der dynamischen Projekterfolgsrechnung in die unternehmensbezogenen Periodenrechnungen im industriellen Anlagengeschäft. Daneben wird hierin die wesentliche Begründung für die Integrationsnotwendigkeit von Kosten- und Investitionsrechnung gesehen[47].

3. Dynamische Erfolgsrechnung industrieller Anlagengeschäfte als neues Anwendungsfeld der finanzmathematischen Wirtschaftlichkeitsrechnung

a. Vergleich der dynamischen Erfolgsrechnung industrieller Anlagengeschäfte mit der dynamischen Investitionsrechnung

(1) Vergleich der Prämissen und Eingangsdaten

Nunmehr geht es um die Beantwortung der Frage, ob die in Investitionskalkülen üblichen Methoden der dynamischen Wirtschaftlichkeitsrechnung auch bei einer auf Zahlungen basierenden Erfolgsrechnung industrieller Anlagengeschäfte eingesetzt werden dürfen, oder ob hier wesentliche Unterschiede bestehen, die eine Anwendung derartiger Verfahren beeinträchtigen, wenn nicht sogar verbieten. Den Ausgangspunkt einer vergleichenden Gegenüberstellung bilden die den Rechnungssystemen zugrundeliegenden Prämissen. Bei der Beurteilung einzelner Projekte[48] gehen beide Systeme von folgenden Grundannahmen aus:

---

[46] Vgl. Männel, 1985, S. 121 f.
[47] Vgl. Küpper, 1985, S. 26 ff.; Küpper, 1990, S. 253 ff.
[48] Der Projektbegriff wird in diesem Abschnitt als Oberbegriff für Investitionen und Industrieanlagengeschäfte verwendet.

1) *Einwertige Erwartungen*

Es kann genau ein Prognosewert für die mit dem Projekt verbundenen Zahlungen bestimmt werden. Dieser Fall kann im Rahmen der Projektbewertung formal genauso wie der Fall sicherer Erwartungen bezüglich der Projektzahlungen gehandhabt werden[49]. Durch eine Erweiterung der Rechnung um eine explizite Berücksichtigung des Risikos kann diese Annahme später aufgehoben werden.

2) *Eindeutige Zurechenbarkeit der Projektzahlungen*

Die mit einem Projekt verbundenen Zahlungen sind diesem eindeutig zurechenbar. Bei der praktischen Durchführung bereitet die Ermittlung und Zuordnung der Zahlungen zu einem Investitionsprojekt vor allem bei Sachanlageinvestitionen größte Probleme. Darauf wird weiter unten noch eingegangen.

3) *Zahlungen am Periodenende*

Genaugenommen müßten die während der Projektdauer anfallenden Zahlungen entsprechend ihres effektiven Zahlungszeitpunktes wertmäßig berücksichtigt werden. Um die dazu notwendige Diskontierung der Zahlungen rechentechnisch zu erleichtern und in einem überschaubaren Rahmen zu halten, wird die Projektdauer in Perioden gleicher Länge eingeteilt. Hinsichtlich der innerhalb einer Periode getätigten Zahlungen wird unterstellt, daß diese zum Periodenende anfallen[50]. Der durch diese Prämisse entstehende Fehler wird umso schwerwiegender, je weiter die einzelnen Zahlungen zeitlich vom jeweiligen Periodenende entfernt liegen und je länger die Perioden werden.

4) *Nachschüssige Verzinsung*

Die innerhalb der beiden Systeme verwendeten Verfahren gehen von einer nachschüssigen Verzinsung aus, d.h. die Zinsen werden erst am Ende der jeweiligen Periode dem zugrundeliegenden Kapital zugeschlagen.

Als problematisch erweisen sich die sog. *Separationstheoreme* der Investitionstheorie, die eingeführt werden, damit die Projektentscheidung ohne Berücksichtigung von Interdependenzen zu anderen Projekten isoliert getroffen werden kann. Neben der Vernachlässigung von Wechselwirkungen zu anderen Aufträgen (Programmentscheidungen) ist insb. die fehlende Einbeziehung der Finanzierungsseite des Projekts, die durch die An-

---

[49] Vgl. Albach, 1959, S. 15 ff.; Blohm/Lüder, 1991, S. 49.

[50] Es wird im weiteren von einer diskreten Verzinsung ausgegangen. Die Unterschiede zur kontinuierlichen Verzinsung sind bei Küpper/Wolf (1990, S. 171 ff.) untersucht.

nahme eines vollkommenen Kapitalmarktes gerechtfertigt wird[51], im Zusammenhang mit dem industriellen Anlagengeschäft kritisch zu untersuchen. Dazu ist es zweckmäßig, zwischen projektgebundener und projektungebundener Finanzierung zu unterscheiden[52]. Die *projektgebundene* Finanzierung, die für die Auftragserlangung eine zentrale Rolle spielt, wird im Hinblick auf ihre Konditionen wie Höhe, Zinssatz, Tilgungsmodus, Laufzeit u. dergl. bereits während der Verhandlungen im Rahmen der Angebotserstellung weitgehend festgelegt und kann somit explizit in der Erfolgsrechnung berücksichtigt werden. Demgegenüber sind Art und Umfang der *projektungebundenen* Finanzierung im Angebotsstadium aufgrund der Prognoseunsicherheit nur sehr rudimentär bestimmbar, so daß hier pauschalisierende Annahmen getroffen werden müssen. Da die Unternehmen des Anlagenbaus in Anbetracht der Wertdimension von Anlagengeschäften, die eine beträchtliche Finanzkraft erfordert, i.d.R. in einen Konzern eingebunden sind, besteht für diese die Möglichkeit der *internen Refinanzierung im Konzern*. Für die projektungebundene Refinanzierung durch den Konzern werden auf bestimmte Zeit festgelegte Zinssätze vereinbart, zu denen sich das Unternehmen Liquidität für die Auftragsfinanzierung beschaffen, überschüssige Liquidität aber auch anlegen kann. Dadurch entsteht für den projektungebundenen Teil der Auftragsfinanzierung ein "innerbetrieblicher, vollkommener Rest-Kapitalmarkt"[53], auf dem ein einheitlicher Soll- und Habenzinssatz (Kalkulationszinssatz) herrscht.

Die weitgehende Übereinstimmung von Investitionsrechnung und finanzmathematisch fundierter Erfolgsrechnung industrieller Anlagengeschäfte hinsichtlich der Prämissen besteht gleichermaßen in bezug auf die notwendigen *Eingangsdaten* der Rechnungssysteme. Folgende Grunddaten fließen ein[54]:
1) Ein- und Auszahlungen des Projekts;
2) Zeitpunkte der Zahlungen;
3) Kalkulationszinssatz;
4) Anzahl und Länge der Perioden;
5) Bezugszeitpunkt.

Zusätzlich sollte der Ungewißheitsgrad der Zahlungen für weiterführende Rechnungen bekannt sein.

---

[51] Auf einem *vollkommenen Kapitalmarkt* kann zu einem identischen Zinssatz unbeschränkt Geld aufgenommen und angelegt werden. Vgl. Hax, H., 1982, S. 50 ff.; Schneider, D., 1987, S. 43 f.; Ritter, 1988, S. 38 ff.; Weinrich/Hoffmann, 1989, S. 49 ff.

[52] Vgl. Backhaus, 1980a, S. 89 f.

[53] Backhaus, 1980a, S. 89.

[54] Es geht hierbei lediglich um die Frage, welche Eingangsdaten überhaupt für die Durchführung der beiden Rechnungen erforderlich sind. Überlegungen, in welcher Höhe die jeweiligen Eingangsdaten festzulegen sind, werden an späterer Stelle angestellt.

(2) Gemeinsame Merkmale und Unterschiede

Neben den Prämissen und erforderlichen Eingangsdaten weisen dynamische Investitionsrechnung und projektorientierte Erfolgsrechnung industrieller Anlagengeschäfte eine Reihe von *Gemeinsamkeiten* auf:

In beiden Fällen ist ein Projekt langfristiger Art über dessen vollständige Dauer im Rahmen einer Gesamtbetrachtung ökonomisch zu beurteilen, wobei eine Periodeneinteilung hauptsächlich der rechentechnischen Vereinfachung dient. Aus der Sicht eines Anlagenbauers wird die Projektdauer durch den Zeitraum der Anlagenerstellung determiniert, während die Projektdauer in der Investitionsrechnung auf den Zeitraum der Projektnutzung abstellt. Die Ergebnisse beider Rechnungen dienen sowohl Akzeptanz- als auch Rangfolgeentscheidungen einzelner Projekte oder einer Kombination mehrerer Projekte (Programmentscheidungen). Als Projekte kommen neben Sachleistungen (Hardware) auch alle Arten von Dienstleistungen und Computer-Software in Betracht. Beide Systeme basieren auf Ein- und Auszahlungen und streben dadurch bedingt ein monetär definiertes Erfolgsziel an, das für einen bestimmten Zeitpunkt (Bezugszeitpunkt) ermittelt wird.

Trotz dieser gemeinsamen Merkmale existieren gravierende *Unterschiede* zwischen dem Wesen einer Investition und eines Industrieanlagengeschäfts, aus denen entsprechende Konsequenzen für die Anwendung der finanzmathematischen Verfahren der Wirtschaftlichkeitsrechnung gezogen werden müssen:

Während die investitionsrechnerische Beurteilung eines Investitionsvorhabens in Form einer Sonderrechnung durchgeführt wird, bedarf die Erfolgsplanung und -überwachung industrieller Anlagen einer laufenden Routinerechnung, die in weitaus stärkerem Maße mit dem unternehmensbezogenen Rechnungswesen verknüpft sein muß als die Investitionsrechnung. Da hier sehr viel mehr Interdependenzen durchtrennt werden als bei einzelnen Investitionen, erweist sich die Prämisse der Separation von Projekten im Anlagengeschäft als problematischer.

Eine Wesensverschiedenheit beider Systeme liegt des weiteren in den Rechnungszwecken begründet. Ein Investitionskalkül gelangt gewöhnlich als ex ante-Rechnung zur Unterstützung zukünftiger Mittelverwendungsentscheidungen zum Einsatz. Derartige Investitionsentscheidungen sind in etwa vergleichbar mit der Auftragsselektions- bzw. -annahmeentscheidung im Anlagenbau, zu der eine Erfolgsrechnung ebenfalls entsprechende entscheidungsunterstützende Informationen bereitstellen muß. Letztere dient allerdings stets zusätzlich der wirtschaftlichen Überwachung der getroffenen Auftragsentscheidung sowie der Erfolgsermittlung. Die durch die Mitlaufende Auftragskalkulation wahrgenommene Kontrollaufgabe gewinnt im Anlagengeschäft gegenüber der klassischen Investitionsrechnung mithin erheblich an Bedeutung, auch wenn eine Investitionskontrollrechnung aus betriebswirtschaftlicher Sicht grundsätzlich zu fordern ist. Eine ex post-Ermittlung des wirtschaftlichen Erfolges findet man bei Investitionsrechnungen i.d.R. überhaupt nicht. Auch werden die finanzmathematischen Verfahren bei Investitionsrechnungen im Gegensatz zur dynamischen Erfolgsrechnung im Anlagengeschäft gewöhnlich nicht zur Projektpreisermittlung, sondern allenfalls zur Ermittlung "kritischer" Investitionssummen eingesetzt[55].

Eine Investition ist stets mit der Entscheidung über die Anschaffung eines Projekts verbunden, aus dessen Nutzung ein Erfolg erzielt werden soll. Demgegenüber wird ein Erfolg im Anlagenbau nicht durch die Nutzung, sondern durch die Entwicklung und den Bau eines Projekts zu realisieren versucht. Aus diesem Grunde existiert im Anlagengeschäft auch keine Art von Restwerterlös, sieht man einmal vom Verkauf von Teilen der Baustellenausrüstung nach Montageende sowie von wiederverwertbaren Projektierungsunterlagen u. dergl. ab. Aufgrund des anderen sachlichen Hintergrundes sind im Anlagenbau in erster Linie Entscheidungen über den optimalen Einsatz der (knappen) Ressourcen zu treffen. Da die Nutzung bzw. der Verbrauch der für die Anlagenerstellung eingekauften Einsatzgüter relativ kurzfristig erfolgt, ist die wirtschaftliche Tragweite von Anschaffungsentscheidungen geringer als bei einem Investitionsvorhaben.

Die unterschiedlichen Betrachtungsweisen beider Systeme werden recht anschaulich, wenn eine Industrieanlage das Investitionsprojekt darstellt. Der Käufer der Anlage (Investor) will aus deren Betrieb seiner Gewinnerzielungsabsicht nachgehen, der Verkäufer (Anlagenbauer) hingegen aus der Erstellung und dem Verkauf der Anlage. Die Einzahlungen des Anlagenbauers entsprechen genau den (Anschaffungs-)Auszahlungen des Kunden, beide entsprechen dem Preis der Anlage, entrichtet zu den vereinbarten Zahlungsbedingungen. Aus dieser komplementären Beziehung zwischen Anlagenbauer und Kunde resultiert eine sich invers zueinander verhaltende Erfassungs- bzw. Zurechnungsproblematik. In der Erfolgsrechnung industrieller Anlagengeschäfte bereitet die Bestimmung der Einzahlungen kaum Probleme, da diese hinsichtlich Höhe und Zeitpunkt weitgehend vertraglich festgeschrieben sind. Gleiches gilt für die Erfassung der Anschaffungsauszahlungen des Kunden[56]. Mit deutlich größeren Schwierigkeiten ist aus der Sicht

---

[55] Eine Ausnahme bildet hier bspw. der Vorschlag von Bosse, 1991, S. 103 ff.

[56] Allerdings wirft die Planung der Einzahlungen bzw. Anschaffungsauszahlungen wegen der vielfach auftretenden Änderungen des Liefer- und Leistungsumfangs nicht unerhebliche Probleme auf.

des Anbieters bei der Ermittlung der für die Anlagenerstellung anfallenden Auszahlungen zu rechnen, die für den Abnehmer nicht von Interesse sind. Er wird vielmehr erhebliche Probleme bei der Schätzung der Einzahlungen zu bewältigen haben, die sich aus dem Verkauf der mittels der Anlage hergestellten Produkte ergeben. Darüber hinaus muß der Käufer die Betriebsauszahlungen der Anlage schätzen, die wiederum für den Anbieter grundsätzlich ohne Belang sind[57]. Tendenziell wird das Problem der Zurechnung von Ein- und Auszahlungen auf ein Projekt bei der Investitionsrechnung schwieriger zu lösen sein als bei der Erfolgsrechnung industrieller Anlagengeschäfte. Bei Investitionsprojekten wie einzelnen Fertigungsmaschinen, die im Verbund mit anderen Produktionsmitteln arbeiten und eng mit den sie umgebenden Produktions-, Beschaffungs- und Absatzbedingungen verzahnt sind, ist das Problem der Zuordnung der Einzahlungen kaum mehr lösbar[58]. Hingegen lassen sich einzelne Anlagenaufträge vergleichsweise gut isolieren, was eine Zuordnung der auftragsbedingten Faktoreinsätze und Einzahlungen erleichtert.

Die Systeme des internen Rechnungswesens unterliegen im Grundsatz keinen extern vorgegeben Rechnungslegungsvorschriften. Die Investitionsrechnung hat sich dementsprechend unabhängig davon entwickelt und legt z.B. Nutzungsdauern von Sachanlagen oftmals ohne Zugrundelegung von AfA-Tabellen fest. Auch wenn diese Form der Loslösung in der internen Projekterfolgsrechnung eines Anlagenauftrags möglich wäre, so bleibt hier eine gewisse Anbindung an das externe Rechnungswesen erhalten, um allzu große Differenzen gegenüber dem Jahresabschluß zu vermeiden und unternehmensbezogenen Steuerungserfordernissen gerecht zu werden.

Faßt man die vergleichende Betrachtung von Investitionsrechnung und dynamischer Erfolgsrechnung industrieller Anlagengeschäfte zusammen, so gelangt man zu der interessanten Feststellung, daß die Unterschiede zur Investitionsrechnung denen weitgehend gleichen, die auch bei der Gegenüberstellung von Kostenrechnung und Investitionsrechnung relevant sind. Umgekehrt bedeutet das, daß in der dynamischen Erfolgsrechnung auch Elemente der Kostenrechnung enthalten sind (vgl. Schaubild IV.4).

---

[57] Aufgrund des starken Einflusses der Anlagenauslegung auf die Betriebsauszahlungen können diese für den Anlagenbauer sehr wohl von Bedeutung sein, wenn er die Anlagenkonstruktion mit Blick auf eine wirtschaftlich günstige Betriebsweise der Anlage durchführt. Insofern besteht eine gewisse Substitutionsbeziehung zwischen den Auszahlungen des Anbieters zur Anlagenerstellung und den Auszahlungen des Abnehmers zur Anlagennutzung; vgl. dazu Abschnitt V.C.2.e.(1).

[58] Vgl. auch Gabele/Dannenberg, 1989, S. 69.

Unterscheidungs-merkmal	DYNAMISCHE ERFOLGSRECHNUNG IND. ANLAGENGESCHÄFTE	entspricht der Merkmalsausprägung der
1) Rechengröße	Projektzahlungen	Investitionsrechnung
2) Zeitbezug	langfristig (ges. Nutzungsdauer)	Investitionsrechnung
3) Zieldauer	mehrperiodig	Investitionsrechnung
4) Rechnungszweck	Planung, Kontrolle, Ergebnisermittlung	Kostenrechnung
5) Entscheidungsart	Einsatz- oder Verwendungsentscheidungen	Kostenrechnung
6) Bezugsobjekt	Projekte/Vorhaben	Investitionsrechnung
7) Durchführung	laufend	Kostenrechnung
8) externe Rechnungslegungsvorschriften	bedingter Einfluß	Kostenrechnung

Schaubild IV.4   Merkmale der dynamischen Erfolgsrechnung industrieller Anlagengeschäfte

Die im obigen Schaubild vorgenommene Erweiterung des Merkmalskatalogs aus Schaubild IV.3 um die Merkmalsausprägungen der dynamischen Erfolgsrechnung macht in einer sicherlich etwas formalen Weise deutlich, wie sich diese sozusagen zwischen Investitions- und Kostenrechnung bewegt.

Der bedeutsamste und für die Anwendbarkeit der finanzmathematischen Verfahren folgenschwerste Unterschied zwischen einer Investition und einem Anlagengeschäft besteht in folgender Wesensverschiedenheit: Den Ausgangspunkt der traditionellen Investitionsrechnung bildet eine Zahlungsreihe, die im Zeitpunkt t=0 eine Anschaffungsauszahlung aufweist, worauf in den folgenden Perioden Ein- und Auszahlungen folgen. Durch die Anschaffungsauszahlung a_0 ist eine Kapitalbindung gegeben, die sich durch nachfolgende Einzahlungsüberschüsse laufend reduziert. Die dynamischen Verfahren der Investitionsrechnung sollen Auskunft darüber geben, wie sich das eingesetzte Kapital (a_0) im Vergleich zu der vorgegebenen Alternativinvestition verzinst. Der elementare Unterschied zum Einsatz dynamischer Verfahren im Anlagengeschäft liegt im *Fehlen einer* solchen *Anschaffungsauszahlung* und der dadurch verursachten *Kapitalbindung*. Die Zahlungsreihe eines Anlagengeschäfts weist keinen typischen Verlauf hinsichtlich der Verteilungsstruktur von Ein- und Auszahlungen auf und wird von der Einzahlungsseite her durch die jeweils vereinbarten Zahlungsbedingungen determiniert[59]. Sind im Anlagenvertrag Zahlungsvereinbarungen getroffen, bei denen der Käufer hohe Anzahlungen zu leisten hat, so ist sogar denkbar, daß es zu überhaupt keiner Kapitalbindung kommt. Die Einzahlungen laufen dann den Auszahlungen voraus, was in der Vergangenheit bei Geschäften mit zahlungskräftigen Kunden, insb. aus ölexportierenden Ländern, keine Seltenheit darstellte. Das Anlagengeschäft wäre in einem solchen Fall nicht mehr als Investitions-, sondern als Finanzierungsprojekt aufzufassen. Eine Aussage über die Verzinsung des eingesetzten (gebundenen) Kapitals verliert insofern ihre logische Grundlage. Die Interpretation der dynamischen Investitionsrechnungsverfahren kann im Hinblick auf die Kapitalverzinsung mithin nicht aufrechterhalten werden, so daß fraglich ist, ob noch eine Anwendungsbasis für diese Verfahren im Zusammenhang mit der Erfolgsrechnung industrieller Anlagengeschäfte besteht.

Zur Beantwortung dieser Frage muß zunächst Klarheit in bezug auf die Absicht geschaffen werden, die man mit der Anwendung finanzmathematischer Verfahren der Wirtschaftlichkeitsrechnung innerhalb der Projekterfolgsrechnung im Anlagengeschäft verfolgt: Gemäß der ursprünglichen Intention dieser Verfahren soll hier mittels der Zinseszinsrechnung eine *wertmäßige Gewichtung unterschiedlicher Entstehungszeitpunkte* von Ein- und Auszahlungen vorgenommen werden. Es soll dem Umstand Rechnung getragen werden, daß zukünftige Projektzahlungen wirtschaftlich immer weniger wiegen, je später mit ihrem Eintreffen zu rechnen ist[60]. Diese *Gegenwartspräferenz* kommt dadurch zustande, daß man - unter den normalen Bedingungen einer Wettbewerbswirtschaft - für die zeitweise Überlassung von Finanzmitteln einen Preis (Zins) erhält. Die *Aufgabe des* im Rahmen der dynamischen Erfolgsrechnung verwendeten *Kalkulationszinssatzes* besteht somit *allein* darin, den Anforderungen der Gegenwartspräferenz durch die Herstellung der Vergleichbarkeit und Addierfähigkeit der Projektzahlungssalden unterschiedlicher Perioden gerecht zu werden. Der Kalkulationszinssatz repräsentiert hier nicht wie in der Investitionsrechnung die geforderte Mindestverzinsung des Projekts, die i.d.R. in Abhängigkeit von der Verzinsung alternativer Anlagemöglichkeiten (Opportunitätskostensatz) oder von der Durchschnittsrendite des Unternehmens festgelegt wird[61], sondern dient ausschließlich als Maß für die Gegenwartspräferenz. Die *Höhe des* hier

---

[59] Man spricht bei abwechselnd auftretenden Ein- und Auszahlungsüberschüssen auch von *gemischten Projekten*.

[60] Vgl. Abschnitt III.B.1.a. Von der zeitlichen Verteilung der Zahlungen geht im Anlagengeschäft infolge der langen Projektdauern ein signifikanter Ergebniseinfluß aus.

[61] Vgl. dazu im einzelnen Franke/Laux, 1968, S. 740 ff.; Busse von Colbe/Laßmann, 1990, S. 52 ff.; Lücke, 1991, S. 203 ff.

zugrundegelegten *Kalkulationszinssatzes* orientiert sich am langfristig (durchschnittlich) erwarteten Kapitalmarktzins, da dieser die Stärke der generellen Gegenwartspräferenz am besten zum Ausdruck bringt und keinen kurzfristigen Schwankungen unterliegt. Dies ist insofern wichtig, als der Kalkulationszinssatz für alle zu bewertenden Projekte gleich und im Planungszeitraum konstant anzusetzen ist[62]. Wird bei der Ermittlung des monatlichen Kalkulationszinssatzes von einem Jahressatz ausgegangen, so ist eine unterjährige Verzinsung zu berücksichtigen[63].

Dem Kalkulationszinssatz kommt im Rahmen der dynamischen Erfolgsrechnung industrieller Anlagengeschäfte noch eine zweite Aufgabe zu, und zwar die der *Berücksichtigung der allgemeinen Geldentwertung* (Inflation). Die Möglichkeit einer Einbeziehung der Inflation in den Kalkulationszinssatz ist dann gegeben, wenn sie während des Planungszeitraums mit gleichbleibender Rate auftritt[64]. Diese vereinfachende Annahme erscheint angesichts der großen Prognoseunsicherheit sowie der zahlreichen insb. politischen Einflußgrößen der Inflationsrate, deren Ausprägungen für den Anlagenbauer weder vorhersehbar noch beeinflußbar sind, zulässig und zweckmäßig. Die Prognose jahresbezogener Geldentwertungsraten für bspw. die nächsten zehn Jahre würde eine nicht vorhandene Planungsgenauigkeit vortäuschen; die Informationsbasis läßt somit nur eine Schätzung der durchschnittlichen für die Zukunft erwarteten Inflationsrate zu, die mehr oder weniger stark um einen Mittelwert schwankt. Die Diskontierung der Projektzahlungen mit einem um die Inflationsrate erhöhten Kalkulationszinssatz zur Berücksichtigung der Geldentwertung setzt voraus, daß einerseits der aus dem langfristigen Kapitalmarktzins abgeleitete Kalkulationszinssatz um einen ggf. enthaltenen Geldentwertungsanteil "bereinigt" wird, und andererseits die Zahlungen in den einzelnen Perioden zu ihren Nominalwerten angesetzt werden[65].

Bei der Festlegung der Höhe des Kalkulationszinssatzes muß sich die Unternehmensleitung darüber im klaren sein, daß dadurch der Wert des Auftragserfolgs und damit indirekt auch die Vorteilhaftigkeitsbeurteilung eines Projekts beeinflußt wird. Wie stark dieser Einfluß ist, hängt von der Struktur der Zahlungsreihe ab. Ein Projekt, das aufgrund

---

[62] Vgl. Bohr, 1988, S. 1176; Schneider, D., 1990, S. 99 f.

[63] Vgl. im einzelnen Busse von Colbe/Laßmann, 1990, S. 32 ff.; Däumler, 1991, S. 81 ff.

[64] Vgl. Franke/Hax, 1990, S. 162 ff.; Schneider, D., 1990, S. 301 f.; Seicht, 1990a, S. 94 ff.; Blohm/Lüder, 1991, S. 136 ff. Die zu schätzende Preissteigerungsrate sollte sich dabei nicht am Preisindex für die Lebenshaltung privater Haushalte, sondern am Index der Erzeugerpreise gewerblicher Produkte orientieren.

[65] Die Inflationsrate sollte nur dann in den Kalkulationszinssatz einbezogen werden, wenn sie sich in gemäßigten Größenordnungen (bis rund 4 %) bewegt. Die Berücksichtigung der Geldentwertung in Hochinflationsländern mit Raten von 20 % und mehr erfordert darüber hinausgehende Maßnahmen in der Kalkulation. Diese Sonderfrage wird hier bewußt ausgeklammert.

von hohen Kundenanzahlungen beträchtliche Einzahlungsüberschüsse in den frühen Projektphasen aufweist, wird durch einen hohen Kalkulationszinssatz begünstigt, während ein Projekt mit erst spät eintreffenden Einzahlungen in der erfolgswirtschaftlichen Beurteilung benachteiligt wird.

b. Anwendbarkeit einzelner finanzmathematischer Verfahren

(1) Vermögenswertmethoden

(a) Kapitalwertmethode und deren Varianten

Der *Kapitalwert* einer Investition ist die Summe aller mit dem Kalkulationszinsfuß auf einen Zeitpunkt auf- bzw. abgezinsten Ein- und Auszahlungen einer Investition. Da der Kapitalwert im allgemeinen auf den Zeitpunkt $t=0$ bezogen wird, kann man ihn auch als Barwert der Investitionszahlungen (C_0) definieren[66]. Unter Einbeziehung eines Restwerterlöses im Endzeitpunkt $t=n$ gilt für den Kapitalwert:

$$C_0 = -a_0 + \sum_{t=0}^{n} (b_t - a_t) \cdot q^{-t} + R_n \cdot q^{-n}$$

mit:
- a_0 : Anschaffungsauszahlung im (Bezugs-)Zeitpunkt $t=0$
- b_t : Einzahlungen in der Periode t
- a_t : Auszahlungen in der Periode t
- R_n : Restwerterlös im Zeitpunkt n
- q : Diskontierungsfaktor $(1+i)$ mit i = Kalkulationszinsfuß
- n : Nutzungsdauer der Investition ($t = 0, 1, 2, ... n$).

Der Kapitalwert nimmt im Rahmen der dynamischen Investitionsrechnung eine zentrale Stellung ein. Er repräsentiert die Zahlungsreihe einer Investition unter Berücksichtigung ihrer zeitlichen Ein- und Auszahlungsstruktur durch einen Betrag. "Ist der Kapitalwert einer Investition positiv, dann verzinst sich das zu jedem Zahlungszeitpunkt noch gebun-

---

[66] Vgl. im einzelnen Hax, H., 1985, S. 39 ff.; Schierenbeck, 1987, S. 315 ff.; Busse von Colbe/Laßmann, 1990, S. 43 ff.; Franke/Hax, 1990, S. 116 ff. und S. 131 ff.; Kruschwitz, 1990, S. 64 ff.; Blohm/Lüder, 1991, S. 58 ff.; Lücke, 1991, S. 218 ff.

dene Kapital zum Kalkulationszinssatz i und darüber hinaus wird ein Vermögenszuwachs erwirtschaftet"[67]. Der Kapitalwert gibt in Form eines (Absolut-)Betrages Auskunft über die Höhe der Differenz zwischen der tatsächlichen Verzinsung des eingesetzten Kapitals und dessen Verzinsung zum Kalkulationszinsfuß.

Der Kapitalwert kann auch für die Zahlungsreihe eines Anlagenauftrages ohne Probleme berechnet werden. Wie im vorigen Abschnitt festgestellt, unterscheiden sich Investitionsprojekte und Projekte des industriellen Anlagengeschäfts allerdings vor allem dadurch, daß eine aus der Anschaffungsauszahlung resultierende Kapitalbindung i.d.R. nicht gegeben ist. Die übliche Interpretation im Hinblick auf die Verzinsung des eingesetzten Kapitals, wie sie in der gerade zitierten Form zum Ausdruck kommt, ist infolge der materiellen Verschiedenheiten somit zu relativieren. Aufgrunddessen wird im weiteren nicht mehr von Kapitalwert, sondern vom *Auftragsbarwert* gesprochen, wobei ein positiver Auftragsbarwert besagt, daß der Barwert der Projekteinzahlungen größer ist als der Barwert der Projektauszahlungen.

Während Maßnahmen der projektgebundenen Finanzierung anhand der Kapitalwertmethode durch eine eigene Zahlungsreihe abgebildet und beurteilt werden können, bleibt ihre Anwendbarkeit im Falle der projektungebundenen Finanzierung infolge des "innerbetrieblichen, vollkommenen Rest-Kapitalmarktes" nur solange bestehen, wie die vereinfachende Annahme eines übereinstimmenden Soll- und Habenzinssatzes für problemadäquat gehalten wird. Wird die Einführung eines gespaltenen Zinssatzes (Sollzinssatz $\neq$ Habenzinssatz) notwendig, so wird üblicherweise die Anwendung der Vermögensendwertmethode angeraten[68].

Da die Höhe der zur Durchführung eines Projekts notwendigen Finanzmittel im Kapitalwert bei einem Vorteilsvergleich mehrerer Investitionsprojekte nicht unmittelbar zum Ausdruck kommt, wird für Auswahlentscheidungen auch die Anwendung der *Kapitalwertrate* C_0/a_0 empfohlen[69]. Im Industrieanlagengeschäft entbehrt die Kapitalwertrate, wiederum bedingt durch die fehlende Anschaffungsauszahlung a_0, einer Anwendungsgrundlage.

Aus dem Kapitalwert kann mittels des Kapitalwiedergewinnungsfaktors die *Annuität* abgeleitet werden, die eine projektindividuelle Zahlungsreihe in eine uniforme äquivalente

---

[67] Blohm/Lüder, 1991, S. 60.

[68] Vgl. Schirmeister, 1990, S. 148; Blohm/Lüder, 1991, S. 88 f.

[69] Vgl. Ritter, 1988, S. 49; Busse von Colbe/Laßmann, 1990, S. 200 f.

Zahlungsreihe transformiert und den maximalen Entnahmebetrag pro Periode anzeigt[70]. Eine Annuität kann zwar für ein industrielles Anlagengeschäft berechnet werden, da sie jedoch keine relevanten Informationen enthält, die nicht schon durch den Auftragsbarwert gegeben sind, wird sie im folgenden als Ergebniskennzahl außer acht gelassen.

Die *dynamische Amortisationsdauer* gibt den Zeitraum an, in dem das für eine Investition eingesetzte Kapital durch die diskontierten Einzahlungsüberschüsse zurückgewonnen wird. Im Amortisationszeitpunkt erreicht der Kapitalwert einer Investition erstmals seit Beginn der Investitionslaufzeit den Wert Null[71]. Dadurch wird die zeitliche Verteilung der Zahlungsreihe zum entscheidenden Kriterium. Diesem schwerpunktmäßig auf die Wiedergewinnung des Kapitaleinsatzes ausgerichteten Kriterium wird bei Fehlen einer kapitalbindenden Anschaffungsauszahlung die logische Basis entzogen, so daß eine Anwendung im Zusammenhang mit der dynamischen Erfolgsrechnung bei Anlagenaufträgen nicht in Frage kommt.

(b) Vermögensendwertmethode

Bei der *Vermögensendwertmethode* werden sämtliche Ein- und Auszahlungen einer Investition auf das Ende des Planungszeitraums bezogen. Bei Übereinstimmung von Soll- und Habenzinssatz (einheitlicher Kalkulationszinssatz auf vollkommenem Kapitalmarkt) entspricht der Endwert dem mit dem Kalkulationszinssatz auf den Endzeitpunkt aufgezinsten Kapitalwert der Investition. Es handelt sich dann um die identische Rechentechnik, die lediglich unter Zugrundelegung eines abweichenden Bezugszeitpunkts angewendet wird. Soll die Annahme des vollkommenen Kapitalmarktes aufgehoben werden und die Anlage der Einzahlungsüberschüsse zu einem anderen Zinssatz erfolgen als die Kapitalaufnahme zur Deckung der Auszahlungsüberschüsse, so ist dies in direkter Weise nur über die Vermögensendwertmethode erreichbar. Sie stellt insofern eine Weiterentwicklung der Kapitalwertmethode dar und gibt die durch eine Investition bewirkte Veränderung des Geldvermögens am Ende des Planungszeitraums an[72]. Eine derartige Kennzahl erscheint in bezug auf Anlagengeschäfte vor allem deshalb von Interesse zu sein, weil durch den Vermögensendwert die Annahme eines "innerbetrieblichen, voll-

---

[70] Vgl. Hax, H., 1985, S. 35 f.; Busse von Colbe/Laßmann, 1990, S. 61 f.; Franke/Hax, 1990, S. 120 f. und S. 133 f.; Blohm/Lüder, 1991, S. 75 ff.

[71] Vgl. Hax, H., 1985, S. 37 f.; Franke/Hax, 1990, S. 129 ff.; Gahrmann, 1990, S. 141 ff.; Blohm/Lüder, 1991, S. 77 ff.

[72] Vgl. Schierenbeck, 1987, S. 314; Weinrich/Hoffmann, 1989, S. 59 f.; Schirmeister, 1990, S. 168 ff.; Blohm/Lüder, 1991, S. 82 ff.

kommenen Rest-Kapitalmarktes" bei Bedarf ohne weiteres aufgehoben und durch reale Finanzierungsbedingungen der Kapitalmärkte ersetzt werden kann. Der Vermögensendwert bietet sich darüber hinaus aufgrund seiner vorbehaltlosen Anwendbarkeit bei Zahlungsreihen mit mehrfachem Vorzeichenwechsel an[73]. Er wird im weiteren als *Auftragsendwert* bezeichnet.

In bezug auf die betriebswirtschaftliche Aussagekraft besteht zwischen dem Vermögensendwert der Investitionsrechnung und dem Auftragsendwert der dynamischen Erfolgsrechnung industrieller Anlagengeschäfte ein wesentlicher Unterschied darin, daß der Kapitaleinsatz im Anlagengeschäft nicht wie in der Investitionsrechnung auf Projektebene, sondern auf Unternehmensebene zu betrachten ist. Ein positiver Vermögensendwert besagt, daß sich das für eine Investition eingesetzte Kapital zum Kalkulationszinsfuß verzinst und darüber hinaus ein Finanzüberschuß erzielt wird. Der Kalkulationszinsfuß stellt hier somit auch eine Verzinsungsrate des eingesetzten Kapitals dar. Bei einem Vermögensendwert von Null erhält man entsprechend noch ein Überschuß in Höhe der Verzinsung des eingesetzten Kapitals zum Kalkulationszinsfuß.

Aufgrund der fehlenden *projekt*bedingten Kapitalbindung zu Beginn ist ein positiver Auftragsendwert eines Industrieanlagengeschäfts "nur" als Finanzüberschuß zu deuten, wobei darüber hinaus die *Unternehmens*kapitalbasis erhalten bleibt. Bei einem Auftragsendwert von Null liegt im strengen Sinne kein Überschuß vor; er besagt lediglich, daß die gesamten Projektauszahlungen einschließlich der Soll-Zinsen genau durch die Einzahlungen einschließlich der Haben-Zinsen gedeckt werden[74]. Der Kalkulationszinssatz stellt hier nur die Addierbarkeit der Projektzahlungen her. Sind die Auftragsendwerte aller Projekte eines Unternehmens gleich Null, so bleibt das im Unternehmen gebundene Kapital real erhalten. Ein unmittelbarer Vergleich der Ergebnisse der Vermögensendwert- mit denen der Auftragsendwertmethode ist wegen der unterschiedlichen Ebenen des Kapitaleinsatzes strenggenommen also gar nicht zulässig.

(2) Interne Zinsfußmethode

Der *interne Zinsfuß* einer Investition, bei dessen Verwendung als Kalkulationszinsfuß der Kapitalwert einer Investition Null wird, gilt bei der traditionellen dynamischen Investitionsrechnung gemeinhin als durchschnittliche Rendite einer Investition. Beim (einfa-

---

[73] Vgl. Schirmeister, 1990, S. 35 ff. und S. 149; Blohm/Lüder, 1991, S. 88 f.
[74] Vgl. auch Schirmeister, 1990, S. 152 ff.

chen) *internen Zinsfuß* wird die heftig kritisierte und zurecht als unrealistisch bezeichnete Annahme getroffen, daß die Einzahlungsüberschüsse zum internen Zinsfuß der Investition wiederangelegt bzw. Mittel zur Deckung von Auszahlungsüberschüssen zum internen Zinsfuß aufgenommen werden[75]. Insb. bei Zahlungsreihen mit mehrfachem Vorzeichenwechsel, wie sie bei Anlagengeschäften auftreten, bereitet die interne Zinsfußmethode große Probleme, da aus ihr eine Mehrdeutigkeit der Ergebnisse resultiert, die eine Ableitung von praktisch verwertbaren Lösungen erheblich erschwert. Eine Anwendung der internen Zinsfußmethode wird aufgrunddessen nur dann für zweckmäßig gehalten, wenn mindestens eine der drei folgenden Bedingungen erfüllt ist[76]:

1) Die Zahlungsreihe weist nur einen Vorzeichenwechsel auf.

2) Nachdem die über die Zeit kumulierten Projektzahlungen erstmals positiv werden, treten nur noch Einzahlungsüberschüsse auf.

3) Die Zahlungsreihe kann in drei aufeinanderfolgende Teilabschnitte zerlegt werden: zuerst ein Abschnitt von Auszahlungsüberschüssen, dann nur Einzahlungsüberschüsse und schließlich wieder ein Teilabschnitt mit Auszahlungsüberschüssen; darüber hinaus muß die Summe der Einzahlungen die der Auszahlungen übersteigen.

Da die genannten Bedingungen im industriellen Anlagengeschäft allenfalls zufällig einmal für einen einzelnen Auftrag, nicht jedoch für die Mehrzahl der Aufträge erfüllt sein werden, muß von der internen Zinsfußmethode abgeraten werden. Zudem stellt der interne Zinsfuß eine durchschnittliche Kapitalrentabilität i.S. einer Wachstumsrate des eingesetzten Kapitals dar, die sich bei mehrperiodigen Entscheidungsproblemen letztlich nur bei konstanter Kapitalbindung sinnvoll deuten läßt[77]. Dies ist, wie bereits mehrfach herausgestellt, im Anlagengeschäft nicht der Fall, so daß anhand der einfachen internen Zinsfußmethode keine eindeutigen Aussagen über die Vorteilhaftigkeit eines Anlagenauftrages getroffen werden können.

Zur Vermeidung der unrealistischen Wiederanlageprämisse wird bei der (modifizierten) *internen Zinsfußmethode* nach BALDWIN die ausdrückliche Annahme einer Wiederanlage der Einzahlungsüberschüsse bzw. einer Aufnahme von Mitteln zur Deckung der Auszahlungsüberschüsse zum Kalkulationszinsfuß getroffen[78]. Aber auch diese Prämisse

---

[75] Vgl. zu der diesbezüglich geführten Diskussion Kilger, 1965b, S. 765 ff.; Rückle, 1970, S. 54 ff.; Meyer, 1978, S. 39 ff.; Hax, H., 1985, S. 15 ff. und S. 36 ff.; Schierenbeck, 1987, S. 319 ff.; Weinrich/Hoffmann, 1989, S. 57 ff.; Busse von Colbe/Laßmann, 1990, S. 105 ff.; Kruschwitz, 1990, S. 85 ff.; Schirmeister, 1990, S. 256 ff.; Blohm/Lüder, 1991, S. 90 ff.

[76] Vgl. Schierenbeck, 1987, S. 320; Däumler, 1991, S. 240 f.

[77] Vgl. Backhaus, 1980a, S. 63 ff.; Schneider, D., 1990, S. 82 ff.

[78] Vgl. Meyer, 1977, S. 5 ff.; Busse von Colbe/Laßmann, 1990, S. 118 ff.; Schneider, D., 1990, S. 91 ff.

führt im Zusammenhang mit dem Anlagengeschäft nicht weiter, da sich die Aussage des modifizierten internen Zinsfußes nach wie vor auf die durchschnittliche Rendite des in jeder Periode noch gebundenen Kapitals bezieht. Eine solche Aussage läßt sich für das industrielle Anlagengeschäft nicht sinnvoll interpretieren. Es kann nicht angehen, daß eine Ergebniskennzahl lediglich bei denjenigen Aufträgen einen Sinn macht, die infolge fehlender oder sehr später Anzahlungen des Kunden eine dauernde, sich langsam reduzierende Kapitalbindung verursachen, diese Kennzahl aber keine brauchbaren Ergebnisse liefert bei Aufträgen mit hohen Anzahlungen und wechselnder, möglicherweise sogar völlig ausbleibender Kapitalbindung. Somit scheidet auch die Anwendung der modifizierten internen Zinfußmethode im Rahmen der dynamischen Erfolgsrechnung industrieller Anlagengeschäfte aus.

4. Schlußfolgerungen

Die vergleichenden Überlegungen haben verdeutlicht, daß die dynamische Erfolgsrechnung im Anlagenbau angesichts der Wesensverschiedenheiten zwischen einem Industrieanlagengeschäft und einer Investition vor einem grundlegend anderen ökonomischen Hintergrund steht als die dynamische Investitionsrechnung. Infolgedessen können nur einige Ergebniskennzahlen der dynamischen Investitionsrechnung für die Zahlungsreihe eines Anlagengeschäfts in sinnvoller Weise berechnet werden, so daß sie eine praktisch verwertbare Entscheidungshilfe liefern. Im Verlaufe des nächsten Kapitels sind mithin neue adäquate Kennzahlen unter Berücksichtigung der Unregelmäßigkeit der Zahlungsüberschüsse sowie der übrigen Besonderheiten industrieller Anlagengeschäfte zu entwickeln und in ihrer Bedeutung offenzulegen. Diese Kennzahlen dienen entsprechend der ursprünglichen Intention der finanzmathematischen Wirtschaftlichkeitsrechnung ausschließlich der Berücksichtigung der Gegenwartspräferenz. Die im folgenden zu konzipierende dynamische Auftragserfolgsrechnung auf der Basis von Projektein- und -auszahlungen wird als *dynamische Zahlungsrechnung* bezeichnet. Sie versteht sich als das - die Periodenerfolgsrechnungen ergänzende - Projektinformationssystem zur erfolgs- und finanzwirtschaftlichen Planung und Überwachung industrieller Anlagengeschäfte.

V. Aufbau einer dynamischen Zahlungsrechnung zur Erfolgsplanung und -überwachung industrieller Anlagengeschäfte

A. Wesen der dynamischen Zahlungsrechnung

Die bisher angestellten Überlegungen haben zu dem Ergebnis geführt, daß eine dynamische Projekterfolgsrechnung auf der Basis von Zahlungen im industriellen Anlagengeschäft nicht nur in sinnvoller Weise angewendet werden kann, sie läßt darüber hinaus sogar zahlreiche Ansatzpunkte für eine wirksame Verbesserung der Entscheidungsgrundlage im Vergleich zur kalkulatorischen Projekterfolgsrechnung erkennen. Eine zahlungsorientierte Erfolgsrechnung stellt ihrer Natur entsprechend auf die finanzwirtschaftliche Ebene der Auftragsrealisierung ab und versucht, die Projektabwicklung als Zahlungsprozeß abzubilden. Durch die Verwendung von Auftragsein- und -auszahlungen, die zu ihren jeweiligen Zahlungszeitpunkten in die Projekterfolgsrechnung einfließen, erfährt diese eine stärkere Anbindung an Marktentwicklungen, wie sie in den i.d.R. verwendeten Zahlungspreisen zum Ausdruck kommen. Dadurch wird die Frage aufgeworfen, ob eine Erfassung güterwirtschaftlicher Vorgänge innerhalb eines Unternehmens im Rahmen der dynamischen Zahlungsrechnung ausgeschlossen ist.

Die Abwicklung eines Anlagengeschäfts vollzieht sich als (güterwirtschaftlicher) Leistungsprozeß und als (finanzwirtschaftlicher) Zahlungsprozeß, wobei zwischen diesen beiden Ebenen zahlreiche und sehr intensive Wechselbeziehungen bestehen: Mit den Entscheidungen über den Gütereinsatz auf der realwirtschaftlichen Ebene verbinden sich regelmäßig auch Handlungen, die die finanzielle Seite des entsprechenden Leistungsprozesses betreffen. Güterwirtschaftliche Vorgänge lösen mithin Finanzwirkungen aus, so daß man grundsätzlich Leistungsprozesse auch durch die damit einhergehenden Zahlungsprozesse beschreiben kann. Umgekehrt übt die finanzielle Situation eines Unternehmens Einfluß auf die güterwirtschaftliche Ebene aus, indem bspw. Liquiditätsengpässe zu anderen Faktoreinsatzdispositionen zwingen[1]. Diejenigen güterwirtschaftlichen Handlungskonsequenzen, die sich nicht in einer Veränderung des Zahlungsstroms niederschlagen, bleiben im Rahmen einer rein zahlungsorientierten Erfolgsrechnung grundsätzlich unberücksichtigt. Von einem spiegelbildlichen Zusammenhang zwischen güter- und finanzwirtschaftlicher Ebene, der es erlauben würde, den Leistungsprozeß der Anlagenerstellung umfassend und eindeutig durch den dazugehörigen Zahlungsprozeß abzubilden, kann aufgrund der Eigenständigkeit sowohl des finanziellen als auch des güter-

---

[1] Vgl. Kosiol, 1949, S. 43 f.; Rensing, 1984, S. 22 ff.

wirtschaftlichen Bereichs also nicht gesprochen werden[2]. Da die Auftragszahlungen ihren Ursprung in den realwirtschaftlichen Prozessen der Anlagenerstellung haben und mit diesen in enger Weise korrespondieren, ist die güterwirtschaftliche Ebene in der zahlungsorientierten Rechnung jedoch im wesentlichen enthalten.

Eine pagatorische Rechnung wäre in ihrer Aussagekraft überfordert und gänzlich mißverstanden, wollte man durch sie die technisch-organisatorischen Prozesse der Gütertransformation vollständig erfassen. Der finanzielle Überschuß der Projektrealisation (Projekterfolg) als mehrperiodige Zielgröße sollte nicht realwirtschaftlich als Maßgröße für die Mehrung des betrieblich verfügbaren Gütervorrats gedeutet werden, da die in die Rechnung eingehenden Zahlungen kein konstantes Verhältnis zu den Einsatzmengen der jeweiligen Güterarten aufweisen[3]. Nichtsdestoweniger bedeutet ein positiver finanzwirtschaftlich gefaßter Projekterfolg ein Mehr an Verfügungsgewalt über Güter, da bei einem geldmäßigen Überschuß am Ende des Planungszeitraums unabhängig von irgendwelchen Geldentwertungsraten auf jeden Fall mehr Güter beschafft werden können als bei einem Überschuß von Null[4].

Der auf Zahlungen basierende dynamische Ansatz löst überkommene Trennungslinien des herkömmlichen internen Rechnungswesens in zweifacher Hinsicht auf:
- Zum einen wird die künstlich geschaffene Differenzierung zwischen den Rechnungssystemen zur Unterstützung von *kurzfristigen* und *langfristigen Entscheidungen*, d.h. zwischen Kosten- und Investitionsrechnung, durchbrochen.
- Zum anderen wird die Unterscheidung in *erfolgs- und finanzorientierter Planung* aufgeweicht und der Forderung Rechnung getragen, die Informationen der Erfolgsrechnung für die Finanzplanung nutzbar zu machen[5].

---

[2] So bleibt z.B. eine Entscheidung über den Einsatzzeitpunkt von Verbrauchsfaktoren ebenso ohne unmittelbaren Einfluß auf den Zahlungsprozeß, wie die Ausnutzung von Zahlungsfristen zur zeitlichen Verlagerung von Auszahlungen keine direkten Auswirkungen für den Leistungsprozeß hat; letztere haben im Rahmen des dynamischen Ansatzes jedoch Einfluß auf den Projekterfolg und werden dementsprechend in der zahlungsorientierten - im Gegensatz zur kosten-/erlösorientierten - Erfolgsrechnung berücksichtigt.

[3] Vgl. Vollrodt, 1964, S. 408 f.

[4] Vgl. Fettel, 1959, S. 569.

[5] In engem Zusammenhang mit derartigen Überlegungen stehen die in jüngerer Vergangenheit insb. von Küpper (1985, S. 26 ff.; 1989, S. 43 ff.; 1990, S. 253 ff.) und Kloock (1981, S. 873 ff.; 1986, S. 289 ff.) vorgestellten Ansätze einer investitionstheoretischen Fundierung der Kostenrechnung. Eine Besprechung dieser Vorschläge zur Durchbrechung der Trennung zwischen Investitions- und Kostenrechnung würde hier zu weit vom Thema wegführen; es werden allerdings einzelne Aspekte in die späteren Ausführungen eingebracht. Vgl. dazu auch Riebel, 1980, S. 2 ff.; Mertens, 1983, S. 24; Männel, 1985, S. 121 f.

B. Ermittlung der Projektzahlungen

1. Erfassung und Verrechnung der Projektauszahlungen

a. Ausgangspunkt der Projektauszahlungsermittlung

Als Grundlage der dynamischen Zahlungsrechnung ist die Reihe der projektbezogenen Auszahlungen zu bestimmen, die der Projekteinzahlungsreihe gegenübergestellt wird. Der bislang einzige tiefergehende Vorschlag zur Ermittlung von Auszahlungen im Zusammenhang mit industriellen Anlagengeschäften stammt von BACKHAUS, der allerdings zunächst auf Kostengrößen abstellt, die dann auf ihre Zahlungswirksamkeit hin untersucht werden[6]. Im Gegensatz dazu erfolgt die Projektauszahlungsermittlung hier *in direkter Weise*, d.h. ohne vorherige Kostenermittlung, da dies zu unnötigem Arbeitsaufwand führen würde. Zudem besteht - wie noch zu zeigen sein wird - die Möglichkeit, große Teile der Projektauszahungen durch geringfügige Modifikationen des bisherigen Systems unmittelbar zu erfassen.

Ein zweiter bedeutsamer Unterschied zu BACKHAUS besteht darin, daß sich die Bestimmung der Projektauszahlungen grundsätzlich auf *sämtliche* einem Auftrag zuzurechnenden erfolgswirksamen Auszahlungen bezieht, und nicht nur auf bestimmte entscheidungsrelevante Größen. BACKHAUS analysiert nämlich - in Anlehnung an das Kostenrechnungssystem RIEBELS - die Zahlungswirksamkeit lediglich derjenigen Kosten, die durch die Auftragsselektionsentscheidung beeinflußt werden[7], und sieht insb. für Zwecke der Angebotspreisfindung und Kontrolle keine zahlungsorientierte Rechnung vor.

Ausschlaggebend für die zu wählende Vorgehensweise und den Schwierigkeitsgrad bei der Ermittlung der Projektauszahlungen ist die Frage, ob der Auszahlungsentstehung ein Primär- oder ein Sekundärvorgang zugrunde liegt. Von einem *Primärvorgang* wird dann gesprochen, wenn Lieferungen oder Leistungen (Primärfaktoren) von außerhalb des Unternehmens bezogen werden; die dadurch verursachten Auszahlungen werden entsprechend als *Primärauszahlungen* bezeichnet. *Sekundärvorgänge* vollziehen sich innerhalb des Unternehmens, wenn durch Auszahlungsstellen[8] Sekundärfaktoren erstellt werden;

---

[6] Zu dieser indirekten Form der Zahlungsermittlung über Kostengrößen vgl. Backhaus (1980, S. 74 ff.), der sich auf die Überlegungen von Raffée (1961, S. 156 ff.) stützt.

[7] Vgl. Backhaus, 1980a, S. 79 ff. Ähnlich auch Fietz, 1986, S. 83 ff.

[8] In Analogie zu der klassischen Dreiteilung in Kostenarten, Kostenstellen und Kostenträger wird hier von Auszahlungsarten, Auszahlungsstellen und Auszahlungsträger (=Projekt) gesprochen.

dabei entstehen Sekundärauszahlungen[9]. Eine Unterscheidung in Primär- und Sekundärauszahlungen ist für die Bestimmung der Projektauszahlungen deshalb von so großer Bedeutung, weil die Primärauszahlungen in unmittelbarer Beziehung zu den Beschaffungsmärkten stehen und dadurch in Höhe und Zeitpunkt unter Berücksichtigung des für die jeweiligen Auszahlungsarten üblichen Zahlungsverhaltens problemlos erfaßt werden können[10]. Wegen des bei den meisten Anlagengeschäften hohen Anteils fremdbezogener Teile kann die Auszahlungsreihe eines Auftrags i.d.R. einfacher und genauer erstellt werden als bei Seriengeschäften mit oftmals höherer Fertigungstiefe. Die Ermittlung der mit den innerbetrieblichen Leistungsprozessen verbundenen Sekundärauszahlungen bereitet aufgrund des fehlenden unmittelbaren Marktbezuges größere Schwierigkeiten. Da nicht sämtliche Primärauszahlungen direkt auf einzelne Projekte verursachungsgemäß zugerechnet werden können, erfolgt die Weiterverrechnung über interne Auszahlungsstellen. Die dort anfallenden Sekundärauszahlungen bestehen ihrerseits aus verschiedenen Primärauszahlungensarten, auf die diese zurückzuführen sind[11].

Die folgende Untersuchung der Zahlungswirkamkeit der Projektauszahlungen - d.h. der Bestimmung von Höhe und Zeitpunkt der in die dynamische Zahlungsrechnung einfließenden Auszahlungen - wird in Anbetracht der unterschiedlichen Zurechenbarkeit der Auszahlungen auf einzelne Projekte getrennt nach Projekteinzel- und -gemeinauszahlungen vorgenommen. Die exakte Ermittlung der effektiven Projektauszahlungen kann grundsätzlich nur bis an die Grenzen des wirtschaftlich Vertretbaren gehen; es ist im Einzelfall zu entscheiden, ob die Bedeutung der jeweiligen Positionen so groß ist, daß sich eine genaue Bestimmung von Auszahlungshöhe und -zeitpunkt lohnt.

b. Ermittlung der Projekteinzelauszahlungen

Zu den *Projekteinzelauszahlungen* werden die
- Materialeinzelauszahlungen,
- Fremdleistungen,
- Sondereinzelauszahlungen der Fertigung und der Montage,
- Vertriebseinzelauszahlungen,
- Sonderwagnisse,

---

[9] Vgl. Schubert, 1969, S. 58 ff.; Ebbeken, 1972, S. 7; Backhaus, 1980a, S. 74 f.

[10] Ähnlich Feuerbaum, 1978, S. 1041; vgl. auch Ebbeken, 1972, S. 160 ff.

[11] Im Zusammenhang mit der Primärkostenrechnung bezeichnet man diesen Vorgang auch als *Auflösung sekundärer Kostenarten*; vgl. Schubert, 1969, S. 61; Ebbeken, 1972, S. 26 ff.; Laßmann, 1973, S. 8 f.

- Auftragszinsen und
- Steuern[12]

gerechnet. Da es sich hierbei im wesentlichen um Primärauszahlungen handelt, bereitet die nachfolgend dargestellte Ermittlung von Höhe und Zeitpunkt der Projekteinzelauszahlungen vergleichsweise geringe Probleme. Durch gezielte Modifikationen und Ergänzungen kann aus der Finanzbuchhaltung eine projektbezogene Ein-/Auszahlungsrechnung abgeleitet werden[13]. Alle Zahlungsvorgänge werden statt auf dem Kassekonto - bei nahezu unveränderter Anzahl von Buchungen - in differenzierter Weise auf verschiedenen Projektauszahlungskonten erfaßt:

Materialeinzelauszahlungen

Der überwiegende Anteil der Materialarten wie insb. höherwertige *Fertigteile und -aggregate sowie Syteme* werden für jeden Auftrag individuell beschafft, so daß die Bestimmung von Auszahlungshöhe und -zeitpunkt bei entsprechender Datenerfassung in Finanzbuchhaltung und Rechnungsprüfung ohne Schwierigkeiten möglich ist. Es sind stets nur die tatsächlich gezahlten Nettobeträge, d.h. nach Abzug von Skonti, Rabatten u. dergl. sowie nach Zurechnung von Rechnungsbeträgen für Transport oder sonstigen Zusatzleistungen anzusetzen. Bei der Bestimmung der Zahlungszeitpunkte ist zu beachten, daß für größere Zukaufaggregate, deren Lieferung häufig in Teilen erfolgt, eine Zahlung in entsprechenden Raten vereinbart wird, die den Rechnungsbetrag in mehrere zeitlich nacheinander zu leistende Teilzahlungen zerlegt.

Gleichermaßen unproblematisch gestaltet sich die Auszahlungsermittlung bei den unter der Bezeichnung *Fertigungsmaterial* zusammengefaßten Verbrauchsfaktoren wie Schmiede-, Guß- und Walzmaterial, Kleinteile und Hilfsstoffe, wenn deren Bestellung gezielt für einen bestimmten Auftrag erfolgt. Häufig wird das Fertigungsmaterial aber nicht auftragsabhängig eingekauft, sondern in bestimmten Mengen am Lager vorgehalten und bei Bedarf entnommen. Dadurch entstehen bei der projektbezogenen Bestimmung sowohl der Höhe als auch des Zeitpunktes der zugrundeliegenden Auszahlungen einige Probleme. Die *Höhe* der Auszahlung ist insofern nur schwer zu ermitteln, da sich der Lagerbestand eines Verbrauchsfaktors aus verschiedenen Bestellosen zusammensetzt, die oftmals zu unterschiedlichen Stückpreisen eingekauft wurden. Eine genaue Erfassung des Auszahlungsbetrags, der für eine Einheit eines am Lager befindlichen Ferti-

---

[12] Die Ermittlung der mit einem Auftrag verbundenen effektiven Steuerzahlungen durch spezielle Fachabteilungen und deren projektweise Zurechnung sind in den meisten Unternehmen des Anlagenbaus schon seit langem üblich. Angesichts der zahlreichen Einzelvorschriften, die es insb. bei Auslandsgeschäften mit besonderen steuerlichen Regelungen zu beachten gilt, wird auf diesen Bereich nicht näher eingegangen; vgl. dazu ausführlich Lange, 1989.

[13] So auch Witte, 1981, Sp. 546 ff.

gungsmaterials getätigt worden ist, würde ein sehr aufwendiges Datenerfassungssystem notwendig machen, das angesichts des damit verbundenen Nutzens wirtschaftlich nicht zweckmäßig erscheint und somit die Einführung von Bewertungsvereinfachungen nahelegt. Im Interesse einer engen Verbindung und guten Überführbarkeit von Zahlungsrechnung und externer Periodenrechnung empfiehlt es sich grundsätzlich, die Bewertungsansätze an denen der Gewinn- und Verlustrechnung auszurichten, was angesichts der auszahlungsorientierten Bewertungsvorschriften auch als systemkonform anzusehen ist. Soweit die Möglichkeit besteht, wird die Bildung von gleitenden Durchschnittspreisen vorgeschlagen, die laufend gemäß den zuletzt gezahlten effektiven Beschaffungsentgelten zu aktualisieren sind. Unterliegen einzelne höherwertige Materialarten, bei denen zwischen Beschaffungs- und Verbrauchs- bzw. Wiederbeschaffungszeitpunkt vergleichsweise lange Lagerdauern zu beobachten sind, starken Preisschwankungen, die sich signifikant über/unter der allgemeinen Inflationsrate bewegen, so sollte deren Bewertung im Rahmen der zahlungsorientierten Projektkalkulation zum Zwecke der Substanzerhaltung am Tageswertprinzip orientiert sein[14].

Im Hinblick auf den *Zeitpunkt* der Auszahlung kann davon ausgegangen werden, daß einige Teile nach, die meisten aber vor der Lagerentnahme und dem projektspezifischen Einsatz bezahlt werden. Weil man in einer Vielzahl von Fällen zum Zeitpunkt, zu dem eine Auszahlung für Lagergüter getätigt wird, noch nicht weiß, für welchen Auftrag diese Vorräte genutzt werden, kann eine erfolgswirksame Zurechnung auf ein bestimmtes Projekt noch nicht erfolgen. Wird dem Lager dann im Zusammenhang mit einer Auftragsrealisierung Fertigungsmaterial entnommen, so liegt zwischen der Bezahlung und der auftragsweisen Zurechnung des Materialverbrauchs eine gewisse Zeitspanne. Da die dynamische Zahlungsrechnung an den effektiven Auszahlungszeitpunkten anknüpft, ist durch den Ansatz von Zinsen ein Ausgleich dieser Zeitdifferenz herzustellen. Dazu sind zunächst je Fertigungsmaterialgruppe die durchschnittlich zwischen Bezahlung und Verbrauch liegenden Zeitdauern unter besonderer Berücksichtigung der jeweiligen Zahlungsgewohnheiten zu ermitteln. Die Auszahlungsbeträge einer bestimmten Fertigungsmaterialart sind für den entsprechenden Abweichungszeitraum mit dem Kalkulationszinssatz zu verzinsen, um daraus den in die Erfolgsrechnung einzustellenden Projektauszahlungsbetrag zu erhalten. Weichen Auszahlung und projektspezifischer Einsatz einer Materialart nur unwesentlich oder mit wechselndem Vorzeichen voneinander ab, so kann die zwar vereinfachende, nach Erfahrungen aus der Praxis jedoch durchaus realistische Annahme getroffen werden, daß Auszahlung und erfolgswirksame Projektauszahlung im gleichen Bezugszeitraum (Monat) erfolgen[15]. Die Zurechnung der so ermittelten

---

[14] Vgl. auch Chmielewicz, 1990, S. 327 ff.

[15] Vgl. Buchmann/Chmielewicz, 1990, S. 81 f. Zur Länge des Bezugszeitraums vgl. Abschnitt V.C.1.a.

Projektauszahlungen auf einen Auftrag kann durch eine entsprechende Kennzeichnung auf den Materialentnahmescheinen erreicht werden.

Fremdleistungen

Die von außen bezogenen Fremdleistungen betreffen in erster Linie Leistungen für die Produktion (z.B. Veredelungen) und die Montage auf der Baustelle sowie extern vergebene Konstruktionsaufträge. Durch eine auftragsbezogene Finanzbuchhaltung, die die effektiven Auszahlungen für Fremdleistungen erfaßt und mit der jeweiligen Auftragsnummer versieht, ist eine eindeutige Ermittlung dieser Projektauszahlungen gewährleistet. Sind auf einer Rechnung Leistungen für mehrere Aufträge gemeinsam aufgeführt, so ist der Rechnungsbetrag zu disaggregieren, d.h. er muß auf die einzelnen Aufträge verteilt werden. Einfacher erscheint hier allerdings, im Vorfeld auf die Art der Rechnungserstellung des Lieferanten in der Weise Einfluß zu nehmen, daß je Auftrag getrennt fakturiert wird.

Sondereinzelauszahlungen der Fertigung und der Montage

Die für den Fertigungs- und Montagebereich zu leistenden Sondereinzelauszahlungen umfassen die speziell für einen Auftrag anfallenden Beträge für Sonderbetriebsmittel, auftragsbezogene Forschung und Entwicklung, Baurechtsabgaben, Modelle, Lizenzen u. dergl. Aufgrund des Primärauszahlungscharakters dieser Größen kann bezüglich der Ermittlung von Auszahlungshöhe und -zeitpunkt auf die vorherigen Ausführungen verwiesen werden.

Vertriebseinzelauszahlungen

Da sich der Vertrieb im industriellen Anlagenbau hauptsächlich auf konkrete Anfragen bzw. Aufträge bezieht, können die damit verbundenen Auszahlungen zum überwiegenden Teil einzelnen Projekten als Einzelauszahlungen verursachungsgerecht zugeordnet werden. Da die üblich Bezeichnung *Sonder*einzelkosten bzw. -auszahlungen des Vertriebs unangebracht erscheint, werden diese Auszahlungen hier als *Vertriebseinzelauszahlungen* bezeichnet und neben die Vertriebsgemeinauszahlungen gestellt, die sämtliche Vertriebsauszahlungen für nicht erhaltene Aufträge sowie für sonstige projektunabhängige Vertriebsaktivitäten wie Marktstudien und Länderbeurteilungen umfassen. Infolge der großen finanziellen Anstrengungen, die während der oftmals langen Akquisitonsphase zur Erlangung eines Auftrags notwendig sind, sowie wegen der aufwendigen Liefervorgänge einer Industrieanlage können die Vertriebseinzelauszahlungen eine beachtliche Größenordnung von bis zu 30 % der gesamten Projektauszahlungen erreichen[16]. Die Erfassung, vor allem aber Verrechnung dieser Auszahlungsart richtet sich danach, ob sie vor oder nach Auftragserteilung anfallen.

Die Vertriebseinzelauszahlungen *vor* Auftragserteilung, die insb. für Beratungen und Gutachten, Reisen, Bewirtung, Provision sowie für die Angebotserstellung entstehen (*Akquisitionsauszahlungen*), sind für jede Anfrage einzeln nach Höhe und Entstehungszeitpunkt zu erfassen. Dies kann für die Personalauszahlungen als der wesentlichen Komponente der Akquisitionsauszahlungen durch eine entsprechende Stundenaufschreibung mit relativ geringem Aufwand sichergestellt werden[17]. Die Stundenaufschreibungen weisen dabei eine vergleichsweise hohe Genauigkeit auf, da sich die Akquisiteure i.d.R. längere Zeit mit einem bestimmten Projekt beschäftigen und nicht in kurzer Folge zwischen verschiedenen Projekten wechseln. Die sonstigen Positionen können durch einen Vermerk auf den Rechnungen, um welches in Aussicht stehende Projekt es sich handelt, erfaßt werden. Dabei sollten nur die Leistungen der Verkäufer projektweise erfaßt und verrechnet werden und nicht die der bei fortgeschrittenen Angebotsverhandlungen hinzukommenden Mitglieder der Unternehmensleitung, da hier die übliche Verrechnung über die Verwaltungsgemeinauszahlungen zweckmäßiger erscheint. Die zeitstrukturierte Reihe der Akquisitionsauszahlungen wird im Falle der Auftragserlangung durch die sich dann anschließenden Projektauszahlungen fortgeschrieben.

Die *nach* Vertragsabschluß anfallenden Vertriebseinzelauszahlungen werden hauptsächlich aufgewendet einerseits für Frachten, Verpackung und Transportversicherung sowie andererseits für eine Auftragsfinanzierung und Ausfuhrkreditversicherung. Die Bestimmung der Zahlungswirksamkeit der erstgenannten Gruppe ist anhand der jeweiligen Rechnungen unproblematisch. Wurde im Zusammenhang mit dem Anlagengeschäft eine *Auftragsfinanzierung* vereinbart, so empfiehlt es sich, sämtliche damit verbundenen Zahlungen in gesonderter Weise zu erfassen, um dieses Finanzierungsgeschäft einer getrennten Wirtschaftlichkeitsbetrachtung zu unterwerfen[18]. Häufig werden die Zins- und Tilgungszahlungen einer Auftragsfinanzierung, die hinsichtlich Höhe und Fälligkeit im Anlagenvertrag festgeschrieben sind, in Zeiträume hineinreichen, die bis weit nach Ende der Anlagenfertigstellung liegen. Dies gilt gleichermaßen für das ebenfalls vertraglich fixierte Zeitentgelt der Hermes-Kreditversicherung, während das Grundentgelt in der Abwicklungsphase gezahlt wird.

---

[16] Vgl. Höffken/Schweitzer, 1991, S. 136.

[17] Zu den Personalauszahlungen vgl. den folgenden Abschnitt B.1.c.

[18] Zur Bestimmung der projektbezogenen Finanzierungskosten vgl. Backhaus/Molter, 1985, S. 6 ff.

Sonderwagnisse

Die mit einem industriellen Anlagengeschäft verbundenen Sonderwagnisse gehen über die im normalen Umfang auftretenden Produktions- und Transportwagnisse hinaus und betreffen die spezifischen Gefahrenpotentiale eines Auftrags. Es handelt sich dabei bspw. um besondere Stabilitätsrisiken des Abnehmerlandes, klimatische und geologische Unwägbarkeiten sowie Währungsrisiken, aber auch um Gefahren, die von der Herstellerseite herrühren und bspw. aus der erstmaligen Anwendung einer neuen Technologie resultieren. Um hier einen möglichst hohen Einzelauszahlungsanteil zu erhalten, sind diese Risiken für jeden Auftrag individuell in einer Risikoanalyse zu ermitteln und einzeln in Ansatz zu bringen, so daß der Anteil der pauschalen Risikoberücksichtigung über normalisierte Zuschläge auf ein unvermeidliches Mindestmaß zurückgeht. Soweit es sich um versicherbare Sonderwagnisse handelt, sind die Zahlungswirkungen durch die Versicherungsbeiträge festgelegt. Auch die mit Maßnahmen zur Absicherung des Währungsrisikos verbundenen Auszahlungen lassen sich ohne Probleme bestimmen. Bei nicht versicherbaren Risiken, die sich vor allem aus Garantiezusagen bezüglich der Funktions- und Leistungsfähigkeit einer Anlage ergeben, sind die Auszahlungsarten zu prognostizieren, die durch den Eintritt der jeweiligen Risiken hervorgerufen werden. Im Falle notwendiger Nacharbeiten innerhalb der Gewährleistungsfrist werden z.B. Personalauszahlungen und in geringerem Umfang auch Materialauszahlungen sowie ggf. Fremdleistungen anfallen, deren Zahlungswirkung an anderer Stelle untersucht wird.

Auftragszinsen

Der periodische Saldo von Projektein- und -auszahlungen zeigt den Finanzierungsbedarf bzw. -überschuß des Auftrags an, der zum Kalkulationszinssatz gedeckt bzw. angelegt werden kann. Hieraus ergeben sich die Zinsauszahlungen bzw. Zinseinzahlungen einschließlich Zinseszinsen, von denen angenommen wird, daß sie - auch bei Refinanzierung im Konzern - in jeder Abrechnungsperiode tatsächlich geleistet werden[19]. Da die Zinseszinsrechnung im Rahmen der dynamischen Zahlungsrechnung ausschließlich der Berücksichtigung der Gegenwartspräferenz dient, sind die Zinsen und Zinseszinsen stets auf den gesamten Kapitaleinsatz, d.h. auch auf Eigenkapital, zu berechnen. Dadurch kommt es zwangsläufig zu einer Abweichung von den effektiven (Fremdkapital-)Zinszahlungen eines Unternehmens.

---

[19] Zur genauen Berechnungsweise der Auftragszinsen vgl. Abschnitt V.C.1.b.

c. Ermittlung der Projektgemeinauszahlungen

Die nicht direkt einem Projekt zurechenbaren Gemeinauszahlungen werden über Auszahlungsstellen verrechnet. Die Auszahlungsstellen erbringen Leistungen zur Planung und Durchführung eines Anlagengeschäfts und verursachen dadurch Auszahlungen. Zwar handelt es sich bei den Auszahlungen, die von den Auszahlungsstellen an andere Stellen oder an Projekte weitergegeben werden, um sekundäre Größen, diese sind jedoch aus primären und auch sekundären Auszahlungsarten zusammengesetzt. Der Weg zur Ermittlung von Höhe und Zeitpunkt der effektiven Auszahlungen, die durch die Leistungserbringung einer Auszahlungsstelle ausgelöst werden, muß über die Auflösung der Sekundärauszahlungen in ihre primären Bestandteile verlaufen. Dieses Vorgehen entspricht der Primärkostendurchrechnung, bei der man die Weiterverrechnung von Kosten auf Projekte nicht global in einem Betrag, sondern aufgegliedert nach ihren primären Kostenarten vornimmt[20]. Dadurch wird eine Verbindung zum Außenbereich des Unternehmens hergestellt, aus der die Auszahlungsbeträge und -termine abgeleitet werden können.

Die Zurechnung auf Projekte über Auszahlungsstellen erfolgt im industriellen Anlagengeschäft gemeinhin für die Verrechnungsbereiche (=funktionale Zusammenfassung von Auszahlungsstellen) Konstruktion, Fertigung und Montage sowie für die Material-, Entwicklungs-, Vertriebs- und Verwaltungsgemeinauszahlungen. Die erstgenannten Verrechnungsbereiche werden den Aufträgen i.d.R. anhand von *Stundenverrechnungssätzen* belastet. Der (Ist-) Verrechnungssatz bspw. für eine Konstruktionsstunde ergibt sich als Quotient aus den im Konstruktionsbereich angefallenen Auszahlungen und den erbrachten Konstruktionsstunden innerhalb eines Bezugszeitraums. Sind an der Konstruktion Abteilungen mit unterschiedlich qualifizierten Mitarbeitern beteiligt, so sind hier, wie auch im Fertigungs- und Montagebereich, differenzierte Verrechnungssätze zu verwenden. Die Zurechnung der in einem Verrechnungsbereich für einen Auftrag entstandenen Auszahlungen erfolgt durch Stundenaufschreibungen[21], die sich insb. in den Konstruktions- und Montagebereichen als recht exakt erweisen, da die Mitarbeiter dort gewöhnlich längere Zeit mit einem einzelnen Auftrag beschäftigt sind. Die verschiedenen Gemeinauszahlungen werden hingegen über *Zuschläge* auf die Projekte verteilt[22]. Im folgenden

---

[20] Vgl. Schubert, 1969, S. 59 ff.; Ebbeken, 1972, S. 16 ff.; Laßmann, 1980, S. 333 f.

[21] Vgl. Withauer, 1971, S. 619 f.

[22] Die Methode der Verrechnung von Projektgemeinauszahlungen stellt kein spezifisches Problem der dynamischen Zahlungsrechnung dar und wird deshalb nicht thematisiert, d.h. das in der Praxis verbreitete Vorgehen wird hier beibehalten. Wie bereits erwähnt, besteht aber grundsätzlich die Möglichkeit, auf die *Prozeßkostenrechnung* zurückzugreifen, was im weiteren allerdings nicht vertieft wird; vgl. dazu die in Abschnitt III.C.4 angegebenen weiterführenden Literaturhinweise. Auch eine Gemeinauszah-

werden die in den Verrechnungsbereichen anfallenden - und somit in den Stunden- bzw. Zuschlagssätzen enthaltenen - Auszahlungsarten, die bei anlagenbauenden Unternehmen mit eigenem Fertigungsanteil rund ein Drittel der gesamten Projektauszahlungssumme ausmachen, auf ihre Zahlungswirksamkeit untersucht.

Personalauszahlungen

Die Personalauszahlungen bestehen aus den Lohn- und Gehaltsauszahlungen sowie den Sozialauszahlungen. Innerhalb der *Lohn- und Gehaltsauszahlungen* nehmen die Löhne und Gehälter für die an einem Projekt geleistete Arbeit den größten Anteil ein. Hierbei sind auch Lohnzuschläge z.B. für Mehrarbeit, Sonn- und Feiertagsarbeit und Prämien enthalten, sowie Löhne für die nicht unmittelbar am Leistungsprozeß beteiligten Bereiche wie Transport, Lager und Qualitätskontrolle (Hilfslöhne). Für diese Löhne und Gehälter kann als hinreichend abgesichert gelten, daß sie im Monat, in dem sie einem Auftrag im Rahmen der Erfolgsrechnung belastet werden, auch tatsächlich auszahlungswirksam sind. Dies gilt ebenfalls in bezug auf die Löhne und Gehälter für Ausfallzeiten wie (Sonder-) Urlaub, Krankheit und bezahlte Feiertage. Die Sozialversicherungsabgaben als wesentlicher Bestandteil der *Sozialauszahlungen* sind hinsichtlich ihrer Höhe und ihres Zahlungstermins an die Lohn- und Gehaltszahlungen gebunden und folglich im Monat ihrer erfolgswirtschaftlichen Berücksichtigung auch zahlungswirksam. Abweichungen zwischen den effektiven Auszahlungen und den als Durchschnittssatz in die Erfolgsrechnung eingehenden Sozialauszahlungen sind bei den betrieblichen Zusatzleistungen wie insb. 13. Monatslohn/-gehalt (Weihnachtsgeld), Urlaubsgeld, Tantiemen sowie betrieblicher Altersversorgung festzustellen. Obwohl diese Auszahlungsarten monatlichen Schwankungen unterliegen oder gar nur in bestimmten Monaten anfallen, bleibt der durchschnittliche Stundenverrechnungssatz angesichts der Langfristigkeit des Anlagengeschäfts über das Jahr konstant. Die aus der - durch das Verrechnungssystem bedingten - zeitlichen Abweichung resultierende Ungenauigkeit kann für die Erfolgsrechnung hingenommen werden, für die Finanzplanung ist allerdings auf die genauen Auszahlungszeitpunkte abzustellen.

Auszahlungen für nicht substantiell eingehende Verbrauchsfaktoren

Als Verbrauchsfaktoren, die nicht selber Bestandteil der Anlage werden, sind *Betriebsstoffe* wie z.B. Brennstoffe, Energien und Wasser zu nennen. Es handelt sich hierbei um Faktoren, die durch das Unternehmen relativ kurzfristig ohne hohe Bevorratung beschafft bzw. einem Leitungssystem entnommen werden. Während einige Verbrauchsfak-

---

lungsverrechnung über *Pools*, wie sie Plinke entwickelt hat, wird für sinnvoll und mit dem hier vorgestellten Ansatz für vereinbar gehalten; vgl dazu Plinke, 1984, S. 270 ff.; Plinke, 1985, S. 39 ff. sowie Abschnitt V.C.2.e.(2) dieser Arbeit.

toren allenfalls kurzfristig vorfinanziert sind, erfolgt der Verbrauch an Strom, Gas und Wasser teilweise vor der monatlichen Abrechnung und Bezahlung, so daß hier von einem kurzfristig nachfinanzierten Verbrauch ausgegangen werden kann[23]. Da die genannten Verbrauchfaktoren sowohl kurzfristig vor- als auch nachfinanziert sind, wird infolge dieser kompensatorischen Wirkung angenommen, daß Verbrauch und Bezahlung im gleichen Monat liegen. Ein ähnlich auszahlungsnaher Verbrauch ist auch bei den *übrigen Betriebsstoffen* (z.B. Lösung-, Kühl- und Schmiermittel) zu beobachten, die angesichts ihrer Standardisierung kurzfristig beschafft werden können und somit gar nicht oder nur für kurze Zeit vorfinanziert sind. Eine exakte Bestimmung der einem Verbrauch zugrundeliegenden Auszahlung sowie eine ggf. zum Ausgleich notwendige Zinsberechnung, wie sie beim Fertigungsmaterial in Frage kommt, sind infolge der geringen Wertigkeit der Betriebsstoffe wirtschaftlich i.d.R. nicht zu rechtfertigen. Gleiches gilt für Hilfsstoffe wie Kleinteile u. dergl.

Die dritte Gruppe der nicht substantiell eingehenden Verbrauchsfaktoren bilden die *Werkzeuge*, die einem schnellen Verschleiß unterliegen und daher nur kurze Nutzungsdauern aufweisen. Da eine umfangreiche Lagerung der oftmals handelsüblichen Werkzeuge nicht erforderlich ist, führen sie im Zeitraum ihres Einsatzes zu Auszahlungen oder sind allenfalls kurzfristig vorfinanziert. Geht die Nutzung eines Werkzeugs für die Anlagenerstellung über den Zeitraum hinaus, in dem die entsprechende Anschaffungsauszahlung erfolgt, so müssen Zinsen in Ansatz gebracht werden, um diese zeitliche Verschiebung wertmäßig auszugleichen. Es ist hierbei aber leicht einzusehen, daß eine Einzelerfassung und - zinsberechnung nur bei höherwertigen (Spezial-)Werkzeugen mit der Wirtschaftlichkeit der Erfolgsrechnung vereinbar ist und nicht für jedes Kleinwerkzeug durchgeführt werden kann. Eine mögliche Vereinfachung bei der Zinsberechnung über die Annahme durchschnittlicher Nutzungsdauern aller langlebigen Werkzeuge scheitert an den durch die technische Verschiedenheit bedingten Haltbarkeitsunterschieden der Werkzeuge. Für kleinere Werkzeuge wird aufgrunddessen ein auszahlungsgleicher Verbrauch unterstellt, was in Anbetracht der vergleichsweise geringen Wertigkeit nicht sehr schwerwiegend ist und den realen Verhältnissen insofern sehr nahe kommt, als daß die benötigten Werkzeuge gewöhnlich in regelmäßigen Abständen und ähnlichen Mengen beschafft werden. Das Vorgehen lehnt sich hier an das Festwertverfahren im Jahresabschluß an. Die monatlichen Werkzeugauszahlungen werden somit in nahezu gleicher Höhe anfallen, so daß eine ungefähr konstante Kapitalbindung gegeben ist.

---

[23] Im Falle einer eigenen Stromversorgung oder Wasseraufbereitung ist die Primärauszahlungsauflösung entsprechend in diesen Hilfsbetrieben durchzuführen.

Eine Berücksichtigung der durch die Bevorratung von Verbrauchsfaktoren gegebenen Kapitalbindungskosten, wie sie die Kostenrechnung durch den Ansatz von kalkulatorischen Zinsen auf das Umlaufvermögen vorsieht, darf im Rahmen der dynamischen Zahlungsrechnung nur für die genannten Fälle (insb. für Materialvorräte und Werkzeuge) erfolgen, da auf die tatsächlichen Zahlungszeitpunkte abgestellt wird und deren zeitliche Struktur erst durch die finanzmathematischen Kennzahlen berücksichtigt wird.

Auszahlungen für den Einsatz von Betriebsmitteln

Die für die Anlagenerstellung eingesetzten Betriebsmittel können danach unterschieden werden, ob sie unmittelbar durch Leistungsabgabe am Produktionsprozeß beteiligt sind (z.B. Maschinen, Transport- und Wiegeanlagen, Geräte für Baustelle und Montage und sonstige Hilfsgeräte), oder lediglich durch die Bereitstellung der äußeren Bedingungen die Produktion ermöglichen (z.B. Grundstücke und Gebäude). Da die Nutzungsmöglichkeit der Betriebsmittel weit über die Dauer eines Abrechnungszeitraums hinausgeht, ist die Anschaffungsauszahlung für die erfolgsrechnerische Bewertung ihrer Inanspruchnahme durch Abschreibungen auf die Nutzungsdauer zu verteilen.

In der dynamischen Zahlungsrechnung werden die Abschreibung grundsätzlich als *Auszahlungsannuität* ermittelt (*pagatorische Abschreibung*), mit der man die Anschaffungsauszahlung gleichmäßig auf die geplante wirtschaftliche Nutzungsdauer unter Einschluß von Zinsen verteilt. Die Auszahlungsannuität wird berechnet, indem man die *Anschaffungsauszahlung* des Potentialfaktors (a_0) mit dem Kapitalwiedergewinnungsfaktor (KWF) bei jeweiliger Nutzungsdauer und gegebenem Kalkulationszinssatz multipliziert, so daß der Barwert der Annuitäten gleich der Anschaffungsauszahlung ist. Hat ein Betriebsmittel nach Ende der Nutzungsdauer einen Restwert (Liquidationserlös), so muß die Anschaffungsauszahlung um den diskontierten Restwert vermindert werden.

$$\text{Pagatorische Abschreibung} = a_0 \cdot \text{KWF}$$

Es stellt sich hierbei die Frage, ob durch eine derartige anschaffungspreisorientierte Berechnung der Abschreibungen eine (Brutto-)Substanzerhaltung sichergestellt werden kann, und inwiefern eine Bewertung nach dem *Tageswertprinzip* notwendig erscheint[24].

---

[24] Es erweist sich bei einer Bewertung nach dem *Tageswertprinzip* als nicht sinnvoll, auf den Umsatztag abzustellen, weil es im Anlagengeschäft keinen einheitlichen (Umsatz-)Tag gibt, zu dem die Gegenleistung, d.h. die Bezahlung der Anlage, erfolgt. Dies geschieht in Raten, die zur laufenden Wiederbeschaffung der verbrauchten Güter verwendet werden können. Es ist demnach auf den Wiederbeschaffungszeitpunkt abzustellen, was allerdings mit den bekannten Prognoseproblemen verbunden ist.

Im Kalkulationszinssatz findet die allgemeine Geldentwertungsrate Berücksichtigung. Stimmt diese mit der Preissteigerungsrate einer bspw. betrachteten Werkzeugmaschine überein, so ist durch die pagatorische Abschreibung die Substanzerhaltung des Produktionspotentials gewährleistet, da die Summe der pagatorischen Abschreibungen dem höheren Wiederbeschaffungspreis der Werkzeugmaschine entspricht. Liegt die Veränderungsrate des Wiederbeschaffungspreises deutlich über/unter der allgemeinen Inflationsrate oder müssen Sonderabschreibungen/Zuschreibungen vorgenommen werden, so sind die Abschreibungen auf der Grundlage eines entsprechend modifizierten Ausgangsbetrags zu berechnen. Damit die sich fortwährend wandelnden Umweltbedingungen auch in der Projekterfolgsrechnung zeitnah niederschlagen, erweisen sich eine Durchbrechung des strengen Anschaffungswertprinzips und die Einbeziehung schwankender Preisveränderungen durch das Tagespreisprinzip hier als unverzichtbar[25]. Dabei ist darauf zu achten, daß in der Vor- und Begleitkalkulation dieselben Bewertungsprinzipien zugrunde gelegt werden.

Vor allem im Hinblick auf die Vergleichbarkeit und Wettbewerbsfähigkeit von Preiskalkulationen ist es notwendig, ein weiteres "kalkulatorisches Element" in die zahlungsorientierte Rechnung dadurch einzuführen, daß für bereits abgeschriebene Betriebsmittel, die für ein zu kalkulierendes Projekt genutzt werden, "Über"-Abschreibungen in Ansatz gebracht werden.

Weitere durch den Einsatz von aktiven Potentialfaktoren bewirkte Auszahlungen fallen für deren *Instandhaltung* an. Diese setzen sich zusammen aus den Auszahlungen für Material (insb. Ersatzteile) und Fremdleistungen, deren Ermittlung infolge ihres Primärcharakters keine Schwierigkeiten aufwirft, sowie aus den Auszahlungen für die Leistungen der eigenen Instandhaltungswerkstätten. Untersucht man diese typische Sekundärauszahlungsart auf ihre primären Elemente, so stellt man fest, daß es sich dabei vor allem um Personalauszahlungen sowie um Auszahlungen für Maschinen und Werkzeuge handelt, deren Zahlungswirksamkeit bereits untersucht wurde.

---

[25] In diesem Zusammenhang ist darauf hinzuweisen, daß die in der Kostenrechnung häufig anzutreffende Berechnungsweise der kalkulatorischen Zinsen, bei der die halben Anschaffungs- bzw. Wiederbeschaffungswerte als Bezugsgröße für die Zinsermittlung zugrunde gelegt werden, insofern als ungenau bezeichnet werden muß, als sie die zu Beginn höhere Kapitalbindung vernachlässigt, die aufgrund der Gegenwartspräferenz entsprechend stärker zu gewichten ist. Erweitert man diese Einzelbetrachtung jedoch auf den gesamten Anlagenbestand eines organisch gewachsenen Unternehmens mit einer in etwa konstanten Altersstruktur der Maschinen, so ergeben sich erfahrungsgemäß bei der beschriebenen Berechnungsweise nahezu gleich hohe Zinskosten wie bei der Verwendung der jeweiligen Restwerte.

sonstige Verwaltungsauszahlungen

Dieser Sammelposten erfaßt Auszahlungen für
- Büromaterial, Zeitschriften,
- Telefon, Telefax,
- Kopierstelle,
- Sachversicherungen,
- Fuhrpark,
- Beratungen, Gutachten, Prüfungen,
- Beiträge zu Verbänden und Vereinen,
- Reisen, Repräsentation, Bewirtung,
- Geld- und Kreditverkehr,
- Raumnutzung sowie
- sonstige allgemeine Verwaltung und Fremddienste.

Hierbei handelt es sich durchweg um Primärauszahlungen, deren Zahlungshöhe und -termin durch die Finanzbuchhaltung ohne weiteres festgestellt werden können. Sollten Fahrzeuge und Kopiergeräte nicht geleast sein, so sind dafür pagatorische Abschreibungen zu berechnen.

Die Überlegungen zur Ermittlung der Projektauszahlungen führen zu einigen wichtigen Schlußfolgerungen:

- Der Hauptrechnungszweck der dynamischen Zahlungsrechnung besteht in der *Erfolgs*planung und -überwachung industrieller Anlagengeschäfte. Um diesen Zweck in vollem Maße erfüllen zu können, sind - wie die obigen Überlegungen gezeigt haben - die Projektauszahlungen in einigen Punkten zu modifizieren, wodurch es zu Abweichungen von den effektiven, mit einem Auftrag verbundenen Auszahlungen kommt. Zwar kann die Kapitalbindung eines Projekts damit nicht mehr absolut exakt ermittelt werden, da sich derartige *rechnungszweckbedingte Modifikationen* der strengen Anschaffungspreisorientierung, die vor allem für die Sicherstellung der Substanzerhaltung unabdingbar erscheinen, jedoch in recht engen Grenzen bewegen, kann anhand der Projektauszahlungsreihe die durch einen Auftrag verursachte Mittelbindung mit sehr großer Genauigkeit bestimmt werden.

- Aufgrund der genannten rechnungszweckbedingten Abweichungen von den *effektiven* Finanzströmen, die in der Finanzrechnung zu erfassen sind, handelt es sich bei der dynamischen Zahlungsrechnung strenggenommen nicht um eine "reine" Zahlungsstromrechnung, sondern um eine *zahlungsstromorientierte* Projekterfolgsrechnung.

Nur in diesem Sinne wird der Begriff der (dynamischen) Zahlungsrechnung im weiteren verwendet.

- Für Zwecke der *Liquiditäts*planung und -überwachung kann die dynamische Zahlungsrechnung lediglich als *Ausgangsbasis* dienen: Um aus ihr die projektbezogene Finanzrechnung abzuleiten, sind gezielte Veränderungen (insb. Fehlen der rechnungszweckbedingten Modifikationen/Periodisierungen sowie der Diskontierung) durchzuführen[26].

2. Erfassung und Verrechnung der Projekteinzahlungen

Die Erfassung und auftragsweise Zurechnung der Einzahlungen, die dem Anbieter für die vertraglich vereinbarten und im nachhinein ggf. modifizierten Lieferungen und Leistungen zufließen, bereiten bei industriellen Anlagengeschäften kaum Schwierigkeiten[27]. Bei Kompensationsgeschäften, die anstelle von Zahlungsmitteln Warenlieferungen als Gegenleistung beinhalten, sind die aus der Weiterverwendung der Waren zu erzielenden Einzahlungen anzusetzen. Die Projekteinzahlungen sind im Monat ihres Zugangs in die projektbezogene Zahlungsreihe einzustellen, so daß durch Saldierung mit den monatlichen Projektauszahlungen der nominale Projektüber-/-unterschuß bestimmt werden kann, auf dem die Zinseszinsrechnung aufbaut.

Die Projekteinzahlungen können in verschiedene Einzahlungsarten gegliedert werden, je nachdem ob sie für die Anlagenerstellung, Beratung, Schulung, Inbetriebsetzung etc. geleistet werden[28]. Dabei erfolgt die Zahlung eines jeweils vereinbarten Preises einer Leistung gewöhnlich nicht einmalig in voller Höhe, sondern in Teilen[29]. Diese Kundenanzahlungen (Vorauszahlungen) sind überwiegend an bestimmte, vorher vereinbarte Teilleistungen geknüpft, bei deren Erfüllung die Anzahlung fällig wird.

---

[26] Vgl. hierzu Abschnitt V.C.2.d.

[27] Vgl. Feuerbaum, 1978, S. 994. Der im kurzfristigen Seriengeschäft kompliziertere Zusammenhang zwischen Umsätzen bzw. Auftragseingängen und den entsprechenden Einzahlungen wurde vor allem von Langen (1964, S. 289 ff.; 1965, S. 261 ff.; 1966b, S. 71 ff.) untersucht.

[28] Bei Einzahlungen in unterschiedlichen Währungen sind entsprechende Umrechnungen zum jeweils geltenden Wechselkurs unter Berücksichtigung ggf. vorgenommener Kurssicherungsgeschäfte notwendig.

[29] Vgl. Laßmann, 1987, S. 1600.

C. Erfolgsplanung und -überwachung auf der Grundlage der dynamischen Zahlungsrechnung

1. Bestimmung des Auftragserfolgs

a. Inputgrößen der dynamischen Zahlungsrechnung

Die Durchführung der Erfolgsplanung und -überwachung im Rahmen der dynamischen Zahlungsrechnung verlangt die Festlegung der erforderlichen Inputgrößen, wobei die Projektzahlungen, die in der unter Abschnitt B skizzierten Form ermittelt werden können, das Grundgerüst der Rechnung bilden. Die Projektzahlungen werden in zeitstrukturierter Weise bestimmt, d.h. sie werden entsprechend ihres Zahlungsmonats auf die auftragsbezogene Zeitachse projiziert, um die *Zahlungsreihe des Auftrags* im Zeitablauf zu erstellen. Besteht ein Auftrag aus unterschiedlichen, eindeutig abgrenzbaren Teilaufträgen, so sind die zeitstrukturierten Zahlungsreihen zunächst getrennt zu ermitteln und erfolgswirtschaftlich zu bewerten, um daraus Erkenntnisse im Hinblick auf den Ergebnisbeitrag der einzelnen Liefer- und Leistungsarten zu gewinnen. Dies gilt insb. für eine isolierte Betrachtung von Auftragsfinanzierungsleistungen, die bei der im folgenden betrachteten Gesamtprojektbeurteilung mit den übrigen Teilleistungen zusammengeführt werden müssen.

Die auf die Projektdauer verteilten Auftragszahlungen werden anhand der Zinseszinsrechnung gemäß ihrer zeitlichen Entstehung gewichtet. Wie bereits erläutert, stellt die gesamte Projektdauer den *Bezugszeitraum* dar, für den der Projekterfolg auf der Grundlage der dynamischen Zahlungsrechnung ermittelt wird. Um die periodenbezogenen Planungs- und Steuerungserfordernisse zu erfüllen und den Rechenaufwand bei der erfolgsrechnerischen Berücksichtigung der Zahlungszeitpunkte in vernünftigen Grenzen zu halten, ist eine Unterteilung der Projektdauer in gleich lange Zeitabschnitte (Bezugsperioden) notwendig. Vergleichsweise kurze Perioden stellen bedeutend höhere Anforderungen an den Informationsgehalt einer Planungsrechnung und führen eher zu zeitlichen Planungsfehlern. Allerdings erfüllt eine Erfolgsrechnung ihre Lenkungsfunktion bei kurzer Periodeneinteilung in günstigerer Weise[30]. Der dynamischen Zahlungsrechnung wird ein *monatlicher Zeitraster* zugrunde gelegt, weil

1) dies für eine Integration sowohl mit der internen als auch mit der externen unternehmensbezogenen Periodenrechnung notwendig ist;

---

[30] Vgl. hierzu Laßmann, 1968, S. 17 f.; Chmielewicz, 1972, S. 117 ff.

2) viele wirtschaftlich relevanten Vorgänge mit monatlichen Auszahlungen verbunden sind (z.B. Lohn- und Gehaltszahlungen, Steuerzahlungen, verschiedene in monatlichem Turnus erstellte Rechungen für Strom, Gas, Telefon etc.) und infolgedessen die Auszahlungsbestimmung - auch im Rahmen der Finanzplanung - erleichtert wird;

3) die Annahme des Zahlungsanfalls am Periodenende bei einer monatlichen Zeiteinteilung eine durchaus vertretbare Vereinfachung darstellt[31];

4) bei einer kürzeren Periodenlänge der Rechenaufwand nicht zu rechtfertigen wäre und hinsichtlich der zu prognostizierenden Eingabedaten eine nicht vorhandene Planungsgenauigkeit vorgetäuscht würde.

Durch das Fehlen einer genau abgrenzbaren Anschaffungsauszahlung, die bei der Investitionsrechnung den zeitlichen Ausgangspunkt bildet, wird die Frage nach dem *Bezugszeitpunkt* aufgeworfen, auf den die Projektzahlungen in der dynamischen Zahlungsrechnung auf- bzw. abgezinst werden. Grundsätzlich kommen vier markante Zeitpunkte in Betracht, und zwar der Zeitpunkt
- der Anfrage,
- des Vertragsabschlusses,
- der Auftragsabrechnung,
- des Projektdauerendes.

Sowohl der Termin der ersten Anfrage als auch der Zeitpunkt der letzten mit einem Auftrag verbundenen Zahlungsbewegung sind insofern nicht sinnvoll, als sie zeitlich weit entfernt liegen von der eigentlichen Erstellungsphase zwischen Vertragsabschluß und Abrechnung einer Anlage, in der das Gros der Projektzahlungen fließt. Die Ab- bzw. Aufzinsung der während dieser Zeit anfallenden Zahlungen auf den Termin der ersten Anfrage oder das Ende der Projektdauer würde zu deren größenmäßigen Verzerrung führen, die der Kernphase eines Anlagengeschäfts nicht gerecht wird. Der *Vertragszeitpunkt*, zu dem ein Anlagengeschäft rechtlich bindend wird, und der *Abrechnungszeitpunkt*, zu dem die Realisierung des Auftragserfolgs im externen Rechnungswesen erfolgt, verbleiben somit als relevante Bezugszeitpunkte[32]. Welcher im Einzelfall zu wählen ist, hängt von den verwendeten Ergebniskennzahlen ab, die es nunmehr darzustellen gilt.

---

[31] Vgl. Abschnitt IV.C.3.a.(1).

[32] Für spezielle Fragestellungen kann es zweckmäßig sein, fallweise auch andere Bezugszeitpunkte zu wählen.

b. Dynamische Kennzahlen zur Messung des Auftragserfolgs

Im Rahmen der dynamischen Zahlungsrechnung spielen der *Auftragsbarwert* und der *Auftragsendwert* die zentrale Rolle bei der Bemessung des Auftragserfolgs. Sämtliche Projektzahlungen werden dabei mit dem Kalkulationszinssatz auf den gewählten Betrachtungszeitpunkt ab- bzw. aufgezinst. Da sich die Kennzahlen für den im weiteren angenommenen Fall eines übereinstimmenden Soll- und Habenzinssatzes (einheitlicher Kalkulationszinssatz bei Vorliegen eines "innerbetrieblichen vollkommenen Rest-Kapitalmarktes") lediglich durch den Bezugszeitpunkt unterscheiden, ist es unerheblich, ob die erfolgswirtschaftliche Auftragsbeurteilung anhand der Bar- oder der Endwertmethode erfolgt. Man kann die Kennzahlen daher auch als Ausprägungen des *dynamischen Auftragserfolgs* bezeichnen, der das Erfolgspotential eines Anlagengeschäfts unter Berücksichtigung der zeitlichen Struktur der Zahlungsentwicklung in einem Wert zum Ausdruck bringt.

Die Vorüberlegungen im vorherigen Abschnitt haben ergeben, daß als mögliche Bezugszeitpunkte in erster Linie der Vertragsabschluß sowie die Auftragsabrechnung in Betracht kommen. Der Auftragsbarwert wird für den Zeitpunkt des Vertragsabschlusses ermittelt. Da sich der Auftragsendwert auf den Zeitpunkt der Auftragsabrechnung bezieht, ist *hinsichtlich des Bezugszeitpunktes* eine Vergleichbarkeit der Erfolgswerte des externen Rechnungswesens mit denen der dynamischen Zahlungsrechnung gewährleistet. Bar- bzw. Endwert werden somit nicht zum ersten bzw. letzten Zeitpunkt der auftragsbezogenen Zahlungsreihe berechnet, so daß keine einheitliche "Verzinsungsrichtung" existiert, die besagt, daß bei der Barwertberechnung nur abgezinst, bei der Endwertberechnung hingegen nur aufgezinst wird. Infolge der schon vor Vertragsabschluß für Akquisitionszwecke zu leistenden Auszahlungen und der nach Auftragsabrechnung in der Gewährleistungs- und Nachlaufphase noch fließenden Projektzahlungen sind bei beiden Formen des dynamischen Auftragserfolgs sowohl Aufzinsungen als auch Abzinsungen von Zahlungen erforderlich. Durch die Erstellung der auftragsbezogenen Zahlungsreihe für die *gesamte* Projektdauer wird ein Anlagengeschäft von der ersten Kontaktaufnahme mit dem Kunden bis zur letzten projektbezogenen Zahlung erfolgsrechnerisch erfaßt und beurteilt, während die kalkulatorische Erfolgsrechnung ihren Blickwinkel vornehmlich auf die (Erstellungs-)Zeit zwischen Vertragsabschluß und Auftragsabrechnung richtet und die außerhalb dieses Zeitraums liegenden Wertströme nur ungenau einbezieht.

Die weiteren Ausführungen zum dynamischen Auftragserfolg beziehen sich auf dessen Ausprägung als *Auftragsendwert*, dessen Optimierung folglich das *projektbezogene Erfolgs-*

ziel darstellt[33]. Der Auftragsendwert kann als Pendant der dynamischen Zahlungsrechnung zu dem im Jahresabschluß ausgewiesenen Auftragserfolg verstanden werden[34].

Bei der *Berechnung des dynamischen Auftragserfolgs* wird eine kumulative Rechnungsweise gewählt, um die periodenweise anfallenden Zinsen und Zinseszinsen, die man für die Deckung von Auszahlungsüberschüssen zahlen muß oder für die Verwendung der Einzahlungsüberschüsse erhält, zu bestimmen[35]. Hierbei liegt die Annahme zugrunde, daß die Einzahlungsüberschüsse einer Periode unmittelbar zur Begleichung von Zinsen sowie darüber hinaus zur Tilgung von Krediten verwendet werden, die zur Deckung von Auszahlungsüberschüssen vorheriger Perioden aufgenommen wurden. Sind keine Auszahlungsüberschüsse zu finanzieren, so können die Einzahlungsüberschüsse bis zur nächsten Periode zum Kalkulationszinssatz angelegt werden. Der *kumulierte Zahlungsüberschuß*[36] *einer Periode t einschließlich der Zinsen* ($KÜ_t$) ergibt sich als

$$KÜ_t = PÜ_t + (KÜ_{t-1} \cdot i) + KÜ_{t-1}$$

daraus folgt:

$$\boxed{KÜ_t = PÜ_t + KÜ_{t-1}(1 + i)}$$

mit:

$PÜ_t$: Projektzahlungsüberschuß der Periode t (ohne Auftragszinsen)
$KÜ_{t-1} \cdot i$: Auftragszinsen der Periode t (einschl. Zinseszinsen)
i : Kalkulationszinssatz (monatsbezogen)
t : Periode (Monat); t = 0, 1, ... x, ... y, ... z.
    t = 0 : Periode der Anfrage
    t = x : Periode des Vertragsabschlusses
    t = y : Periode der Auftragsabrechnung
    t = z : Periode der letzten Zahlung (Projektende)

---

[33] Es geht im folgenden somit um die *(einzel-)projektbezogene* Bemessung des Auftragserfolgs. Die wirtschaftliche Beurteilung von Projekten im Zusammenhang mit den Aufträgen in Arbeit, dem Auftragsbestand und den Auftragsprognosen (*Projekt-Programmplanung*) erfolgt in Abschnitt V.C.2.f.

[34] Ähnlich auch Weinrich/Hoffmann, 1989, S. 60.

[35] Vgl. auch Küpper, 1991, S. 5 ff. Diese kumulative Rechentechnik führt zum gleichen Ergebnis wie eine unmittelbare Auf- bzw. Abzinsung der monatlichen Projektzahlungssalden auf den Bezugszeitpunkt.

[36] Bei einem Zahlungsüberschuß größer Null liegt ein *Einzahlungs*überschuß, bei einem Überschuß kleiner Null ein *Auszahlungs*überschuß vor.

Der kumulierte Überschuß einer Periode t ($KÜ_t$) setzt sich somit zusammen aus dem kumulierten Überschuß der vorangegangenen Periode sowie den Zinsen darauf und dem (nominalen) Zahlungssaldo der betreffenden Periode, wobei es sich bei dem Kalkulationszinssatz um einen monatsbezogenen Wert handelt.

Auf der Basis der dargestellten Vorgehensweise gestaltet sich die Berücksichtigung eines gespaltenen Zinssatzes weitgehend unproblematisch. Es wird dabei von dem realistischen Fall ausgegangen, daß der Soll-Zinssatz (r), zu dem Kapital zur Finanzierung eines kumulierten Auszahlungsüberschusses ($KÜ_t < 0$) aufgenommen werden kann, höher ist als der Haben-Zinssatz (Kalkulationszinssatz i), zu dem kumulierte Einzahlungsüberschüsse ($KÜ_t > 0$) angelegt werden können, d.h.

$$KÜ_t > 0 \rightarrow i$$
$$KÜ_t < 0 \rightarrow r$$
wobei $r > i$

Für die Berechnung der kumulierten Überschüsse ergibt sich:

$$KÜ_{t-1} > 0 \rightarrow \quad KÜ_t = PÜ_t + KÜ_{t-1}(1+i)$$
$$KÜ_{t-1} < 0 \rightarrow \quad KÜ_t = PÜ_t + KÜ_{t-1}(1+r)$$

Liegt im Abrechnungszeitpunkt (y) ein kumulierter Auszahlungsüberschuß vor, so würde die beschriebene Vorgehensweise dazu führen, daß ein Auftragsverlust über den Abrechnungszeitpunkt hinaus bis zum möglicherweise weit in der Zukunft liegenden Ende der Projektdauer zu finanzieren ist. Dies erscheint u.E. unter betriebswirtschaftlichen Aspekten nicht sinnvoll, da dies die Höhe des Verlustes in gravierender Weise verzerren und die Vergleichbarkeit des extern realisierten und intern berechneten Auftragserfolges zunichte machen würde[37]. Auch im Jahresabschluß werden bei der Auftragsabrechnung die Gewinne bzw. Verluste realisiert und nur die noch zu erfüllenden Auftragsleistungen und/oder noch bestehende Verlustquellen durch Rückstellungen berücksichtigt. Es unterbleibt somit die Verzinsung eines kumulierten Aus- bzw. Einzahlungsüberschusses nach der Auftragsabrechnung. Die Einbeziehung der danach getätigten Projektzahlungen erfolgt im Rahmen der dynamischen Zahlungsrechnung in der Weise, daß sie unmittelbar mit dem Kalkulationszinsfuß auf den Abrechnungszeitpunkt abgezinst werden.

---

[37] Dies gilt natürlich analog für den Fall eines kumulierten Einzahlungsüberschusses im Abrechnungsmonat.

Der *Auftragsendwert* (AEW) besteht insgesamt also aus dem positiven oder negativen kumulierten Überschuß der Abrechnungsperiode (y) und der Summe der danach bis zum endgültigen Projektende (z) anfallenden und auf den Abrechnungszeitpunkt abgezinsten Projektzahlungen:

$$AEW_y = KÜ_y + \sum_{t=y+1}^{z} PÜ_t \cdot (1+i)^{y-t}$$

Der *Auftragsbarwert* (ABW) wird ermittelt, indem der Auftragsendwert auf die Periode des Vertragsabschlusses (x) mit dem Kalkulationszinssatz abgezinst wird:

$$ABW_x = AEW_y \cdot (1+i)^{x-y}$$

Im weiteren wird aus Vereinfachungsgründen ein übereinstimmender Soll- und Haben-Zinssatz (einheitlicher Kalkulationszinsfuß) angenommen, was auch dem verbreiteten Vorgehen der Praxis entspricht.

Die Vergleichbarkeit der Auftragsendwerte alternativer Projekte in bezug auf die Projektdauer ist theoretisch durch die Annahme eines vollkommenen Kapitalmarktes gewährleistet. Der Auftragsendwert eines Projekts mit kürzerer Abwicklungsdauer kann zum Kalkulationszinssatz bis zum Ende eines länger laufenden Projekts angelegt werden. Da Auf- und Abzinsung zum identischen Zinssatz erfolgt, ist der Barwert dieser Maßnahme gleich Null, so daß der Vorteilsvergleich dadurch nicht berührt wird[38].

Zur übergreifenden erfolgswirtschaftlichen Beurteilung und der darauf aufbauenden Entscheidung über die Auswahl bzw. Annahme alternativer Aufträge ist es über diese (implizite) Ergänzungsinvestition hinaus im Rahmen der Programmplanung allerdings notwendig, Projekte mit kürzerer Laufzeit gemeinsam mit dem wirtschaftlichen Erfolg von Folgeaufträgen zu beurteilen, da die Kapazitäten zu einem früheren Zeitpunkt wieder verfügbar werden. Ein Auftrag mit sehr langer Abwicklungsdauer ist somit nicht mehr nur einem *einzelnen* Vergleichsprojekt mit kürzerer Dauer gegenüberzustellen, sondern einem *Projekt-Programm*, das sich dann über den gleichen Zeitraum erstreckt. Dabei sollten derartige Folgeaufträge mit einem durchschnittlich erwarteten Auftragsendwert in den Projektvergleich einbezogen werden. Stets ist darauf zu achten,

---

[38] Zur Notwendigkeit von Ergänzungsinvestitionen vgl. Busse von Colbe/Laßmann, 1990, S. 54 ff.; Blohm/Lüder, 1991, S. 61 ff.

daß die dynamischen Auftragserfolge verschiedener Projekte, die im Rahmen der Auftragsselektionsentscheidung gegenübergestellt werden sollen, auf den gleichen Bezugszeitpunkt bezogen sind.

Aufgrund der hohen finanziellen Belastung, die ein Anlagengeschäft oftmals mit sich bringt, haben die Zinsen, die sich entweder aus der Anlage der positiven Projektzahlungssalden oder aus den Krediten zur Deckung negativer Salden ergeben, einen signifikanten Einfluß auf den Auftragserfolg. Eine Kennzahl, die den *erfolgswirtschaftlichen* Einfluß der finanziellen Situation eines Auftrags zum Ausdruck bringt, ist die *Zinsquote*. Diese betrachtet die diskontierten Auftragszinsen[39] im Verhältnis zur Summe der auf den Bezugszeitpunkt des dynamischen Auftragserfolgs auf- bzw. abgezinsten Einzahlungen des Projekts (diskontierte Projekteinzahlungen)[40].

$$\textbf{Zinsquote} = \frac{\text{diskontierte Auftragszinsen}}{\text{diskontierte Projekteinzahlungen}} \times 100$$

Aussage:
Zinsquote < 0 : Finanzsituation belastet den Auftragserfolg:
Für die Auftragsfinanzierung sind .... % der diskontierten Projekteinzahlungen aufzubringen.

Zinsquote > 0 : Finanzsituation erhöht den Auftragserfolg:
Auf die Zinseinzahlungen entfallen .... % der diskontierten Projekteinzahlungen.

Durch die Höhe der Zinsquote, die neben der Zahlungsstruktur des Auftrags vor allem durch die Höhe des Kalkulationszinssatzes bestimmt wird, kann sich der Anlagenbauer veranlaßt sehen, auf für ihn günstigere Zahlungsbedingungen hinzuwirken.

Die Kennzahl des dynamischen Auftragserfolgs gewinnt dadurch zusätzlich an Aussagekraft, wenn man sie in Relation zur "Größenordnung" eines Projekts sieht. Bspw. wird ein dynamischer Auftragserfolg von 1 Million DM bei einem Auftrag im Wert von 10

---

[39] Die Auftragszinsen werden in den meisten Fällen ein negatives Vorzeichen aufweisen und nur bei hohen Kundenanzahlungen und einem daraus folgenden Finanzierungsüberschuß positiv sein (Zinserträge).

[40] Die Berechnung der Zinsquote basiert wohlgemerkt auf Werten der erfolgswirtschaftlich orientierten dynamischen Zahlungsrechnung, die - wie weiter oben festgestellt - von den tatsächlichen Zahlungsströmen in einigen Punkten abweichen. Der erfolgswirtschaftliche Einfluß der finanziellen Situation eines Auftrags kann durch diese Kennzahl folglich nur näherungsweise bestimmt werden. Zur rein finanzwirtschaftlichen Projektbeurteilung vgl. Abschnitt V.C.2.d.

Mio. DM als wesentlich vorteilhafter beurteilt als ein gleich hoher dynamischer Auftragserfolg bei einem Auftrag im Wert von 100 Mio. DM, der die Kapazitäten entsprechend stärker in Anspruch nimmt[41]. Zur ergänzenden Einbeziehung der jeweiligen Auftragswertigkeit ist somit eine relative Kennzahl erforderlich, die hier als *dynamische Umsatzrendite* bezeichnet wird[42]. Die Auftragswertigkeit wird (im Sinne des Umsatzerlöses) durch die Summe der diskontierten Projekteinzahlungen zum Ausdruck gebracht. Die Auf- bzw. Abzinsung der Projekteinzahlungen auf den *gleichen* Zeitpunkt, der auch bei der Berechnung des dynamischen Auftragserfolgs (= diskontierter Projektzahlungssaldo) zugrunde gelegt wurde, ist erforderlich, um die Höhe der dynamischen Umsatzrendite unabhängig vom jeweils gewählten Bezugszeitpunkt zu halten.

$$\text{\textbf{Dynamische Umsatzrendite}} = \frac{\text{dynamischer Auftragserfolg}}{\text{diskontierte Projekteinzahlungen}} \times 100$$

Aussage: Der dynamische Auftragserfolg hat einen Anteil von .... % an den diskontierten Projekteinzahlungen.

Die als prozentuale Größe definierte dynamische Umsatzrendite bringt zum Ausdruck, welcher Erfolgsanteil in den zufließenden Einzahlungen enthalten ist, d.h. wieviel % von den auf- bzw. abgezinsten Einzahlungen nach Deckung der auf- bzw. abgezinsten Auszahlungen als Auftragserfolg verbleibt.

Sind die Werte des dynamischen Auftragserfolgs und der dynamischen Umsatzrendite größer Null, so ist das *Akzeptanzkriterium* der beiden Kennzahlen erfüllt. Es besteht allerdings auch die Möglichkeit, bestimmte Mindestwerte festzulegen, die ein Projekt erreichen muß, um als annehmbar zu gelten.

In manchen Fällen wird ein Anlagenbauer aufgrund von Kapazitätsengpässen nicht imstande sein, sämtliche Aufträge, die alle Akzeptanzkriterien erfüllen, zu realisieren. Bei der Auftragsselektionsentscheidung muß demnach zusätzlich berücksichtigt werden, in welchem Ausmaß ein Projekt die begrenzenden Ressourcen im Unternehmen beansprucht. Es sind dann diejenigen Aufträge bevorzugt auszuwählen, die einen möglichst

---

[41] Zudem ist bei der vergleichenden Betrachtung zu berücksichtigen, daß bei dem kleineren Projekt zusätzlich die Möglichkeit besteht, die in geringerem Maße beanspruchten Kapazitäten für weitere Aufträge einzusetzen.

[42] Die Bildung einer Kapitalrentabilität erweist sich wegen der unregelmäßigen oder fehlenden Kapitalbindung als nicht sinnvoll; vgl. Abschnitt IV.C.3.

hohen Erfolg je Engpaßeinheit erbringen. Zur Unterstützung dieser Entscheidung kann als Ergebniskennzahl eine *Kapazitätsrendite* gebildet werden, bei der ein dynamischer Auftragserfolg zu denjenigen durch das Projekt beanspruchten Einheiten einer Kapazitätsart ins Verhältnis gesetzt wird, die jeweils den Engpaß bildet.

$$\text{Kapazitätsrendite} = \frac{\text{dynamischer Auftragserfolg}}{\text{beanspruchte Engpaßkapazitätseinheiten}}$$

Aussage: Der dynamische Auftragserfolg pro Engpaßkapazitätseinheit beträgt ...... DM.

Die Kapazitätsrendite dient somit als Maßgröße für den Erfolgsbeitrag einer Kapazitätseinheit eines knappen und damit relevanten Faktors. Als Engpässe kommen in erster Linie die Entwicklungs- und Konstruktionsabteilung sowie der Fertigungsbereich in Frage.

Auf der Basis des dynamischen Auftragserfolgs und der darauf aufbauenden dynamischen Umsatzrendite sowie Kapazitätsrendite läßt sich angesichts der hohen Relevanz und Aussagekraft dieser Kennzahlen zwar eine tragfähige Beurteilung der erfolgswirtschaftlichen Vorteilhaftigkeit eines Anlagengeschäfts vornehmen, sie reichen jedoch nicht für die Erstellung einer umfassenden und vollständigen Informationsgrundlage der Auftragsselektionsentscheidung aus. In weitergehenden Überlegungen werden daher an späterer Stelle weitere Kennzahlen vorgestellt, die eine *stärkere Entscheidungsorientierung* besitzen und Aussagen über die *Finanz-* und *Risikosituation* eines Auftrags zulassen. Darüber hinaus gilt es, zahlreiche *qualitative* Faktoren wie z.B. das Referenzpotential eines Auftrags oder zu erwartende Probleme bei konsortialer Zusammenarbeit zu beachten, die jedoch durch andere Instrumente wie die Nutzwertanalyse und nicht unmittelbar durch die Erfolgsrechnung zu erfassen sind.

Aufgrund der unterschiedlichen Rechnungszwecke, die von der Planungs- bzw. der Überwachungsrechnung industrieller Anlagengeschäfte verfolgt werden, wird die Ausgestaltung der dynamischen Zahlungsrechnung getrennt nach den Rechnungsbereichen behandelt.

2. Dynamische Zahlungsrechnung zur Erfolgsplanung und Entscheidungsfindung

a. Einführung

Im Mittelpunkt der projektbezogenen Erfolgsplanung steht die anbieterseitige Festlegung der wirtschaftlichen Angebots- bzw. Vertragsbestandteile. Die grundlegende Informationsquelle dazu bildet die im Rahmen der Vorkalkulation vorzunehmende Prognose der Auszahlungen, die mit der Durchführung des Anlagengeschäfts verbunden sind. Die im jeweiligen Kalkulationszeitpunkt erwarteten Projektauszahlungen sind bei der dynamischen Zahlungsrechnung in bezug auf ihre Höhe und ihren Entstehungszeitpunkt, d.h. *in zeitstrukturierter Form* zu ermitteln. Dies legt die Anwendung der *Netzplantechnik* nahe. Die Auszahlungsreihe des Projekts stellt den Ausgangspunkt für die Suche nach einer Einzahlungsreihe dar, die den Zielen des Anbieters gerecht wird. In die erfolgswirtschaftliche Beurteilung der gefundenen Lösung sind die *Projektrisiken* sowie die Auswirkungen des Anlagengeschäfts auf die *Unternehmensliquidität* und den *Unternehmenserfolg* (die Unternehmenserfolge) einzubeziehen, was zu Modifikationen der zunächst ermittelten Aus- und Einzahlungsreihe führen kann. Während der Verhandlungsphase finden die Vorstellungen und gegebenen Möglichkeiten des Kunden Eingang in einen erneuten Planungsdurchlauf, der mit veränderten Parametern einmal oder mehrfach wiederholt wird. Die Projektbewertung, die unter Beachtung aller genannten Aspekte über die Annahme oder Ablehnung des Auftrags entscheidet, wird in der dynamischen Zahlungsrechnung durch entsprechende Kennzahlen unterstützt, welche die Zahlungsstruktur des Projekts und die daraus folgenden Zinswirkungen widerspiegeln.

Die Erfolgsplanungsrechnung ist als *flexibles Planungssystem* aufzufassen, in dem die Abhängigkeiten zwischen heutigen Entscheidungen und zukünftigen Folgeentscheidungen Berücksichtigung finden. Angesichts des langen Planungshorizontes und der zahlreichen Änderungsanlässe werden für die Zukunft keine endgültigen Pläne auf der Grundlage unwiderruflicher Entscheidungen aufgestellt, wie es bei der starren Planung der Fall ist. Vielmehr wird durch die jederzeit bestehende Möglichkeiten, die Erfolgsplanung sowohl im Hinblick auf sämtliche Vorgaben als auch auf die Projektziele gemäß des jeweiligen Kenntnisstandes zu korrigieren, versucht, der Unvollkommenheit der Information insb. in den frühen Projektphasen sowie den in zeitlichsequenzieller Form zu treffenden Entscheidungen Rechnung zu tragen[43].

---

[43] Vgl. Abschnitt III.B.1.a. sowie die Kontroverse zur flexiblen Planung zwischen Schneider, D. (1971, 1972) und Hax/Laux (1972a, 1972b). Vgl. auch Braun, 1984, S. 165 f.; Riebel, 1988, S. 257 ff.; Franke/Hax, 1990, S. 216 ff.; Hax, 1991, S. 154. Entsprechend dem Konzept der flexiblen Planung wer-

Ein Kernproblem der Erfolgsplanung besteht in der Wahl eines adäquaten Detaillierungsgrades der Projektauszahlungsplanung. Dieses als *Genauigkeits-Dilemma der Angebotskalkulation* bezeichnete Problem resultiert in erster Linie aus der Gefahr, die Leistungen im Zusammenhang mit der Auszahlungsermittlung und Angebotserstellung bei nicht erteilten Aufträgen ohne jede Gegenleistung zu erbringen (Angebotsrisiko)[44]. Die wirtschaftlich angemessene Kalkulationsgenauigkeit wird vornehmlich von den Erfolgserwartungen sowie von der Auftragsrealisierungswahrscheinlichkeit determiniert. Obwohl diese beiden Faktoren in den frühen Projektphasen nur recht grob abschätzbar sind, sollte der Anfragenbewertung durch ein sorgfältiges, systematisches und vor allem selektives Vorgehen besondere Aufmerksamkeit geschenkt werden, um nur diejenigen Ausschreibungen weiterzuverfolgen, die einen gewinnträchtigen Geschäftsabschluß in Aussicht stellen[45]. Die aus einer verschärften Anfragenselektion folgende Reduzierung der Anzahl von Anfragen, für die ein Angebot ausgearbeitet werden soll, eröffnet die Möglichkeit, eine genauere und zuverlässigere, d.h. allerdings auch aufwendigere Vorkalkulation vorzunehmen, die jedoch eine erheblich verbesserte Informationsbasis für die Auftragsselektionsentscheidung darstellt. Darüber hinaus hängt die Bestimmung des Detaillierungsgrades der Vorkalkulation vom Nutzenpotential der Kalkulationsergebnisse ab. Da die dynamische Zahlungsrechnung nicht nur unter betriebswirtschaftlichen Gesichtspunkten exaktere und fundiertere Aussagen als die traditionelle kalkulatorische Erfolgsrechnung zuläßt, sondern darüber hinaus auch durch ihre vielseitige Verwertbarkeit, die im folgenden dargelegt wird, zu erheblichen Vereinfachungen bei anderen Rechnungsaufgaben führt, scheint der mit dieser vergleichsweise feingliedrigen Planungsrechnung verbundene Aufwand gerechtfertigt.

Um die Ausführungen nicht laufend auf den je nach Akquisitionsphase unterschiedlichen Kenntnisstand bezüglich der technischen Projektauslegung relativieren zu müssen, wird im weiteren davon ausgegangen, daß die technische Angebotsklärung und Projektierung der Anlage weitgehend abgeschlossen ist, so daß die Erfolgsplanung auf einem fest umrissenen Liefer- und Leistungsumfang aufbauen kann. Die dargestellte Form der dynamischen Zahlungsrechnung entspricht somit der differenzierten Auftragskalkulation der traditionellen Erfolgsrechnung. In Analogie dazu besteht auch für die dynamische Zahlungsrechnung die Möglichkeit, daraus vereinfachende Vorgehensweise zur Grob-

---

den in der Mitlaufenden Auftragskalkulation die Soll-Projektzahlungen ständig dem aktuellen Informationsstand angepaßt.

[44] Vgl. Ternirsen, 1990, S. 223 f.; Höffken/Schweitzer, 1991, S. 17 ff.

[45] Hierzu existieren leistungsfähige Ansätze, wie insb. die in Abschnitt II.D.2.b.(1) erwähnte Arbeit von Heger (1988) beweist. Die Anfragenbewertung ist mit einer ersten Risikoanalyse zu koppeln, da die Ablehnung eines Projekts allein aufgrund der damit verbundenen Risiken erforderlich sein kann; vgl. Höffken/Schweitzer, 1991, S. 19.

Kalkulation in frühen Projektphasen abzuleiten, worauf im weiteren allerdings nicht eingegangen wird.

Die Planung der Projektauszahlungsreihe erfordert als erstes die Erstellung des zeitlich strukturierten Mengengerüstes der Anlage anhand von Netzplänen, um daraus die zu erwartenden Auszahlungen ermitteln zu können. Da sich die einschlägige Literatur bereits in zahlreichen Arbeiten mit der Kapazitäts-, Zeit-, Kosten- und Finanzplanung mittels Netzplantechnik befaßt hat, bleiben die folgenden Ausführungen auf die wesentlichen Aspekte und Unterschiede beschränkt[46].

b. Planung der Projektzahlungen

(1) Planung der Projektauszahlungen

(a) Erstellung des zeitstrukturierten Mengengerüstes anhand von Netzplänen

Wie bereits im Grundlagenkapitel II hervorgehoben, bildet die Netzplantechnik ein geeignetes und in der Praxis seit langem bewährtes Verfahren zur Planung, Steuerung und Kontrolle komplexer Projekte[47]. Das Verfahren zwingt während der Vorbereitung der Auftragsabwicklung zu einer genauen ablauforganisatorischen und zeitlichen Planung des Projekts und dient in der Durchführungsphase als Richtschnur für die Überwachung der Projektrealisation. Netzpläne üben dabei eine *Indikatorfunktion* aus, da sie Abweichungen von der geplanten Abwicklung sichtbar machen und damit den Anstoß geben, deren Ursachen zu eruieren. Bei einem entsprechend detaillierten Netzplan können z.B. auch kleinere Änderungswünsche des Kunden registriert und entsprechend nachverhandelt werden. Die zunächst nur für Zwecke der terminorientierten Durchführungsplanung und -kontrolle eingesetzte Netzplantechnik wird durch die Möglichkeit der Einbeziehung der Kapazitäts- und vor allem Auszahlungsplanung zu einem umfassenden Planungsin-

---

[46] Vgl. ausführlich z.B. Spickhoff, 1966, S. 592 ff.; Buttler, 1970, S. 183 ff.; Withauer, 1971, S. 609 ff.; Gewald/Kasper/Schelle, 1974, S. 16 ff.; Kern, 1976, Sp. 1387 ff.; Post, 1984, S. 153 ff.; Nickel, 1985, S. 131 ff.; Fietz, 1986, S. 31 ff.; Schwarze, 1990, S. 112 ff.

[47] Vgl. zu den Grundlagen und Empfehlungen für die Gestaltung von Projektstruktur- und Netzplänen Abschnitt II.B.2 sowie die dort angegebene Literatur. Auf die verschiedenen Darstellungsvarianten von Netzplänen wie insb. Vorgangspfeil- (CPM), Vorgangsknoten- (MPM) und Ereignisknoten-Netzpläne (PERT) wird hier angesichts der reichhaltigen Literatur nicht eingegangen; vgl. dazu auch Matthes, 1979; Schwarze, 1979; Brink, 1990; Hennicke, 1991, S. 20 ff.

strument, das innerhalb der dynamischen Zahlungsrechnung als *integraler* und nahezu unverzichtbarer *Bestandteil* anzusehen ist.

Technik (Qualität), *Zeit* und wirtschaftlicher *Erfolg* als die zentralen Parameter eines Anlagengeschäfts sind in interdependenter Weise miteinander verbunden. So stellt die technische und qualitative Ausgestaltung einer Industrieanlage eine Haupteinflußgröße der Terminplanung dar und bestimmt über die Projektauszahlungen maßgeblich neben Höhe und zeitlicher Verteilung der Projekteinzahlungen den Auftragserfolg. Umgekehrt kann die erfolgswirtschaftliche Situation eines Projekts auch zu veränderten technischen Lösungen und Umkonstruktionen führen. Da die Bedeutung kurzer Erstellungsdauern als Wettbewerbsfaktor deutlich zugenommen hat, spielt eine genaue Terminplanung, die die kürzest mögliche Durchlaufzeit sowie zeitkritische Vorgänge herausarbeitet, eine immer größere Rolle. Terminverzögerungen sind zudem infolge von Konventionalstrafen, erhöhten Zinslasten u. dergl. oftmals die Ursache für gravierende Auszahlungsüberschreitungen[48]. Daraus ergibt sich ein Informationsbedarf hinsichtlich der Erfolgswirkungen von Maßnahmen zur Projektbeschleunigung; bestehen bei der zeitlichen Ablaufplanung Freiheitsgrade, so stellt sich die Frage nach der erfolgsoptimalen Abwicklungsdauer.

Die Beispiele machen deutlich, daß eine erfolgreiche Auftragsabwicklung nur dann erreicht werden kann, wenn die technische, qualitative, terminliche und erfolgswirtschaftliche Dimension eines Projekt während der Planungs- und Realisationsphase in *integrierter* Weise betrachtet wird[49]. Die Netzplantechnik ermöglicht dies durch die im folgenden skizzierte Verknüpfung der an den technischen Vorgaben ausgerichteten Zeitplanung und -überwachung mit der Erfolgsrechnung. Daß die Erstellung und laufende Pflege eines Netzplanes in dem hier erforderlichen Detaillierungsgrad nicht ohne Computerunterstützung denkbar ist, bedarf keiner näheren Ausführung[50].

Ausgangspunkt für die Planung der Projektauszahlungen bildet ein Netzplan, der die gesamte Projektabwicklung - unter Berücksichtigung der Inanspruchnahme begrenzter Ressourcen durch andere Aufträge[51] - in ihrer technologischen Abhängigkeit und zeitlichen Struktur darstellt. Analog zur Aufgliederung der Anlage im Projektstrukturplan besteht die Möglichkeit, den Projektnetzplan in *Teilnetze* zu zerlegen, um die Übersicht-

---

[48] Vgl. Grabowski/Kambartel, 1977, S. 26; Kraus, 1986, S. 116 ff.
[49] Vgl. Madauss, 1990, S. 189 ff. und S. 223 ff.
[50] Vgl. hierzu Müller-Ettrich, 1979, S. 318 ff.; Wolter, 1984, S. 507 ff.; Schwarze, 1990, S. 258 ff. Madauss (1990, S. 196) gibt einen Überblick über die in Deutschland verfügbare Netzplantechnik-Software.
[51] Vgl. Dorin, 1979, S. 230 ff.

lichkeit und Handhabbarkeit zu verbessern. Finden sich bestimmte Baugruppen oder Arbeitsabläufe in gleicher oder ähnlicher Form bei mehreren Projekten, so ist es wirtschaftlich von Vorteil, dafür *Standardnetzpläne* zu erstellen. Die Wiederverwendung von standardisierten Teilnetzplänen kann zu einer deutlichen Verringerung des insgesamt als recht hoch einzuschätzenden Arbeitsaufwandes der Netzplanerstellung beitragen[52] und Bemühungen zur innerbetrieblichen Standardisierung von Baugruppen fördern, die ggf. sogar teilweise in eine Fertigung nach dem Baukastenprinzip münden können[53]. Dabei besteht allerdings die Gefahr, daß veränderte Gegebenheiten beim neuen Projekt vernachlässigt oder übersehen werden und eine entsprechende Anpassung des Netzplans unterbleibt. Bspw. kann die Montage zweier völlig identischer (Teil-)Projekte in unterschiedlichen Abnehmerländern mit verschiedenen rechtlichen, politischen und/oder klimatischen Verhältnissen in dem einen Fall unproblematisch sein, in dem anderen jedoch von erheblichen Abwicklungsschwierigkeiten begleitet sein. In diesem Bereich kann die Netzplantechnik sinnvoll durch *Expertensysteme* unterstützt werden, wie die bereits existierenden Systeme und vielversprechenden Entwicklungsansätze zeigen[54]. Bspw. ist über Expertensysteme die Einbeziehung von Risikofaktoren möglich, die zu einer Verlängerung der geplanten Projektdauer führen können. Vor allem aber tragen sie aufgrund der Übernahme von Strukturierungsarbeiten zu einer Entlastung des Fachpersonals bei, denen dadurch die Möglichkeit gegeben ist, sich in stärkerem Maße der projektspezifischen Gestaltung der Netzpläne zu widmen[55]. Dennoch sollten die durch Standardnetzpläne erfaßten Baugruppen oder Arbeitsabläufe nicht zu umfangreich sein und in systematischer Form in einer Datenbank gespeichert werden, die sämtliche relevanten Informationen über die einzelnen Anlagenkomponenten enthält[56]. Die Zusammenfassung der einzelnen standardisierten und neu erstellten Teilnetzpläne (letztere fließen natürlich ebenfalls in die Netzplandatenbank ein, um für spätere Aufträge zur Verfügung zu stehen) zum Gesamtnetzplan des Projekts ist in den meisten Computerprogrammen vorgesehen[57].

Zur Schaffung des für die Ableitung der Projektzahlen notwendigen Mengengerüstes eines Projekts ist von Ingenieurseite für die Vorgänge des Netzplans der Bedarf an Ein-

---

[52] Ein interessanter Ansatz zur Bestimmung der Kosten von Netzplänen findet sich bei Wasielewski, 1979, S. 541 ff. Vgl. auch Rinza, 1985, S. 78 ff.

[53] Vgl. Thumb, 1975, S. 382 ff.; Post, 1984, S. 163 ff.; Nickel, 1985, S. 144 ff.

[54] Vgl. hierzu den Überblick bei Zelewski (1988, S. 1112 ff.) und die dort untersuchten Ansätze aus der Literatur sowie Hennicke, 1991, S. 115 ff. Zum Einsatz von Expertensystemen bei der Angebotserstellung vgl. Schnorrenberg, 1990, S. 129 ff.

[55] Vgl. Zelewski, 1988, S. 1128 f.

[56] Vgl. Abschnitt II.D.2.c.

[57] Vgl. Nickel, 1985, S. 145 f. sowie die dort gegebenen Beispiele.

satzfaktoren wie Fertigungsmaterial, Zukaufaggregate, Konstruktions-/Fertigungs-/ Montagestunden u. dergl. zu prognostizieren, wobei für einen großen Anteil der Einzelauszahlungen auf Stücklisten zurückgegriffen werden kann[58]. Der detaillierte Aufbau der Projektstruktur- und Netzpläne erweist sich hier als sehr vorteilhaft, weil dadurch eine vermehrte Zurechnung von Auftragseinzelauszahlungen ermöglicht wird[59]. Durch die Terminierung der Vorgänge im Netzplan ist der Zeitpunkt des Faktoreinsatzes bereits gegeben. Eine solche netzplangestützte Ablaufplanung bildet zugleich eine hervorragende Basis für die unternehmensbezogene Kapazitätsplanung, durch die ggf. erforderliche Kapazitätserweiterungen oder -verkleinerungen in Erscheinung treten. Nachdem festgelegt wurde, welche Einsatzfaktoren in welcher Menge zu welchem Zeitpunkt voraussichtlich benötigt werden, steht der Kalkulator vor der Aufgabe, die sich daraus ergebenden Auszahlungen zu ermitteln.

(b) Ableitung des projektbezogenen Auszahlungsstroms

Die Planung der Projektauszahlungen bezieht sich grundsätzlich auf die *Vorgänge* des Netzplans[60], wobei die Abgrenzung der Vorgänge weitestgehend an der Auszahlungsstellengliederung zu orientieren ist. Einzelne Vorgänge sollten möglichst vollständig von einer Auszahlungsstelle ausgeführt werden können, wobei es im Interesse der Wirtschaftlichkeit und Handhabbarkeit des Systems notwendig sein kann, Einzelvorgänge zu Vorgangsgruppen zusammenzufassen[61]. Die Verwendung von Vorgängen oder Vorgangsgruppen statt von Arbeitspaketen als Zuordnungselement der Auszahlungen ist zwar aufwendiger, bietet dafür aber gewichtige Vorteile[62]:

1) Eine vorgangsbezogene Auszahlungsermittlung ist aufgrund der klaren organisationsbezogenen Abgrenzung der Vorgänge leichter und exakter möglich als für größere Aufgabenkomplexe.

2) Die Projektauszahlungsprognose ist unmittelbar mit der Zeitplanung verknüpft, d.h. eine zeitstrukturierte Auszahlungsplanung als unabdingbare Voraussetzung des

---

[58] Vgl. auch Kilger, 1988, S. 242 ff.
[59] Vgl. Saynisch, 1979, S. 248; Mertens, 1983, S. 25.
[60] Im Gegensatz zur PERT/COST-Methode, bei der die Arbeitspakete die primären Zuordnungselemente für die Kosten bilden, wird hier auf die Vorgänge abgestellt; vgl. zur PERT/COST-Methode z.B. Miller, 1965; Schelle, 1969. Eine auf Arbeitspakete bezogene Kostenplanung empfiehlt auch Kraus, 1986, S. 245 f.
[61] Vgl. Kern, 1976, Sp. 1391 ff.; Saynisch, 1979, S. 257 ff.
[62] Vgl. auch Withauer, 1971, S. 616 f.; Saynisch, 1979, S. 250 f.

dynamischen Ansatzes ist erreicht. Die aus Terminverschiebungen bei der Auftragsabwicklung resultierenden Wirkungen für die Projektauszahlungen sind auf einfache Weise zu ermitteln.

3) Aus der Projektauszahlungsprognose können die Auszahlungsvorgaben (Budgets) für die Auszahlungsstellen, die die Grundlage für die Erfolgskontrolle bilden, schnell und problemlos abgeleitet werden.

Der infolge des hohen Detaillierungsgrades einer vorgangsbezogenen Projektauszahlungsplanung zunächst höhere Arbeitsaufwand relativiert sich somit durch vielfältige Erleichterungen bei anderen Aufgaben der Erfolgsrechnung.

Die auf den Mengenstrukturen basierende Schätzung der Auszahlungen eines Vorgangs bzw. einer Vorgangsgruppe erfordert die Klärung der Bewertungsfrage. Der pagatorische Charakter des dynamischen Ansatzes verlangt auch in der Erfolgsplanungsrechnung grundsätzlich eine Bewertung nach dem *Anschaffungswertprinzip*. Die Höhe des in die Vorkalkulation eingehenden Ansatzes der Einsatzfaktoren, die eigens für ein Projekt beschafft werden, richtet sich deshalb nach den erwarteten Anschaffungspreisen[63]. Bei der Bewertung der durch ein zu kalkulierendes Projekt genutzten Produktionspotentiale, die bereits im Unternehmen vorhanden sind (insb. maschinelle Anlagen und Materialvorräte), müssen ggf. im Einzelfall Tageswertumrechnungen vorgenommen werden[64].

Die Auszahlungsplanung erfolgt differenziert nach Auszahlungsarten, wobei sich eine Grobaufteilung in Projekteinzel- und -gemeinauszahlungen anbietet. Der Primärauszahlungscharakter der *Projekteinzelauszahlungen* wirkt sich auch hier vorteilhaft aus, da sich die Schätzungen von Auszahlungszeitpunkt und -höhe unmittelbar auf die für die Faktorbedarfe voraussichtlich anfallenden Beschaffungsentgelte richten können:

Zur Wahrung der Aussagekraft und betriebswirtschaftlichen Fundierung der finanzmathematischen Kennzahlen stellt die Planungsrechnung grundsätzlich auf die *effektiven Zahlungszeitpunkte* der zukünftig erwarteten Projektauszahlungen ab. Angesichts des langen Planungszeitraums und der monatsbezogenen Einteilung der Projektdauer kann allerdings für die meisten Projekteinzelauszahlungsarten die Annahme als vertretbar gelten, daß der aus dem Netzplan entnommene Bedarfszeitpunkt mit dem Beschaffungs- und Zahlungszeitpunkt (Zahlungsmonat) übereinstimmt. Ist es bei bestimmten Faktorarten üblich, eine Zahlungsfrist von z.B. einem Monat in Anspruch zu nehmen, so ist die Auszahlung entsprechend einen Monat später anzusetzen. Für größere Fremdleistungen

---

[63] Vgl. auch Hax, 1967, S. 754 f.; Schwermer, 1971, S. 182 f.

[64] Zu den zweckbedingten Abweichungen von den "Zahlungspreisen" vgl. Abschnitt V.B.1.b und c.

oder den Kauf hochwertiger Teile wird es i.d.R. notwendig sein, die Zahlungsbedingungen/-fristen des Lieferanten sowie die hierbei oftmals übliche Ratenzahlung auch in der Planungsrechnung zu berücksichtigen. Da für derartige Bestellungen gewöhnlich bereits in frühen Projektphasen Angebote der Lieferanten eingeholt werden, aus denen der Preis zum jeweiligen Bedarfstermin sowie die Zahlungskonditionen hervorgehen (sollten), erweist sich dies in den meisten Fällen als wenig problematisch. Zusätzlich sind die bei den jeweiligen Auszahlungsarten üblichen Zahlungsgewohnheiten des Anlagenbauers zu beachten. Diese können zu weiteren Verschiebungen in der Auszahlungsplanung führen.

Zur Bemessung der *Auszahlungshöhe* hat der Kalkulator den Preis zu schätzen, der für die Beschaffung eines Einsatzfaktors voraussichtlich zu bezahlen sein wird. Sind die zukünftigen Beschaffungsentgelte nicht durch Lieferantenangebote oder Preislisten weitgehend fixiert, so ist die Auszahlungsplanung auf Preisschätzungen angewiesen, denen bestimmte Annahmen bezüglich der Preis- und ggf. Wechselkursentwicklung zugrunde liegen. Hier wird überwiegend von durchschnittlichen (jährlichen oder monatlichen), nach Faktorarten differenzierten Preisänderungsraten auszugehen sein, die über spezifische Indizes berücksichtigt werden können[65]. Um deren Ergebniswirksamkeit später in Sensitivitätsanalysen untersuchen zu können, gilt hier - wie auch bei den übrigen Auszahlungsarten -, daß die Mengenkomponente stets getrennt von der Preisbewertung auszuweisen ist.

Die Planung der *Projektgemeinauszahlungen* befaßt sich zunächst mit den Auszahlungen der Konstruktions-, Fertigungs- und Montagebereiche. Da die Maßgrößen für die Bestimmung dieser Auszahlungen (z.B. Stunden, Gewicht) auftragsweise erfaßt werden, kommt ihnen Einzelauszahlungscharakter zu, was die Auszahlungsplanung erleichtert[66]. Es ist hierbei vor allem die Frage zu beantworten, wie die Stundenverrechnungssätze, mit denen die Leistungen der genannten Bereiche einem Projekt zugerechnet werden, für den Planungszeitraum festzulegen sind. Eine tragfähige Lösung kann dabei nur auf analytischem Wege erreicht werden, indem die verschiedenen Auszahlungsarten, aus denen die Verrechnungssätze bestehen, auf ihre Veränderungen im Zeitablauf untersucht werden. Dabei sind insb. im Konstruktions- und Fertigungsbereich Rationalisierungsfortschritte zu berücksichtigen, die preissteigernde Tendenzen bei den Einsatzfaktoren ggf. auffangen können. Die für eine Anlage während der Erstellungsdauer geschätzte Anzahl an Konstruktions-, Fertigungs- bzw. Montagestunden wird dann je nach

---

[65] Vgl. Busse von Colbe/Laßmann, 1990, S. 82 ff.
[66] Vgl. Höffken/Schweitzer, 1991, S. 133 ff.

deren zeitlicher Lage mit dem entsprechenden für diese Zeit geltenden Verrechnungssatz bewertet.

Die Planung der über prozentuale Zuschlagssätze zu verteilenden Projektgemeinauszahlungen der Material-, Entwicklungs-, Vertriebs- und Verwaltungsstellen erfolgt statt auf Vorgangsebene erst auf Gesamtprojektebene[67]. Die Prognose derartiger Gemeinauszahlungen bereitet größere Probleme, da sich die Überlegungen nicht auf einzelne Projekte, sondern auf die gesamte Unternehmung und deren Beschäftigungsgrad beziehen. Grundsätzlich sind hier Auszahlungsschätzungen auf der Basis der zukünftigen *Plan*beschäftigung bei erwarteter Auftragsstruktur und dementsprechenden Gemeinauszahlungszuschlägen einer Vorgehensweise vorzuziehen, die an eine vergangenheitsorientierte *Normal*beschäftigung anknüpft, da die Auslastung der einzelnen Teilkapazitäten gerade im industriellen Anlagengeschäft starken Schwankungen unterliegen kann[68]. Aufgrund der langen Abwicklungszeiten der in Arbeit befindlichen oder für die Zukunft fest eingeplanten Projekte kann die Planbeschäftigung, insb. bei laufender Netzplanunterstützung, vergleichsweise einfach und genau geschätzt werden[69]. Dennoch sollte die Planbeschäftigung nicht laufend an Schwankungen der Kapazitätsauslastung angepaßt, sondern in Höhe eines erwarteten Durchschnittswertes konstant gehalten werden. Die Prognose des Durchschnittswertes für die gesamte Abwicklungsphase wird allerdings durch die noch nicht absehbaren, für zukünftige Projekte notwendigen Erweiterungen oder Reduzierungen vorhandener Kapazitäten (insb. Personalkapazitäten) erschwert. Unabhängig davon sollte stets versucht werden, die Höhe der Zuschlagssätze nicht für ganze Geschäftsbereiche einheitlich, sondern in differenzierter Form nach Maßgabe der Gegebenheiten des einzelnen Auftrags projektspezifisch festzulegen.

Nachdem die Schätzung der Auszahlungen für sämtliche im Netzplan enthaltenen Vorgänge/Vorgangsgruppen abgeschlossen ist, werden die ermittelten Beträge in zeitlicher und sachlicher Hinsicht aggregiert. Die *zeitliche Aggregation* dient der Erstellung der auftragsbezogenen Auszahlungsreihe. Dazu werden die Projektauszahlungen derjenigen Vorgänge summiert, die im jeweils gleichen Monat anfallen, wobei deren Untergliederung in Auszahlungsarten erhalten bleibt. Zusätzlich sind die genannten Projektgemeinauszahlungen sowie diejenigen Auszahlungsbeträge anzusetzen, die nicht auf Vor-

---

[67] Vgl. Withauer, 1971, S. 617 f.
[68] Vgl. Mellerowicz, 1980, S. 325.
[69] Eine genaue Auszahlungsplanung ist insb. für den Verwaltungsbereich wegen des mangelnden Bezugs zur betrieblichen Leistung schwierig; hier sollten Überlegungen angestellt werden, inwiefern der Ansatz des *Zero-Base Budgeting* mit einer projektbezogenen Abgrenzung der Entscheidungseinheiten sinnvoll zur Anwendung gelangen kann; dies würde jedoch den Rahmen dieser Arbeit sprengen. Vgl. allgemein Hitschler, 1990, S. 287 ff.

gangsebene auftreten und nur dem Auftrag insgesamt zugerechnet werden können (z.B. Auftragsfinanzierung, General Engineering, Zölle, Lizenzen u. dergl.). Dabei muß besondere Aufmerksamkeit darauf verwendet werden, daß diese gesamtprojektbezogenen Auszahlungsarten im Monat ihrer Zahlungswirksamkeit angesetzt werden. Man erhält dadurch über die gesamte Projektdauer hinweg die Beträge der Projektauszahlungen pro Monat, die - gemeinsam mit den Projekteinzahlungen - die Grundlage für die monatliche Berechnung der Auftragszinsen bilden. Zugleich stellt diese monatsbezogene Projektzahlungsreihe die Ausgangsbasis dar für die Ableitung der *periodenbezogenen Erfolgsplanungsrechnungen* auf Unternehmensebene[70].

Aufgrund der im Vorfeld erfolgten Zuordnung der Vorgänge des Netzplans zu den Arbeitspaketen des Projektstrukturplans können im Rahmen der *sachlichen Aggregation* aus den vorgangsbezogenen Auszahlungen die entsprechenden Beträge für die unterschiedlichen Ebenen des Projektstrukturplans, d.h. für die Arbeitspakete, Baugruppen, Teilprojekte sowie für das Gesamtprojekt ermittelt werden. Die zeitliche Strukturierung bleibt dabei ebenso erhalten wie die Untergliederung in Auszahlungsarten. Ein durchgehend verwendetes und einheitliches *Nummernsystem*, das die unüberschaubare Vielzahl von zeitlich-sachlichen Zuordnungsbeziehungen durch entsprechende Codierungen beherrschbar macht, wird zum tragenden Element nicht nur der Erfolgsrechnung, sondern auch der gesamten technisch-terminlichen Auftragssteuerung.

(2) Planung der Projekteinzahlungen

Die projektbezogene Auszahlungsplanung dient als Grundlage für die Ermittlung der Projekteinzahlungen (Planerlöse), die ebenfalls hinsichtlich ihrer Höhe (Preis) sowie zeitlichen Verteilung (Zahlungskonditionen) zu bestimmen sind und die vom Anbieter gewünschte Gegenleistung für die Projektrealisierung ausdrücken. Die anbieterseitige Planung der Projekteinzahlungen hat neben dem angestrebten Auftragserfolg und den sonstigen Projektzielen vor allem eine ausreichende Abdeckung der Auftragsrisiken sowie die finanzwirtschaftliche Situation des Unternehmens zu berücksichtigen. Die beiden letztgenannten Aspekte werden angesichts ihrer herausragenden Bedeutung in den nachfolgenden Gliederungsabschnitten gesondert behandelt.

Die Höhe des *Einzahlungsbetrages* orientiert sich in einer ersten Annäherung an der ermittelten Summe der Projektauszahlungen, deren Deckung grundsätzlich sicherzustellen

---

[70] Vgl. hierzu Abschnitt V.E.2.

ist. Der dynamische Auftragserfolg ist nun in hohem Maße von den vereinbarten *Zahlungsbedingungen* abhängig, da diese regeln, zu welchen Zeitpunkten die Projekteinzahlungen eingehen. Bei unterschiedlichen Zahlungsbedingungen wird der Auszahlungsreihe des Projekts eine andere Einzahlungsreihe gegenübergestellt, was natürlich die Zahlungssalden sowie die daraus resultierenden Zinsen und Zinseszinsen in entsprechender Weise beeinflußt. Die Zahlungsbedingungen entscheiden infolgedessen maßgeblich über den dynamischen Auftragserfolg mit, so daß ihnen bei den Vertragsverhandlungen angemessene Beachtung geschenkt werden sollte[71].

Mit der Vereinbarung und ggf. vertraglichen Festlegung von Preisen und Zahlungsbedingungen ist die Einzahlungsplanung allerdings noch nicht beendet. Da die dynamische Zahlungsrechnung im Grundsatz an effektiven Zahlungen ansetzt, sind weitere Einflußgrößen des Zahlungseingangs zu beachten. Als wichtigste sind zu nennen[72]:

1) *Zahlungsverhalten des Kunden*

   Hierbei geht es um die Frage, ob der Kunde die vereinbarten Zahlungstermine und -beträge einhält, oder ob Abweichungen davon zu erwarten sind. Die Informationsgrundlage dazu bilden vor allem die eigenen sowie fremde Erfahrungen, die man mit den Zahlungsgewohnheiten des Kunden bei früheren Geschäften gesammelt hat, sowie Bonitätseinstufungen des Kunden.

2) *Zahlungsform*

   Die Form der zahlungstechnischen Abwicklung (z.B. Scheck, Wechsel, Akkreditiv) wirkt auf den Termin, aber auch auf die Höhe der Einzahlungen ein, wenn man hier an die oftmals nicht geringen Bankspesen denkt.

3) *Zahlungs- und Kreditsicherung*

   Kommt der Kunde seiner Zahlungsverpflichtung nicht in vereinbarter Weise nach, so hängt es von den vertraglich festgelegten Regelungen wie Eigentumsvorbehalt, Verzugszinsen und Hermes-Kreditversicherung ab, ob und in welchem Umfang der Anbieter seine Zahlungsansprüche noch realisieren kann.

Die ersten beiden Einflußgrößen werden allenfalls zu kurzfristigen Einzahlungsverschiebungen führen, die überwiegend in regelmäßiger und vorhersehbarer Form auftreten. Dies macht deren *Einbeziehung über Vektoren* möglich, wodurch die Einzahlungsreihe

---

[71] Vgl. hierzu auch die Ergebnisse der Praxisstudie in Abschnitt V.D.4.c.
[72] Vgl. Niebling, 1973, S. 42 ff.

entsprechend korrigiert werden kann[73]. Dahingegen kann eine unzureichende Absicherung gegen eine mögliche Zahlungsunfähigkeit des Kunden mit einschneidenden Zahlungsausfällen oder -verzögerungen verbunden sein, so daß eine adäquate Vorsorge zum unverzichtbaren Vertragsbestandteil wird. Es sollte versucht werden, derartige Versicherungen in der Weise zu gestalten, daß die aus ihrer Inanspruchnahme resultierenden Einzahlungen einen zufriedenstellenden Auftragserfolg gewährleisten.

In der Praxis sind häufig Zahlungsbedingungen anzutreffen, die die Fälligkeit einer Zahlungsverpflichtung an die Erbringung und Abnahme genau abgegrenzter Teilleistungen des Anbieters knüpfen (pro-rata-Lieferung). Da die Einzahlungen des Auftrags dadurch zeitlich an den Leistungsfortschritt angekoppelt sind, hängt es von der Zuverlässigkeit der Terminplanung ab, ob die Einzahlungszeitpunkte auf vernünftige Weise prognostiziert werden können. Aufgrund der vorgesehenen Anwendung der Netzplantechnik und der dadurch geschaffenen zeitlichen Terminierung des Erstellungsprozesses der Anlage besteht somit die Möglichkeit, dem Netzplan unmittelbar die entsprechenden Einzahlungstermine zu entnehmen. Die Netzplantechnik erweist sich also sowohl bei der Auszahlungs- als auch bei der Einzahlungsplanung als ein sehr hilfreiches und zuverlässiges Instrument. Sollte es dem Anbieter zur Risikoreduzierung gelingen, Preisgleitklauseln durchzusetzen, so können diese problemlos in ihren Wirkungen auf die Höhe der Einzahlungen berücksichtigt werden[74].

Da der Gesamtpreis einer Anlage i.d.R. in mehrere Teilpreise für unterschiedliche Anlagenkomponenten oder Dienstleistungen zerfällt, müssen diese demgemäß gesondert kalkuliert werden. Die analog zu den Projektauszahlungen vorzunehmende Aggregation der Projekteinzahlungen in *zeitlicher* Hinsicht besteht lediglich darin, diese dem Monat ihres Eingangs zuzuordnen. Die *sachliche* Aggregation stellt den zuvor berechneten Auszahlungen der einzelnen Komponenten und Dienstleistungen die entsprechenden Einzahlungen gegenüber, soweit dies möglich ist. Erfolgen die Einzahlungen vollständig oder teilweise gesamtprojektbezogen, sind Disaggregationen erforderlich, um eine getrennte Nachkalkulation für diese Teillieferungen und -leistungen zu ermöglichen.

---

[73] Die Vorgehensweise zur Berücksichtigung von Einzahlungsverschiebungen mittels Vektoren wird in der Literatur bereits eingehend beschrieben, so daß hier auf eine diesbezügliche Darstellung verzichtet werden kann. Vgl. insb. Langen, 1964; Langen, 1965, Backhaus, 1980a, S. 70 ff.

[74] Zu Preisgleitklauseln vgl. z.B. Backhaus, 1979, S. 3 ff.; Mellerowicz, 1980, S. 327 ff.

c. Erfolgswirtschaftliche Berücksichtigung der Projektrisiken

Die herausragende Bedeutung der mit einem Anlagengeschäft verbundenen Risiken zwingt dazu, diese in angemessener Weise in die Erfolgsplanungsrechnung einzubeziehen[75]. Bei der Entscheidungsfindung sind die Risiken eines Anlagengeschäfts allerdings stets zusammen mit dessen *Erfolgschancen* zu sehen, da nur diese es lohnend erscheinen lassen, derart viele und komplexe Risiken in Kauf zu nehmen. Unter dem Begriff des *Risikos* werden hier alle Gefahren subsumiert, die den vorausgeschätzten dynamischen Auftragserfolg beeinträchtigen können[76]. Zur Aufdeckung und erfolgsrechnerischen Berücksichtigung der Projektrisiken als Aufgabe des Risiko-Managements wird in der dynamischen Zahlungsrechnung folgende dreistufige Verfahrensweise vorgeschlagen:

1) *Risikoanalyse*

Den Ausgangspunkt bildet eine Risikoanalyse, in der sämtliche Gefahren, die zu einer Verminderung des angestrebten dynamischen Auftragserfolgs führen können, aufzuspüren sind[77]. Die Risikoanalyse muß also zunächst herausarbeiten, welche Einflußgrößen überhaupt für das Zustandekommen des Auftragserfolgs als Zielgröße verantwortlich sind, um daran anschließend zu eruieren, welche Gefahren auf diese Einflußgrößen einwirken. Die differenzierte Risikoanalyse fußt somit auf einer projektbezogenen Untersuchung der Bestimmungsgrößen des Auftragserfolgs, die als Inputgrößen in die Erfolgsplanungsrechnung eingehen[78].

Als wesentliche Determinanten des dynamischen Auftragserfolgs sind die Auszahlungsreihe, die Einzahlungsreihe sowie der Kalkulationszinsfuß und der Bezugszeitpunkt zu unterscheiden, wobei sich bei der Aus- und Einzahlungsreihe eine weitergehende Differenzierung der Bestimmungsgrößen danach anbietet, ob diese auf die Höhe oder den

---

[75] In der Bewältigung der Projektrisiken als Aufgabe des Risiko-Managements wird in Theorie und Praxis das zentrale Problem des industriellen Anlagengeschäfts gesehen, was sich auch in der vergleichsweise hohen Anzahl von Veröffentlichungen widerspiegelt, die sich mit dieser Problematik beschäftigen.

[76] Vgl. zu der hier verwendeten *zielbezogenen Risikodefinition* Ternirsen, 1990, S. 219 f. und die dort angegebene Literatur sowie Braun, 1984, S. 22 ff.; Kegel, 1991, S. 13 ff.; Koch, 1991, S. 490 f. Im Hinblick auf die Risiken, die aus der Zukunftsunsicherheit resultieren, ist grundsätzlich auch die Literatur zur Entscheidungstheorie sowie zur Risikoberücksichtigung bei Investitionen einschlägig.

[77] Als *Risikoanalyse* wird hier ein systematisches Vorgehen zur Aufdeckung aller Projektrisiken bezeichnet; so auch Franke, 1990, S. 19 ff. Häufig wird unter einer Risikoanalyse auch der Versuch verstanden, eine Wahrscheinlichkeitsverteilung für die Ergebnisgröße aus sicheren und unsicheren Inputgrößen abzuleiten; vgl. z.B. Kruschwitz, 1990, S. 271 ff.; Blohm/Lüder, 1991, S. 240 ff.; Hax, 1991, S. 152. Eine Ermittlung von Wahrscheinlichkeitsverteilungen für den Auftragserfolg eines industriellen Anlagengeschäfts erscheint durchaus zweckmäßig; hier werden derartige Überlegungen allerdings ausgeklammert.

[78] Vgl. allgemein zur Einflußgrößenanalyse Laßmann, 1991, S. 162 ff.

Zeitpunkt der Projektzahlungen einwirken. Für die *Einflußgrößen der Auszahlungsreihe* gilt z.B.:
Die Auszahlungs*höhe* wird im wesentlichen determiniert durch die
- Art und den Umfang der zugrundeliegenden Lieferungen und Leistungen sowie die
- für die Faktoreinsatzmengen zu zahlenden Preise.

Der Auszahlungs*zeitpunkt* ist in erster Linie abhängig vom
- Zeitpunkt des Mengenzugangs bzw. -einsatzes sowie von den
- Zahlungsbedingungen des Lieferanten und den eigenen Zahlungsgewohnheiten.

Nach Festlegung der wichtigsten Erfolgseinflußgrößen ist zu untersuchen, welche Störpotentiale (Risiken) eine Abweichung vom geschätzten Einflußgrößenwert verursachen können. So kann z.B. die Verwendung einer für das Unternehmen neuen Anlagentechnologie zu einem erhöhten Einsatzfaktorverbrauch (Auszahlungssteigerung) sowie zu Abwicklungsproblemen (Auszahlungsverzögerungen) führen, die ggf. Konventionalstrafen nach sich ziehen.

In Analogie dazu ist zu analysieren, welche Bestimmungsgrößen für die Höhe und den Zeitpunkt der *Projekteinzahlungen* verantwortlich sind. Hier kommen neben dem Liefer- und Leistungsumfang insb. die Zahlungsmodalitäten und die Zahlungsfähigkeit des Kunden, Preisgleitvereinbarungen sowie ggf. Wechselkursentwicklungen in Betracht.

Die Festlegung des für alle Projekte geltenden *Kalkulationszinssatzes* sowie des projektindividuellen Zinssatzes, zu dem eine Auftragsfinanzierung gewährt wird, erfolgt durch die Unternehmensleitung und wird im wesentlichen von den erwarteten langfristigen Zinsentwicklungen am Kapitalmarkt beeinflußt. Die *Bezugszeitpunkte* werden gemäß den erwarteten Terminen des Vertragsabschlusses bzw. der Auftragsabrechnung bestimmt, wobei letzterer von der Einhaltung der geplanten Abwicklungsdauer abhängt.

Stets sollte versucht werden, die Risiken des Projekts *einzeln* darzustellen und nicht zu globalen Risikopositionen zusammenzufassen, um eine differenzierte Untersuchung und Kontrolle der wirtschaftlichen Risikowirkungen zu ermöglichen. Damit die möglichst vollständige Erfassung sämtlicher Risiken sowie ein systematisches und vereinheitlichtes Vorgehen bei allen Projekten sichergestellt wird, empfiehlt sich die Anwendung von *Risikochecklisten*, die bei der Anfragenbewertung noch recht grobe und im weiteren Verlauf bis zur abschließenden Risikoanalyse zunehmend detailliertere Beurteilungskriterien enthalten. Eine Risikocheckliste darf im Hinblick auf die Vollständigkeit der damit erfaßten Gefahren allerdings nicht überschätzt werden, da es immer wieder neue, nicht vorhergesehene Risiken zu entdecken gilt. In Anhang II wird ein Beispiel für eine vergleichsweise stark untergliederte Risikochecklist gegeben[79].

2)   *Beurteilung der erfolgswirtschaftlichen Relevanz der Projektrisiken*

Nach der Offenlegung der einzelnen Projektrisiken ist deren Relevanz für den dynamischen Auftragserfolg zu beurteilen, da eine erfolgsrechnerische Berücksichtigung nur dann lohnend ist, wenn ein Risikofaktor spürbaren Einfluß auf die Erfolgshöhe hat. Es sind infolgedessen *Sensitivitätsanalysen* durchzuführen, die verdeutlichen, wie empfindlich der dynamische Auftragserfolg auf Abweichungen einer risikobehafteten Inputgröße von dem zunächst geschätzten Wert reagiert[80]. Die Schwankungen des Inputgrößen-Wertes bewegen sich innerhalb einer bestimmten Bandbreite, deren Grenzen durch eine optimistische und eine pessimistische Prognose der zukünftigen Entwicklung ermittelt werden. Auch wenn theoretisch alle in die Erfolgsplanungsrechnung eingehenden Daten auf ihre Ergebnisrelevanz untersucht werden könnten, sollten sich die Sensitivitätsprüfungen primär auf diejenigen Risikofaktoren konzentrieren, welche die Verbräuche und Preise der wichtigsten Einsatzfaktoren (Rohstoffe, Fertigungsmaterial, Lohnstunden u. dergl.) sowie die Zahlungseingänge in spürbarer Weise beeinflussen. Aufgrund der zeitlichen Strukturierung der dynamischen Zahlungsrechnung lassen sich auch die meistens vernachlässigten und gewöhnlich nur sehr grob abschätzbaren Erfolgswirkungen terminlicher Verschiebungen sichtbar machen. Bedeutsame Informationen zur Begrenzung des Verhandlungsspielraums liefern die *kritischen Werte* der wichtigsten Inputgrößen, die nicht unter- bzw. überschritten werden dürfen, ohne daß der dynamische Auftragserfolg negativ oder schlechter als der eines Vergleichsprojekts wird[81].

Da die Sensitivitätsanalyse aufgrund der mangelnden Kenntnisse hinsichtlich der funktionalen Abhängigkeiten zwischen den variierten Inputgrößen i.d.R. nur als Partialanalyse durchgeführt werden kann und die Ergebniswirksamkeit jeweils nur eines Parameters bei Konstanz aller übrigen durchleuchtet, kann sie nicht zur simultanen Bestimmung der optimalen Werte aller Inputgrößen herangezogen werden. Obwohl eine umfassende Lösung des Risikoproblems mit Hilfe von Sensitivitätsanalysen allein nicht möglich ist,

---

[79] Weitere Beispiele für Risikochecklisten geben Funk, 1979, S. 152; Backhaus/Dringenberg, 1984, S. 70 ff.; VDMA, 1985, S. 49 f.; Schwanfelder, 1989, S. 80 ff. Ausführliche Darstellungen der Risiken industrieller Anlagengeschäfte finden sich bei Feuerbaum, 1979b, S. 87 ff.; Spiller, 1979, S. 209 ff.; Backhaus/Molter, 1984, S. 36 ff.; Endell, 1984, S. 307 ff.; Schoof, 1984, S. 1 ff.; Rinza, 1985, S. 56 ff.; Höffken, 1986, S. 110 ff.; Schwanfelder, 1989, S. 73 ff.; Franke/Fürnrohr, 1990; Ternirsen, 1990, S. 220 ff.; Höffken/Schweitzer, 1991, S. 17 ff.

[80] Vgl. Backhaus, 1980a, S. 91; Hildenbrand, 1988, S. 28 ff.; Groth, 1989, S. 105 f.; Warnick, 1989, S. 133; Franke/Hax, 1990, S. 190 f.; Kruschwitz, 1990, S. 266 ff.; Däumler, 1991, S. 160 ff.; Kegel, 1991, S. 30 ff.

[81] Vgl. Kilger, 1965a, S. 338 ff.; Franke/Hax, 1990, S. 191 ff.; Blohm/Lüder, 1991, S. 235 f.

lassen sich daraus doch wesentliche Aussagen über die erfolgswirtschaftliche Bedeutung der einzelnen Risikofaktoren ableiten. Sie geben damit den Anstoß für die Beschaffung weiterer Informationen über diejenigen Inputgrößen, die in besonderem Maße für die Höhe des Auftragsergebnisses verantwortlich sind und deshalb in der Planungsrechnung mit besonderer Sorgfalt zu behandeln sind. Zugleich tragen die Sensitivitätsanalysen zu einer Erhöhung der Wirtschaftlichkeit der Datenbeschaffung bei, da sich diese zielgerichtet auf die kritischen ergebnisrelevanten Parameter beziehen kann[82].

Wird bei der DV-technischen Umsetzung der in sachlicher und zeitlicher Hinsicht strukturierten Erfolgsplanungsrechnung darauf geachtet, daß sämtliche relevanten mengen- und wertmäßigen Inputdaten stets variierbar sind, so verursacht die Durchführung sogar einer großen Anzahl von Simulationsläufen nur geringen Aufwand. Darüber hinaus eröffnen derartige Alternativrechnungen bei der notwendigen Zusammenarbeit von technischer und kaufmännischer Projektplanung die Möglichkeit einer unmittelbaren und schnellen erfolgswirtschaftlichen Beurteilung abgewandelter technischer Lösungen, die sich in veränderten Inputdaten niederschlagen[83].

Um die Ergebnisse den Informationsempfängern auf kompakte und anschauliche Weise zu vermitteln, bietet sich deren grafische Aufbereitung an. Das Ausmaß der Abhängigkeit des dynamischen Auftragserfolgs von Inputgrößen, deren Höhe aufgrund der allgemeinen Zukunftsunsicherheit risikobehaftet ist, kann durch eine Darstellung im Koordinatensystem gut veranschaulicht und unmittelbar abgelesen werden[84]. Im Zusammenhang mit den projektspezifischen Risiken, bei denen unsicher ist, ob sie überhaupt eintreten, bietet sich die Aufstellung eines *Risikoprofils* an, das die erfaßten Risiken hinsichtlich ihrer Eintrittswahrscheinlichkeit und wirtschaftlichen Tragweite darstellt[85].

3) *Erfolgswirtschaftliche Berücksichtigung der Maßnahmen zur Risikobewältigung*

Für sämtliche Risiken, die sich als ergebnisrelevant herauskristallisiert haben, sind Maßnahmen zur *Risikobewältigung* vorzusehen und erfolgsrechnerisch zu berücksichtigen. Dabei ist zu unterscheiden, ob die Risiken abgewälzt oder selber getragen werden[86]:

---

[82] Vgl. Kilger, 1965a, S. 353; Schneider, D., 1980, S. 434 f.; Hax, 1985, S. 133; Hildenbrand, 1988, S. 33; Kruschwitz, 1990, S. 270 f.; Blohm/Lüder, 1991, S. 234 ff.; Kegel, 1991, S. 44.
[83] Vgl. Jung, J., 1982, S. 71 ff.
[84] Vgl. hierzu beispielhaft die Praxisstudie in Abschnitt V.D.4.c. Vgl. auch Back-Hock, 1991, S. 98.
[85] Vgl. Endell, 1984, S. 307 ff.; Höffken/Schweitzer, 1991, S. 31 f.
[86] Vgl. Höffken/Schweitzer, 1991, S. 33 ff.

Die Maßnahmen zur *Risikoabwälzung* sollen sicherstellen, daß die wirtschaftlichen Folgen von Risiken im Falle ihres Eintritts nicht - oder nicht vollständig - durch das Unternehmen zu tragen sind. Dies kann einerseits durch *externe* Instrumente erreicht werden wie insb. durch Versicherungen (z.B. Hermes-Versicherung, Transportversicherung, Kurssicherungsgeschäfte) und durch den vertraglichen Haftungsauschluß für Schäden, bei denen das Risiko auf den Abnehmer übergeht[87]. Durch Maßnahmen wie entsprechende Vorsorge bei der Anlagenkonstruktion, Vorhalten von Ersatzaggregaten u. dergl. können andererseits *intern* Risikofolgen reduziert oder beseitigt werden. In die Erfolgsplanungsrechnung gehen derartige abwälzbare Risiken mit den Auszahlungen für die Maßnahmen zu ihrer Vermeidung ein. Dabei ist wiederum zu beachten, daß diese Auszahlungen zum Zeitpunkt ihres effektiven Anfalls (z.B. Zahlung der Versicherungsprämien) angesetzt werden.

Die zweite Gruppe von Risiken, die entweder bewußt nicht durch derartige Maßnahmen ausgeschaltet werden oder wegen Ausschöpfung aller versicherungstechnischen und vertraglichen Absicherungen nicht abgewälzt werden können, sind vom *Anlagenbauer* selber *zu tragen*. Er hat hierfür in der Kalkulation angemessene Vorsorge zu treffen, um die wirtschaftlichen Folgen der Risiken in gewissem Umfang abzudecken. Die Maßnahmen sind danach zu unterscheiden, ob die Gefahren aus der allgemeinen Zukunftsunsicherheit oder aus den spezifischen Gegebenheiten des Projekts resultieren:

a) Die Berücksichtigung der *allgemeinen Prognoseunsicherheit*, die bei allen Aufträgen gleichermaßen herrscht, durch gesonderte Risikoposten oder eine pauschale Bezuschlagung der einzelnen Kalkulationspositionen ist neben dem damit verbundenen Kumulationseffekt insb. deshalb nicht zu empfehlen, weil die Ergebniswirkungen der einzelnen Störpotentiale in der Abwicklungsphase nicht mehr nachvollziebar sind[88]. Fällt bspw. ein Risiko, das durch Zuschläge in die Vorkalkulation eingegangen ist, während der Auftragsrealisierung weg, so kann dies erfolgsrechnerisch nicht mehr oder nur sehr ungenau berücksichtigt werden. Ebenfalls abzulehnen ist die Risikoberücksichtigung durch eine Erhöhung des Kalkulationszinsfußes[89]. Es erscheint daher sinnvoller, die Höhe der unsicheren Inputgrößen wie Lohn- und Preisentwicklungen durch eine vorsichtige, aber für

---

[87] Einer präzisen Vertragsgestaltung kommt im industriellen Anlagengeschäft größte Bedeutung zu; zur Risikoberücksichtigung bei der Vertragsgestaltung vgl. Joussen, 1981; Nicklisch, 1983; Dünnweber, 1984; Flocke, 1986; Michaelis de Vasconcellos, 1988; Schwanfelder, 1989, S. 178 ff. Im Anlagenvertrag sollten nicht nur die Leistungspflichten des Anbieters detailgenau abgegrenzt, sondern darüber hinaus auch Regelungen für alle vorsehbaren Risiken getroffen werden, die aus der Sicht des Anbieters deren weitestmögliche Abwälzung auf den Kunden vorsehen sollten. Dies kann allerdings Auswirkungen auf den Preis haben; vgl. Ternirsen, 1990, S. 226.

[88] Vgl. die kritischen Anmerkungen zu den Korrekturverfahren in Abschnitt III.C.2.

[89] Die Schwächen dieses Vorgehens wurden von Albach breits 1959 (S. 78 ff.) aufgezeigt.

realistisch gehaltene Schätzung festzulegen, wobei die Erfolgswirkungen möglicher Abweichungen durch Sensitivitätsanalysen erkennbar werden. Hierbei ist der kompensatorische Effekt aus positiven und negativen Abweichungen zu bedenken, der beim Zuschlagsverfahren vernachlässigt wird[90]. Die Erfahrung und Qualifizierung der Mitarbeiter spielen beim verantwortungsvollen Umgang mit der Prognoseunsicherheit eine wichtige Rolle[91].

b) Die Risiken, die von den *projektspezifischen Merkmalen* abhängen (z.B. Abnehmerland mit Kriegs- oder Embargo-Gefahr, außergewöhnlichen Steuergesetzen sowie klimatischen Besonderheiten, Genehmigungsrisiko, technologische Innovation) liegen zwar auch in der Zukunft und sind deshalb unsicher, sie wirken jedoch nicht durchweg bei allen Aufträgen. Zur Einbeziehung dieser Risiken in die Kalkulation werden Risikopositionen gebildet, um ein bestimmtes Maß an finanzieller Vorsorge gegen drohende Gefahren aufzubauen. Z.B. sind je nach Innovationsgrad der Anlage unterschiedlich hohe Auszahlungen für das Gewährleistungswagnis in der Garantiefrist anzusetzen. Die Höhe der Ansätze ergeben sich üblicherweise aus dem Produkt von geschätzter Eintrittswahrscheinlichkeit und wirtschaftlichen Folgen bei Eintritt. Eine umfassende und erschöpfende Risikoabsicherung kann durch solche Risikoposten allerdings nicht gewährleistet werden, zumal sich daraus ein Anlagenpreis ergeben würde, der angesichts des derzeitigen Käufermarktes nicht durchsetzbar ist[92]. Die Beurteilung eines Risikos unter erfolgswirtschaftlichen Gesichtspunkten erfordert grundsätzlich die vollständige Einbeziehung seiner *gesamten* möglichen Tragweite und kann nicht durch einen von subjektiven Einschätzungen abhängenden Erwartungswert zum Ausdruck gebracht werden[93]. Entscheidend ist die Frage, ob der Auftrag in Anbetracht der Gesamtrisiken noch als akzeptabel gelten kann.

Weiterhin ist in die Überlegungen einzubeziehen, daß während der Abwicklung eines Anlagengeschäfts infolge seiner Langfristigkeit und Komplexität zahlreiche ergebnisrelevante Ereignisse auftreten können, die zum Kalkulationszeitpunkt noch nicht vorhersehbar sind. Auch müssen Risikoverbunde zwischen einzelnen Aufträgen bedacht werden, die bspw. dann wirken, wenn eine Abwicklungsverzögerung eines Auftrags zu Ter-

---

[90] Vor allem ist ein Vorgehen abzulehnen, bei dem in der Vorkalkulation durch übertrieben hohe Risikozuschläge und einem dementsprechend hohen Anlagenpreis ein verstecktes Gewinnpotential aufgebaut werden soll. Diese versteckten Gewinnpotentiale sollten in der Erfolgsrechnung transparent gemacht werden, um sie als Gegenstand von Entscheidungen und nicht als endogene Größe des Systems zu behandeln.

[91] Vgl. Franz, 1982, S. 461.

[92] Vgl. Feuerbaum, 1978, S. 993; Milling, 1984, S. 71 f.

[93] Vgl. Ternirsen, 1990, S. 226 und S. 230.

minüberschreitungen und entsprechenden Mehrauszahlungen bei anderen Aufträgen führt. Als Folge der nicht abwälzbaren Gefahren, der Unvorhersehbarkeit sowie der Risikoverbunde verbleibt ein *Restrisiko*, das sich für den Anlagenbauer als beachtliches *Unternehmenswagnis* darstellt. Aufgrund der hohen Auftragswertigkeit sieht sich das Unternehmen in erheblichem Umfang von einzelnen Projekten abhängig. Da eine ausreichende Absicherung auf Projektebene nicht realisierbar ist, erscheint eine projektübergreifende Betrachtung angebracht, die dem höheren Unternehmenswagnis durch eine *angemessene Eigenkapitalvorsorge* Rechnung trägt und verhindert, daß ein einzelner Auftrag durch außergewöhnlich hohe risikobedingte Verluste das Unternehmen an den Rand eines Konkurses bringt[94].

Zur Schaffung einer solchen Eigenkapitalvorsorge könnte für jeden Auftrag eine Deckungsvorgabe für derartige nicht zuordenbare Risiken festgesetzt werden, die sich als Prozentsatz vom geplanten Auftragserfolg errechnet. Die Höhe dieses prozentualen Erfolgsanteils richtet sich nach dem Risikoprofil sämtlicher Aufträge im Unternehmen. Befinden sich im Auftragsbestand z.B. viele "schlechte" Aufträge, die mit hohen Risiken behaftet sind und nur einen geringen oder überhaupt keinen wirtschaftlichen Erfolg erwarten lassen, so sollte ein höherer Zuschlag zur risikoorientierten Eigenkapitalbildung bei neuen Projekten vorgesehen werden. Ist dieser bei den Kunden nicht durchsetzbar, muß sorgfältig geprüft werden, ob und unter welchen Bedingungen ein Projekt in Anbetracht der erfolgsrechnerischen Bewertung der einzelnen Projektrisiken sowie des Gesamtrisikos des Unternehmens noch weiterverfolgt werden soll. Die projektbezogene Risikobewertung muß somit immer auch über eine unternehmensbezogene Beurteilungsebene verfügen. Letztendlich muß es die Aufgabe der Unternehmensführung sein, durch einen ausgewogenen Auftragsmix für einen *risikopolitischen Ausgleich* zu sorgen, damit die Erfolgschancen und -risiken für das Unternehmen stets in einem vernünftigen Verhältnis zueinander stehen[95]. Folglich ist für jedes Projekt als Pendant zur Risikobewertung eine Beurteilung der Chancen eines Auftrags vorzunehmen, wobei auch monetär nicht quantifizierbare Aspekte von erheblicher Bedeutung sind.

Natürlich werden in der Praxis regelmäßig im Vorfeld Überlegungen hinsichtlich der Vorzüge eines Geschäfts angestellt, es sollte jedoch auch hier ein systematisches Vorgehen gewählt werden, das z.B. durch die Verwendung einer "*Chance-Checkliste*" sicherge-

---

[94] Ähnlich auch Höffken, 1986, S. 119; Laßmann, 1986, S. 126 und S. 130; Lindeiner-Wildau, 1986, S. 32. Dort wird die Bildung eines auftragsübergreifenden Risiko-Fonds angeregt, was allerdings handelsrechtlich nach dem Gebot der Einzelbewertung nicht zulässig ist.

[95] Vgl. Höffken/Schweitzer, 1991, S. 40.

stellt werden kann. Wesentliche Bestandteile einer solchen Checkliste zur Beurteilung der Chancen eines Projekts sind
- erwartete Erfolgshöhe,
- liquiditätspolitische Vor-/Nachteile (Auftrag be-/entlastet die ohnehin angespannte Liquiditätssituation des Unternehmens),
- absatzpolitische Auswirkungen (z.B. Referenzprojekt, Markterschließung, Bedienung eines langjährigen Kunden),
- Kapazitätsauslastung (z.B. Inanspruchnahme unterbeschäftigter Kapazitäten) sowie
- sonstige unternehmenspolitische Erwägungen (z.B. Auftrag paßt zeitlich/sachlich genau in die Unternehmensplanung oder bringt Stärke des Unternehmens besonders zur Geltung).

d. Integrierte Erfolgs- und Finanzplanung

Die hohen Auftragswerte einzelner Projekte und die damit verbundene erhebliche finanzielle Belastung des Unternehmens begründen im industriellen Anlagengeschäft mehr als in irgendeinem anderen Geschäft die Notwendigkeit einer projekt- und unternehmensbezogenen Finanzplanung und -überwachung[96]. Während die *projektbezogene* Finanzrechnung nur die durch einen Auftrag induzierten Zahlungsvorgänge über die gesamte Projektdauer hinweg erfaßt, werden in der *unternehmensbezogenen* Finanzrechnung die gesamten Finanzströme eines Unternehmens für einen bestimmten Zeitraum betrachtet[97]. Da die Struktur des projektbezogenen Zahlungsstroms nicht nur den Liquiditätsbedarf, sondern infolge der sich daraus ergebenden Zinswirkungen auch den Auftragserfolg maßgeblich beeinflußt, "konvergiert hier die finanz- und erfolgswirtschaftliche Aufgabenstellung"[98].

Zur Bedeutung finanzwirtschaftlicher Informationssysteme stellt KOSIOL fest, "daß die finanzwirtschaftliche Betrachtungsweise in erheblichem Umfange aus dem betrieblichen Rechnungswesen verdrängt wurde, (...). Das kalkulatorische Denken in Kosten und Leistungen ist hochentwickelt, während das pagatorische Denken in Einnahmen und Aus-

---

[96] Besonders in wirtschaftlichen Krisensituationen und bei ungünstiger Entwicklung der Branchenkonjunktur treten finanzwirtschaftliche Überlegungen in den Vordergrund; vgl. Feuerbaum, 1979a, S. 25 ff.; Gerke, 1979, S. 111; Klein, 1984, S. 329 ff.; Endell/Reichelt, 1987, S. 194 f.; Buchmann/Chmielewicz, 1990, S. 3.
[97] Vgl. Buchmann/Chmielewicz, 1990, S. 78.
[98] Hahn/Laßmann, 1990, S. 220; vgl. auch Milling, 1984, S. 83; Weigand, 1988, S. 134.

gaben zurücktritt"⁹⁹. Die Begründung für die Entstehung und heutige Dominanz von kalkulatorischen Rechnungen mit Kosten und Leistungen (Erlösen) setzt an der Überlegung an, daß der *Totalerfolg* als Zahlungsüberschuß der Totalperiode eines Unternehmens zwar die theoretisch richtige Zielgröße bildet, dieser Totalerfolg aber erst bei Liquidation eines Unternehmens ermittelt werden kann. Man ist zum Zwecke der laufenden Steuerung wirtschaftlicher Aktivitäten während des Bestehens des Unternehmens gezwungen, zeitliche Zäsuren vorzunehmen, zu denen Zwischenerfolge der jeweiligen Zeitabschnitte bestimmt werden. Die Periodenerfolgsrechnung stellt somit ein Partialmodell dar, in dem der Periodenerfolg die Funktion einer Zwischenzielgröße auf dem Weg zur Maximierung der eigentlichen Zielgröße Totalerfolg hat. Infolge der Zufallsabhängigkeit der Zahlungszeitpunkte erlaubt eine auf Zahlungen basierende Rechnung keine Ermittlung eines periodengerechten Erfolgs einzelner Perioden, so daß sich ihre Verwendung für eine periodische Erfolgsrechnung als nicht zweckmäßig erweist[100]. Da man für Zwecke der Periodenzurechnung den Zeitpunkt des Güterverbrauchs für wichtiger erachtete als den des Bezahlens (Ein- und Auszahlungen) oder des Güteraus- und -eingangs (Einnahme und Ausgabe), wurden Begriffe wie insb. die der Kosten und Erlöse sowie zahlreiche Abgrenzungs- und Verrechnungsposten innerhalb des Rechnungswesens entwickelt. Die kalkulatorischen Rechengrößen lösten sich damit zunehmend von den zugrundeliegenden Zahlungen[101].

Der finanzwirtschaftliche Teil des internen Rechnungswesens hat in der Literatur nach jahrzehntelanger Vernachlässigung seit einiger Zeit zwar wieder größere Beachtung gefunden[102], die Beiträge beschäftigen sich jedoch überwiegend in isolierter Form mit Fragen der Finanzrechnung und stellen diese der Erfolgsrechnung gegenüber, ohne auf deren Verbindung einzugehen[103]. Ein getrenntes Nebeneinander von finanz- und erfolgs-

---

[99] Kosiol, 1979a, S. 160. Witte (1964) spricht angesichts dieser Entwicklung von einer "*Krise des finanzwirtschaftlichen Denkens*". Daß sich an dieser Einschätzung bis heute nichts geändert hat, belegt die Aussage des Arbeitskreises "Finanzierungsrechnung" der Schmalenbach-Gesellschaft, der im finanzwirtschaftlich orientierten Rechnungswesen das "*vernachlässigte Waisenkind*" des Rechnungswesens sieht; vgl. Buchmann/Chmielewicz, 1990, S. V. und S. 3 f.; vgl. auch Chmielewicz/Caspari, 1985, S. 165.

[100] Vgl. Vollrodt, 1964, S. 392 f.; Hax, H., 1967, S. 751; Backhaus, 1980a, S. 59 f.; Steiner, 1981, S. 91 ff.; Heinen, 1983, S. 109 ff.; Buchmann/Chmielewicz, 1990, S. 12.

[101] Vgl. Neubert, 1952, S. 19; Fettel, 1959, S. 567 ff.; Riebel, 1980, S. 10 f.; Schneider, D., 1987, S. 401; Bohr, 1988, S. 1175; Riebel, 1990b, S. 315. Durch Periodisierungs- und Realisationsprinzip entstanden auch Bilanz und GuV; vgl. Chmielewicz, 1990, S. 342 f.

[102] Vgl. den Literaturüberblick bei Buchmann/Chmielewicz, 1990. Zur EDV-gestützten Finanzplanung vgl. die Sammelrezension bei Günther, 1988.

[103] Die mangelnde Verzahnung der Finanzrechnung mit der Erfolgsrechnung wird vor allem von Chmielewicz kritisiert. Er zeigt durch den Ansatz einer buchungstechnischen Integration von Finanz- und Erfolgsrechnung eine mögliche Alternative auf, die jedoch nicht speziell auf die Belange des Anlagengeschäfts zugeschnitten ist; vgl. Chmielewicz, 1972; Chmielewicz, 1973; Chmielewicz, 1974; Chmiele-

wirtschaftlicher Rechnung ist auch im Rechnungswesen anlagenbauender Unternehmen verankert, so daß ein abgestimmtes Verhalten hier nur mit sehr hohem Koordinierungsaufwand möglich ist[104].

Die dynamische Zahlungsrechnung eröffnet unter Ausnutzung zahlreicher Synergievorteile neue Möglichkeiten, die erfolgs- und finanzwirtschaftliche Rechnung miteinander zu verknüpfen. Aufgrund
- der Einbeziehung des Liquiditätsziels in das wirtschaftliche Oberziel sowie
- der Verwendung einer zahlungsorientierten Rechengröße in der Erfolgsrechnung, die
    = die Erfolgswirksamkeit der Geschäftsvorfälle nach Maßgabe der Zahlungszeitpunkte und
    = die Bewertung weitgehend gemäß den Anschaffungsauszahlungen festlegt,

verschwimmen die Grenzen zwischen Erfolgs- und Finanzrechnung. Der Forderung, die Informationen der Erfolgsrechnung in stärkerem Maße für die Finanzplanung nutzbar zu machen[105], wird durch die dynamische Zahlungsrechnung in nahezu idealer Weise entsprochen. Durch die Offenlegung der Interdependenzen zwischen erfolgs- und finanzwirtschaftlichem Bereich wird Transparenz hinsichtlich der Frage geschaffen, wie die Liquidität durch eine entsprechende Planung und Steuerung der Projekterstellungsprozesse optimal gestaltet werden kann. Trotz der engen Verzahnung von Erfolgs- und Finanzrechnung muß wegen der unterschiedlichen Rechnungszwecke beider Systeme darauf geachtet werden, daß bei Entscheidungen jeweils das richtige und geeignete Zahlenwerk herangezogen wird.

Die zum Zwecke der Erfolgsplanung auf Monatsbasis erstellte Zeitreihe der Projektzahlungen bildet zugleich die zentrale Informationsbasis für die *projektbezogene Liquiditätsplanung*[106], die in jeder gewünschten Fristigkeit erstellt werden kann. Die üblicherweise recht schwierige Terminierung der Zahlungen erweist sich angesichts der zeitlichen Struktur der dynamischen Zahlungsrechnung als weitgehend unproblematisch. Schon eine Finanzplanung anhand der Projektzahlungsreihe, die für die meisten Zwecke der betrieblichen Praxis als hinreichend genau angesehen werden kann, stellt eine erhebliche Verbesserung gegenüber dem herkömmlichen Vorgehen dar, bei dem die Fi-

---

wicz, 1976a, S. 84 ff.; Chmielewicz, 1976b. Zum Verhältnis von Erfolgs- und Finanzplanung vgl. auch die Untersuchung von Hauschildt, 1974, S. 17 ff.

[104] Vgl. Laßmann, 1990, S. 314.

[105] Vgl. insb. Riebel, 1980, S. 20; Wildemann, 1982, S. 55.

[106] Es handelt sich bei der projektbezogenen Finanzrechnung um eine *Liquiditätsträgerrechnung*, die erstmals von Witte in die Diskussion gebracht wurde, vgl. Witte, 1953, S. 4 ff.; Witte, 1981, Sp. 1157 ff. Er stützt sich dabei auf die Überlegungen von Neubert, der bereits 1952 die Vorteile einer pagatorischen Kalkulation für die objektbezogene Finanzplanung hervorhob; vgl. Neubert, 1952, S. 22, S. 24 sowie S. 34 f. Vgl. dazu auch Kosiol, 1979a, S. 161.

nanzplanung auf Kostenschätzungen mit fehlender oder nur vager zeitlicher Strukturierung beruht. Ein derartiges Verfahren verfehlt seinen eigentlichen Zweck[107].

Ausgehend von der dynamischen Zahlungsrechnung, die dem Hauptzweck der *Erfolgs*planung und -überwachung dient, kann eine exakte projektbezogene *Finanz*rechnung auf vergleichsweise einfache Weise abgeleitet werden, indem die in Abschnitt V.B.1 dargestellten rechnungszweckbedingten Abweichungen der Projektauszahlungen von den tatsächlichen Auszahlungen eliminiert werden. Dabei ist von den *nominalen* (undiskontierten) periodenweise ausgewiesenen Projektein- und -auszahlungen auszugehen. Diese Werte sind um solche Beträge zu korrigieren, die in einer betreffenden Periode nicht bzw. in anderer Höhe zahlungswirksam werden. Dies betrifft vor allem die - der Substanzerhaltung dienenden - Tageswertumrechnungen bei bestimmten Positionen sowie die Abschreibungen, die in der Finanzrechnung herauszunehmen und durch die jeweiligen Anschaffungsauszahlungen zu ersetzen sind. Auch bei den übrigen Projektauszahlungsarten (insb. Auszahlungen für Fertigungsmaterial und Personal wie Altersversorgung, Weihnachts- und Urlaubsgeld), die zeitlich und/oder wertmäßig von den effektiven Auszahlungen abweichen, besteht grundsätzlich die Möglichkeit, die Abweichungen in der Finanzplanung zu beseitigen. Weil es sich hierbei allerdings überwiegend um nur kurzfristige und betragsmäßig vergleichsweise geringe Verschiebungen handelt, und derartige Auszahlungen oftmals in relativ konstanter Höhe anfallen, kann es im Interesse der Wirtschaftlichkeit der Finanzrechnung zweckmäßig sein, auf eine solche Korrektur zu verzichten. Unbedingt zu beachten ist dahingegen, inwieweit sich effektive Einzahlungen aus Kompensationsgeschäften ergeben.

Da die Projektzahlungen nur die einzelnen Aufträgen zugeordneten Zahlungen umfassen, sind im Rahmen der *unternehmensbezogenen* Finanzplanung darüber hinaus die nicht auftragsbezogenen Zahlungen zu berücksichtigen[108]. Die davon berührten Bereiche finden sich allerdings auch bei anderen Branchen und sind nicht typisch für das Anlagengeschäft, so daß zur Planung der projektunabhängigen (Finanz-)Zahlungen auf die genannte allgemeine Literatur zur Finanzplanung verwiesen werden kann. Sämtliche Zahlungsvorgänge eines Unternehmens werden mithin entweder einer projektbezogenen oder der projektunabhängigen Finanzrechnung[109] zugeordnet und zur unternehmensbezogenen Liquiditätsrechnung periodenweise zusammengeführt.

---

[107] Welches Ausmaß die Unterschiede zwischen Auszahlungs- und Kostenanfall annehmen, wurde in der Praxisstudie untersucht; vgl. Abschnitt V.D.3. Zur kritischen Darstellung der projektbezogenen Finanzplanung in der Praxis vgl. auch Buchmann/Chmielewicz, 1990, S. 81 f.

[108] Zur Abgrenzung der Projektauszahlungen von den übrigen Auszahlungen vgl. Abschnitt IV.B.2.

[109] Zur Problematik der Abgrenzung dieses auch als *Basisfinanzrechnung* bezeichneten Bereichs vgl. Buchmann/Chmielewicz, 1990, S. 79 f.

Die dynamische Zahlungsrechnung liefert neben der Projekterfolgsplanung zugleich auch alle wichtigen Informationen, die für eine unter finanzwirtschaftlichen Gesichtspunkten optimale Projektgestaltung benötigt werden. Da der Auszahlungsverlauf vielfach an die technisch-zeitliche Entwicklung der Prozesse zur Anlagenerstellung angekoppelt und deshalb nur in vergleichsweise engen Grenzen disponierbar ist, vollzieht sich die Liquiditätsgestaltung vornehmlich über die Einzahlungsseite. Dabei treten in erster Linie Fragen der *liquiditätsorientierten Preisstellung* in den Vordergrund, bei der die Zahlungsbedingungen als ein elementarer Entscheidungsparameter in den Verkaufsverhandlungen verstanden werden[110]. Sind für bestimmte Zeiträume während einer möglichen Auftragsrealisierung hohe Liquiditätsbelastungen des Unternehmens bzw. eines Geschäftsbereichs von dem betrachteten oder von anderen Projekten her zu erwarten, so wird der Anbieter versuchen, die Einzahlungsreihe bzw. die Zahlungsbedingungen des Auftrags in Abstimmung mit den geplanten Projektauszahlungen in der Weise zu beeinflussen, daß daraus keine weiteren oder nur geringe Vorfinanzierungserfordernisse entstehen. Die Auswirkungen unterschiedlicher Zahlungsbedingungen auf den Finanzierungsbedarf werden exemplarisch in Schaubild V.1 dargestellt[111].

Auch wenn die Gefahr einer Illiquidität de facto wegen der vielfältigen internen und externen Finanzquellen der Konzernunternehmen i.d.R. nicht akut droht, so trägt doch eine effektiv auf Zahlungen basierende Liquiditätsplanung, die differenzierte Aussagen über die zukünftigen Finanzströme eines Unternehmens zuläßt, durch die Möglichkeit einer Reduzierung der Liquiditätsreserven und einer effizienten Inanspruchnahme der Kapitalmärkte in bedeutendem Umfang zu einer Erhöhung der Wirtschaftlichkeit bei[112]. Im Falle ausreichend früher Kenntnis der voraussichtlichen zeitlichen Entwicklung des projektbezogenen Finanzmittelbedarfs, der infolge der diskontinuierlich eingehenden Einzahlungen oftmals starken Schwankungen unterliegt, kann dieser ggf. auch durch eine innerbetriebliche Umschichtung von Zahlungsüberschüssen anderer Aufträge ausgeglichen werden. Durch diesen *liquiditätspolitischen Ausgleich* erübrigt sich u.U. die Inanspruchnahme teurer Kreditlinien, was aufgrund der damit verbundenen Zinseinsparungen der Erfolgsoptimierung dient. Eine derart ausgestaltete Finanzplanung erlaubt Aussagen darüber zu treffen, welchen Beitrag ein Projekt zur Sicherung der Unternehmensliquidität leistet und ermöglicht damit eine gezielte Auswahl derjenigen Aufträge, die liquiditätspolitisch von besonderem Interesse sind.

---

[110] Die Zahlungsbedingungen spielen somit nicht nur bei erfolgswirtschaftlichen, sondern auch im Rahmen finanzwirtschaftlicher Gestaltungsaufgaben eine zentrale Rolle.

[111] In Anlehnung an Klein, 1984, S. 339. In dem Beispielfall liegt die Betriebsbereitschaft nach 36 Monaten vor.

[112] Vgl. Witte, 1981, Sp. 548.

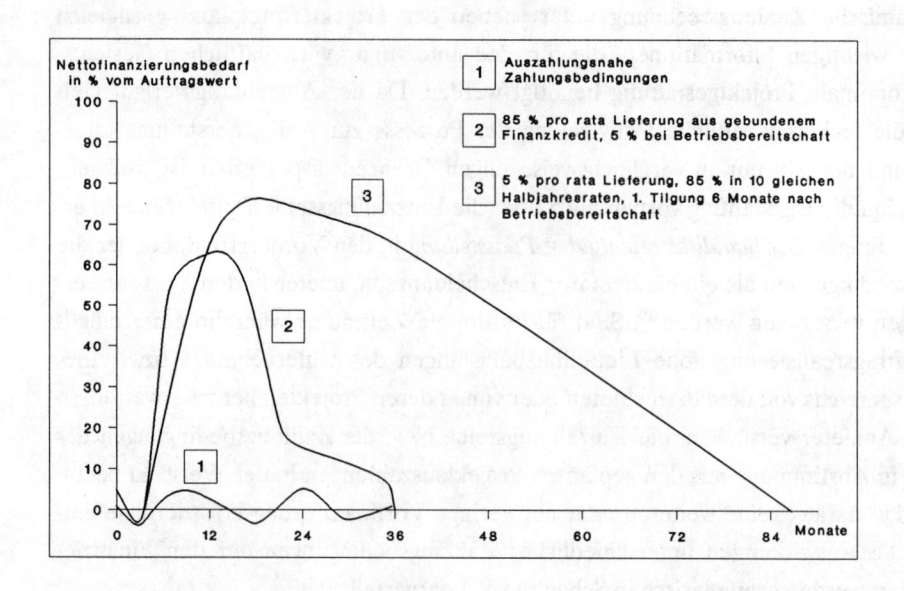

Schaubild V.1   Finanzierungsbedarf eines Anlagengeschäfts bei unterschiedlichen Zahlungsbedingungen

Es wird deutlich, daß die finanzwirtschaftliche Planung und Beurteilung nicht nur den einzelnen Auftrag, sondern stets auch dessen Auswirkungen auf die Liquidität des Geschäftsbereichs bzw. des Untenehmens einbezieht[113]. Analog zur Erfolgsrechnung ergibt sich somit auch hier die Notwendigkeit, neben der Projektfinanzrechnung über eine periodenbezogene Unternehmensfinanzrechnung zu verfügen. Eine umfassende und tragfähige finanzwirtschaftliche Beurteilung eines Projekts muß stets die *gesamte Reihe der Liquiditätssalden* unter besonderer Beachtung ihrer Entwicklung über die Projektdauer hinweg heranziehen, da nur dadurch erkennbar wird, zu welchen Zeitpunkten und in welcher Höhe Geldmittel beschafft bzw. innerhalb oder außerhalb des Unternehmens verwendet werden können. Eine erste Charakterisierung der Liquiditätswirkungen eines Auftrags kann - mit Einschränkungen - anhand von *Kennzahlen* vorgenommen werden, die sich auf die monatlichen Beträge der Ein- und Auszahlungen sowie auf deren Summen über die Projektdauer stützen. Die folgenden Kennzahlen sind unabhängig vom zugrundeliegenden Kalkulationszinsfuß und dienen allein der *finanzwirtschaftlichen*, nicht der *erfolgswirtschaftlichen* Beurteilung der Liquiditätswirkungen eines Auftrags, wie sie durch die Zinsquote zum Ausdruck gebracht wird. Einen *vorläufigen* Eindruck im Hinblick auf die Projektliquidität vermitteln folgende Kennzahlen:

---

[113] Vgl. Buchmann/Chmielewicz, 1990, S. 79.

$$\text{Auszahlungsdeckungsquote} = \frac{\Sigma \text{ auf-/abgezinste Einzahlungen}}{\Sigma \text{ auf-/abgezinste Auszahlungen}} \times 100$$

Aussage: Die Auszahlungen sind zu .... % durch Einzahlungen gedeckt.

Ist die Auszahlungsdeckungsquote größer 100 %, so kann man die vorläufige Aussage treffen, daß sich der Auftrag über die gesamte Laufzeit betrachtet finanziell selbst trägt. Entscheidende Bedeutung kommt jedoch der Entwicklung der *Liquiditätssalden in den einzelnen Perioden* der Projektdauer zu, da trotz einer hohen Auszahlungsdeckungsquote erhebliche Unterdeckungen in einzelnen Perioden auftreten können, die entsprechende Finanzierungsmaßnahmen erforderlich machen. Um hier Bewertungen mittels Kennzahlen zu ermöglichen, sind die Liquiditätssalden über die Perioden hinweg zu kumulieren. Ein positiver kumulierter Liquiditätssaldo einer Periode (Liquiditätsüberschuß) wird als KLÜ, ein negativer Saldo (Liquiditätsbedarf) als KLB bezeichnet:

$$\text{zeitl. Liquiditätsüberschußquote} = \frac{\text{Anzahl Perioden mit KLÜ}}{\text{Gesamtanzahl Perioden}} \times 100$$

Aussage: Der Auftrag leistet während .... % der Projektdauer einen positiven Liquiditätsbeitrag.

Da diese Information nur in Verbindung mit der Höhe der Liquiditätsüberschüsse Aussagekraft besitzt, sollte die zeitliche Liquiditätsüberschußquote nur zusammen mit dem durchschnittlichen Liquiditätsbetrag der Überschußperioden gesehen werden:

$$\phi \text{ Liquiditätsüberschuß} = \frac{\Sigma \text{ aller KLÜ}}{\text{Anzahl Perioden mit KLÜ}}$$

Aussage: In den Perioden, in denen der Auftrag einen positiven Liquiditätsbeitrag leistet, beträgt der Überschuß durchschnittl. .... DM.

Analoge Überlegungen sind für den Liquiditätsbedarf anzustellen:

$$\text{zeitl. Liquiditätsbedarfsquote} = \frac{\text{Anzahl Perioden mit KLB}}{\text{Gesamtanzahl Perioden}} \times 100$$

Aussage: Der Auftrag belastet während .... % der Projektdauer die Liquidität.

$$\varnothing \text{ Liquiditätsbedarf} = \frac{\Sigma \text{ aller KLB}}{\text{Anzahl Perioden mit KLB}}$$

Aussage: In den Perioden, in denen der Auftrag einen negativen Liquiditätsbeitrag aufweist, beträgt der Bedarf durchschnittl. .... DM.

Bei der Bildung der Kennzahlen ist zu bedenken, daß der Hauptanteil der Zahlungsausgänge in der Abwicklungsphase, d.h. während der Konstruktions-, Fertigungs-, Montage- und Garantiezeit anfällt. Die Finanzierungserfordernisse während dieser Zeitspanne haben für die finanzwirtschaftliche Beurteilung eines Projekts demnach besondere Relevanz. Es erscheint daher sinnvoll, die Liquiditätskennzahlen nicht nur für die gesamte Projektdauer, sondern jeweils auch nur für die Abwicklungsphase sowie ggf. für die darauffolgende Nachlaufphase zu ermitteln, wobei die jeweiligen Aussagen bis auf den anderen zeitlichen Bezug identisch sind.

Wegen des Durchschnittscharakters dieser Kennzahlen sei deren begrenzte Aussagekraft nochmals betont[114]. Sie sind insb. nicht in der Lage, Perioden mit exorbitant hohen Liquiditätsüberschüssen/-defiziten, die auftragsentscheidende Bedeutung erlangen können und in der unternehmensbezogenen Finanzrechnung berücksichtigt werden müssen, in adäquater Weise abzubilden. Dies kann nur durch eine tabellarische oder grafische Darstellung der monatlichen (positiven bzw. negativen) Finanzierungssalden erreicht werden, wie sie beispielhaft in Schaubild V.2 gezeigt wird.

---

[114] Zur allgemeinen Darstellung der Aussagegrenzen von Kennzahlen vgl. Kaiser, 1991, S. 92 ff. und die dort angegebene Literatur. Eine zusammenfassende Kritik an den Liquiditätskennzahlen auf der Grundlage von Bilanz, Cash flow und Kapitalflußrechnung findet sich bei Wurl, 1990, S. 96 ff.

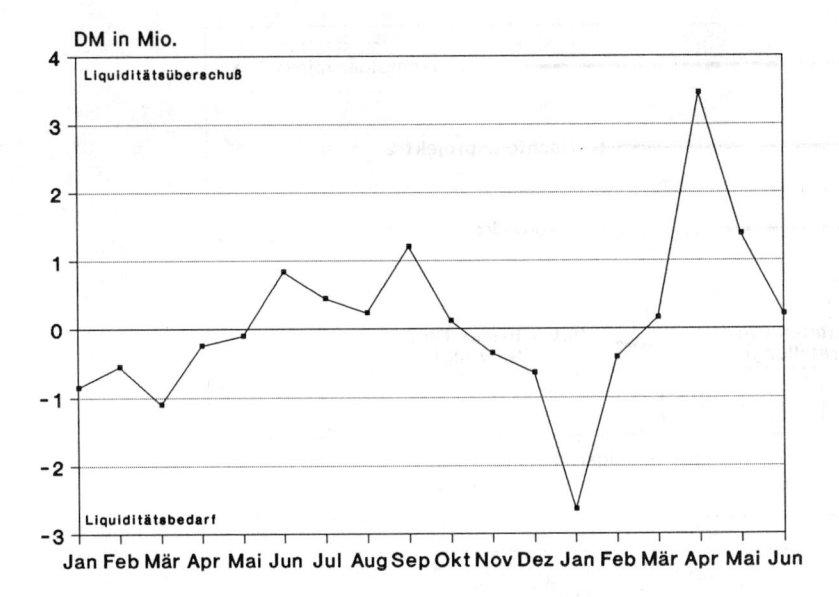

Schaubild V.2 Monatliche Liquiditätssalden eines Anlagengeschäfts (Beispiel)

Die Entscheidung zugunsten einer zahlungsorientierten Erfolgsrechnung wurde ursprünglich vor allem deshalb getroffen, weil Zahlungen die adäquate Rechengröße für einen dynamischen Ansatz der Projekterfolgsrechnung im Anlagengeschäft darstellen. Wie oben dargelegt, fällt dabei die projektbezogene Finanzplanung sozusagen als "Nebenprodukt" an, was den verlgeichsweise hohen Planungsaufwand einer dynamischen Zahlungsrechnung zusätzlich rechtfertigt. Dabei ist nicht nur auf die Arbeitserleichterung bei der Erstellung einer Finanzplanungsrechnung hinzuweisen, sondern auch auf den hohen Grad an Detaillierung und Genauigkeit der Liquiditätsprognose, der bei einer auf Kosten basierenden Finanzplanung nicht oder nur mit größtem Aufwand realisierbar wäre.

e. **Erweiterungsansätze der projektbezogenen Erfolgsplanungsrechnung**

(1) **Einbeziehung der Nutzungsphase zur optimalen Auslegung von Anlagen (Lebenszyklus-Ansatz)**

Im Mittelpunkt der bisherigen Ausführungen stand die dynamische Zahlungsrechnung zur Planung des wirtschaftlichen Erfolgs eines Industrieanlagengeschäfts aus der Sicht des Anbieters (vgl. Schaubild V.3).

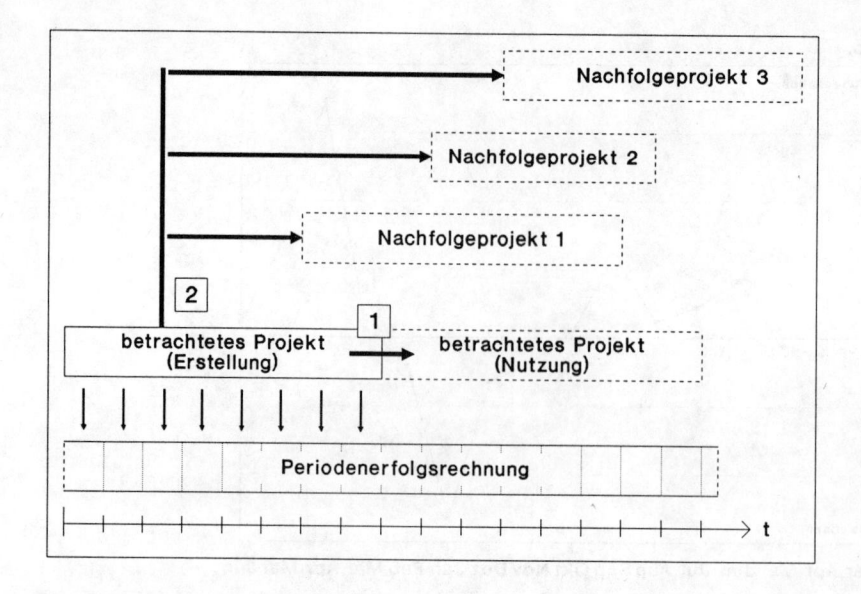

Schaubild V.3 Erweiterungen des Betrachtungshorizontes der Projekterfolgsrechnung

Aus einer Vielzahl von Gründen, die es im einzelnen aufzuzeigen gilt, kann eine solche auf ein einzelnes Projekt gerichtete Betrachtungsweise allein den Informationsansprüchen eines Unternehmens des Anlagenbaus nicht genügen. Nach der zunächst zu erläuternden Ausdehnung des Betrachtungshorizontes auf die Nutzungsphase der Anlage werden im darauffolgenden Gliederungsabschnitt die Auswirkungen eines Auftrags auf Folgeprojekte in die Überlegungen einbezogen[115].

Die Nutzungs- oder Betriebsphase einer Anlage durch den Kunden wird in Veröffentlichungen zur Erfolgsrechnung im industriellen Anlagengeschäft gemeinhin vernachlässigt. Für eine solche über die Bauzeit der Anlage hinausgehende Betrachtung können folgende Gründe maßgebend sein:

1) In einigen Ausschreibungen stellt der Kunde den Anbieter vor die Aufgabe, die Rentabilität der Anlagennutzung nachzuweisen[116]. Dies erweist sich als eine außerordentlich schwierige Aufgabe, da die Nutzung der Anlage oft nicht mehr im Einflußbereich des Anlagenbauers liegt und viele erfolgsrelevanten Parameter angesichts des beträchtlichen Zeithorizonts großer Unsicherheit ausgesetzt sind. Neben

---

[115] Die Einbindung der Projekterfolgsrechnung in die unternehmensbezogene Periodenerfolgsrechnung wird in Abschnitt V.E behandelt.

[116] Vgl. Kirchgässer, 1981, S. 937; Weiss, H., 1981, S. 949.

Absatz- und Arbeitsmarktanalysen sind hierfür vor allem sorgfältige Standortanalysen durchzuführen.

2) In der jüngeren Vergangenheit wird in zunehmendem Maße insb. durch Kunden aus Entwicklungsländern vom Anbieter verlangt, sich an Projektgesellschaften zum Betreiben der Anlage zu beteiligen[117]. Die mit dem Anlagengeschäft verbundenen Risiken erhöhen sich für den Anlagenbauer durch ein solches Engagement um ein Vielfaches.

3) Enthält die Ausschreibung eines potentiellen Kunden eine feste Begrenzung des Anlagenpreises, so bekommt nicht derjenige Anbieter den Zuschlag, der bei gleichwertiger technischer Lösung die günstigsten finanziellen Bedingungen anbietet, sondern derjenige, der bei Einhaltung des Kostenziels die beste Anlagentechnik offeriert[118]. Der Kunde bewertet die für ihn beste technische Lösung zum einen nach verschiedenen Leistungsdaten und zum anderen danach, in welcher Höhe die Betriebskosten der Anlage zu erwarten sind. Die Relevanz dieser Fragestellung kann man auch daran erkennen, daß in einigen Fällen, wie bei der Beschaffung von Waffensystemen durch das US-Verteidigungsministerium, eine Analyse der Betriebskosten sogar vorgeschrieben ist[119].

Für den Anlagenbauer ergibt sich angesichts dieser Entwicklungen die Notwendigkeit, in seiner Planung über die Bauphase hinauszugehen und die Betrachtung auf den Zeitraum der Anlagennutzung auszudehnen[120]. Genau dieser Gedanke wird im Konzept der *Lebenszykluskosten* aufgegriffen, das die Gesamtheit der Kosten über die vollständige Lebensdauer eines Projekts von den Herstellungs- bzw. Anschaffungskosten über die Betriebskosten bis zu den Stillegungskosten einbezieht[121]. Bei den Betriebskosten handelt es sich hauptsächlich um Kosten für Material- und Betriebsstoffverbräuche, Instandhaltungs- und Reinigungsbedarf, Logistikleistungen, Abfallbewältigung sowie Personalbedarf für die Prozeßsteuerung und -überwachung. Die Berücksichtigung sämtlicher Kosten eines Projekts durch eine solche übergreifende Rechnung ist deshalb von so großer Bedeutung, weil der überwiegende Anteil der Projektlebenszykluskosten bereits durch

---

[117] Vgl. Höffken/Schweitzer, 1991, S. 27 f.

[118] Ein solches Vorgehen entspricht dem *Desing-To-Cost*-Konzept; vgl. Blanchard, 1978, S. 12 f.; Schub/Stark, 1985, S. 3.

[119] Vgl. Madauss, 1990, S. 267 ff.

[120] Auf die überaus großen Probleme bei der Beschaffung der sehr weit in der Zukunft liegenden Daten sei hier lediglich hingewiesen.

[121] Zum *Life Cycle Cost*-Konzept, dessen Entstehung im anglo-amerikanischen Raum und Verbreitung in Europa vgl. Blanchard, 1978; Pfohl/Wübbenhorst, 1983; Wübbenhorst, 1984; Schub/Stark, 1985; Fröhling/Spilker, 1990, S. 74 ff.; Madauss, 1990, S. 269 ff.; Alter, 1991, S. 148 ff.

die konstruktive Auslegung der Anlage vorbestimmt wird. Untersuchungen im US-amerikanischen Bereich haben ergeben, daß nahezu 95 % der Lebenszykluskosten in der Projektierungsphase vorfixiert werden[122], wobei der Anteil bei zivilen Projekten niedriger ausfällt als bei militärischen[123]. Auch wenn man diese hohen Werte mit Zurückhaltung beurteilt, bleibt der wesentliche Einfluß der Konstruktion auf die Folgekosten unverkennbar.

Das Lebenszykluskosten-Konzept verfolgt aus dieser Erkenntnis heraus das Ziel, nicht nur die Herstellkosten und damit den Anschaffungspreis einer Anlage zu minimieren, sondern eine Anlagenauslegung zu finden, bei der für eine vorgegebene Anlagenleistung die *gesamten Kosten über die Projektlebensdauer* hinweg minimal sind. Bereits während der Konstruktion der Anlage sind die aus der jeweils gefundenen Lösung resultierenden Kosten der Nutzung zu bestimmen, um zu einem Gesamtoptimum über die Lebensdauer des Projekts zu gelangen. Der Ansatz muß nicht allein auf eine Gesamtkosten-Minimierung bei vorgegebener Leistung ausgerichtet sein; vielmehr kann darüber hinaus eine Optimierung des Preis/Leistungsverhältnisses den Gegenstand der Planungsrechnung bilden. Ein Kunde wird einen höheren Anschaffungspreis nämlich nicht nur dann akzeptieren, wenn er aufgrunddessen mit niedrigeren Nutzungskosten rechnen darf, sondern auch dann, wenn eine höhere Leistungsfähigkeit der Anlage erreicht wird[124]. Diese kann bspw. darin bestehen, daß durch verbesserte Eigenschaften der Anlage die Voraussetzung für eine höhere Qualität der mit ihr hergestellten Produkte und damit für einen höheren Stückpreis geschaffen wird. Eine besondere Bedeutung kommt in diesem Zusammenhang auch der Wertanalyse zu. Die Zielsetzung besteht somit in einer Kapitalwertmaximierung über den gesamten Lebenszyklus einer Anlage, wobei die Ein- und Auszahlungen des Anbieters und des Kunden in einer übergreifenden Projektgesamtrechnung zusammenzuführen sind.

Der Idee des Lebenszykluskosten-Konzepts folgend haben BUSKIES/TERNIRSEN einen Vorschlag zur Auslegung verfahrenstechnischer Anlagen nach wirtschaftlichen Kriterien vorgelegt[125]. Sie haben erkannt, daß angesichts der Langfristigkeit des Betrachtungszeitraums einer lebenszyklusorientierten Rechnung der Einsatz finanzmathematischer Verfahren auf der Basis von Zahlungen angezeigt ist; hierdurch entsteht eine Analogie zur dynamischen Zahlungsrechnung. Den Ausgangspunkt des Optimierungsansatzes, der die Entstehungs- und Nutzungsphase einer Anlage einbezieht, besteht in der Festlegung der

---

[122] Vgl. Blanchard, 1978, S. 15; Coble, 1981; Stewart, 1982, S. 219.

[123] Vgl. Wildemann, 1982, S. 108 f.

[124] Vgl. Blanchard, 1978, S. 11 f.; Fröhling/Spilker, 1990, S. 77.

[125] Vgl. im einzelnen Buskies/Ternirsen, 1991, S. 237 ff.

wichtigsten Einflußgrößen (Verfahrensparameter), die sowohl die Herstellungs- bzw. Anschaffungsauszahlungen als auch die Betriebsauszahlungen hauptsächlich determinieren. Herstellungs- bzw. Anschaffungsauszahlungen und Betriebsauszahlungen stehen teilweise in einem substitutionalen Verhältnis zueinander, d.h. sie verhalten sich bei einer Veränderung der Einflußgrößenwerte vielfach gegenläufig. Eine zum Zwecke geringerer Nutzungsauszahlungen verbesserte konstruktive Lösung kann dann nur über eine Erhöhung der Herstellauszahlungen erreicht werden, die vom Abnehmer zu vergüten ist und daher zugleich zu einem erhöhten Anlagenpreis führt und umgekehrt. Die wirtschaftliche Relevanz derartiger Überlegungen für die Angebotskalulation und Preisfindung ist hier deutlich zu erkennen. In der Zielfunktion des Optimierungsansatzes werden die Anschaffungs- und Betriebsauszahlungen eines Projekts als Funktion eines variierbaren Verfahrensparameters formuliert[126]. Je nach Wert des Parameters ergeben sich andere Reihen der Lebenszyklusauszahlungen mit entsprechend veränderten Ergebnissen der finanzmathematischen Verfahren[127].

Im Unterschied zur dynamischen Zahlungsrechnung, die der Erfolgsplanung und -überwachung eines Anlagengeschäfts aus der Sicht eines Anlagenbauers dient, berücksichtigen BUSKIES/TERNIRSEN in ihren Überlegungen zusätzlich die Perspektive des Anlagenbetreibers. In einem vereinfachenden Ansatz wird von einer Normalinvestition ausgegangen, die sich neben anderen Eigenschaften vor allem dadurch auszeichnet, daß die Zahlungsreihe mit einer einzigen (Anschaffungs-)Auszahlung beginnt. Daher treten dort keine Interpretationsschwierigkeiten bei der Anwendung der klassischen finanzmathematischen Kennzahlen auf, wie sie im Rahmen der dynamischen Zahlungsrechnung festgestellt wurden. Da der Preis einer Industrieanlage allerdings nicht in einer einzigen Zahlung, sondern in mehreren Teilzahlungen beglichen wird, und die Zeitpunkte dieser Zahlungen, wie im Fallbeispiel erläutert, insb. bei Auftragsfinanzierungen von erheblicher erfolgswirtschaftlicher Bedeutung sind, ist der Ansatz von BUSKIES/TERNIRSEN durch die Berücksichtigung der effektiven Anschaffungsauszahlungen, die oftmals bis weit in die Nutzungsphase hineinreichen, zu erweitern. Es ist dazu erforderlich, die Zahlungsreihe der Projektinvestition aus der Sicht des Anlagenbetreibers, die in vielen Fällen wechselnde Vorzeichen aufweisen wird, in eine Normalinvestition zu transformieren. Sämtliche Anschaffungsauszahlungen werden zu diesem Zweck mit dem Kalkulati-

---

[126] Die bei verfahrenstechnischen Anlagen relevanten Parameter wie Drücke, Temperaturen und Konzentrationen sind bei fertigungstechnischen Anlagen zu ergänzen oder ersetzen durch Abmessungen, (Verbrauchs-)Mengen und Gewichte.

[127] Buskies/Ternirsen (1991, S. 244 ff.) untersuchen neben dem Kapitalwert als weitere finanzmathematische Entscheidungskriterien die Kapitalwertrate sowie den modifizierten internen Zinsfuß, wobei die beiden letztgenannten Kennzahlen zum gleichen Ergebnis führen. Der modifizierte interne Zinsfuß wird von den Autoren als zu verwendendes Verfahren empfohlen.

onszinsfuß auf einen Zeitpunkt auf- bzw. abgezinst, wobei sich als Bezugszeitpunkt der Monat der Abnahme der Gesamtanlage anbietet, der gewöhnlich mit der Abrechnung des Auftrags zusammenfällt. Dieser Zeitpunkt stellt in der Lebenszyklusrechnung im Gegensatz zur dynamischen Zahlungsrechnung nicht mehr den Endzeitpunkt, sondern den Anfangszeitpunkt der Rechnung dar, zu dem der Barwert (Kapitalwert) der Reihe folgender Zahlungen berechnet wird:

- *Anschaffungsauszahlung*, die den auf den Abnahmezeitpunkt auf-/abgezinsten Projekteinzahlungen der dynamischen Zahlungsrechnung entspricht;
- *Betriebsauszahlungen*, die ausschließlich in der Nutzungsphase anfallen, sowie ggf. Stillegungsauszahlungen an deren Ende;
- *Umsatzeinzahlungen* während der Nutzungsphase aus dem Verkauf der durch die Anlage produzierten Güter.

Die dynamische Zahlungsrechnung ist in der Lage, den Einfluß einer veränderten Anlagenauslegung, d.h. eines variierten Parameterwertes, auf die Projektauszahlungen und damit auf die zur Deckung erforderlichen Einzahlungen durch den Kunden genau zu bestimmen. Diese Rechnung wird fortgeführt durch die Reihe der Betriebsauszahlungen und der Umsatzeinzahlungen, deren Ermittlung eine weitergehende Erforschung der Wirkungszusammenhänge erfordert[128]. Es wird diejenige Anlagenauslegung gewählt, die zum höchsten Kapitalwert der gesamten Lebenszykluszahlungen bzw. zum höchsten modifizierten internen Zins führt.

Die Vorteile einer solchen ganzheitlichen Projektrechnung für den Anlagenbauer sind in erster Linie auf der absatzwirtschaftlichen Seite zu sehen. Die Projektlebenszyklusrechnung ist praktisch identisch mit der Investitionsrechnung des Abnehmers, die er im Vorfeld der Auftragsvergabe durchführt. Zur optimalen Gestaltung des Investitionsprojekts fehlen ihm allerdings wichtige Informationen bezüglich der wechselseitigen Abhängigkeiten zwischen den Herstellungs- bzw. Anschaffungsauszahlungen und den Betriebsauszahlungen sowie den Anlagenleistungen. Ergänzen sich Anbieter und Abnehmer auf dem Weg zur Findung einer gesamtoptimalen Anlagengestaltung, so kommt es zu einer sehr intensiven Kommunikation und engen partnerschaftlichen Zusammenarbeit zwischen den Vertragsparteien. Ist der Anbieter hier in der Lage, die Vorteilhaftigkeit seines Angebots im Hinblick auf die laufenden Betriebskosten zu belegen, so stellt dies für

---

[128] Ähnlich wie Schub/Stark (1985) Methoden zur Planung von Erst- und Folgekosten für Bauprojekte entwickelt haben, sind die Lebenszykluskosten industrieller Anlagen in Abhängigkeit von der angewendeten Anlagentechnologie zu untersuchen. In dieser Fragestellung ist ein noch vergleichsweise unerschlossenes Forschungsgebiet an der Nahtstelle zwischen Ingenieurwissenschaft und Betriebswirtschaftslehre zu sehen.

ihn ein überaus wichtiges vertriebspolitisches Instrument dar, das von entscheidender Bedeutung bei der Auftragsvergabe sein kann. Der übergreifende Optimierungsansatz führt nur dann zu befriedigenden Ergebnissen, wenn Anbieter und Abnehmer zu einer vertrauensvollen Zusammenarbeit bereit sind, durch die eine enge Bindung zwischen beiden entsteht; diese kann auch bei der Vergabe zukünftiger Projekte des Kunden den Ausschlag geben.

(2) Erweiterung der dynamischen Zahlungsrechnung um eine projektübergreifende Rechnung

Eine projektbezogene Planung und Überwachung des Erfolgs eines Anlagengeschäfts geht implizit zumeist von der unzulässigen Annahme einer Unabhängigkeit der gleichzeitig oder zeitlich nacheinander durchgeführten Projekte in einem Unternehmen aus[129]. Die einzelnen Aufträge sind jedoch durch ihre gemeinsame Inanspruchnahme der Ressourcen eines Unternehmens in vielfältiger Weise miteinander verwoben, so daß eine solche Prämisse von der Realität abgeht. Zwar können - abgesehen von den unbewältigten theoretischen Problemen - aufgrund von Kosten/Nutzen-Abwägungen nicht alle wirtschaftlichen Interdependenzen zwischen den Projekten berücksichtigt werden, notwendig erscheint eine, im traditionellen Rechnungswesen nur unzureichend gelöste projektübergreifende Erfolgsrechnung aber vor allem bei den drei folgenden Planungsproblemen[130]:

1) Werden *strategische Deckungsverzichte* bei einem (Referenz-)Projekt bewußt in Kauf genommen, um für spätere (Referenz-)Folgeprojekte absatzwirtschaftliche Vorteile zu erzielen, so ist dieser geplante Verlust denjenigen zukünftigen Aufträgen anzulasten, die daraus ihren Nutzen ziehen. Während solche geplanten Verluste im herkömmlichen Rechnungswesen nach der Auftragsabrechnung in das Periodenergebnis eingehen und danach nicht mehr in Erscheinung treten, legt eine *Budgetierung der Verluste* die erfolgswirtschaftlichen Verbunde zwischen den voneinander abhängigen Projekten offen und ermöglicht somit deren Planung und Kontrolle[131].

---

[129] Zur Unabhängigkeit von Projekten vgl. Franke/Hax, 1990, S. 55.
[130] Vgl. zum folgenden Plinke, 1984, S. 282 f.; Plinke, 1985, S. 167 ff. Plinke sieht hierin die strategische Dimension der Erfolgsplanung und -überwachung.
[131] Vgl. hierzu auch Höffken/Schweitzer, 1991, S. 162 f.

2) Bei *ungeplanten Verlusten*, die aus zu niedrig angesetzten Risikorückstellungen, Preis-/Lohnsteigerungsraten u. dergl. resultieren, kann es im Einzelfall zweckmäßig sein, diese nicht gegen das Periodenergebnis auszubuchen, sondern zu sammeln und gegen positive Erfolgsabweichungen zu saldieren.

3) Fallen bspw. für eine besondere Entwicklung *projektübergreifende Einmalauszahlungen* an, so ist es zur erfolgs- und absatzwirtschaftlichen Kontrolle der Wirkungen dieser Maßnahme nicht zweckmäßig, diese Auszahlungen, vollständig oder teilweise, allein zu Lasten eines Projekts zu verrechnen, wobei der nicht verrechnete Teil in das Periodenergebnis eingeht. Statt dessen sind die Einmalauszahlungen auch auf diejenigen Projekte zu verteilen, die diese Entwicklung ebenfalls einsetzen oder in anderer Weise von Einmalauszahlungen profitieren[132].

Da diese Auszahlungsarten stets mehrere Aufträge betreffen, handelt es sich um Projektgemeinauszahlungen. Zu deren Sammlung und projektübergreifenden Verrechnung schlägt PLINKE die Bildung von *Pools* vor. Diese stellen das erforderliche Zwischenglied zwischen der Auszahlungsentstehung und der Zurechnung zum Projekt dar, über die im Einzelfall zu entscheiden ist[133]. Durch die damit geschaffene Transparenz des Deckungsbedarfs über alle Projekte hinweg ist die Voraussetzung dafür geschaffen, daß ungedeckte Gemeinauszahlungsbeträge nicht mehr im Periodenergebnis "verschwinden", sondern einer projektübergreifenden Planung und Kontrolle unterzogen werden können. Die Offenlegung der ungedeckten Projektgemeinauszahlungen erzeugt einen Druck zur Deckung dieser Beträge, den PLINKE aufgrund von verhaltenswissenschaftlichen Erkenntnissen für besonders wichtig hält[134].

Überlegungen dieser Art sollte man auch bei den *Angebotsauszahlungen* für nicht erteilte Aufträge anstellen, die üblicherweise den Vertriebsgemeinauszahlungen zugerechnet und somit von allen erhaltenen Projekten nach Maßgabe ihres Auftragswertes getragen werden[135]. Angesichts der massiven Probleme in der Praxis bei der Beherrschung der Angebotsauszahlungen, die im Anlagengeschäft erhebliche Größenordnungen erreichen, sollte man zur Aufdeckung der bestehenden Interdependenzen die Möglichkeit eröffnen, diesen ungedeckten Gemeinauszahlungsanteil einer gesonderten Planung und Überwa-

---

[132] Vgl. hierzu auch Radomski/Betzing, 1977, S. 185 ff.; Betzing, 1980, S. 681 ff.; Laßmann, 1984, S. 961 ff. Wird daraufhin der Soll-Deckungsbeitrag des betrachteten Auftrags gesenkt, so muß auf die Gefahr hingewiesen werden, daß die Folgeaufträge nicht im erwarteten Umfang erteilt werden und damit Deckungsdefizite auftreten.

[133] Vgl. ausführlich Plinke, 1984, S. 270 ff.; Plinke, 1985, S. 41 ff.

[134] Vgl. Plinke, 1982, S. 246 und 254.

[135] Vgl. Plinke, 1986, S. 138.

chung zuzuführen. Entstehen bspw. bei der Angebotserstellung Unterlagen, die für nachfolgende Angebote, die zum Auftrag führen, genutzt werden können, so sind diesem Auftrag angemessene Teile der Angebotsauszahlungen anzulasten.

Die Auszahlungen einer Maßnahme, von deren Wirkung mehrere Aufträge berührt werden, sind also zu sammeln und den betroffenen Projekten nach einem jeweils zweckmäßig erscheinenden Verteilungsmodus zuzurechnen. Die betriebswirtschaftlich sinnvolle Beurteilung einer solchen projektübergreifenden Maßnahme erfordert die wertmäßige Berücksichtigung der großen zeitlichen Abstände, die zwischen der Entstehung und der Verrechnung der Auszahlungen liegen. Die projektbezogene dynamische Zahlungsrechnung stellt infolge ihrer systemimmanenten Anwendung finanzmathematischer Verfahren auf der Basis von Zahlungen sowie ihrer periodenübergreifenden Grundkonzeption eine sehr geeignete Grundlage dar für die skizzierte Form einer erweiterten projektübergreifenden Erfolgsrechnung.

f. Entscheidungsfindung auf der Grundlage der dynamischen Zahlungsrechnung

Nachdem die Planung der Projektaus- und -einzahlungen unter Berücksichtigung der risiko- und liquiditätspolitischen Maßnahmen sowie aller übrigen erfolgsrelevanten Daten beendet ist, wird auf deren Grundlage die *Ermittlung der dynamischen Kennzahlen* zur Projektbeurteilung vorgenommen und dem Kunden ein Angebot unterbreitet. Besteht beim Kunden Interesse, so muß sich in den anschließenden Verhandlungen zeigen, inwieweit vor allem Preise und Zahlungsbedingungen vor dem Hintergrund der Vorstellungen des Kunden sowie der Konkurrenzangebote haltbar sind. Da vom Anbieter hier i.d.R. ein gewisses Entgegenkommen erwartet wird, sind weitere Planungsdurchläufe (Erfolgsplanungsrechnung II) gemäß dem Verhandlungsverlauf notwendig, um die dann erkennbaren Preis- und Zahlungswünsche des Kunden, einen variierten Liefer- und Leistungsumfang und/oder sonstige Veränderungen gegenüber dem ursprünglichen Angebot einzubeziehen.

Mit der dynamischen Zahlungsrechnung hat der Verkäufer ein Instrumentarium an der Hand, mit dem er die erfolgswirtschaftlichen Auswirkungen veränderter Inputgrößen anhand von PC-gestützten Simulationsrechnungen schnell und zuverlässig ermitteln kann, wobei sich die Erfolgsanalyse sowohl auf den *Gesamtprojekt*erfolg als auch auf die zukünftigen *Perioden*erfolge bezieht. Besonderes Augenmerk sollte hier auf die Beurteilung der zeitlichen Einzahlungsverteilung (Zahlungsbedingungen) gelegt werden, weil die Zinswirkungen, die sich aus dem Saldo von Aus- und Einzahlungsreihe ergeben, den dynamischen Projekterfolg in maßgeblichem Umfang mit bestimmen. Ist der Kunde z.B. mit dem Preis der Anlage einverstanden, wünscht jedoch abweichend vom Angebot geringere Anzahlungen während der Bauzeit, so resultieren daraus für den Anbieter infolge der gestiegenen Vorfinanzierungsnotwendigkeit höhere Zinslasten. Die dynamische Zahlungsrechnung erlaubt die genaue Bestimmung der Auswirkungen der zusätzlichen Zinszahlungen auf den Auftragserfolg sowie darüber hinaus die Ermittlung des Betrages, um den der Preis erhöht werden muß, damit die Gewinnerwartungen des Anlagenbauers gerade noch erfüllt werden. Die Schnelligkeit und Genauigkeit der Alternativrechnungen sind gerade bei den oftmals unter Zeitdruck stehenden Vertragsverhandlungen von großer Wichtigkeit.

Für den Anlagenbauer stellt sich die Kernfrage, ob der Auftrag für ihn unter den Bedingungen, wie sie aus den Verhandlungen hervorgehen, annehmbar ist, oder ob statt dessen nicht besser ein anderes Projekt, das mit der betrachteten Anlage um die Kapazitäten konkurriert, in Auftrag genommen werden sollte. Um in dieser für den Fortbestand des Unternehmens zentralen Frage eine richtige Entscheidung treffen zu können, sind die entscheidungsrelevanten Projektzahlungen zu bestimmen[136]. Als *entscheidungsrelevant* gelten hier diejenigen Projektauszahlungen (Grenzauszahlungen), die durch die Hereinnahme eines Auftrags *zusätzlich*, d.h. im Verlgeich zur Ablehnung, anfallen[137]. Sie werden als *auftragsabhängige* (*-variable*) Projektauszahlungen bezeichnet und den *auftragsunabhängigen* (*-fixen*) gegenübergestellt, die auch ohne Annahme des Auftrags entstehen. Daraus ergibt sich unmittelbar, daß in eine Rechnung zur Unterstützung der *Auftragsselektionsentscheidung* nur solche Projektauszahlungen einfließen dürfen, die zeitlich nach der Aufragsannahmeentscheidung anfallen und durch diese verursacht sind[138]. Vergleicht man bspw. zwei potentielle Aufträge gleicher Projektdauer miteinander, von denen nur einer aus Kapazitätsgründen angenommen werden kann, so wird man sich unter erfolgswirtschaftlichen Erwägungen für denjenigen Auftrag entscheiden, der *für die Zukunft* den höheren Einzahlungsüberschuß erwarten läßt, auch wenn der andere Auftrag im Vorfeld viel höhere Akquisitionsaufwendungen beansprucht hat. Das in der Praxis manchmal vorgebrachte Argument, daß eine Auftragserlangung deshalb forciert

---

[136] Zu Entscheidungsrelevanz von Kosten vgl. im einzelnen Mahlert, 1976, S. 28 ff.

[137] Da die Projekteinzahlungen nur bei Auftragsannahme eingehen und insofern vollständig auftragsvariabel sind, erübrigt sich ihre weitere Betrachtung.

[138] Der *Deckungsbeitragsgedanke* der Kostenrechnung ist somit auf die dynamische Rechnung zu übertragen. Auf die unterschiedlichen Systeme der Teilkostenrechnung wird hier angesichts des überaus reichhaltigen Literaturangebots nicht mehr eingegangen.

werden sollte, weil das Projekt bereits während der Akquisitonsphase hohe Auszahlungen verschlungen hat, ist aus entscheidungstheoretischer Sicht unzutreffend.

Zu den *auftragsvariablen Projektauszahlungen* werden folgende Auszahlungsarten gerechnet:
- Personalauszahlungen,
- Materialeinzelauszahlungen,
- Fremdkonstruktion,
- Sondereinzelauszahlungen des Vertriebs und der Fertigung,
- Zinsen auf die auftragsvariablen Auszahlungen sowie für eine Absatzfinanzierung.

Der Einwand, daß die *Personalauszahlungen* auch ohne eine Auftragshereinnahme wegen der nicht kurzfristig kündbaren Anstellungsverhältnisse anfallen, kann im industriellen Anlagengeschäft so nicht geltend gemacht werden, weil die Personalauszahlungen innerhalb des langen Zeitraums, für den die Auftragsannahmeentscheidung wirksam ist, durch Personaleinstellungen oder -freisetzungen in gewissen Grenzen disponibel sind. Die Personalauszahlungen werden einem Auftrag überwiegend mittels Stundenverrechnungssätzen zugeordnet. Diese Stundensätze enthalten oftmals aber auch fixe Anteile wie z.B. Abschreibungen und Mieten, so daß man die variablen Anteile wie z.B. Löhne/Gehälter einschl. Personalzusatzauszahlungen sowie Energie isolieren und einen *"Grenzstundensatz"* ermitteln muß. Dabei ist allerdings zu beachten, daß sich die zunächst als fix angenommenen Bestandteile der Stundensätze bei einem Personalaus-/-abbau ebenfalls erhöhen/reduzieren (hier ist bspw. an die von den Mitarbeitern benutzten Arbeitsmittel gedacht). Da die Personalauszahlungen zudem den mit Abstand größten Anteil an den jeweiligen Stundensätzen ausmachen, muß im Einzelfall gründlich geprüft werden, ob die verbesserte Aussagekraft eines Grenzstundensatzes den damit verbundenen Erstellungsaufwand rechtfertigt.

Daß es sich bei den eigens für einen Auftrag bestellten Zukaufteilen um *projektvariable Material(einzel)auszahlungen* handelt, steht außer Frage. Unklar ist hingegen die Entscheidungsrelevanz von Auszahlungen für Material, das auf Lager liegt und auch für andere Aufträge verwendet werden könnte. Zwar werden durch die Auftragsannahmeentscheidung und den dadurch verursachten auftragsbezogenen Verbrauch des Lagermaterials keine zusätzlichen Auszahlungen hervorgerufen, es wird damit jedoch verhindert, daß das Material für später folgende Projekte ähnlichen Typs eingesetzt werden kann. Damit diese Projekte dennoch durchgeführt werden können, muß das Material wiederbeschafft werden. Diese Wiederbeschaffung, die notwendig ist, um die Verdrängung anderer Aufträge zu verhindern, wird also letztlich durch die Auftragsannahmeentscheidung ausgelöst und ist demzufolge als entscheidungsrelevant anzusehen[139]. Grundsätzlich müssen weiterhin auch Teile der Materialgemeinauszahlungen wie z.B. für Transportleistungen als variabel angesehen werden, wobei deren getrennte Erfassung wiederum im Konflikt mit der Wirtschaftlichkeit der Erfolgsrechnung steht.

Die Auszahlungen für Fremdkonstruktionen, die Sondereinzelauszahlungen des Vertriebs und der Fertigung sowie die Zinszahlungen, die für die auftragsvariablen Projektauszahlungen sowie für eine Absatzfinanzierung getätigt werden, sind ausschließlich auf die Auftragsannahmeentscheidung zurückzuführen und daher - soweit sie nach dem Entscheidungszeitpunkt anfallen - zweifelsohne auftragsvariabel.

Im Rahmen der dynamischen Zahlungsrechnung wird als Kennzahl zur Unterstützung der Auftragsselektionsentscheidung ein *dynamischer Bruttoüberschuß* berechnet. Der durch den dynamischen Bruttoüberschuß gekennzeichnete Betrag dient der Deckung derjenigen Auszahlungen, die auch ohne die Annahme des Auftrags entstehen (Bereitschaftsauszahlungen), sowie ggf. eines Überschusses. Beim *dynamischen Bruttoüberschuß I* werden von den diskontierten Projekteinzahlungen die diskontierten auftragsvariablen Projektauszahlungen subtrahiert:

dyn. Bruttoüberschuß I	=	diskont. Projekteinzahl.	- diskont. auftr. variable Projektauszahl.

Aussage: Zur Deckung der auftragsunabhängigen Bereitschaftsauszahlungen sowie eines Überschusses trägt der Auftrag ..... DM bei.

Bei einigen vor allem großen Aufträgen kann es erforderlich sein, die vorhandenen Kapazitäten zu erweitern. In den *dynamischen Bruttoüberschuß II* werden zusätzlich diejenigen Auszahlungen einbezogen, die für einen bei Auftragsannahme notwendigen Kapazitätsausbau zu tätigen sind, wobei angenommen wird, daß diese Kapazitäten nicht auch durch weitere Aufträge genutzt werden:

---

[139] Die Wiederbeschaffung des Materials stellt die Revision der Auftragsannahmeentscheidung dar, weil dadurch bewirkt wird, daß stets eine andere Entscheidung, d.h. ein anderer Auftrag, realisiert werden kann. Bohr (1988, S. 1176 ff.), der diese Argumentation als *Revisionshypothese* bezeichnet, sieht in der Wiederbeschaffung die Opportunitätskosten der Entscheidung. Vgl. auch Burger, 1989, S. 957 ff. Ähnliche Überlegungen sind im übrigen auch für die Lohn- und Gehaltszahlungen anzustellen, da auch das Personal der Nutzung durch andere Aufträge entzogen ist; vgl. Bohr, 1988, S. 1179 f.

dyn. Bruttoüberschuß II =	dyn. Brutto- -	Auszahlungen für
	überschuß I	Kapazitätsausbau

Aussage: Nach Abzug der durch den Auftrag verursachten sowie derjenigen Auszahlungen, die aufgrund von erforderlichen Kapazitätserweiterungen anfallen, bleibt zur Deckung der Bereitschaftsauszahlungen sowie eines Überschusses .... DM.

Da mit zunehmendem Betrachtungszeitraum der disponible Anteil der Auszahlungen steigt, können im industriellen Anlagengeschäft infolge der langen Abwicklungsdauern sehr viele Auszahlungsarten als variabel angesehen werden[140]. Eine klare Abgrenzung zwischen dem auftragsvariablen und -fixen Auszahlungsanteil läßt sich generell nur bei einer eindeutigen Festlegung des zeitlichen Bezugsrahmens treffen. Die dynamischen Bruttoüberschüsse sind daher *nach unterschiedlichen Fristigkeitsgraden* zu differenzieren, was allerdings zu nicht unerheblichen Verständnisschwierigkeiten der Kennzahlen führen kann[141]. Die Transparenz, die bei der dynamischen Zahlungsrechnung im Hinblick auf die zeitliche Struktur des Auftrags besteht, erleichtert hierbei eine Differenzierung nach Fristigkeitsgraden. Insb. sollte erwogen werden, die im dynamischen Bruttoüberschuß II erfaßten projektbedingten Kapazitätserweiterungen nach ihrer zeitlichen Erstreckung zu staffeln, da ein Auftrag mit sehr langer Abwicklungsdauer mehr Möglichkeiten zur Kapazitätsanpassung bietet als ein Auftrag mit nur kurzer Abwicklungsdauer.

Bezieht man die engpaßorientierte Betrachtung (Kapazitätsrendite)[142] auf die entscheidungsorientierte Erfolgsrechnung, so gelangt man zu einem *spezifischen dynamischen Bruttoüberschuß*, der dem spezifischen Deckungsbeitrag der Produktprogrammplanung entspricht:

$$\text{spez. dyn. Bruttoüberschuß} = \frac{\text{dyn. Bruttoüberschuß}}{\text{Engpaßkapazitätseinheiten}}$$

Aussage: Der Auftrag trägt zur Deckung der Bereitschaftsauszahlung und eines Überschusses .... DM je beanspruchter Engpaßkapazitätseinheit bei.

---

[140] Backhaus (1980, S. 80) sieht darin eine Konvergenz von Voll- und Teilkostenrechnung.
[141] Vgl. Kilger, 1983, S. 68 f.; Kilger, 1986, S. 133.
[142] Vgl. Abschnitt V.C.1.b.

Zwar besitzt diese Kennzahl auch dann eine gewisse Aussagekraft, wenn die betrachtete Kapazitätsart keinen Engpaß bildet, entscheidungsrelevant ist sie dann allerdings nicht. Bezogen auf die hauptsächlich in Frage kommenden Kapazitäten ergibt sich für den dynamischen Bruttoüberschuß I:

$$\frac{\text{dyn. Bruttoüberschuß I}}{\text{Konstruktionsstunden}} \quad \text{bzw.} \quad \frac{\text{dyn. Bruttoüberschuß I}}{\text{Fertigungsstunden}}$$

Auf der Grundlage der Brutto-Überschuß-Kennzahlen kann eine fundierte Auswahl zwischen alternativen Projekten unter erfolgswirtschaftlichen Gesichtspunkten getroffen werden. Ihre Berechnung erfolgt bereits vor der Angebotserstellung sowie laufend während der Verhandlungen.

Neben der Unterstützung der Auftragsselektionsentscheidung ist eine deckungsbeitragsorientierte Rechnung zur Bestimmung von *Preisuntergrenzen* erforderlich, da hieraus wesentliche Informationen im Hinblick auf die Auszahlungsanteile hervorgehen, auf deren Deckung aus vertriebspolitischen Gründen ggf. verzichtet werden kann. Derartige Informationen sind besonders bei Unterbeschäftigung des Unternehmens von größtem Wert.

In einem erweiterten Deckungsbeitrag sind insb. auch die Akquisitionsauszahlungen, die entweder bereits getätigt und damit erfaßt oder in erwarteter Höhe noch zu schätzen sind, sowie andere sprungfixe Auszahlungen in den Deckungsbedarf sukzessive einzubeziehen. Die Preisuntergrenze liegt im industriellen Anlagengeschäft aufgrund der langen Kapazitätsbelegungsdauer durch einen Auftrag somit deutlich über den kurzfristig auftragsvariablen Projektauszahlungen[143]. Eine langfristige Preisuntergrenze ist grundsätzlich nicht allein aus einer wie auch immer bemessenen Auszahlungsdeckung, sondern in erster Linie aus den im Einzelfall verfolgten Unternehmenszielen unter Berücksichtigung einer angemessenen Gewinn- und Risikoabdeckung abzuleiten.

Die deckungsbeitragsorientierte Rechnung ist nicht als Alternative zu einem Rechnungssystem zu verstehen, das einem Projekt sämtliche, also auch fixe Gemeinauszahlungen zurechnet (Vollauszahlungsrechnung)[144]. Beide Systeme ergänzen sich vielmehr und verfügen über einen eigenen Anwendungsbereich: Während Deckungsbeiträge die wesentlichen Informationen zur Entscheidungsfindung bei einem Projektvergleich und der dar-

---

[143] Vgl. Kilger, 1986, S. 133 ff. Zur entscheidungsorientierten Preisuntergrenzen-Ermittlung bei Einzelfertigung wird auf die ausführlichen Überlegungen von Zoller (1988, S. 39 ff.) verwiesen.

[144] Vgl. Chmielewicz, 1983, S. 158 f.; Männel, 1983, S. 1187; Kilger, 1986, S. 133.

auf aufbauenden Projektauswahl sowie bei der Festlegung von Preisuntergrenzen liefern, sind vollauszahlungsorientierte Rechnungen zur Ermittlung des Gesamtdeckungsbedarfs eines Projekts unerläßlich[145]. Voll- und teilauszahlungsorientierte Erfolgsrechnungen sind somit gleichwertige Bestandteile der dynamischen Zahlungsrechnung und i.S. einer Parallelkalkulation zu führen. Besondere Sorgfalt ist allerdings darauf zu verwenden, daß die Informationen der beiden Rechnungssysteme gezielt, d.h. nur entsprechend ihres jeweiligen Rechnungszwecks eingesetzt werden, um Entscheidungen nicht auf der Grundlage inadäquater Daten zu treffen. Darüber hinaus sind Wirkungen der Erfolgsrechnungsinformationen auf das Verhalten der Projektverantwortlichen zu berücksichtigen, wobei vor allem die Gefahr einer zu nachgiebigen Preispolitik der Akquisiteure bei Zugrundelegung (nur) von Deckungsbeitragsinformationen einer ständigen Beobachtung unterzogen werden muß[146].

Sämtliche Überlegungen in der Akquisitionsphase münden schließlich in der Auftragsakzeptanz- bzw. selektionsentscheidung. Die Beurteilung und Auswahl der Aufträge, deren Güte für das Unternehmens von existenzieller Bedeutung ist, vollzieht sich aber nicht allein auf der Basis erfolgswirtschaftlicher Kennzahlen; es handelt sich vielmehr um ein Entscheidungsproblem, zu dessen Lösung unterschiedliche *Beurteilungsdimensionen* heranzuziehen sind (vgl. Schaubild V.4).

Das in Aussicht stehende Anlagengeschäft ist anhand *wirtschaftlicher* und *technischer* Kriterien in seinen Auswirkungen auf den *Erfolg*, die *Liquidität* sowie die *Risiken* auf *projekt*- und *unternehmens*bezogener Ebene zu beurteilen. Zwar bildet die dynamische Zahlungsrechnung die tragende Säule der Auftragsbewertung und -auswahl, sie ist allerdings nicht imstande, schwer oder nicht monetär quantifizierbare Kriterien (z.B. Referenzpotential oder sonstige Absatzmarktwirkungen einer Anlage) sowie technische Merkmale (z.B. Beherrschung der Technologie) in die Vorteilhaftigkeitsbeurteilung einzubeziehen. Dies muß außerhalb der Erfolgsrechnung durch die Unternehmensleitung in systematischer Weise geschehen, wobei man in der Gewichtung der einzelnen Beurteilungskriterien die eigentliche unternehmenspolitische Aufgabe sehen kann. Letztendlich ist der *Beitrag eines Auftrags zum Gesamterfolg* des Unternehmens als oberste Zielgröße *handlungsentscheidend*[147].

---

[145] Zur Eignung der Voll- und Teilkostenrechnung für die langfristige Einzelfertigung vgl. Abschnitt III.C.3 sowie insb. Kraus, 1986, S. 70 ff. mit den dort gegebenen Literaturhinweisen; Höffken/Schweitzer, 1991, S. 140 ff.

[146] Vgl. Backhaus/Plinke, 1978; Plinke, 1982; Plinke, 1983, S. 197 f.; Franzen, 1985, S. 13 f.

[147] Vgl. auch Höffken/Schweitzer, 1991, S. 40.

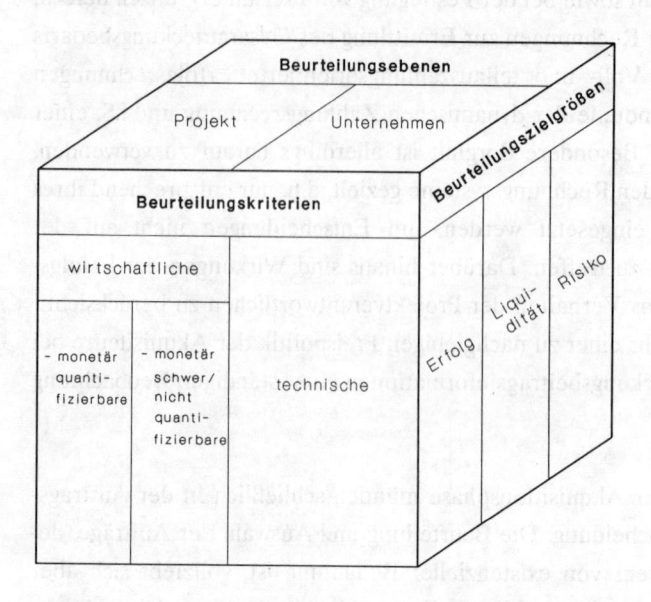

Schaubild V.4 Beurteilung und Auswahl von Aufträgen als multidimensionales Entscheidungsproblem

Die Anwendung der teilweise vorgeschlagenen Verfahren zur Lösung eines derartigen multidimensionalen Entscheidungsproblems wie insb. der Nutzwertanalyse[148] kann nur als sehr bedingt sinnvoll gelten, da die durch diese Verfahren ermittelten Punktsummen den Grad der Einzelzielerfüllung nicht mehr erkennen lassen. Dieser muß aber gerade transparent bleiben, da eine Kompensation zwischen den heterogenen Einzelkriterien nicht gegeben ist und eine sehr schlechte Beurteilung hinsichtlich eines Kriteriums (z.B. Abnehmerland ist Krisen-/Kriegsgebiet) trotz hoher Gesamtpunktzahl zur Ablehnung des Auftrags führen kann oder muß.

In Schaubild V.5 wird ein zusammenfassender Überblick über den Prozeß der Erfolgsplanung und Entscheidungsfindung auf der Grundlage der dynamischen Zahlungsrechnung gegeben.

---

[148] Vgl. z.B. Ossadnik, 1988, S. 62 ff. Zur Multi-Criteria Analyse vgl. insb. Zimmermann/Gutsche (1991) mit dem dortigen Literaturüberblick.

PLANUNGSPHASEN	EINFLUBGRÖBEN
Anfragenselektion	- Auftragsrealisierungswahrscheinlichkeit - Erfolgserwartungen
↓	
Erfolgsplanungsrechnung I	
Erstellung der technischen Lösung	- Vorgaben des Kunden - Know-how/ Erfahrungen aus früheren Projekten - kundenorientierte Optimierung der Auslegung durch Einbeziehung der Betriebskosten
↓	
zeitlich nicht strukturierte Zerlegung des Projektaufbaus (Projektstrukturplan -> Arbeitspakete)	- technische Projektauslegung - standardisierte Komponenten
↓	
zeitlich strukturierte Zerlegung des Projektablaufs ((Teil-)Netzpläne -> Vorgänge)	- Ausführungsdauern der Vorgänge - technisch-zeitliche Abhängigkeiten - Ressourcenbeanspruchung durch andere Projekte
↓	
Erstellung des _zeitlich strukturierten Mengengerüstes_	- Einsatzfaktorbedarfe der Vorgänge/ Vorgangsgruppen gemäß Stücklisten bzw. Schätzungen - verfügbare Kapazitäten der benötigten/vorh. Potentialfaktoren
↓	
Projektauszahlungsplanung:	
- Auszahlungszeitpunkte	- Bedarfs-/Beschaffungstermine - Zahlungsbed. des Lieferanten - eigene Zahlungsgewohnheiten
- Auszahlungshöhe	- Anschaffungspreise gemäß Lieferantenangebot bzw. erwarteten Preis-, Wechselkurs- und Beschäftigungsentwicklungen
↓	
zeitliche und sachliche _Aggregation_ der Projektauszahlungen nach Monaten bzw. Teilprojekten	
↓	
Projekteinzahlungsplanung:	
- Einzahlungszeitpunkte	- Zahlungsbedingungen/Vertr.gestaltung (ggf. Leistungsfortschritt) - Zahlungsverhalten des Abnehmers - Zahlungsform/-sicherung - angestrebter Auftragserfolg
- Einzahlungshöhe	- Liefer- und Leistungsumfang Raten/Teilprojekt-Aufteilung - Preisgleitklauseln - angestrebter Auftragserfolg - Konkurrenzsituation - wirtsch. Stärke des Nachfragers
↓	
zeitliche und sachliche _Aggregation_ der Projekteinzahlungen nach Monaten bzw. Teilprojekten	

↓	
Erfolgswirtschaftliche Berücksichtigung der **Projektrisiken**: - Risikoanalyse - Relevanz der Risiken - Risikobewältigung	insb.: - Beherrschung der Technologie - Genehmigungsvorschriften - Abnehmerland - Bonität des Kunden - Auftragsfinanzierung - Währung - Kompensation
↓	
Erfolgs- und finanzwirtschaftliche Berücksichtigung der **Projektliquidität**	- Liquiditätsanforderungen/-beiträge des Projekts - voraussichtliche Liquiditätsent-/belastung des Unternehmens durch übrige Projekte - Kapitalmarktbedingungen
↓	
Erstellung der projektbezogenen Zahlungsreihe unter Einbeziehung der risiko- und liquiditätspolitischen Maßnahmen zur Berechnung der **dynamischen Kennzahlen** und Festlegung der **Angebotsbedingungen**	- Brutto-Ein-/Auszahlungsreihen im Monatsraster - Kalkulationszinssatz - Bezugszeitpunkt
↓	
Erfolgsplanungsrechnung II erneute Planungsdurchläufe wie I unter Berücksichtigung **veränderter Ausgangsdaten** mit anschließender Festlegung der endgültigen Angebotsbedingungen	- abweichende Vorstellungen des Kunden bezüglich Projektauslegung, Liefertermine, Zahlungs- und Finanzierungsbedingungen u. dergl. - Konkurrenzangebote - Liefer- und Zahlungskonditionen der Lieferanten/Mitanbieter
↓	
Entscheidung über Annahme/Ablehnung des Anlagengeschäfts auf der Grundlage der projekt- und unternehmensbezogenen Auftragsbeurteilung	- dynamische Kennzahlen, Liquiditätskennzahlen - monetär schwer/nicht quantifizierbare Beurteilungskriterien einschl. Einschätzung des Restrisikos - absatzwirtschaftliche (Referenz-) Wirkungen auf Folgeprojekte - Beschäftigungssituation des Unternehmens (Bestand und Qualität der erhaltenen und erwarteten Aufträge in Relation zu den verfügbaren Potentialkapazitäten)

Schaubild V.5   Prozeß der Erfolgsplanung und Entscheidungsfindung auf der Grundlage der dynamischen Zahlungsrechnung

3. Dynamische Zahlungsrechnung zur begleitenden Erfolgskontrolle und Dokumentation

a. Einführung

Die lange Abwicklungsdauer eines Industrieanlagengeschäfts sowie die vielfältigen Störpotentiale, denen die Auftragsrealisierung ausgesetzt ist, erfordern es, die Erreichung der Projektziele, die sich vor allem in der Einhaltung der Soll-Vorgaben (Budgets) der beteiligten Bereiche niederschlägt[149], laufend zu überwachen. Als terminus technicus für diese projektbegleitende Erfolgsüberwachung hat sich die Bezeichnung *Mitlaufende Auftragskalkulation* durchgesetzt. Sie hat im Rahmen der dynamischen Zahlungsrechnung während der Auftragsabwicklung die bereits angefallenen Projektzahlungen zu erfassen und den jeweiligen Soll-Werten gegenüberzustellen sowie die nach aktuellem Informationsstand zu erwartenden Restzahlungen zu ermitteln; insofern erfüllt die Mitlaufende Auftragskalkulation neben Dokumentations- und Kontrollfunktionen auch Planungsaufgaben. Die Überwachung der Projektzielerreichung beschränkt sich aber nicht auf die Sicherung des Auftragserfolgs, sondern erfordert darüber hinaus die *Kontrolle der Finanzplanung* sowie der eingetretenen oder zusätzlich erkennbaren *Risiken*. Dabei sind die laufenden Rationalisierungs- und sonstigen Einsparungsbemühungen im Hinblick auf die Erfüllung der zugesagten Projektqualität und -leistung zu berücksichtigen, die vielfach auch den Einsatz von *Wertanalysen* erfordern.

b. Systematische Dokumentation der projektbezogenen Daten

(1) Datenerfassung

Die Ist-Erfassung der projektbezogenen Daten erstreckt sich innerhalb der dynamischen Zahlungsrechnung zunächst auf die Bestimmung aller während der Projektdauer getätigten und disponierten Projektzahlungen einschließlich der Akquisitionsauszahlungen. Infolge der starken technisch-wirtschaftlichen Verzahnung, die insb. durch die Ableitung der erwarteten Projektzahlungen aus dem zeitlich strukturierten Mengengerüst der Anlagen sowie dadurch entsteht, daß (Teil-)Zahlungsverpflichtungen des Kunden an die Erbringung und Abnahme bestimmter Leistungen des Anlagenbauers geknüpft sind, ist die

---

[149] Auf die Ableitung von Soll-Vorgaben für die durchführenden Stellen (Budgetierung) wird hier mit dem Verweis auf die grundlegende Darstellung in Abschnitt II.D.2.b.(3) nicht mehr eingegangen. Die Vorzüge einer netzplangestützten vorgangsgruppenbezogenen Auszahlungsplanung bei der Ermittlung von Budgets wurden bereits in Abschnitt V.C.2.b.(1) erläutert.

Erfassung der Projektzahlungen in engem Zusammenhang mit der Feststellung des Auftragsfortschritts zu sehen. Weiterhin ergeben sich wechselseitige Abhängigkeiten zwischen den zahlreichen, sorgfältig zu dokumentierenden Änderungen der technischen Projektauslegung im Verlaufe der Auftragsabwicklung und deren Auswirkungen auf Auszahlungen und Einzahlungen (Claims). Zur Kennzeichnung dieser integrierten technisch-wirtschaftlichen Erfassungsproblematik erscheint der umfassende Begriff *Datenerfassung* grundsätzlich zutreffender als eine Begrenzung der Betrachtung allein auf die Projektzahlungen. Alle relevanten Daten zum technisch-wirtschaftlichen Stand der Auftragsrealisierung werden im monatlich erstellten *Projekt-Status-Bericht* zusammengefaßt, dem damit eine zentrale Bedeutung als Instrument der Auftragsüberwachung zukommt[150]. Im Interesse der Wahrung des Themenbezugs stehen hier die Erfassung und laufende Überwachung der Projektzahlungen im Mittelpunkt der weiteren Überlegungen.

Aufgrund des *originären Charakters der Projektzahlungen* kommen die Vorzüge einer zahlungsorientierten Erfolgsrechnung auch im Rahmen einer Dokumentations- und Erfolgsermittlungsrechnung zur Geltung. Die Realitätsnähe, Aktualität und Genauigkeit als wesentliche Anforderungen an eine Erfassungs- und Erfolgsermittlungsrechnung werden bei der dynamischen Zahlungsrechnung in vorzüglicher Weise gewährleistet, da die Höhe eines auf der Grundlage von Projektzahlungen ermittelten Auftragserfolgs überwiegend anhand realer Größen überprüft werden kann[151].

Im Hinblick auf die Erfassung der Projekteinzel- und -gemeinauszahlungen kann im wesentlichen auf den Abschnitt V.B verwiesen werden[152]. Dort wurde neben der Darstellung der Projekteinzahlungserfassung gezeigt, daß aufgrund des Primärcharakters der meisten *Projekteinzelauszahlungen* deren Erfassung lediglich eine entsprechende auftragsbezogene Kontierung in der Finanzbuchhaltung und der Rechnungsprüfung erfordert. Die Erfassung der *Projektgemeinauszahlungen* setzt zunächst deren Auflösung in ihre primären Bestandteile voraus. Die in den einzelnen Auszahlungsstellen anfallenden Projektauszahlungen sind dann durch Stundenaufschreibungen bzw. über Zuschläge für die einzelnen Aufträge zu ermitteln. Dabei müssen die Aufschreibungen in den Auszahlungsstellen über die Auftragsnummer hinaus auch die Vorgangsnummer enthalten, um einen vorgangs(gruppen)bezogenen Soll/Ist-Vergleich zu ermöglichen.

---

[150] Vgl. Siepert, 1988, S. 345 ff.
[151] Zu den Anforderungen an ein auftragsbezogenes Erfassungssystem vgl. auch Wiederstein, 1979, S. 52 ff.
[152] Vgl. darüber hinaus Studt, 1983, S. 174 ff.

Neben der Dokumentation der effektiv getätigten Projektzahlungen bezieht sich die Erfassungsrechnung auch auf die Bestimmung der eingegangenen Zahlungsverpflichtungen durch verbindliche Bestellungen (*Obligo*), da diese ebenso wie die bereits geflossenen Zahlungen zu den nicht mehr beeinflußbaren Projektauszahlungen gehören.

Durch die *Ist-Finanzrechnung* werden die effektiv geflossenen Finanzströme des Projekts und des Unternehmens erfaßt und damit die Voraussetzung geschaffen für die Kontrolle und flexible Anpassung der Finanzplanung[153]. Ohne eine Überprüfung der Richtigkeit und Genauigkeit ist die Lenkungsfunktion sowie der allgemeine Nutzen einer Liquiditätsvorschaurechnung sehr gering. Ihre Aussagekraft kann nur beurteilt und verbessert werden, wenn sie laufend den tatsächlichen Zahlungsmittelbewegungen gegenübergestellt wird. Die als Ist-Rechnung geführte dynamische Zahlungsrechnung bildet - wie bei der Planungsrechnung - auch hier die wesentliche Grundlage für die Erfassung und projektweise Zurechnung der tatsächlichen Liquiditätsströme, die über alle Projekte hinweg mit den projektunabhängigen Zahlungsvorgängen zusammengeführt werden, um daraus den Finanzstatus des Unternehmens abzuleiten.

(2) Datenaufbereitung und -speicherung

Um den Nutzen der differenzierten Vorkalkulationen sowie ihrer Überprüfung anhand des tatsächlichen Auszahlungsanfalls zu erhöhen, sind die Kalkulationen dergestalt aufzubereiten und abzuspeichern, daß sie als *Informationsbasis für Folgeaufträge* herangezogen werden können. Dies bezieht sich nicht nur auf die Dokumentation der Projektzahlungen, sondern gleichermaßen auch auf sämtliche technischen und sonstigen auftragsrelevanten Informationen wie
- Konstruktionszeichnungen bzw. CAD-Daten,
- Projektstrukturpläne, (Teil-)Netzpläne,
- Zeit- und Mengenverbräuche,
- Unterlieferanten (einschl. deren Beurteilung),
- Mitanbieter,
- verantwortliche Stellen/Projektleiter,
- kundenspezifische Informationen,
- allgemeine Abwicklungsprobleme (z.B. länderspezifisch),
- erwartete und eingetretene Risiken[154].

---

[153] Vgl. Chmielewicz, 1981a, S. 89 f.; Chmielewicz/Caspari, 1985, S. 166; Wurl, 1990, S. 75 ff.
[154] Vgl. im einzelnen Madauss, 1990, S. 301 ff.

Die großen Einsparpotentiale durch einen Rückgriff auf vorhandene Unterlagen von Ähnlich-/Gleichteilen können aber nur dann ausgeschöpft werden, wenn die Informationen in systematischer Weise in Datenbanken abgelegt werden. Dies kann durch ein *klassifizierendes Nummernsystem* erreicht werden, das sämtliche gefertigten Teile eines Unternehmens oder sogar eines Konzerns in zweckentsprechender Form ordnet[155]. Das Nummernsystem ist hierarchisch in Anlehnung an den Projektstrukturplan aufzubauen und muß für alle Arbeitspakete, Bauteile/-gruppen sowie für das Gesamtprojekt den Zugang zu den oben genannten Daten erschließen.

Der hohe Detaillierungsgrad einer auf Vorgangsgruppen bzw. Arbeitspakete bezogenen Projektauszahlungsplanung erweist sich in diesem Zusammenhang als sehr hilfreich, da der Wiederholungsgrad der Arbeiten bei verschiedenen Aufträgen auf einer niedrigen Gliederungsebene höher ist als bspw. auf Baugruppenebene. Die für die Vorgangsgruppen bzw. Arbeitspakete vorliegenden Kalkulationen und Ablaufplanungen können somit grundsätzlich häufiger verwendet werden als entsprechende Daten für größere Anlagenteile[156].

Der durch eine systematische Erfassung und Speicherung entstehende, mit jedem Projekt wachsende *Daten-Pool* erfordert zwar einen hohen Vorbereitungsaufwand, trägt jedoch zu erheblichen Einsparungen bei den Angebotsauszahlungen[157] sowie zu einer höheren Kalkulationssicherheit bei. Eine Vorkalkulation unter Verwendung von Kalkulationsunterlagen vorangegangener Aufträge vermindert auch die nicht zu unterschätzende Gefahr, ganze Positionen zu vergessen[158]. Das Problem, sich bei der Projektplanung auf nichtgleiche Vorgängerprojekte zu stützen und damit zu falschen Projektierungs- und Kalkulationsergebnissen zu gelangen, verliert bei der Verwendung eines einheitlichen Nummernsystems an Bedeutung. Infolge des hohen Komplexitäts- und Individualitätsgrades einer Industrieanlage bleibt allerdings stets die Notwendigkeit einer Anpassung an die speziellen technisch-zeitlichen Gegebenheiten eines neuen Projekts sowie einer

---

[155] Zur Entwicklung eines Klassifizierungssystems vgl. Thumb, 1975, S. 382 ff.; VDMA, 1983, S. 32 ff.; Eversheim/Koch, 1984, S. 134 ff. Vgl. zu den kennzeichnenden Merkmalen wiederkehrender Baugruppen auch Beitz, 1977, S. 351 ff. sowie Abschnitt II.D.2.c dieser Arbeit. Die Ablage der Daten sollte sich grundsätzlich nach der Funktionserfüllung eines Anlagenteils, nicht nach der Funktion der Anlage richten.

[156] Die Aufgabe einer Anpassung vorhandener Lösungen an veränderte projektspezifische Gegebenheiten stellt sich in der Praxis sehr häufig, wie die bei Grabowski (1972, S. 25 f.) und Fischer (1977, S. 31 ff.) aufgeführten hohen Anteile von Anpassungs- und Variantenkonstruktionen zeigen. Auch die vom Kunden geäußerten Änderungswünsche zwingen zu derartigen Anpassungen. CAD-gestützte Konstruktionen bieten in diesem Bereich erhebliche Möglichkeiten der Effizienzsteigerung.

[157] Vgl. Backhaus, 1980a, S. 44 f.

[158] Vgl. Feuerbaum, 1979a, S. 13; Weber/Kalaitzis, 1984, S. 450 f.

Aktualisierung der Faktorpreise, Wechselkurse u. dergl. bestehen. Zudem sollte die innovationshemmende Wirkung bei zu starker Orientierung an vorhandenen Lösungen nicht unterschätzt werden.

Noch einen Schritt weiter geht die *Standardisierung* von wiederholt benötigten Anlagenelementen, die ebenfalls auf der Erkenntnis aufbaut, daß für ein Projekt niemals sämtliche Teile völlig neu zu konstruieren sind. Aus der Kombination von standardisierten Teilen und Baugruppen, die allenfalls geringfügig für ein neues Projekt zu modifizieren sind, können der Idee des Baukastenprinzips folgend deren beschaffungs- und produktionswirtschaftlichen Vorteile genutzt werden, ohne auf eine in hohem Maße individualisierte Gesamtleistung verzichten zu müssen[159]. Der Einsatz eines standardisierten Teils für einen Auftrag führt zu erheblichen Arbeits- und Zeiteinsparungen, da die Mehrzahl der erforderlichen Angaben wie Stücklisten, Beschaffungsquellen, Projektstruktur- und Netzplan, Steuerungsprogramme für CNC-Maschinen etc. bereits vorliegen. Eine reine Baukastenfertigung, wie sie aus dem Seriengeschäft bekannt ist, kann es im industriellen Anlagengeschäft angesichts der unüberschaubaren Anzahl von Einzelteilen und -leistungen allerdings nur für abgegrenzte Anlagenkomponenten, nicht jedoch für ein ganzes Projekt geben. Die Standardisierung von Teilen ist untrennbar mit einem in entsprechender Weise standardisierten Nummernsystem verbunden.

c. Begleitende Erfolgskontrolle als Voraussetzung einer zielorientierten Steuerung der Auftragsabwicklung

Die Mitlaufenden Auftragskalkulation hat als Hauptinstrument der begleitenden Erfolgskontrolle während der Anlagenerstellungsphase vor allem Informationen darüber zu liefern, inwieweit die durch Auftragskalkulation und Budgetierung verbindlich vorgegebenen Projektauszahlungen sowie die durch vertraglich fixierte Zahlungsbedingungen festgelegten Projekteinzahlungen tatsächlich eingehalten werden[160]. Die hierzu erforderlichen Soll/Ist-Vergleiche werden im Rahmen der dynamischen Zahlungsrechnung *monatlich* durchgeführt, da zum einen die zugrundeliegende Erfolgsplanung (Soll) sowie die Dokumentation (Ist) in monatlichen Intervallen erstellt werden, und zum anderen die Kompensationseffekte positiver und negativer Abweichungen innerhalb eines Monats-

---

[159] Vgl. Ellinger, 1963, S. 489 f.; Thumb, 1975, S. 382 f.; Arbeitskreis Marketing, 1977, S. 55 f. Zu den Vorteilen der Standardisierung vgl. Hahn/Laßmann, 1990, S. 179 f.

[160] Vgl. Höffken/Schweitzer, 1991, S. 147 ff. und S. 169.

zeitraums als gering einzuschätzen sind[161]. Im gleichen Rhythmus werden auch die Soll/Ist-Vergleiche der projekt- und unternehmensbezogenen Liquiditätsrechnung aufgestellt, weil die Erfolgs- und Finanzüberwachung - analog zur Planungsrechnung - wiederum in integrierter Weise erfolgt. Neben diesen monatsbezogenen Soll/Ist-Vergleichen werden zusätzlich über die Zeit *kumulierte* Vergleiche durchgeführt, um langfristige Abweichungstendenzen aufdecken und korrigieren zu können.

Am Ende eines jeden Monats werden die Soll- und Istwerte derjenigen Vorgänge/Vorgangsgruppen (Arbeitsgänge) einander gegenübergestellt, die in diesem Monat *beendet* wurden. Wollte man zum Monatsende einen Soll/Ist-Vergleich für *alle*, d.h. auch für die noch nicht abgeschlossenen Arbeitsgänge durchführen, so wären damit zwangsläufig Schätzungen der Fertigstellungsgrade der noch in Arbeit befindlichen Vorgänge /Vorgangsgruppen verbunden. Neben der Ungenauigkeit dieser Schätzungen spricht gegen ein solches Vorgehen vor allem das Fehlen von detaillierten Soll-Projektauszahlungen für die jeweiligen Fertigstellungsgrade. Aufgrund der i.d.R. relativ kurzen Dauer eines Vorgangs bzw. einer Vorgangsgruppe wird eine Abweichnungskontrolle innerhalb der Ausführungsdauer der jeweiligen Arbeitsgänge für nicht notwendig gehalten.

Zur Schaffung einer *einheitlichen Vergleichsgrundlage* muß sich die Ist-Erfassung der Projektauszahlungen einerseits auf die gleiche Abgrenzung der Arbeitsgänge wie in der Planungsrechnung beziehen. Die Erfüllung dieser Voraussetzung bereitet keinerlei Probleme, weil bei der Planung und Überwachung eines Projekts einheitliche Netzpläne verwendet werden. Andererseits ist unbedingt darauf zu achten, daß die Ist-Werte mit den aktuellen, d.h. den an entscheidungsbedingte Änderungen angepaßten, Soll-Werten verglichen werden[162].

Die vergleichende Gegenüberstellung der Soll- und Ist-Projektzahlungen zur Analyse von *Projekterfolgsabweichungen* erfolgt getrennt nach Einzahlungen und Auszahlungen des Auftrags. Die Abweichungen der Projektein- bzw. -auszahlungen werden jeweils danach unterschieden, ob es sich um Mengen- oder Preisabweichungen handelt[163]. Während die *Preisabweichungen* i.d.R. aus unzutreffenden Annahmen hinsichtlich der Faktorpreis- und Wechselkursentwicklungen resultieren, ist bei den *Mengenabweichungen*

---

[161] Zu alternativen Kontrollintervallen vgl. Studt, 1983, S. 173 f.

[162] Zu den organisatorischen Voraussetzungen vgl. im einzelnen VDMA, 1983, S. 16 ff.; Gareis, 1984, S. 40 f.

[163] Vgl. Laßmann, 1968, S. 137 ff.; Laßmann, 1973, S. 14. Ein System pagatorischer Plan/Ist-Abweichungen findet sich auch bei Niebling, 1973, S. 119 ff.

zur Bestimmung der Abweichungsarten und deren Ursachen eine tiefergehende Untergliederung notwendig.

Wie aus Schaubild V.6 zu ersehen ist, können Mengenabweichungen bei den Projektein- und -auszahlungen zunächst *entscheidungsbedingt* sein. Hierbei kommt es zu Abweichungen zwischen den *ursprünglichen* Soll-Projektzahlungen der ersten Auftragskalkulation und den *aktualisierten* Soll-Projektzahlungen, in die veränderte Kundenwünsche, technische und wirtschaftliche Verbesserungsmaßnahmen des Anbieters, mangelhafte Vorgabeermittlungen sowie neue politische, rechtliche und andere umweltbedingte Rahmenbedingungen eingeflossen sind. Ein Vergleich der ursprünglichen und aktualisierten Soll-Werte liefert wichtige Erkenntnisse in bezug auf Rationalisierungserfolge von technischen Weiterentwicklungen (z.B. effizientere Fertigungstechnologie) und wirtschaftlichen Gestaltungsmaßnahmen (z.B. Erschließung günstigerer Einkaufsquellen) während der Abwicklung, des weiteren auf die Effizienz des Claim-Managements sowie auf Schwächen der Vorgabenermittlung. Entschließt man sich während der Projektabwicklung zu Änderungen, die das System der Erfolgsermittlung selbst betreffen (z.B. abgewandelte Methode der Gemeinauszahlungsverrechnung, höherer Kalkulationszinsfuß u. dergl.), so sind die Soll-Vorgaben neu festzulegen. Erscheint dies zu aufwendig, müssen die daraus folgenden *Verrechnungsabweichungen* in jedem Fall gesondert ausgewiesen werden.

Die herausragende Bedeutung der Risiken im Anlagengeschäft läßt eine diesbezügliche Erweiterung des Systems der Abweichungsarten notwendig werden[164]. Grundsätzlich erfordert die Verfolgung des vielschichtigen Risikophänomens eine detaillierte Planung und Überwachung der Einzelrisiken. Für die speziell erfaßten Einzelrisiken stellt man den aktualisierten Soll-Projektein-/-auszahlungen die jeweils angefallenen Ist-Werte in der Weise gegenüber, daß dadurch die *risikobedingten* Abweichungen offengelegt werden. Aus den Abweichungen zwischen der tatsächlichen Risikohöhe und der ggf. getroffenen Vorsorgemaßnahme lassen sich die tatsächlichen erfolgswirtschaftlichen Auswirkungen der Risiken ablesen und wichtige Erfahrungen und Erkenntnisse im Umgang mit ihnen gewinnen. Neben die erfolgswirtschaftlich berücksichtigten Risiken treten im Verlaufe der Auftragsabwicklung solche Störungen, die nicht vorhergesehen wurden und gewöhnlich zu Einzahlungsminderungen oder Auszahlungssteigerungen führen. Die Abweichungen aufgrund von unvorhersehbaren Ereignissen sind als solche zu kennzeichnen und in gesonderter Form zu sammeln, um hierfür nicht interne Stellen ungerechtfertigterweise zur Verantwortung zu ziehen[165].

---

[164] Vgl. Höffken/Schweitzer, 1991, S. 35.
[165] Ähnlich auch Schneider, D., 1988, S. 1382 ff.

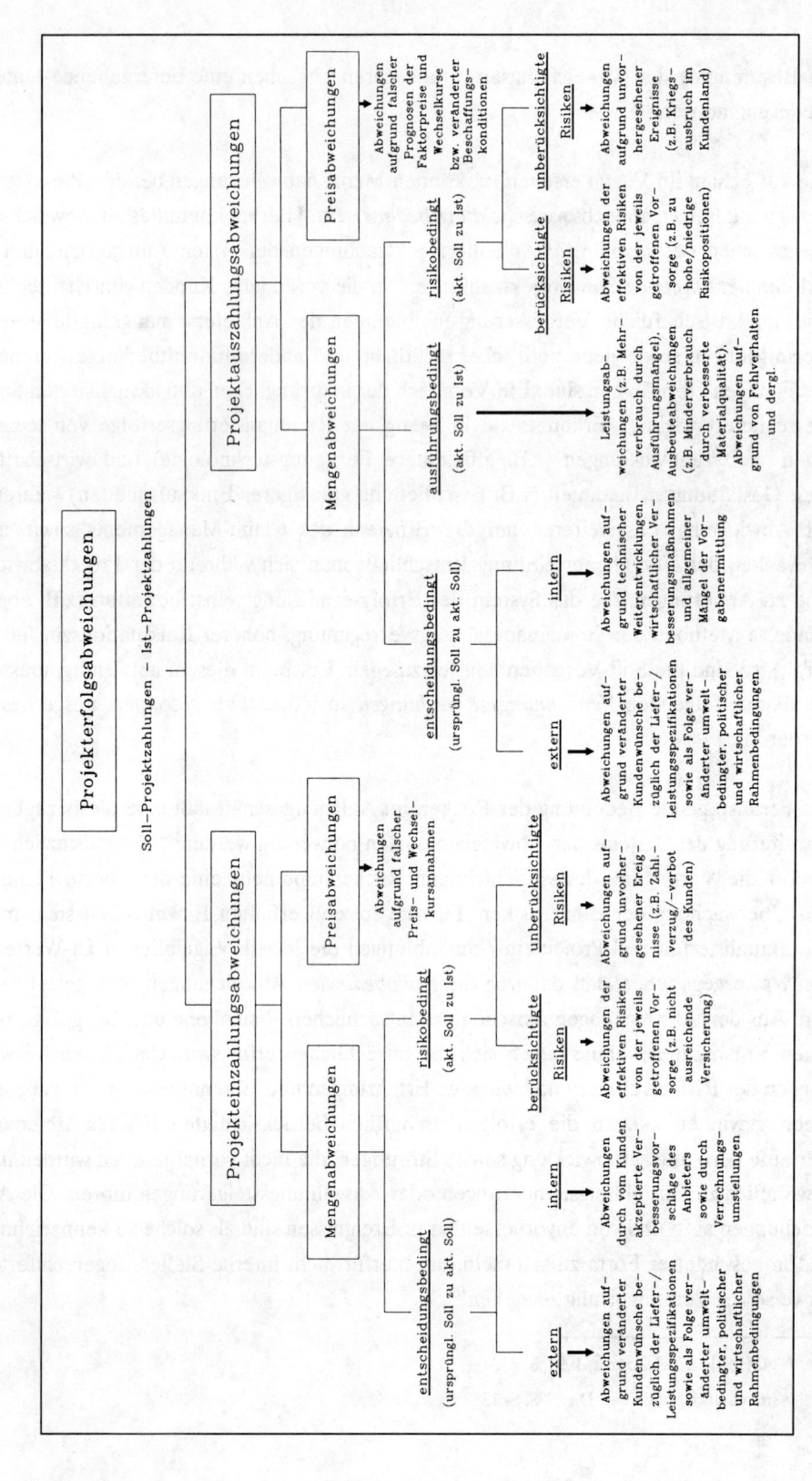

Projekterfolgsabweichungen

Soll-Projektzahlungen – Ist-Projektzahlungen

Projekteinzahlungsabweichungen

Mengenabweichungen

entscheidungsbedingt (ursprüngl. Soll zu akt. Soll)

- **extern**: Abweichungen aufgrund veränderter Kundenwünsche bezüglich der Liefer-/Leistungsspezifikationen sowie als Folge veränderter umweltbedingter, politischer und wirtschaftlicher Rahmenbedingungen
- **intern**: Abweichungen durch vom Kunden akzeptierte Verbesserungsvorschläge des Anbieters sowie durch Verrechnungsumstellungen

risikobedingt (akt. Soll zu Ist)

- **berücksichtigte Risiken**: Abweichungen der effektiven Risiken von der jeweils getroffenen Vorsorge (z.B. nicht ausreichende Versicherung)
- **unberücksichtigte Risiken**: Abweichungen aufgrund unvorhergesehener Ereignisse (z.B. Zahl.verzug/-verbot des Kunden)

Preisabweichungen

Abweichungen aufgrund falscher Preis- und Wechselkursannahmen

Projektauszahlungsabweichungen

Mengenabweichungen

entscheidungsbedingt (ursprüngl. Soll zu akt. Soll)

- **extern**: Abweichungen aufgrund veränderter Kundenwünsche bezüglich der Liefer-/Leistungsspezifikationen sowie als Folge veränderter umweltbedingter, politischer und wirtschaftlicher Rahmenbedingungen
- **intern**: Abweichungen aufgrund technischer Weiterentwicklungen, wirtschaftlicher Verbesserungsmaßnahmen und allgemeiner Mängel der Vorgabenermittlung

ausführungsbedingt (akt. Soll zu Ist)

Leistungsabweichungen (z.B. Mehrverbrauch durch Ausführungsmängel), Ausbeuteabweichungen (z.B. Minderverbrauch durch verbesserte Materialqualität), Abweichungen aufgrund von Fehlverhalten und dergl.

Preisabweichungen

Abweichungen aufgrund falscher Prognosen der Faktorpreise und Wechselkurse bzw. veränderter Beschaffungskonditionen

risikobedingt (akt. Soll zu Ist)

- **berücksichtigte Risiken**: Abweichungen der effektiven Risiken von der jeweils getroffenen Vorsorge (z.B. zu hohe/niedrige Risikopositionen)
- **unberücksichtigte Risiken**: Abweichungen aufgrund unvorhergesehener Ereignisse (z.B. Kriegsausbruch im Kundenland)

Schaubild V.6   System der Projekterfolgsabweichungen

Aktualisierte Soll-Projektauszahlungen können schließlich *ausführungsbedingt* von den entsprechenden Ist-Werten abweichen, wobei hier ein Fehlverhalten bei der Produktions- und Montagedurchführung im Vordergrund steht, was i.d.R. von Mehrverbräuchen an Faktoreinsatzmengen begleitet ist[166]. Aufgrund von verbesserten Faktorqualitäten kann es über eine gesteigerte Materialausbeute allerdings auch zu Einsparungen kommen. Treten Verbrauchsabweichungen z.B. infolge von kurzfristig geäußerten Änderungswünschen des Kunden bezüglich des Liefer- und Leistungsumfangs auf, so sind die betreffenden Soll-Vorgaben auch rückwirkend entsprechend den Ergebnissen des Claim-Managements bzw. eigener Neuplanungen anzupassen, um die dadurch bedingten Mehr/Minderverbräuche nicht als ausführungsbedingt einzuordnen.

Gegenstand der Mitlaufenden Auftragskalkulation ist aber nicht nur die vergangenheitsbezogene Abweichungskontrolle auf der Grundlage der ursprünglichen bzw. aktualisierten Soll- und Ist-Werte; von größtem Interesse ist vielmehr auch eine *vorausschauende Gegenüberstellung*, bei der außer den bereits angefallenen (Ist-)Wertgrößen auch die bis zum Projektende noch zu erwartenden Projektauszahlungen und -einzahlungen (*Rest-Projektzahlungen*) berücksichtigt werden. Die Betrachtung der Abweichungen ist somit
- *teilprojektbezogen*,
  d.h. vergangenheitsorientiert bis zu einem bestimmten Fertigstellungsgrad während der Abwicklung;
- *gesamtprojektbezogen*,
  d.h. vergangenheits- und zukunftsorientiert über die gesamte Projektdauer einschließlich der Rest-Projektzahlungen.

Der Schwerpunkt der monatlichen *Ermittlung der Rest-Projektzahlungen* liegt nicht mehr bei der Erstellung detaillierter Kalkulationsvorgaben; es geht vielmehr um das Aufspüren von möglichen Einflüssen und Störgrößen, die auf den noch zu erwartenden Auszahlungsanfall einwirken. Die Rest-Projektzahlungen können insofern als "voraussichtliches Ist" bezeichnet werden. Ihre Ermittlung erfolgt unter Einbeziehung des aktuellen Informationsstandes in bezug auf die
- neu erkennbaren oder weggefallenen Risiken,
- absehbaren Mehr-/Minderverbräuche an Einsatzfaktoren,
- auftragsrelevanten Ereignisse (politische, wirtschaftliche, rechtliche Veränderungen im Hersteller- und Kundenland),
- voraussichtliche Projektdauer (Verzögerungen).

Die so geschätzten Gesamtzahlungen eines Projekts werden mit der aktualisierten Auftragskalkulation verglichen, um einen Überblick über das zu erwartende Auftragsergebnis sowie über die voraussichtlichen *Gesamtabweichungen* des Auftrages zu bekommen.

---

[166] Vgl. Laßmann, 1973, S. 13 ff.; Kilger, 1988, S. 660 f.

Eine solche *zukunftsbezogene* Abweichungsbetrachtung gewährleistet, daß die Erfolgsentwicklung auch längerfristig unter Kontrolle bleibt[167]. Sie ist darüber hinaus für den Aktivierungsumfang i.S. der verlustfreien Bewertung in der Bilanz relevant und liefert die wesentlichen Informationen für die Bildung von Rückstellungen.

In einer *Abweichungsanalyse* sind die Ursachen und ggf. die verantwortlichen Stellen der festgestellten Abweichungen zu bestimmen, soweit diese eine für angemessen gehaltene Toleranzhöhe übersteigen. Es sind Informationen darüber bereitzustellen, welche gegensteuernden Maßnahmen einzuleiten sind, um die eingetretenen Fehlentwicklungen in der Zukunft zu verhindern und eine erfolgsorientierte Auftragsrealisierung zu unterstützen. Um einen differenzierten Einblick in die verschiedenen Abweichungsursachen zu erhalten, sind Preis- und Mengenabweichungen mit ihren jeweiligen Abweichungsarten grundsätzlich gesondert auszuweisen[168]. Da im Verlaufe der Auftragsabwicklung ständig erfolgswirtschaftlich relevante Entscheidungen zu treffen sind, trägt die Mitlaufende Auftragskalkulation somit auch den Charakter einer Entscheidungsrechnung. Die Wirksamkeit der Erfolgsüberwachung hängt ganz wesentlich davon ab, inwieweit es gelingt, alle relevanten Abweichungen sowie die dazugehörigen Erläuterungen den jeweiligen Entscheidungsträgern gezielt und schnell zu übermitteln[169]. Hierzu sind im Hinblick auf die Organisation des Informationsmanagements entsprechende Vorkehrungen zu treffen.

D. Empirischer Vergleich zwischen der Erfolgsrechnung auf der Grundlage der Kosten- und Erlösrechnung und der dynamischen Zahlungsrechnung

1. Einführung

a. Ziel der Praxisstudie

Der hier vorgestellte Ansatz einer dynamischen Erfolgsrechnung industrieller Anlagengeschäfte auf der Grundlage von Zahlungsgrößen bedarf einer Überprüfung bezüglich

---

[167] Vgl. Gerke, 1979, S. 106; Jaeschke/Feuerbaum, 1984, S. 1633.

[168] Vgl. Kilger, 1988, S. 660.

[169] So auch Wurl (1990, S. 208), der darauf hinweist, daß "kommunikative Mängel (...) den pragmatischen Wert der generierten Kontrollinformationen drastisch beeinträchtigen (können)". Änderungen in Klammern d. d. Verfasser.

seiner grundsätzlichen Anwendbarkeit in der betrieblichen Praxis. Zu diesem Zweck wird die dynamische Zahlungsrechnung auf ein bereits abgewickeltes Anlagengeschäft angewendet, d.h. die vorhandene Kostenkalkulation wird in eine zahlungsorientierte Kalkulation transformiert, woran sich die Bestimmung der dynamischen Ergebniskennzahlen anschließt[170]. Die im folgenden dargestellte Praxisstudie soll in erster Linie Antworten auf folgende Fragen finden:

1) In welchem Umfang bestehen in der Praxis Möglichkeiten für die Realisierung einer zahlungsorientierten Erfolgsrechnung?

2) Inwieweit liefern die in einem Unternehmen des Industrieanlagenbaus vorzufindenden Informationssysteme die dazu erforderlichen Daten und mit welchem Aufwand können diese ggf. ermittelt werden?

3) Welche Unterschiede bestehen zwischen der im Berichtsunternehmen angewendeten kalkulatorischen Erfolgsrechnung auf Kosten-/Erlösbasis und der hier vorgestellten dynamischen Zahlungsrechnung im Hinblick auf die Ermittlungsweise und auf die Höhe des Auftragserfolgs?

4) Durch welche Änderungsmaßnahmen kann die traditionelle Kosten- und Erlösrechnung zu ähnlich genauen und fundierten Ergebnissen gelangen wie die dynamische Zahlungsrechnung?

5) Welche Aussagen lassen sich in bezug auf die Anwendbarkeit einer dynamischen Zahlungsrechnung als Erfolgsplanungsrechnung ableiten?

Der empirische Vergleich der herkömmlichen Kosten-/Erlöskalkulation und der dynamischen Zahlungsrechnung wird anhand der Nachkalkulation eines abgeschlossenen Anlagenauftrags vorgenommen, um das Prognoseproblem auszuklammern und damit diejenigen Ergebnisabweichungen zu isolieren, die ausschließlich auf die Wesensunterschiede der beiden Kalkulationsarten zurückzuführen sind. Ein im industriellen Anlagenbau tätiges deutsches Unternehmen gewährte dazu freundlicherweise Einblick in das umfangreiche Zahlenmaterial der Begleit- und Nachkalkulation eines abgewickelten Auftrags und unterstützte diese Untersuchung durch zahlreiche informelle Gespräche. Dafür sei an dieser Stelle besonderer Dank ausgesprochen. Aufgrund der gegebenen Datensituation ist es im Rahmen dieser empirischen Untersuchung allerdings nicht möglich, die oben dargestellte Form einer dynamischen Zahlungsrechnung vollständig auf das konkrete Projekt anzuwenden und zu erproben. Vor einer undifferenzierten und verallgemeinernden Beurteilung der einzelnen Untersuchungsergebnisse sei darüber hinaus

---

[170] Vgl. zur folgenden Untersuchung auch Bröker, 1991.

auch deshalb gewarnt, weil die grundlegenden Möglichkeiten und Vorteile der Anwendung einer dynamischen Zahlungsrechnung an einem Einzelfall analysiert wurden. Dennoch lassen sich eine Reihe von generellen Aussagen zur dynamischen Zahlungsrechnung ableiten, die ohne eine derartige empirische Absicherung eher spekulativen Charakter hätten.

b. Beschreibung des Untersuchungsobjekts

Der untersuchte Anlagenauftrag zeichnet sich durch folgende Merkmale aus:

Auftragsgegenstand:	Stahlwerksanlage
Vertragsabschluß:	Juli 1984
Auftragsabrechnung:	Oktober 1987
Zahlungsbedingung:	Anzahlungen des Kunden pro-rata-Lieferung
Auftragsfinanzierung:	Gewährung eines Lieferantenkredits über 13,7 Mio. DM; Tilgung incl. Zinsen in 20 Halbjahresraten von 1987 - 1997; Refinanzierung in gleicher Höhe, Kreditauszahlung aber bereits 1984; Zinsauszahlungen deshalb von 1985 - 1997; Tilgung in 20 Halbjahresraten von 1987 - 1997

Lieferumfang des Auftrags:

Auftrags-Nr.	Gegenstand	Auftragswert
1410 0490	Engineering	2.784.700 DM
1410 0533	Training 1	717.000 DM
1410 0534	Training 2	3.900.000 DM
1410 4066	Inbetriebsetzung	1.579.500 DM
1416 8000	Anlage	38.572.953 DM
1418 2300	Ersatzteile	4.566.618 DM
1419 1256	Montage	2.940.500 DM
	Gesamtauftragswert (Erlöse)	55.061.271 DM

Die mit dem Auftrag verbundenen Royalties bleiben bei der Untersuchung außer Betracht. Ihre Berücksichtigung hätte keine materielle Bedeutung und würde sich lediglich in einer geringen Veränderung des Auftragsergebnisses niederschlagen.

c. Ergebnisse der Nachkalkulation auf Kosten-/Erlösbasis

Kostenstruktur (Okt. 1987):   in % der Kostensumme

Materialkosten	21.512.757 DM	33,7 %
Fertigungskosten	9.658.553 DM	15,2 %
SEK Fertigung	3.717.190 DM	5,8 %
Konstruktion	3.986.720 DM	6,2 %
Fremdkonstruktion	924.931 DM	1,4 %
Summe Herstellkosten	39.800.151 DM	62,3 %
Gemeinkostenzuschläge	7.803.950 DM	12,3 %
Wagniszuschläge	1.041.809 DM	1,6 %
SEK Vertrieb	6.886.993 DM	10,8 %
kalk. Zinsen	3.835.003 DM	6,0 %
Refinanzierungszinsen	4.449.095 DM	7,0 %
Kostensumme	63.867.002 DM	100 %
Erlöse	55.061.271 DM	
kalk. Auftragsergebnis	<u>-8.805.731 DM</u>[171]	

statische Umsatzrendite $\quad \dfrac{\text{kalk. Auftragsergebnis}}{\text{Erlöse}} = -16\,\%$

---

[171] Den Gründen für das Zustandekommen eines Auftragsverlustes sei hier nicht nachgegangen, da die mit dem Auftrag verfolgten unternehmenspolitischen Ziele für die Untersuchung ohne Belang sind.

2. Transformation der auf Kosten und Erlösen basierenden Nachkalkulation in eine zahlungsorientierte Rechnung und Bestimmung der dynamischen Ergebniskennzahlen

a. Transformation der Kosten und Erlöse in Projektzahlungen

(1) Erstellung der Projektauszahlungsreihe

Bei der Zurückverfolgung der den Kosten zugrundeliegenden Auszahlungen war es nicht möglich, mit vertretbarem Aufwand jedem einzelnen Kostenansatz hinsichtlich Zahlungshöhe und -zeitpunkt (erfaßt in Monaten) nachzugehen. Teilweise waren daher vereinfachende Annahmen einzuführen, die eine möglichst weitgehende Annäherung gewährleisteten. Ausgangspunkt der Untersuchung bildete die Aufbereitung der auf Kostengrößen basierenden Nachkalkulation, wobei die Kosten je Einzelauftrag nach ihrem zeitlichen Anfall zu strukturieren waren. Die anschließende Transformation in Zahlungsgrößen erfolgte getrennt nach Kostenarten. Dabei war die Unterscheidung in primäre und sekundäre Kosten von besonderer Bedeutung, da bei der Auszahlungsbestimmung der Primärkosten aufgrund ihres unmittelbaren Bezugs zu den Beschaffungsmärkten die Lieferantenrechnungen herangezogen werden konnten.

Materialeinzelkosten

Es handelt sich hierbei im wesentlichen um Fertigteile und -aggregate sowie Fremdleistungen. Aufgrund der sehr großen Anzahl von Materialpositionen bei einem Anlagenauftrag wurde ein differenziertes Vorgehen gewählt:

- Bestellungen unter 20.000 DM:
  Übernahme des Kostenansatzes in die Zahlungsrechnung. Die Rechnungsprüfung sah in der Gleichsetzung von Kosten und Auszahlungen eine durchaus realistische Annahme, da bei diesen kleineren Materialbestellungen i.d.R. Kostenverbuchung und Bezahlung im gleichen Monat erfolgen und auch in ihrer Höhe übereinstimmen.

- Bestellungen über 20.000 DM:
  Genaue Zurückverfolgung von Auszahlungshöhe und -monat(e) anhand der Rechnungsunterlagen. Bestellungen in dieser Höhe nehmen wertmäßig den größten Anteil an den Materialkosten ein.

Bei den nur in vergleichsweise geringem Umfang auftretenden Entnahmen von Lagermaterial konnte von einer kurzfristigen Vorfinanzierung ausgegangen werden. Dementsprechend wurde der Auszahlungszeitpunkt einen Monat vor der Kostenverbuchung angesetzt, die Höhe des jeweiligen Ansatzes jedoch beibehalten, da die tatsächlichen Auszahlungsbeträge insbesonders aufgrund der Bewertungsvereinfachungen in der Kostenrechnung nicht mehr nachvollziehbar waren.

Sondereinzelkosten der Fertigung bzw. des Vertriebs sowie Fremdkonstruktion

Bei diesen Primärkostenarten wurde wie bei den Materialeinzelkosten ein nach der Höhe des Ansatzes differenziertes Vorgehen angewendet, d.h. bei den auch hier sehr zahlreichen Positionen über 20.000 DM erfolgte eine genaue Zurückverfolgung der den Kostenansätzen zugrundeliegenden Zahlungen. Dabei waren zwei Besonderheiten bei den Sondereinzelkosten des Vertriebs zu beachten:

1) Auftragsfinanzierung

Während in der Kostenrechnung die nach dem Zeitpunkt der Auftragsabrechnung anfallenden Zinsen bei der Abrechnung in einem Betrag angesetzt wurden, orientiert sich die Zahlungsrechnung an den tatsächlichen Zeitpunkten der Zinszahlungen. Des weiteren wurden im Gegensatz zur Kostenrechnung die mit dem Refinanzierungskredit verbundenen Zahlungen von 1984 - 1987 dem Auftrag zugerechnet, so daß sich die im Zusammenhang mit dem Lieferanten- bzw. Refinanzierungskredit stehenden Zahlungen nunmehr auf einen Zeitraum von 1984-1997 erstrecken.

2) Zeitentgelt für die Hermes-Kreditversicherung

Die bis 1994 vereinbarten Zahlungen des Zeitentgelts wurden wiederum in ihrer Gesamtheit bei Abrechnung im Oktober 1987 als Kosten verbucht. Im Rahmen der Zahlungsrechnung erfolgte demgegenüber ein Ansatz gemäß der effektiven Auszahlungszeitpunkte.

Wagnisse

Gewährleistungswagnisse wurden in der Kostenrechnung - über die gesamte Abwicklungszeit verteilt - als kalkulatorische Zuschläge auf die Herstellkosten verrechnet. Im Rahmen der Nachkalkulation liegen aber die tatsächlich für Gewährleistungen getätigten Auszahlungen vor. Statt der kalkulatorischen Wagnisse wurden deshalb in der zahlungsorientierten Rechnung die effektiven Wagnisauszahlungen angesetzt, die zeitlich innerhalb der Garantiefrist anfielen.

Gemeinkosten einschließlich Konstruktions-, Fertigungs- und Montagekosten

Die Analyse der Zahlungswirksamkeit der Kostenstellenverrechnungsbereiche gestaltet sich problematischer, da es sich i.d.R. um Sekundärkosten handelt. Hinsichtlich der Ermittlung der den Kosten der Kostenstellenverrechnungsbereiche zugrundeliegenden Auszahlungen läßt sich festhalten:
- Für eine detaillierte Zurückverfolgung sämtlicher Kostenansätze lagen die nötigen Informationen nicht in erforderlichem Umfang vor.
- Bei großen Teilen der Kostenstellenkosten (insb. bei den Personalkosten, vgl. Schaubild V.7) kann von einer Gleichheit der Kosten und Auszahlungen in bezug auf Höhe und Entstehungszeitpunkt ausgegangen werden.

Kostenarten	Kostenanteile der Kostenstellenverrechnungsbereiche in %					
	Konstruktion	Fertigung	Montage	Stoff	Verwaltung	Vertrieb
Personalkosten	80,1	65,7	93,2	71,5	40,0	67,4
Brennstoffe und Energien	--	4,4	--	0,2	0,1	--
Betriebsmittel	0,1	5,0	2,0	1,0	1,1	--
Andere Betriebskosten	4,9	0,5	--	0,3	0,7	1,7
Verwaltungs- u. Vertriebskosten	14,2	2,6	1,5	14,1	50,2	30,3
Anlagenerhaltung	0,2	5,9	1,4	2,3	1,8	0,4
Kapitaldienst	0,5	15,0	1,5	10,4	2,8	0,2
Steuern	--	0,9	0,4	0,2	3,3	--
	100	100	100	100	100	100

Schaubild V.7   Kostenstruktur der Kostenstellenverrechnungsbereiche[172]

- Weichen Kosten und Auszahlungen im Entstehungszeitpunkt voneinander ab, so müßten zusätzlich kalkulatorische Zinsen verrechnet werden, die einen wertmäßigen Ausgleich schaffen. Da die Kostenrechnung in den Kostenstellenverrechnungsbereichen kalkulatorische Zinsen - wenn auch nicht in der erforderlichen Genauigkeit - ansetzt, erreicht man bei der Übernahme der Kostengrößen (incl. der kalkulatorischen Zinsen) eine Annäherung an die entsprechenden Zahlungsgrößen.

Es wurden deshalb die Kostenansätze der Konstruktions-, Fertigungs- und Montagekosten, die über Stundensätze verrechnet werden, in die Zahlungsrechnung übernommen. Bei den über Zuschläge verrechneten Gemeinkosten (Stoff-, Entwicklungs-, Vertriebs-

---

[172] Daten zur Struktur der Entwicklungsgemeinkosten lagen nicht vor.

und Verwaltungsgemeinkosten) wurden die Zuschlagssätze übernommen, der Ansatz in der pagatorischen Rechnung erfolgt jedoch auf Basis der neuen zahlungsorientierten Zuschlagsgrundlagen, also der Materialeinzel- bzw. Herstellauszahlungen.

Im Zusammenhang mit den Vertriebsgemeinkosten war zu berücksichtigen, daß vor Vertragsabschluß nicht unerhebliche Kosten für die Akquisition des Auftrages anfielen. Obwohl Teile dieser *Akquisitionskosten bzw. -auszahlungen* über sog. gesteuerte Gemeinkostenziffern erfaßt wurden, rechnete man sie nach der Auftragserteilung den Vertriebsgemeinkosten zu. In der Zahlungsrechnung hingegen wurden diese Werte aus den Vertriebsgemeinkosten herausgezogen und gemäß dem zeitlichen Anfall von Juli 1983 bis Juli 1984 angesetzt.

Zinsen

Die Auftragszinsen wurden auf der Grundlage des ermittelten auftragsbezogenen Zahlungsstroms völlig neu berechnet. Die bereits ab Januar 1985 für den Refinanzierungskredit geleisteten Zinszahlungen wurden dem Auftrag belastet, da die Finanzierungsmaßnahme unmittelbar durch die Auftragsannahme verursacht war. Auf den sich aus der Summe aller Projektein- und -auszahlungen ergebenden Über- bzw. Unterschuß wurde dabei derselbe Zinssatz wie in der Kostenrechnung in Höhe von 8 % p.a. angewendet. Bei der monatsbezogenen Berechnung der kalkulatorischen Zinsen hat man einen Zinssatz von 0,667 % pro Monat zugrunde gelegt, d.h. die Effekte einer unterjährigen Verzinsung wurden vernachlässigt. Zur Wahrung der Vergleichbarkeit geschah dies auch in der dynamischen Zahlungsrechnung.

(2) Erstellung der Projekteinzahlungsreihe

Auch in der Kostenrechnung wurden die erhaltenen Anzahlungen des Kunden gemäß ihrer zeitlichen Entwicklung erfaßt, da sie zur monatlichen Ermittlung der Kapitalbindung und der darauf aufbauenden kalkulatorischen Zinsen benötigt werden. Aus den Anzahlungen für die sieben Einzelaufträge, die als kumulierte Werte vorlagen, konnten die monatlichen Einzahlungen für den Gesamtauftrag berechnet werden. Dabei ist besonders darauf hinzuweisen, daß die frühzeitige Einzahlung aus dem Refinanzierungskredit im Juli 1984 als Auftragseinzahlung behandelt wurde, da die damit verbundenen Zinsauszahlungen bei den Auftragsauszahlungen Berücksichtigung fanden[173].

---

[173] In die Kostenrechnung wird die Einzahlung aus dem Refinanzierungskredit in Höhe von 13,7 Mio. DM nicht einbezogen, so daß dort mehr Zinskosten für die Vorfinanzierung des Auftrags anfallen.

Schaubild V.8 zeigt den Verlauf der kumulierten Kosten- bzw. Projektauszahlungsreihe während der gesamten Projektdauer. Wie deutlich zu erkennen ist, erstrecken sich die Projektauszahlungen auch auf die Akquisitions- und Nachlaufphase, wohingegen die Kosten allein in der Erstellungsphase anfallen. Aufgrund des in diesem Schaubild verwendeten groben Maßstabs (Jahreswerte) werden die tatsächlichen Unterschiede zwischen Kosten und Projektauszahlungen während der Erstellungsphase verzerrt wiedergegeben. Daher wird in Schaubild V.9 für die Akquisitions- und Erstellungsphase (1983-1987) eine Darstellung auf der Basis von Monatswerten ohne Kumulation gewählt, die die Differenzen zwischen den Kosten und Projektauszahlungen recht deutlich zeigt. Besonders sei auf den bei Auftragsabrechnung (Oktober 1987) anfallenden Kostenbetrag von ca. 8 Mio. DM hingewiesen, der durch die in der Kostenrechnung übliche Buchung aller bei Auftragsabrechnung noch ausstehender Kosten zustande kommt.

Die Entwicklung der Projektein- und -auszahlungen (Jahreswerte) über die gesamte Projektdauer wird in Schaubild V.10 veranschaulicht. Die Parallelität der Reihen in der Nachlaufphase ist auf die Zahlungskongruenz bei der Auftragsfinanzierung zurückzuführen. Die monatlichen kumulierten Projektzahlungssalden ($KÜ_t$), an denen die Ermittlung der dynamischen Ergebniskennzahlen anknüpft, sind für die Akquisitions- und Erstellungsphase in Schaubild V.11 dargestellt.

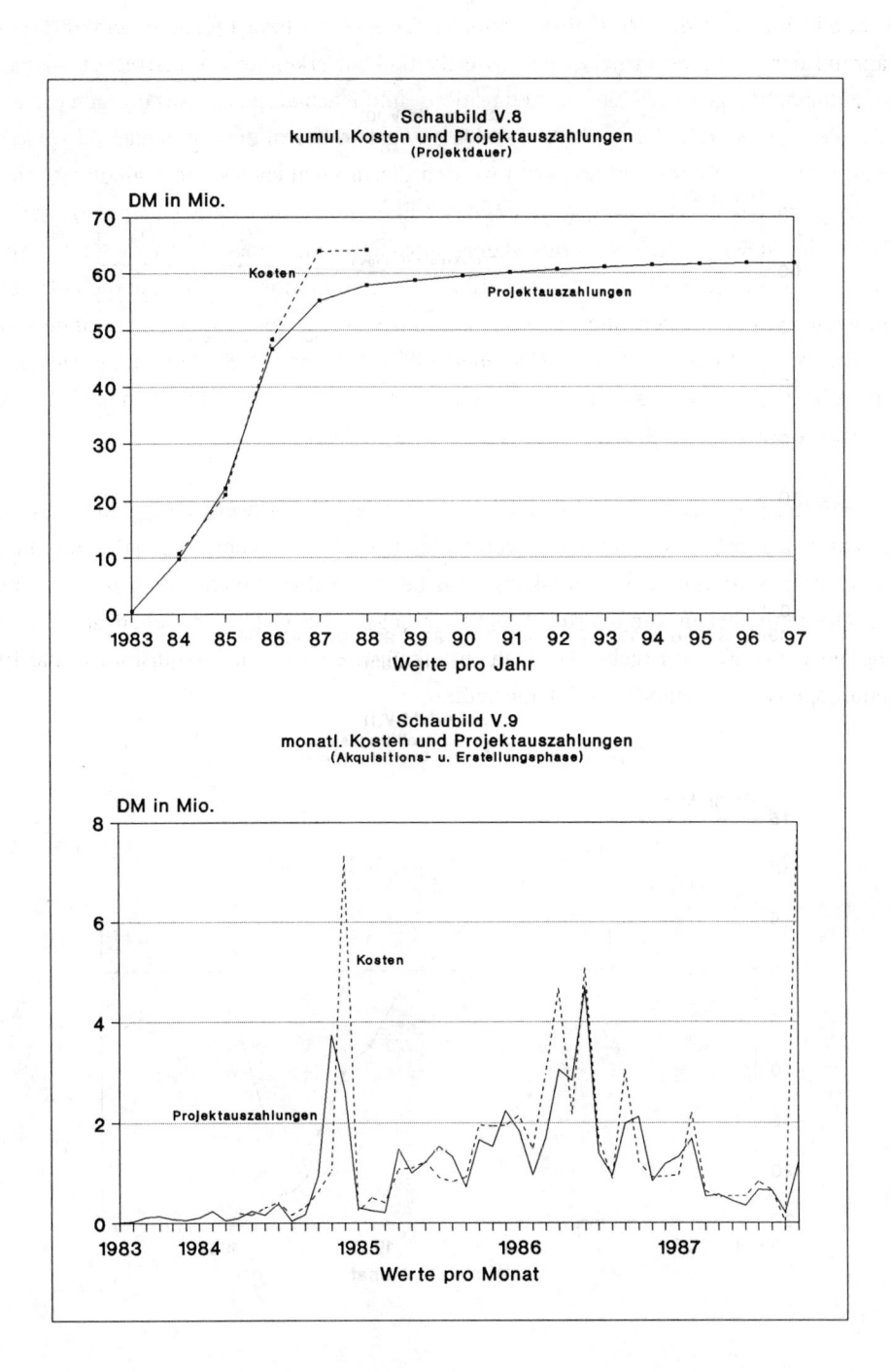

**Schaubild V.8
kumul. Kosten und Projektauszahlungen**
(Projektdauer)

**Schaubild V.9
monatl. Kosten und Projektauszahlungen**
(Akquisitions- u. Erstellungsphase)

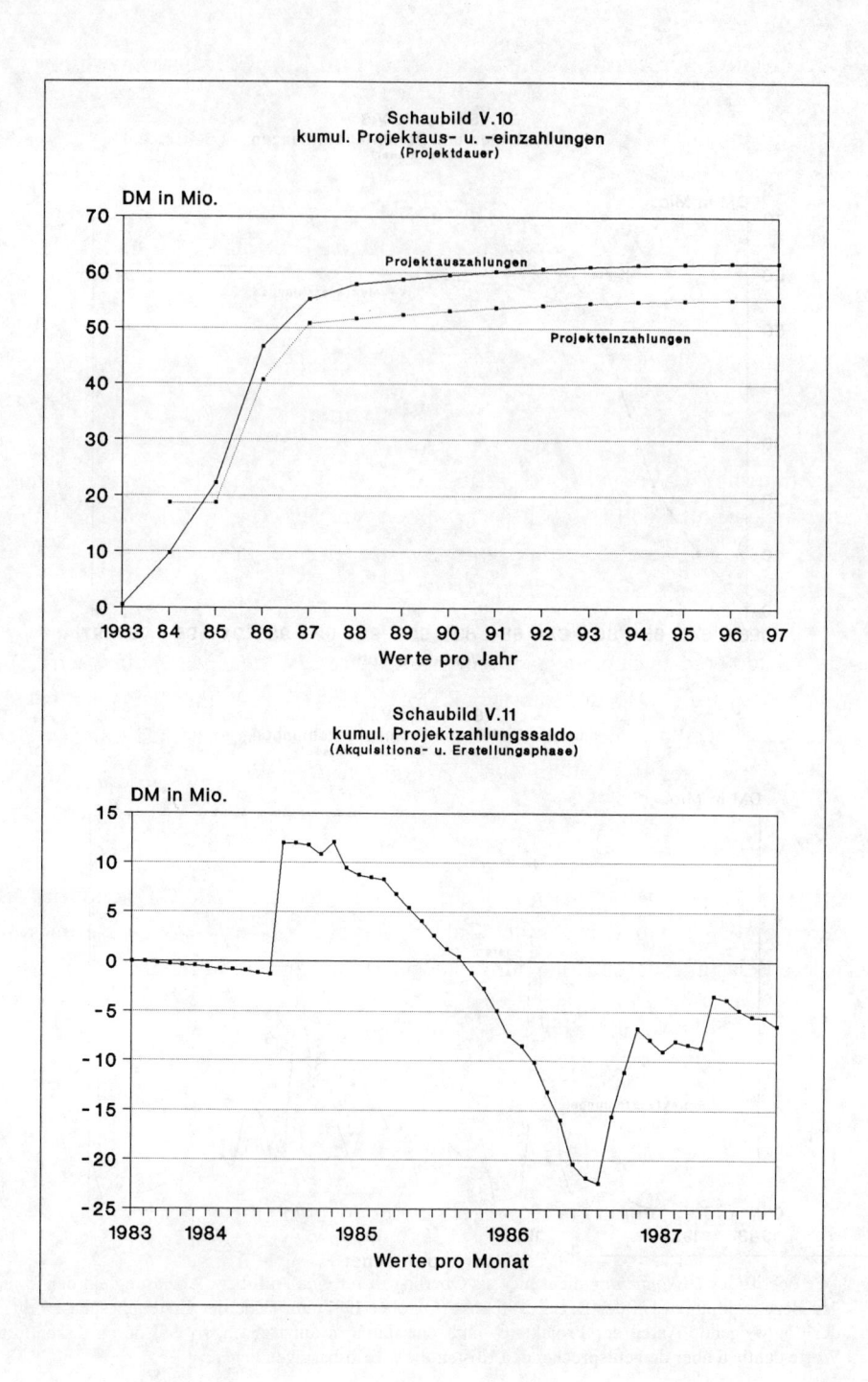

Schaubild V.10
kumul. Projektaus- u. -einzahlungen
(Projektdauer)

Schaubild V.11
kumul. Projektzahlungssaldo
(Akquisitions- u. Erstellungsphase)

b. Berechnung der dynamischen Ergebnis- und Liquiditätskennzahlen

Die *variablen Inputgrößen* der dynamischen Zahlungsrechnung werden folgendermaßen festgelegt:

Kalkulationszinsfuß (monatl.): 0,667% (8% Jahreszins)
Bezugszeitpunkt: Oktober 1987 (Auftragsabrechnung)
Periodenlänge: Monat

Die *dynamischen Ergebniskennzahlen* weisen folgende Höhe auf:

1) dynamischer Auftragserfolg

Um eine wertmäßige Vergleichbarkeit der unterschiedlichen Entstehungszeitpunkte der Auftragszahlungen (1983 - 1997) herbeizuführen, werden diese mit dem Kalkulationszinsfuß auf den Abrechnungszeitpunkt auf- bzw. abgezinst (diskontiert)[174]:
diskontierte Projektauszahlungen (Okt. 1987) : 68.358.080 DM
diskontierte Projekteinzahlungen (Okt. 1987) : 61.667.615 DM
Aus dem Saldo ergibt sich ein **dynamischer Auftragsverlust** (negativer Auftragserfolg) in Höhe von - 6.690.465 DM, der somit um 2.115.266 DM geringer ausfällt als der kalkulatorische Auftragsverlust. Bezieht man den dynamischen Auftragsverlust auf den Zeitpunkt des Vertragsabschlusses (Juli 1984), so ergibt sich ein Wert von - 4.766.645 DM.

2) Zinsquote

Da der Anbieter des betrachteten Anlagengeschäfts nicht unerhebliche Summen vorfinanzieren mußte, ergab sich aus der Zahlungsstruktur des Auftrags eine erfolgswirtschaftliche Belastung, deren Höhe durch die Zinsquote beurteilt werden kann[175]:

$$\text{\textbf{Zinsquote}} = \frac{\text{disk. Auftragszinsen}}{\text{disk. Projekteinz.}} = \frac{-2.689.687}{61.667.615} \times 100 = -4{,}36\,\%$$

---

[174] Der Begriff der *Diskontierung* dient hier als Oberbegriff für eine Auf- bzw. Abzinsung auf den jeweiligen Bezugszeitpunkt. Da der Bezugszeitpunkt (Oktober 1987) am Ende der Erstellungsphase liegt, ist der überwiegende Anteil der Projektaus- und -einzahlungen aufzuzinsen, so daß deren diskontierten Werte deutlich über den entsprechenden Kosten- bzw. Erlösbeträgen liegen.

[175] Zur Begründung der unterschiedlich hohen Zinsbeträge in der kosten- bzw. zahlungsorientierten Rechnung vgl. den nachfolgenden Abschnitt 3.b.

3) dynamische Umsatzrendite

Um das Ergebnis in Form einer Renditegröße auszudrücken, kann man den dynamischen Auftragserfolg in Relation zu den diskontierten Projekteinzahlungen (Okt. 1987) betrachten:

$$\text{dynamische Umsatzrendite} = \frac{\text{dyn. Auftragsverlust}}{\text{disk. Projekteinzahl.}} = \frac{-6.690.465}{61.667.615} = -11\,\%$$

Im Vergleich dazu weicht die statische Umsatzrendite mit - 16 % deutlich ab.

4) Kapazitätsrendite

Im Rahmen der Auftragsselektionsentscheidungen standen die Inanspruchnahmen der Konstruktions- und Fertigungsabteilung als Engpaßkapazitäten besonders im Vordergrund. Als **Kapazitätsrendite** ergibt sich demnach:

$$\frac{\text{dyn. Auftragsverlust}}{\text{Konstruktionsstunden}} = \frac{-6.690.465}{52.560} = -127 \;(\text{DM/Std.})$$

$$\frac{\text{dyn. Auftragsverlust}}{\text{Fertigungsstunden}} = \frac{-6.690.465}{121.366} = -55 \;(\text{DM/Std.})$$

5) dynamischer Bruttoüberschuß

Zur Bestimmung der anteiligen Deckung der (nicht projektbezogenen) Bereitschaftsauszahlungen für alle Projekte und der allgemeinen Unternehmensaktivitäten werden beim dynamischen Bruttoüberschuß I von den diskontierten Projekteinzahlungen die auftragsvariablen Auszahlungen subtrahiert:

dyn. Bruttoüberschuß I = disk. Projekteinz. - disk. auftragsvar. Projektausz.
   20.562.757 DM   =   61.667.615 DM - 41.104.858 DM

Beim dynamischen Bruttoüberschuß II werden zusätzlich Auszahlungen berücksichtigt, die für einen bei Auftragsannahme erforderlichen Kapazitätsausbau anfallen, was auf den untersuchten Auftrag jedoch nicht zutrifft:

dyn. Bruttoüberschuß II = dyn. Bruttoüberschuß I - Ausz. für Kapazitätserweit.
   20.562.757 DM   =   20.562.757 DM - 0 DM

6) spezifischer dynamischer Bruttoüberschuß

Faßt man die engpaßorientierte Betrachtung (Kapazitätsrendite) mit der entscheidungsorientierten Rechnung zusammen, so gelangt man zum spezifischen dynamischen Bruttoüberschuß.

Für den **spezifischen dynamischen Bruttoüberschuß I** ergibt sich :

$$\frac{\text{dyn. Bruttoüberschuß I}}{\text{Konstruktionsstunden}} = \frac{20.562.757}{52.560} = 391 \text{ (DM/Std.)}$$

$$\frac{\text{dyn. Bruttoüberschuß I}}{\text{Fertigungsstunden}} = \frac{20.562.757}{121.366} = 169 \text{ (DM/Std.)}$$

Einen ersten Anhaltspunkt zur *Projektliquidität* während der Akquisitions- und Erstellungsphase gibt die *Auszahlungsdeckungsquote*, die beim untersuchten Auftrag ca. 90 % beträgt. Einen etwas tieferen Einblick in die finanzwirtschaftlichen Gegebenheiten des Auftrags vermitteln die zeitliche Liquiditätsüberschuß-/-bedarfsquote i.V.m. dem durchschnittlichen Liquiditätsüberschuß/-bedarf[176]:

$$\text{zeitl. Liq. überschußquote} = \frac{\text{Periodenzahl mit KLÜ}}{\text{Gesamtanzahl Perioden}} = \frac{16}{52} \times 100 = 31\%$$

Der Auftrag leistet während rund einem Drittel der Projektdauer einen positiven Liquiditätsbeitrag. Diese Information besitzt nur gemeinsam mit der Höhe des durchschnittlichen Liquiditätsbeitrages der Überschußperioden Aussagekraft:

$$\phi \text{ Liquiditätsüberschuß} = \frac{\Sigma \text{ aller KLÜ}}{\text{Periodenzahl mit KLÜ}} = 8.033.406 \text{ DM}$$

In den Perioden, in denen der Auftrag einen positiven Liquiditätsbeitrag leistet, beträgt der Überschuß durchschnittlich 8.033.406 DM. Für den Liquiditätsbedarf ergibt sich analog dazu:

$$\text{zeitl. Liq. bedarfsquote} = \frac{\text{Periodenzahl mit KLB}}{\text{Gesamtanzahl Perioden}} = \frac{36}{52} \times 100 = 69\%$$

---

[176] KLÜ = kumulierter Liquiditätsüberschuß einer Periode. KLB = kumulierter Liquiditätsbedarf einer Periode.

Der Auftrag belastet die Liquidität während gut zwei Drittel der Projektdauer.

$$\phi \text{ Liquiditätsbedarf} = \frac{\Sigma \text{ aller KLB}}{\text{Periodenzahl mit KLB}} = 4.903.106 \text{ DM}$$

In den Perioden, in denen der Auftrag einen negativen Liquiditätsbeitrag aufweist, beträgt der Bedarf durchschnittlich 4.903.106 DM.

Eine fundierte finanzwirtschaftliche Beurteilung eines Auftrags muß aber stets auf die *Liquiditätssalden in den einzelnen Perioden* abstellen, wie sie für das betrachtete Projekt in Schaubild V.12 dargestellt sind.

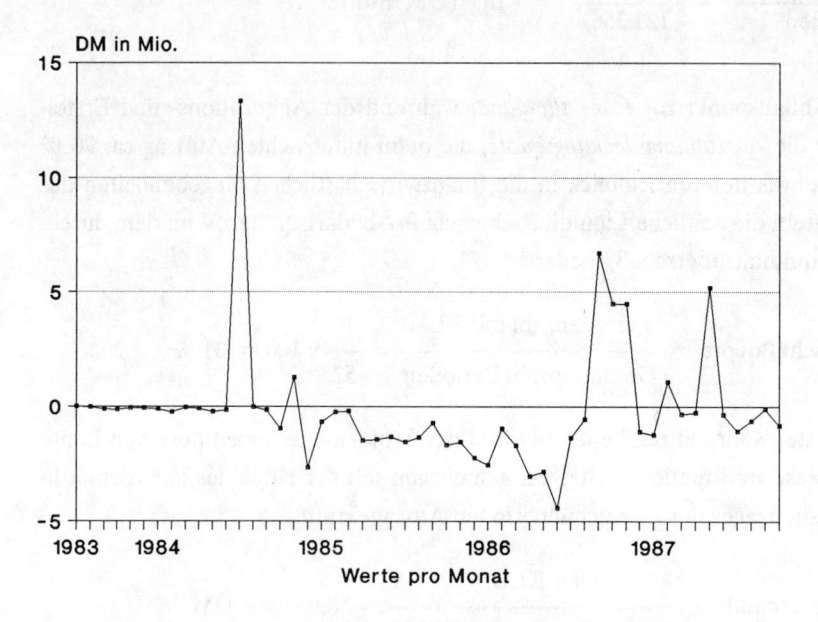

Schaubild V.12   Monatliche Liquiditätssalden (Akquisitions- u. Erstellungsphase)

3. Analyse der Abweichungen zwischen den Ergebnissen der Kosten-/ Erlösrechnung und der dynamischen Zahlungsrechnung

a. Generelle Abweichungsursachen

Im Rahmen der Abweichungsanalyse werden die einzelnen Kosten- bzw. Projektauszahlungsarten sowie die Erlöse bzw. Projekteinzahlungen nach dem jeweiligen Abweichungsgrund untersucht und das Ausmaß der Abweichung - soweit möglich - quantifiziert. Grundsätzlich können die Ergebnisse der Kosten-/Erlösrechnung und der dynamischen Zahlungsrechnung differieren durch unterschiedliche
1) *Höhen* der Wertansätze,
2) *Entstehungszeitpunkte* der Wertansätze,
3) *Arten der Verrechnung* sowie durch
4) *Kosten*, denen *keine Zahlungen* zugrundeliegen (vice versa).

Dabei ist von besonderer Relevanz, daß sich unterschiedliche Entstehungszeitpunkte von Kosten und Projektauszahlungen in unterschiedlich hohen Auftragszinsen und dementsprechend auch Auftragsergebnissen niederschlagen.

b. Abweichungen bei den einzelnen Kosten- bzw. Auszahlungsarten

Materialeinzelkosten/-auszahlungen

Während in der Höhe des jeweiligen Ansatzes keine oder nur sehr geringfügige Abweichungen festzustellen sind, fallen aufgrund der bei größeren Bestellungen häufig vereinbarten Ratenzahlungen Kostenansatz und Auszahlung zeitlich weit auseinander. Die Einbuchung in die Kosten wird i.d.R. in einem einzigen Betrag vorgenommen, die Bezahlung erfolgt hingegen in mehreren, über die gesamte Abwicklungszeit verteilten Raten. Darüber hinaus führen das Ausschöpfen von Zahlungsfristen sowie das Einkaufsverhalten (früher Einkauf großer Mengen zur Erreichung günstigerer Konditionen) zu differierenden Entstehungszeitpunkten von Kosten und Auszahlungen. Die absoluten Summen der zeitlich von den Kosten abweichend verteilten Auszahlungen sind in Schaubild V.13 zusammengefaßt.

Kosten-/Auszahlungsart	1983	1984	1985	1986	1987	1988	1889-97	Summe	% - Anteil an jeweiligen Gesamtkosten
Material	0	451.000	3.424.477	1.999.445	1.123.571	929.148	0	7.927.641	37 %
Konstr./Fertig./Monta.	0	0	0	0	0	0	0	0	-
Fremdkonstruktion	0	335.000	385.000	0	0	0	0	720.000	78 %
SEK Fertigung/Vertrieb	0	3.032.000	565.000	2.169.225	2.247.723	72.069	0	8.086.017	76 %
Gemeinko./-ausz./Wagnis	440.071	835.731	915.625	1.439.187	662.614	1.122.633	0	5.415.861	61 %
Zinsen	8.913	363.972	658.909	2.113.424	286.051	799.857	3.366.665	7.597.791	91 %
S U M M E	448.984	5.017.703	5.949.011	7.721.281	4.319.959	2.923.707	3.366.665	29.747.310	47 %

Schaubild V.13 Absolutbeträge der zeitlich von den Kosten abweichend verteilten Auszahlungen

Erläuterung: In der Tabelle sind Abweichungen im ENTSTEHUNGSZEITPUNKT dargestellt. Es handelt sich bei den Werten um Absolutbeträge, d.h. positive und negative Abweichungen werden nicht gegeneinander aufgerechnet.

Beispiel: im Oktober 1986 werden für ein gekauftes Aggregat 100.000 DM als Kosten verbucht. Diese 100.000 DM werden jedoch erst im Februar 1987 bezahlt. Im Rahmen der aus der Kostenkalkulation zu ermittelnden Zahlungsrechnung wird dieser Betrag von den Ansätzen im Oktober 1986 subtrahiert und dem Monat Februar 1987 zugeschlagen. Nur diese +100.000 DM sind nun in der obigen Tabelle im Wert für Material für das Jahr 1987 (1.123.571 DM) enthalten.

Kosten-/Auszahlungsart	Auszahlungen später als Kosten			Auszahlungen früher als Kosten			absolute ø zeitliche Abweichung (in Monaten)
	in % der Gesamt- abweichung	ø zeitl. Abweich. (in Monaten)	Spanne (in Monaten)	in % der Gesamt- abweichung	ø zeitl. Abweich. (in Monaten)	Spanne (in Monaten)	
Material	61,6%	2,8	1 – 34	38,4%	11,2	1 – 21	6,0
Fremdkonstruktion	0	0	0	100%	35,9	28 – 41	35,9
SEK Fertigung/Vetrieb	44,6%	25,4	1 – 84	55,4%	1,2	1 – 3	11,9
Refinanzierungszinsen	100%	42,1	6 – 114	0	0	0	42,1
ø zeitl. Gesamtabweich. ohne Ref.zinsen		11,0			8,8		9,9
mit Ref.zinsen		21,9			8,8		16,8

Schaubild V.14 Durchschnittliche zeitliche Abweichungen der Kosten- bzw. Auszahlungsarten

Erläuterung: Die Spalte zur Abweichung in % der Gesamtabweichung bezieht sich auf die in Schaubild V.13 erfaßten jeweiligen Summen der zeitlichen Abweichungen. Die durchschnittliche (ø) zeitliche Abweichung wurde über ein gewichtetes arithmetisches Mittel errechnet; die Spanne gibt die kleinste bis größte Abweichung in Monaten an.

Wie aus der Tabelle hervorgeht, kam es bei 47 % der Gesamtkosten der Anlage zu einer zeitlichen Abweichung von den korrespondierenden Auszahlungen. Die sich aus den Verschiebungen der Entstehungszeitpunkte ergebende unterschiedliche Höhe der Auftragszinsen führt zu Ergebnisabweichungen. Dabei ist der kompensatorische Effekt zu berücksichtigen, da teilweise vor, teilweise nach der Kostenverbuchung gezahlt wurde. Wie aus Schaubild V.14 jedoch hervorgeht, fallen die Auszahlungen für Material überwiegend später als die Kosten an[177], so daß in der Kostenrechnung tendenziell mehr Auftragszinsen verrechnet wurden.

Sondereinzelkosten/-auszahlungen (Fertigung/Vertrieb) und Fremdaufträge
Hier gelten die gerade getroffenen Feststellungen gleichermaßen, d.h. bei unwesentlichen Unterschieden in der Höhe der Wertansätze sind beträchtliche Abweichungen in den Entstehungszeitpunkten zu verzeichnen (vgl. dazu die Schaubilder V.13 und V.14). Dies trifft insb. im Hinblick auf die Auftragsfinanzierung und die Hermes-Kreditversicherung zu, deren Abweichungen sich folgendermaßen quantifizieren lassen:

1) Auftragsfinanzierung
Die nach der Auftragsabrechnung in der Zeit von Oktober 1987 bis April 1997 anfallenden Zinsen des Refinanzierungskredits in Höhe von 4.166.522 DM werden in der dynamischen Zahlungsrechnung auf den Bezugszeitpunkt (Okt. 1987) abgezinst. Der Wert der Zinsauszahlungen vermindert sich damit um 966.586 DM auf 3.199.936 DM.

2) Zeitentgelt für die Hermes-Kreditversicherung
Die Abzinsung der nach dem Abrechnungszeitpunkt zu leistenden Hermes-Raten vermindert den Kostenbetrag von 737.400 DM um 299.273 DM auf 438.127 DM.

Wagnisse
Die zum Zeitpunkt der Nachkalkulation bekannten Wagnisauszahlungen sind in ihrer nominalen Höhe um 598.000 DM niedriger als die Wagniskostenzuschläge. Bezieht man die sich aufgrund der unterschiedlichen zeitlichen Verteilung ergebende Zinswirkung ein, so erhöhen sich die Wagniskosten von 1.040.000 DM um die kalkulatorischen Zinsen in Höhe von 143.294 DM auf zusammen 1.183.294 DM. Die erst in der Garantiefrist (1988) effektiv angefallenen Gewährleistungsauszahlungen verringern sich hingegen durch die Abzinsung auf den Bezugzeitpunkt um 24.614 DM (442.000 - 417.386). Die auf

---

[177] Bei 61,6 % der Gesamtabweichung (7.927.641 DM) liegt die Auszahlung zeitlich nach der Kostenverbuchung.

die Wagnisse zurückzuführende Ergebnisabweichung beläuft sich somit insgesamt auf einen Betrag von 765.908 DM, um den die Kosten die Auszahlungen übersteigen.

Gemeinkosten/-auszahlungen

Die Herstellauszahlungen als neue Zuschlagsgrundlage haben eine andere zeitliche Verteilung als die Herstellkosten, so daß durch die Verrechnung der Gemeinkosten über Zuschläge die Unterschiede bei den Auftragszinsen verstärkt werden.

Die Erfassung der *Akquisitionsauszahlungen* von nominal 806.000 DM gemäß ihrem zeitlichen Anfall von 1983-1984 führt in der dynamischen Zahlungsrechnung aufgrund der erforderlichen Aufzinsung auf den Zeitpunkt der Abrechnung zu einem Wert von 1.092.717 DM. Der in den Vertriebsgemeinkosten enthaltene, über die Abwicklungszeit verteilte Kostenwert erhöht sich durch die Berechnung der kalkulatorischen Zinsen lediglich um 111.357 DM auf 917.357 DM. Die Akquisitionsauszahlungen sind in der dynamischen Zahlungsrechnung demnach mit einem um 175.360 DM höheren Betrag enthalten als in der Kostenrechnung. Der tatsächliche Betrag der vor Vertragsabschluß angefallenen Zahlungen dürfte wohl um einiges höher liegen, wodurch sich die Unterschiede in der Auftragszinsen entsprechend vergrößern.

Zinsen

In der unterschiedlichen Höhe der Auftragszinsen spiegeln sich diejenigen von den Erlösen bzw. Kosten abweichenden Entstehungszeitpunkte der Ein- und Auszahlungen wertmäßig wider, die den Abwicklungszeitraum von Juli 1984 bis Oktober 1987 betreffen. So belaufen sich die kalkulatorischen Zinsen in der Kosten-/Erlösrechnung auf 3.835.003 DM, die Auftragszinsen in der dynamischen Zahlungsrechnung hingegen nur auf 2.689.687 DM, obwohl hier zusätzlich Zinseszinsen berücksichtigt sind. Diese Differenz von 1.145.316 DM ist insb. auf die Behandlung des Refinanzierungskredits bereits während der Erstellungsphase als Kundenanzahlung bzw. der dazugehörigen Zinszahlungen als Auftragszinsen zurückzuführen. Da die vereinbarten, mehrfach wechselnden Zinskostensätze für den Kredit durchweg kleiner sind als der kalkulatorische Zinssatz von 8 % p.a., folgt hieraus eine Zinsminderung. Die in der kalkulatorischen Rechnung enthaltenen Refinanzierungszinsen in Höhe von 4.449.095 DM beziehen sich lediglich auf den Zeitraum nach der Auftragsabrechnung und sind in gleicher Höhe auch in der Zahlungsrechnung berücksichtigt.

c. Abweichungen bei den Erlösen bzw. Einzahlungen

Stimmen Nominalbetrag der Einzahlungen und der Erlöse noch mit einem Betrag von 55.061.271 DM überein, so erhöht sich der Wert der auf den Zeitpunkt der Auftragsabrechnung auf- bzw. abgezinsten Einzahlungen um 12 % auf 61.667.615 DM. Dies ist umso bemerkenswerter, als sich die Zinseinzahlungen aus dem Lieferantenkredit durch die Abdiskontierung von 4.370.392 DM auf 3.359.485 DM verringern. Stellt man dieser Differenz von 1.010.907 DM die entsprechende durch die Abdiskontierung hervorgerufene Verringerung der Zinsauszahlungen für den Refinanzierungskredit (nach Abrechnungszeitpunkt) von 966.586 DM gegenüber, so resultiert aus der Auftragsfinanzierung eine Ergebnisverschlechterung von 44.321 DM. Aufgrund des parallelen Verlaufs der mit der Auftragsfinanzierung verbundenen Zahlungsströme weist die dynamische Rechnung hier nur eine vergleichsweise geringe Abweichung aus.

Im folgenden Abschnitt wird der enge Bezug zum Untersuchungsobjekt aufgegeben und versucht, aus der empirischen Untersuchung einige generalisierbare Aussagen abzuleiten und weitere Antworten auf die zu Beginn dieses Abschnitts aufgeworfenen Fragen zu finden.

4. Generalisierbare Ergebnisse der empirischen Untersuchung

a. Bereitstellung der für eine zahlungsorientierte Erfolgsrechnung erforderlichen Daten durch das traditionelle Rechnungswesen

Im Rahmen einer Beurteilung der Möglichkeiten und Chancen für die Realisierung einer zahlungsorientierten Erfolgsrechnung industrieller Anlagengeschäfte, die die Basis für die Anwendung dynamischer Wirtschaftlichkeitskennzahlen bildet, ist vor allem zu fragen, ob und inwieweit die dazu erforderlichen Daten mit vertretbarem Aufwand zur Verfügung gestellt werden können[178]. Es gilt somit zu prüfen, in welchem Umfang die im Berichtsunternehmen installierten Informationssysteme des Rechnungswesens, die in ihrer Art als durchaus typisch für den Anlagenbau anzusehen sind, die benötigten Informationen liefern und welche zusätzlichen Änderungen bei der Datenerfassung ggf. vorzunehmen sind.

---

[178] Vgl. Höffken/Schweitzer, 1991, S. 184.

Grundsätzlich konnte anhand der Praxisstudie die These bestätigt werden, daß die herkömmliche Kosten- und Erlösrechnung in zu geringem Maße eine Anpassung an die Wesensmerkmale des industriellen Anlagengeschäfts erfahren hat; ihre ursprüngliche Ausrichtung auf das kurzfristig angelegte Seriengeschäft bleibt unverkennbar. Infolgedessen kann das Fehlen einer direkten Erfassung von projektbezogenen Auszahlungen nicht überraschen. Das Informationsangebot der traditionellen Rechnungswesensysteme reicht in der bestehenden Form somit grundsätzlich nicht für die Bereitstellung aller in eine zahlungsorientierte Projekterfolgsrechnung eingehenden Daten aus.

Die Bestimmung der Projekteinzahlungen erweist sich allerdings als unkritisch, da diese gewöhnlich (unter-)auftragsweise entrichtet und bereits im bestehenden Rechnungswesen zur Berechnung der kalkulatorischen Auftragszinsen als solche, entsprechend dem Monat ihres Eingangs, erfaßt werden. Im Gegensatz dazu ist die Informationsbereitstellung zur Ermittlung der Projektauszahlungen nur unzureichend; dies kommt auch durch den erheblichen Arbeitsaufwand zum Ausdruck, der bei der ex-post-Analyse zur Transformation der Kosten in Auszahlungen betrieben werden mußte.

Aufgrund der maßgeblichen Bedeutung des Primärkostencharakters für den Schwierigkeits- und Genauigkeitsgrad der Projektauszahlungsbestimmung wird die *Höhe des Primärkostenanteils* zur entscheidenden *Determinante des Erfassungsaufwandes* der dynamischen Zahlungsrechnung. Rechnet man die Material- und Fremdkonstruktionskosten, die Sondereinzelkosten des Vertriebs und der Fertigung sowie die Refinanzierungszinsen zu den Primärkosten, so weist der untersuchte Auftrag einen Primärkostenanteil von 58,7 % auf. Dieser recht hohe Anteil wäre bei einer vermehrten Verrechnung unechter Gemeinkosten als Einzelkosten (z.B. bei den Akquisitions- und Wagniskosten) sicher noch höher, was zu der Aussage berechtigt, daß rund zwei Drittel der Selbstkosten einer Anlage, die mit eigenem Fertigungsanteil hergestellt wird, Projekt-Primärkosten sind. Bei reinen Ingenieurunternehmen liegt der Anteil sogar noch deutlich darüber. Da die den Primärkosten zugrundeliegenden Auszahlungen durch eine entsprechend modifizierte auftragsbezogene Erfassung in der Finanzbuchhaltung mit nur geringfügigem Mehraufwand ermittelt werden können, erweist sich die Bereitstellung der in einer zahlungsorientierten Erfolgsrechnung erforderlichen Daten für weit mehr als die Hälfte der Projektauszahlungen als recht einfach und wenig aufwendig. Sowohl der Auszahlungsbetrag als auch der entsprechende Zeitpunkt ließen sich ohne zusätzliche Erhebungsarbeit bestimmen, wenn die erfolgswirksame Zurechnung der Wertströme am Zahlungsausgang anknüpfen würde. Sämtliche Informationen bezüglich der Zahlungsausgänge liegen bei der Rechnungsprüfung vor. Die Orientierung der dynamischen Zahlungsrechnung an den jeweiligen Zahlungszeitpunkten führt dazu, daß zeitliche Verschiebungen bei der

Auftragsabwicklung in ihren Zins- und Ergebniswirkungen unmittelbar berücksichtigt werden.

Zur Ermittlung der Sekundärauszahlungen eines Projekts sind weitergehende Änderungen der traditionellen Kosten- und Erlösrechnung unausweichlich, die sich insb. auf die Auflösung der Sekundärauszahlungen in ihre primären Bestandteile beziehen[179]. Der hohe Anteil der auszahlungsnahen Personalkosten in den Kostenstellen führt hierbei allerdings zu einer spürbaren Minderung des Ermittlungsaufwandes.

b. Unterschiede zwischen der kalkulatorischen und dynamischen Erfolgsrechnung sowie Empfehlungen zur Annäherung beider Ansätze

Da die dynamische Zahlungsrechnung dem Wesen des industriellen Anlagengeschäfts besser gerecht wird, weist sie gegenüber der traditionellen kalkulatorischen Erfolgsrechnung den Vorteil auf, genauere und betriebswirtschaftlich fundiertere Ergebnisse zu liefern[180]. Nachdem die zahlenmäßigen Unterschiede zwischen der kalkulatorischen und der dynamischen Erfolgsrechnung auf Zahlungsbasis für den untersuchten Auftrag in Abschnitt 3 herausgearbeitet wurden, sollen darauf aufbauend nunmehr die wichtigsten konzeptionellen Divergenzen der beiden Ansätze sowie Maßnahmen aufgezeigt werden, durch die eine Annäherung der traditionellen Kosten- und Erlösrechnung an den dynamischen Ansatz zur Verbesserung der Aussagegenauigkeit erreicht werden kann.

Unterschiede in der *Höhe* der Wertansätze:

Die Ergebnisse des Fallbeispiels lassen die Feststellung zu, daß die Primärkostenbeträge der kalkulatorischen Rechnung i.d.R. *anschaffungspreisorientiert* angesetzt werden und in ihrer Höhe nur in vereinzelten Ausnahmefällen von den entsprechenden Auszahlungsbeträgen abweichen. Aufgrund der geringen Differenzen zwischen kalkulatorischer und pagatorischer Bewertung der Primärkosten richtet sich der wesentliche Änderungsbedarf des traditionellen Rechnungswesens im Anlagenbau wohl nicht auf den Bewertungsgrundsatz. Die Rechnungsprüfung hat dabei stets darauf zu achten, daß einem Auftrag nur die effektiv gezahlten Beträge angelastet werden. Detaillierte Aussagen zu den Unterschieden im Bereich der Sekundärkosten/-auszahlungen können aus der Praxisstudie nur bedingt abgeleitet werden, da eine Sekundärkostenauflösung aufgrund der unzurei-

---

[179] Vgl. dazu im einzelnen Abschnitt V.B.1.c.

[180] Diese Auffassung wird geteilt von Laßmann, 1990, S. 315; Sonnenschein, 1990, S. 317; Höffken/Schweitzer, 1991, S. 155 und S. 184.

chenden Datenlage nicht durchgeführt werden konnte. Angesichts der Auszahlungsnähe der Personalkosten sowie einiger anderer in den Kostenstellenverrechnungsbereichen vertretenen Kostenarten liegt allerdings die Annahmen nahe, daß auch für die Sekundärkosten eine hohe Übereinstimmung mit der Höhe der jeweiligen Auszahlungsbeträge zu verzeichnen ist[181].

Unterschiede im *Entstehungszeitpunkt* der Wertansätze:

Sehr weitreichende Abweichungen zwischen den beiden Rechnungssystemen sind demgegenüber im Zeitpunkt der erfolgswirksamen Zurechnung der Projektkosten bzw. -auszahlungen zu konstatieren. Daraus resultieren schwerwiegende Konsequenzen für die Bestimmung der auftragsbedingten Mittelbindung und somit für die Zinsberechnung. Während die dynamische Zahlungsrechnung durch die Anwendung der Zinseszinsrechnung auf der Basis der tatsächlichen Mittelbindung eine wertmäßige Vergleichbarkeit der zeitlich oftmals sehr weit auseinanderliegenden Projektzahlungen ermöglicht, trägt die kalkulatorische Erfolgsrechnung durch die Verwendung des Halbfabrikatebestandes im Rahmen der bestandsorientierten Berechnung der kalkulatorischen Zinskosten, die fälschlicherweise die Zahlungswirksamkeit von Kostenzugängen impliziert, eine erhebliche Ungenauigkeit in die Erfolgsermittlung. Die Nicht-Haltbarkeit dieser Annahme wird angesichts der beim Untersuchungsobjekt festgestellten zeitlichen Abweichungen zwischen Kosten und Auszahlungen besonders deutlich. Hierin liegt eine wesentliche Ursache für die mangelnde Exaktheit der kalkulatorischen Erfolgsrechnung.

Von größter Bedeutung für eine diesbezügliche Verbesserung ist eine zahlungsorientierte Festlegung des Ansatzzeitpunktes in der Projekterfolgsrechnung, d.h. nicht mehr der Verbrauchszeitpunkt ist für den Ansatz eines Kostenbetrages maßgebend, sondern der *Auszahlungszeitpunkt*. Die alternative Lösungsmöglichkeit, die Berechnung von Zinsen i.S. des Lücke-Theorems, erscheint hauptsächlich wegen des damit verbundenen Aufwandes als nicht operationell. Es erweist sich deshalb auch im Rahmen der kalkulatorischen Projekterfolgsrechnung als sinnvoller, bei der Erfassung unmittelbar auf die Zahlungszeitpunkte abzustellen, was erfassungstechnisch ohne weiteres durchführbar wäre. Besonders davon betroffen sind neben den Ratenzahlungen in erster Linie die außerhalb des Abrechnungszeitraums anfallenden Zahlungen, die entsprechend ihres jeweiligen Zahlungsmonats anzusetzen sind, um eine geeignete Grundlage für die Berechnung der Auftragszinsen zu bilden.

---

[181] Vgl. hierzu auch Abschnitt V.B.1.c.

Die Diskontierung der nach Auftragsabrechnung anfallenden Größen sollte auch im Rahmen der Kosten- und Erlösrechnung im Sinne einer "finanzmathematischen Ergänzung" eingeführt werden, wobei es sich allerdings um zahlungsgleiche oder zumindest -ähnliche Größen handeln muß. Davon kann bei den hier in erster Linie angesprochenen Kosten für Auftragsfinanzierung, Hermes-Kreditversicherung, Schulung, Betreuung etc. ausgegangen werden. Des weiteren sind auch die Akquisitionskosten gemäß ihrer zeitlichen Entstehung anzusetzen und entsprechend aufzuzinsen. Die Höhe des Aufwandes der hier aufgeführten Änderungen kann als durchaus vertretbar angesehen werden.

In der Abwicklungsphase bewirken verzögerte Auszahlungen, die bedingt sind durch zeitliche Verschiebungen bestimmter Arbeiten, ceteris paribus eine Ergebnisverbesserung, da der Barwert der Auszahlungssumme sinkt. Da Abwicklungsverzögerungen jedoch i.d.R. von gleichermaßen verzögerten Einzahlungen sowie evtl. von Pönalen begleitet sind, schlägt diese Ergebnisverbesserung nur selten durch.

Unterschiede in der *Verrechnungsart* der Kosten-/Auszahlungsarten:

Das in der dynamischen Zahlungsrechnung verfolgte Ziel einer möglichst weitgehenden Verrechnung von Projekteinzelauszahlungen führte vor allem bei den Akquisitions- und Wagniskosten zu Divergenzen gegenüber der traditionellen Form der Erfolgsrechnung. Im Rahmen der dynamischen Zahlungsrechnung gehören die für die Akquisition eines Auftrags entstandenen Auszahlungen zu den Vertriebseinzelauszahlungen.

Soll die Kosten- und Erlösrechnung insgesamt mit vertretbarem Aufwand zu betriebswirtschaftlich fundierteren und richtigeren Ergebnissen kommen, so wird zusammenfassend folgendes Vorgehen vorgeschlagen: Da Kosten und Auszahlungen in ihrer Höhe nur geringfügig differieren, sollen sie als wertgleich angenommen werden. Im Rahmen der Vorkalkulation sollte jedoch statt der Verwendung des normalisierten Kostenverlaufs versucht werden, die Auftragskosten gemäß ihres ungefähren zeitlichen Anfalls unter Zuhilfenahme der technischen Vorgaben anzusetzen. Die auf dieser Grundlage berechneten Auftragszinsen werden, unter Berücksichtigung von Zinseszinsen sowie der unterjährigen Verzinsung, dem tatsächlichen Finanzierungsbedarf des Auftrags recht nahe kommen. Die Berechnung der kalkulatorischen Zinskosten in der Begleit- und Nachkalkulation kann sich weiterhin auf den Halbfabrikatebestand unter Einbeziehung der erhaltenen Anzahlungen stützen. Voraussetzung dafür ist allerdings, daß sich die Zeitpunkte der Kostenzugänge an den entsprechenden Auszahlungszeitpunkten orientieren. Bei Ratenzahlungen bspw. sollte die Kosteneinbuchung nicht in einem Betrag, sondern ebenfalls in Raten erfolgen. Die Erfassung der hierzu erforderlichen Daten könnte durch die Finanzbuchhaltung erfolgen, die dazu jedoch stärker auftragsbezogen organisiert werden müßte. Um der Einmaligkeit einer Industrieanlage Rechnung zu tragen, sollten die anlagenspezifischen Gegebenheiten durch eine möglichst weitgehende Verrechnung von Einzelkosten wiedergegeben werden. Dazu empfiehlt sich auch in der kalkulatorischen Erfolgsrechnung eine Berücksichtigung der für einen Auftrag entstandenen *Akquisitionskosten* als Einzelkosten, zumal dies erfassungstechnisch problemlos möglich ist. Zusammen mit deren frühem Ansatz als Vorlaufkosten ergibt sich eine Erhöhung des Vorfinanzierungsaufwandes, der im Deckungsbedarf des Auftrags seinen Niederschlag finden muß[182]. Im Interesse einer stärkeren einzelprojektbezogenen Erfassung der *Risiken* sollte zumindest der in den normalisierten Wagniszuschlägen enthaltene Anteil für das Gewährleistungsrisiko als gesonderter Kalkulationsposten in der Garantiephase angesetzt werden. Eine erfolgswirtschaftliche Behandlung der Risiken in der Form, wie sie in der dynamischen Zahlungsrechnung vorgesehen ist, würde allerdings vergleichsweise tiefgreifende Änderungen nach sich ziehen. Eine in der Praxis zu beobachtende stärkere Ausweisung von Sonderwagnissen geht hier sicherlich in die richtige Richtung. Zusammen betrachtet erscheint das beschriebene Vorgehen auch in der Kosten- und Erlösrechnung ohne gravierende Umstellungen und mit vertretbarem Aufwand realisierbar. Allerdings können der Genauigkeitsgrad und die Flexibilität der dynamischen Zahlungsrechnung, wie sie im folgenden Abschnitt erläutert wird, durch eine modifizierte Kosten- und Erlösrechnung bei weitem nicht erreicht werden.

c. Anwendungsmöglichkeiten der dynamischen Zahlungsrechnung zur Erfolgsplanung

Wenngleich der hier dargestellte Anwendungsfall der dynamischen Zahlungsrechnung auf dem Zahlenmaterial der Begleit- und Nachkalkulation eines bereits abgewickelten Auftrags beruht, so lassen sich aus den echten Daten eines abgewickelten Auftrags doch auch wichtige Erkenntnisse im Zusammenhang mit ihrem Einsatz als Erfolgsplanungrechnung (Vorkalkulation) gewinnen. Dazu sei im folgenden angenommen, die zugrundeliegenden Projektein- und -auszahlungen stammen nicht aus der Nachkalkulation, sondern sind im Rahmen einer Vorkalkulation, wie sie in Abschnitt V.C.2 beschrieben ist, ermittelt worden.

Die Hauptaufgabe der Vorkalkulation besteht darin, für ein betrachtetes Projekt denjenigen Preis zu ermitteln, der die jeweilige Zielsetzung des Anbieters erfüllt. Daneben sollten Informationen über Preisuntergrenzen ermittelt werden, die den Handlungsspiel-

---

[182] Vgl. auch Höffken/Schweitzer, 1991, S. 155.

raum des Akquisiteurs in den Verkaufsverhandlungen eingrenzen. Aufgrund der hohen erfolgswirtschaftlichen Bedeutung der Zahlungszeitpunkte werden im weiteren zusätzlich auch die Erfolgswirkungen der Zahlungsbedingungen, d.h. der Zeitpunkte der Projekteinzahlungen, analysiert. Zunächst seien die Auswirkungen unterschiedlicher Zahlungsbedingungen bzw. Preisforderungen auf den dynamischen Auftragserfolg anhand von Beispielrechnungen in isolierter Form untersucht.

In Schaubild V.15 werden die bei dem untersuchten Projekt tatsächlich vereinbarten Zahlungsbedingungen als konstant angenommen und der Verkaufspreis variiert. Dabei führt der reale Verkaufspreis der Anlage von ca. 55 Mio. DM zu dem bereits berechneten dynamischen Auftragsverlust von ca. 6,69 Mio. DM. Eine Erhöhung des Preises führt zu einer Verbesserung des dynamischen Auftragserfolgs; von besonderem Interesse ist der kritische Wert des Auftragspreises, bei dessen Realisierung ceteris paribus ein Auftagsergebnis von Null erzielt worden wäre. Dieser *Grenzpreis* liegt bei ca. 61 Mio DM, zahlbar zu den im Vertrag fixierten Konditionen.

Zur Analyse der Ergebniswirkungen von Variationen der Zahlungsbedingungen bleibt in Schaubild V.16 der tatsächliche Verkaufspreis konstant. Zur besseren Veranschaulichung der Zahlungsbedingungen wird angenommen, daß sämtliche Zahlungen durch den Kunden in einem einzigen Monat erfolgen[183]. Wie zu erkennen ist, haben unterschiedliche monatsbezogene Zahlungsvereinbarungen bei der angesetzten Höhe des Kalkulationszinssatzes von 8 % großen Einfluß auf die Höhe des dynamischen Auftragserfolgs. Ein durch diese Analyse ermittelter *Grenzeinzahlungszeitpunkt* besagt z.B., daß der Auftrag verlustfrei hätte abgeschlossen werden können, wenn der volle Verkaufspreis im Juni 1985 vom Kunden bezahlt worden wäre. Hieran werden die großen Zinswirkungen trasparent, die sich aus der Zahlungsstruktur eines Anlagengeschäfts ergeben können[184]. Derartige Ergebnisanalysen lassen sich auch für unterschiedliche *Finanzierungsmodelle* durchführen, die wegen ihrer i.d.R. sehr langen Laufzeit und der oftmals großen Finanzierungsvolumina den wirtschaftlichen Erfolg eines Anlagengeschäfts in maßgeblicher Weise prägen.

---

[183] Die Sensitivitätsanalyse der Erfolgswirkungen von Zahlungsbedingungen kann für jede denkbare Form der Zahlungsvereinbarung vorgenommen werden. Die Annahme eines einzigen Zahlungsbetrages dient lediglich einer besseren grafischen Darstellbarkeit.

[184] Vgl. zum Umfang von Zinsbelastungen auch Höffken/Schweitzer, 1991, S. 11 ff.

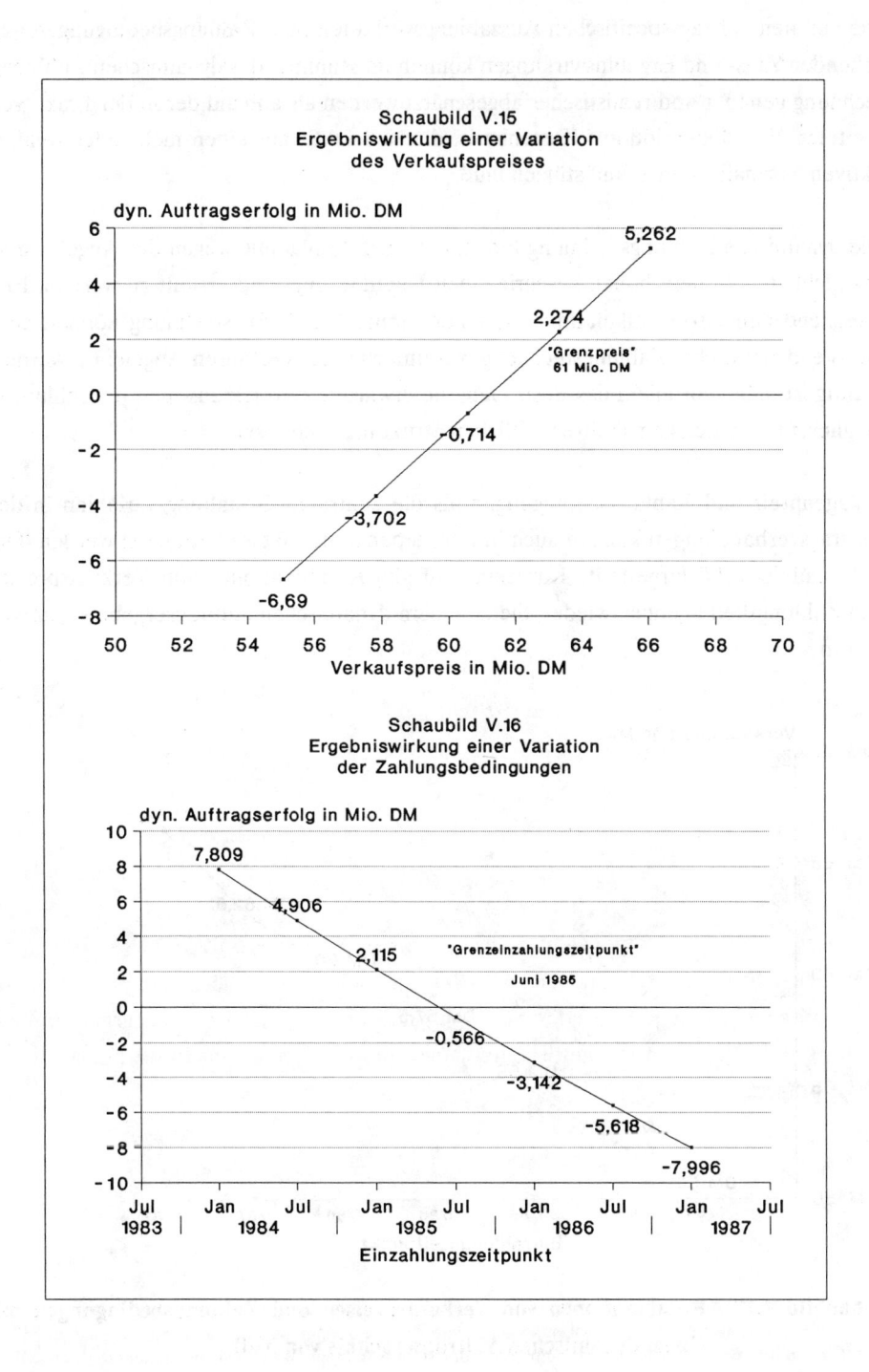

**Schaubild V.15
Ergebniswirkung einer Variation
des Verkaufspreises**

dyn. Auftragserfolg in Mio. DM

- 5,262
- 2,274
- "Grenzpreis" 61 Mio. DM
- -0,714
- -3,702
- -6,69

Verkaufspreis in Mio. DM

**Schaubild V.16
Ergebniswirkung einer Variation
der Zahlungsbedingungen**

dyn. Auftragserfolg in Mio. DM

- 7,809
- 4,906
- 2,115
- "Grenzeinzahlungszeitpunkt" Juni 1985
- -0,566
- -3,142
- -5,618
- -7,996

Einzahlungszeitpunkt

Die von den auftragsspezifischen Auszahlungsverläufen bzw. Zahlungsbedingungen ausgehenden Zins- und Ergebniswirkungen können im Rahmen der dynamischen Zahlungsrechnung genauer und realistischer abgeschätzt werden als anhand der in der Praxis verbreiteten Vorkalkulation auf Kostenbasis, die sich i.d.R. auf einen mehr oder weniger fiktiven Normalkostenverlauf stützen muß.

Die dynamische Zahlungsrechnung braucht zur Erfolgsplanung wegen des Angebotsrisikos nicht stets in dem hohen beschriebenen Dataillierungsgrad erstellt zu werden. Entsprechend den Grob-Kalkulationen der herkömmlichen Erfolgsrechnung können auch für die dynamische Zahlungsrechnung vereinfachende Verfahren abgeleitet werden; wichtig ist dabei vor allem das Bestreben, die erwarteten Projektaus- und -einzahlungen möglichst realistisch gemäß ihrer zeitlichen Struktur zu schätzen.

Anlagenpreis und Zahlungsbedingungen als die zentralen Gestaltungsvariablen in den Vertragsverhandlungen können auch in interdependenter Weise betrachtet werden. Der in Schaubild V.17 dargestellte Kurvenverlauf gibt Kombinationen von Verkaufspreisen und Zahlungsbedingungen wieder, die zu einem dynamischen Auftragsergebnis von Null führen.

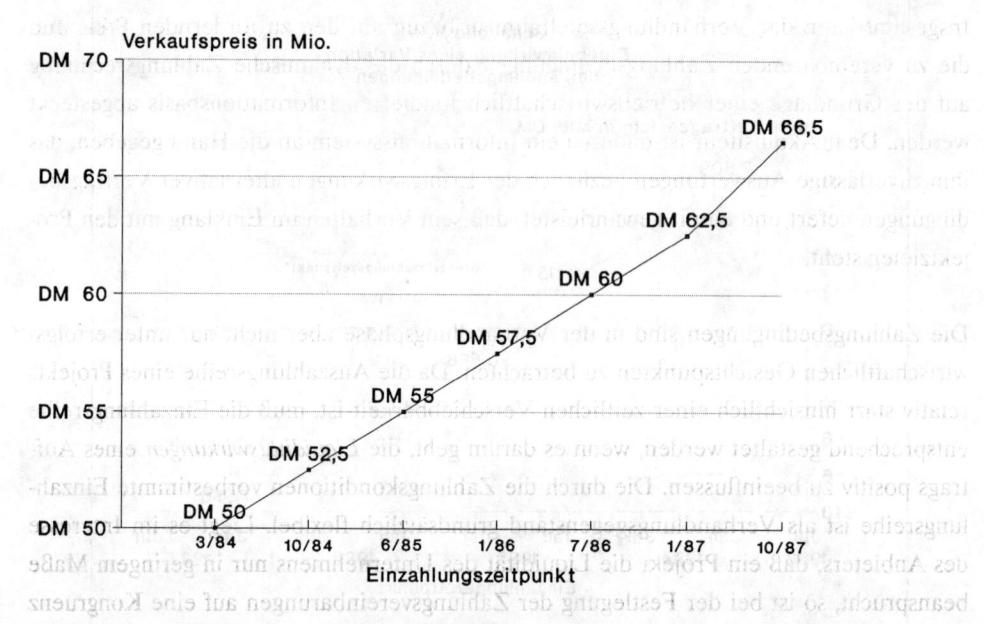

Schaubild V.17 Kombinationen von Verkaufspreisen und Zahlungsbedingungen mit einem dynamischen Auftragsergebnis von Null

Es wird deutlich, daß ein gewünschter Auftragserfolg nur in Kombination aus Höhe des Preises und Zahlungskonditionen ermittelt werden kann. Hierbei sollte sich der Anbieter ggf. zunutze machen, daß der Kunde in den Vertragsverhandlungen vielfach stärker auf den Anlagenpreis konzentriert ist, während die dabei angenommenen Zahlungsbedingungen weniger problematisiert werden und zunächst im Hintergrund stehen. Da die Preise in zunehmendem Maße durch den Markt bestimmt werden, besteht für den Anbieter kaum mehr die Möglichkeit, seine Erfolgserwartung und gewünschte Risikoabdeckung über den Preis zu erreichen. Hat der Kunde z.B. eine feste Maximalpreisvorstellung, die auf den ersten Blick unannehmbar erscheint, so kann der Anbieter den Preisnachteil durch eine entsprechende Festlegung der Zahlungsbedingungen "kompensieren" und dadurch seine Zielsetzungen dennoch durchsetzen. Die Gefahr, einen Auftrag wegen eines - ungerechtfertigterweise - zu hohen Preises nicht zu bekommen, ist beträchtlich reduziert. Eine Preisvereinbarung darf also stets nur unter strenger Berücksichtigung der jeweils zugrundeliegenden Zahlungsbedingungen getroffen werden. Die Behandlung der Zahlungsvereinbarungen in der Praxis, wo oftmals auf standardisierte Lösungen zurückgegriffen wird, vermittelt den Eindruck, daß die Dimension ihrer Erfolgswirkungen, die durch derartige Sensitivitätsrechnungen exakt beurteilt werden können, teilweise erheblich unterschätzt wird.

Insgesamt kann der Verhandlungsspielraum in bezug auf den zu fordernden Preis und die zu vereinbarenden Zahlungsbedingungen durch die dynamische Zahlungsrechnung auf der Grundlage einer betriebswirtschaftlich fundierten Informationsbasis abgesteckt werden. Dem Akquisiteur ist dadurch ein Informationssystem an die Hand gegeben, das ihm zuverlässige Auswertungen bezüglich der Erfolgswirkungen alternativer Vertragsbedingungen liefert und damit gewährleistet, daß sein Verhalten im Einklang mit den Projektzielen steht.

Die Zahlungsbedingungen sind in der Verhandlungsphase aber nicht nur unter erfolgswirtschaftlichen Gesichtspunkten zu betrachten. Da die Auszahlungsreihe eines Projekts relativ starr hinsichtlich einer zeitlichen Verschiebbarkeit ist, muß die Einzahlungsreihe entsprechend gestaltet werden, wenn es darum geht, die *Liquiditätswirkungen* eines Auftrags positiv zu beeinflussen. Die durch die Zahlungskonditionen vorbestimmte Einzahlungsreihe ist als Verhandlungsgegenstand grundsätzlich flexibel. Liegt es im Interesse des Anbieters, daß ein Projekt die Liquidität des Unternehmens nur in geringem Maße beansprucht, so ist bei der Festlegung der Zahlungsvereinbarungen auf eine Kongruenz der Mittelzu- und -abflüsse hinzuwirken. Dies führt gleichzeitig zu verringerten Zinsbelastungen des Auftrags. Die dynamische Zahlungsrechnung bietet hier unter Ausnutzung vielschichtiger Synergieeffekte hervorragende Ansatzpunkte für die Bestimmung der Liquiditätslage eines Auftrages während der gesamten Projektdauer.

Zur Analyse der Ergebnisse sowie zur besseren Beurteilbarkeit der Konsequenzen der Prognoseunsicherheiten und ausgewählter Risikofaktoren empfehlen sich weitere *Sensitivitätsanalysen*. Diese verdeutlichen die Auswirkungen von Veränderungen der Haupteinflußgrößen des Auftragsergebnisses und sind den Korrekturverfahren (Zu- und Abschlägen) grundsätzlich vorzuziehen, da die wirtschaftliche Relevanz einer Einflußgröße auf analytischem Wege bestimmt wird und somit sichtbar bleibt. Beispielhaft sei dazu die Sensitivität des dynamischen Auftragsergebnisses bei Variation des Kalkulationszinsfußes in Schaubild V.18 untersucht.

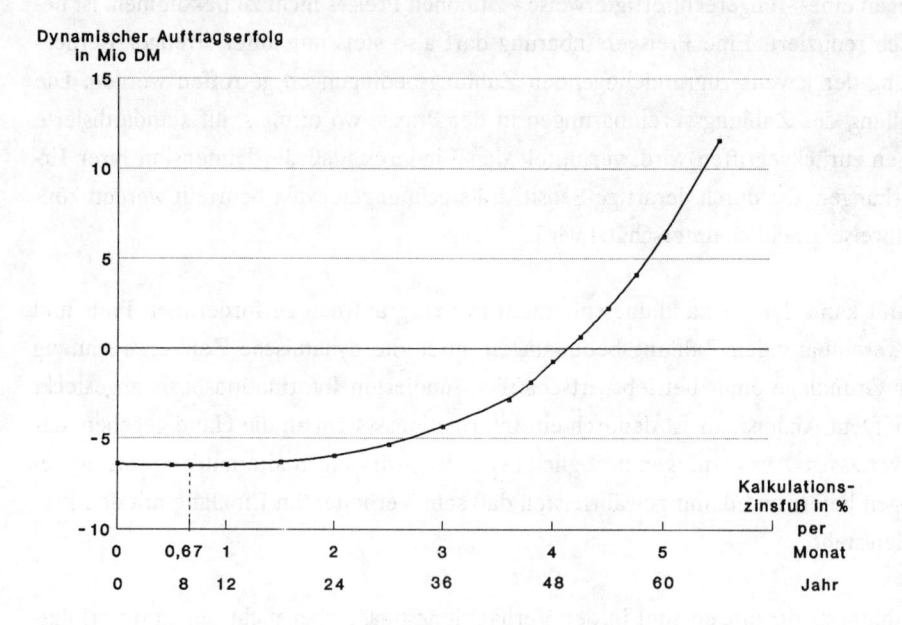

Schaubild V.18   Zinsempfindlichkeit des dynamischen Auftragsergebnisses

Wie leicht zu erkennen ist, reagiert das dynamische Auftragsergebnis sehr zinsunempfindlich, was auf den weitgehend parallelen Verlauf des Projektein- und -auszahlungsstroms zurückzuführen ist. Sogar gravierende Veränderungen des Kalkulationszinses bleiben nahzu ohne Wirkung. Bei einem anders strukturierten Zahlungsverlauf kann das dynamische Auftragsergebnis dagegen sehr sensibel auf Zinssatzvariationen reagieren[185].

---

[185] Vgl. Bröker, 1991, Abbildung A 4 und A 5.

Die Sensitivität des dynamischen Auftragsergebnisses und der dynamischen Umsatzrendite bei jährlichen Schwankungen des Materialpreisniveaus ist in Schaubild V.19 dargestellt.

Ergebniskennzahl	jährliche Veränderung der Materialpreise		Abweichung
	+ 5 %	- 5 %	
dyn. Auftragserfolg	- 8.213.850 DM	- 5.167.082 DM	± 1.523.385
dyn. Umsatzrendite	- 14 %	- 8 %	± 3 %

Schaubild V.19   Ergebniswirkungen von Materialpreisschwankungen

Derartige Betrachtungen erlauben es, den Einfluß von Preisschwankungen bei wichtigen Rohstoffen, Zukaufteilen, Personalkosten u. dergl. auf das Auftragsergebnis offenzulegen.

E. Einbindung der dynamischen Zahlungsrechnung in das unternehmerische Rechnungswesen im industriellen Anlagenbau

1. Struktur des Rechnungswesens anlagenbauender Unternehmen

Wenngleich die dynamische Zahlungsrechnung zur Erfolgsplanung und -überwachung einzelner Projekte im Mittelpunkt der bisherigen Überlegungen gestanden hat, darf die Betrachtung - wie an einigen Stellen bereits erwähnt - nicht darauf beschränkt bleiben. Eine hinreichende und betriebswirtschaftlich tragfähige Beurteilung eines Anlagenauftrags sowie die zunehmende Tendenz, die Bestandteile des Rechnungswesens i.S. eines umfassenden Führungsinformationssystems zu integrieren[186], verlangt eine Sichtweise, die berücksichtigt, wie sich ein Einzelauftrag im Zusammenspiel mit allen anderen im Unternehmen geplanten und in Arbeit befindlichen Aufträgen darstellt. Neben der *projektbezogenen* Erfolgsrechnung, die im industriellen Anlagengeschäft infolge des prägenden Einflusses einzelner Aufträge auf das Unternehmensergebnis eine herausgehobene Stellung einnimmt, ist eine *periodenbezogene* Erfolgsrechnung zur unternehmensbezogenen Planung, Steuerung und Überwachung unentbehrlich. Die *unternehmensbezogene*

---

[186] Vgl. z.B. Männel, 1988, S. 13 f.; Back-Hock, 1991, S. 95.

Periodenerfolgsrechnung besteht einerseits aus der intern orientierten *Betriebsergebnisrechnung*, andererseits aus dem extern orientierten *Jahresabschluß*[187].

Hinsichtlich der Gestaltung des Rechnungswesens eines Anlagenbauers mit projektorientierter sowie interner und externer unternehmensbezogener Erfolgsrechnung, jeweils als Plan- und als Ist-Rechnung, stehen grundsätzlich stehen drei Möglichkeiten zur Verfügung[188]:

1) Aufbau eines *eigenen Rechenwerks* für jeden Rechnungswesenbereich. Diese Vorgehensweise erweist sich vor allem wegen des damit verbundenen hohen Aufwandes, der durch die Mehrfacherfassungen und -speicherungen von Daten in unterschiedlichen Rechnungssystemen entsteht, als unzweckmäßig.

2) Ausrichtung der Rechnungssysteme auf einen *Hauptzweck*. Dieses Vorgehen ist aufgrund der unzureichenden Informationsbereitstellung in bezug auf bestimmte Fragestellungen und der dadurch bedingten Notwendigkeit ergänzender Sonderrechnungen abzulehnen.

3) Aufbau einer multifunktionalen *Grundrechnung*, die sämtliche Basisdaten dergestalt erfaßt und aufbereitet, daß sie als Grundlage für die verschiedenen Rechnungssysteme (*Auswertungsrechnungen*) zur Erfüllung der einzelnen Rechnungszwecke dienen können. Das Konzept einer Grundrechnung als universell nutzbarer Datenpool, das unabhängig voneinander von SCHMALENBACH[189] und GOETZ[190] entworfen und von RIEBEL[191] als Konstruktionselement seiner Einzelkosten- und Deckungsbeitragsrechnung erheblich weiterentwickelt wurde, stellt für die skizzierte Struktur des Rechnungswesens im industriellen Anlagenbau die geeignete Gestaltungsform dar, die insb. eine redundante Datenerfassung und -speicherung sowie ein Auseinanderdriften der projekt- und unternehmensbezogenen Rechnungssysteme verhindert. Im Gegensatz zur einschlägigen Literatur wird die Grundrechnung hier als Datenbasis nicht nur für die Einzelkostenrechnung nach RIEBEL[192], sondern für sämtliche Bereiche des unternehmerischen Rechnungswesens gesehen.

---

[187] Die Begriffe *intern* und *extern* sollen nicht zum Ausdruck bringen, ob die Adressaten der Rechnung innerhalb oder außerhalb der Unternehmung stehen; vielmehr geht es um die Frage, woher die Regelungen über die Erstellung der Rechnung stammen.

[188] Vgl. Laßmann, 1968, S. 14.

[189] Vgl. Schmalenbach, 1948, S. 66 ff.; Schmalenbach, 1956, S. 267 ff., S. 280 und S. 422 ff.

[190] Vgl. Goetz, 1949, insb. Kapitel 6 und 7.

[191] Vgl. Riebel, 1979a; Riebel, 1979b.

[192] Vgl. z.B. Wedekind/Ortner, 1977; Riebel, 1979a; Riebel, 1979b; Hummel/Männel, 1990, S. 66 ff.; Sinzig, 1990; Schweitzer/Küpper, 1991, S. 389 ff. Teilweise wird die Grundrechnung auch allgemeiner auf die Kostenrechnung bezogen, vgl. z.B. Kilger, 1984; Weber/Kalaitzis, 1984, S. 449 ff.; Männel, 1985, S. 121 f.; Warnick, 1991, S. 25 f.

Die Grundrechnung basiert daher sowohl auf unperiodisierten Zahlungsgrößen als auch auf periodenbezogenen, güterwirtschaftlich orientierten Wertgrößen.

Den *Kerngedanken der Grundrechnung* bildet die Erkenntnis, daß die je nach Zwecksetzung unterschiedlichen Rechnungssysteme eine *gemeinsame güter- und zahlungswirtschaftliche Basis* haben, d.h. sie beziehen sich letzlich auf dieselben realen Vorgänge, die in Abhängigkeit vom Rechnungszweck in den entsprechenden Auswertungsrechnungen unter Verwendung der jeweiligen Rechengrößen unterschiedlich behandelt und abgebildet werden. Die Grundrechnung schafft damit die Voraussetzung für den Brückenschlag zwischen der projektbezogenen und der periodenweise zu erstellenden unternehmensbezogenen Erfolgsrechnung auf Kosten- und Erlös bzw. Aufwands- und Ertragsbasis. Um den Rahmen dieser Arbeit nicht zu sprengen, sei im weiteren nur in vergleichsweise knapper Form auf die Ausgestaltung der Grundrechnung eingegangen, die insb. durch folgende *Haupterfordernisse* geprägt ist[193]:

Es ist eine *vielfältige Verwertbarkeit* der erfaßten Daten in den Auswertungsrechnungen anzustreben. Dies erfordert eine möglichst disaggregierte Form der Datenaufbereitung ohne Vorverdichtungen und Verrechnungen[194] sowie einen weitgehenden Verzicht auf zweckorientierte Bewertungen und Periodisierungen. Insb. sollte es nicht zu einer Schlüsselung von (echten) Gemeinauszahlungen kommen. Die in den einzelnen Auswertungsrechnungen verwendeten Daten müssen dahingegen sehr wohl zweckabhängig sein[195]. Die Grundrechnung bezieht ihre Daten aus den ihr vorgelagerten Erfassungssystemen der Finanzbuchhaltung, Lohn- und Gehaltsbuchhaltung sowie der Material- und Anlagenbuchhaltung. Damit die Grundrechnung nicht zu einer unsystematischen und im Umfang ausufernden Datenansammlung degeneriert, sind die in ihr enthaltenen Daten zwar in einer für alle Auswertungsrechnungen verwendbaren Form zu erfassen und aufzubereiten, ihr grundsätzlicher Aufbau sowie die Auswahl und der Aggregationsgrad der zu erfassenden Daten kann sich jedoch nur aus den Zwecken der Auswertungen ergeben[196]. Daraus folgt, daß die sinnvolle Gestaltung der Grundrechnung nicht ohne weitgehende Festlegung der Auswertungserfordernisse möglich ist; Form und Inhalt der

---

[193] Vgl. hierzu ausführlich Hummel, 1970, S. 108 ff.; Riebel 1979a, S. 795 ff.; Riebel, 1979b, S. 863 ff.

[194] Vgl. Wedekind/Ortner, 1977, S. 533 ff.; Weber/Kalaitzis, 1984, S. 450 f.; Sinzig, 1990, S. 47 ff.

[195] Vgl. Laßmann, 1968, S. 14.

[196] Eine u.a. auch von Riebel geforderte völlige *Zweckneutralität* der Grundrechnung erweist sich somit nicht als zweckmäßig.

Grundrechnung sind daher letztlich von der Art des Unternehmens mit dessen Sachziel und den damit verbundenen Aufgaben abzuleiten[197].

Es empfiehlt sich, die Auswertungsrechnungen, die grundsätzlich projekt- oder periodenbezogen sein können, in einen Standard- und einen Sonderrechnungsteil zu gliedern. Die *Standardrechnungen* umfassen alle routinemäßigen, teilweise in periodischen Zeitabständen zu erstellenden Rechnungen, deren Form, Inhalt und Aussageziel vorher bekannt sind. Hierzu gehören in erster Linie die projektbezogene dynamische Zahlungsrechnung, die unternehmensbezogene interne Erfolgsrechnung sowie die handels- und steuerrechtliche Gewinn- und Verlustrechnung[198]. Fallweise und situationsabhängig durchzuführende *Sonderrechnungen*, deren Datenbedarf im vorhinein nicht genau absehbar ist, beziehen sich bspw. auf Fragen bezüglich Eigenerstellung/Fremdbezug oder auf spezielle Einflußgrößenanalysen[199]. Aufbau und Datenerfassung der Grundrechnung sollten flexibel bleiben, um eine Informationsversorgung auch für erst später hinzukommende Rechnungszwecke zu gewährleisten und eine Anpassung an sich wandelnde Fragestellungen zu ermöglichen.

Die Grundrechnung muß eine *hohe Abbildungstreue* gewährleisten, die sich in der Forderung nach *Wirklichkeitsnähe* und *materieller Richtigkeit* konkretisiert. Ein hohes Maß an Wirklichkeitsnähe, das in dem Bestreben zum Ausdruck kommt, das Rechnungswesen von subjektiven Wertungen freizuhalten[200], kann durch die Verwendung von Zahlungen (bzw. Zahlungsverpflichtungen) und Mengengrößen sichergestellt werden[201]. Bei Planungsrechnungen lassen sich subjektive Einschätzungen allerdings nur bedingt vermeiden.

---

[197] Vgl. Riebel, 1979a, S. 796. Chmielewicz (1983, S. 157 f.) schlägt vor, die Grundrechnung als Baukastensystem zu konzipieren, dessen Bausteine in Abhängigkeit vom jeweiligen Rechnungszweck kombiniert werden.

[198] Bei den *Standardrechnungen* handelt es sich hier nicht nur um periodische Auswertungen, wie dies in der Literatur häufig vorgeschlagen wird (vgl. z.B. Kilger, 1984, S. 412; Haun, 1988, S. 88 f.), sondern auch um die laufend zu führenden Projekterfolgsrechnungen, da sich der Rechnungsablauf dabei in standardisierter Form vollzieht und die Art des Informationsbedarfs im vorhinein bekannt ist. Die Projekterfolgsrechnung besteht ihrerseits aus einer ganzen Reihe von eigenständigen Rechnungen wie z.B. Angebotskalkulation, Auftragskalkulation, Abweichungsanalysen etc., so daß man hier auch von Teil-Auswertungsrechnungen sprehen kann.

[199] Die gewöhnlich in Form einer *Sonderrechnung* behandelten Problemstellungen (vgl. z.B. Riebel/Sinzig, 1981, S. 470) der Preis(unter)grenzenbestimmung, Entscheidung über die Annahme eines (Zusatz-)Auftrags und die Auswahl von Liefer- und Zahlungskonditionen sind im industriellen Anlagenbau Gegenstand der projektbezogenen Standardrechnungen.

[200] Vgl. im einzelnen Hummel, 1970, S. 73 ff.

[201] Vgl. Sinzig, 1981, S. 145.

Als wichtige *Grundregel für die Gestaltung der Grundrechnung* ist vor allem zu beachten, daß heterogene Größen, die man in Auswertungsrechnungen gesondert benötigt, nicht zusammengefaßt werden[202]. In manchen Fällen wird die Notwendigkeit auftreten, in aggregierter Form erfaßte Größen in der Grundrechnung zu disaggregieren[203]. Um die Effizienz der Grundrechnung zu erhöhen, kann es sinnvoll sein, bestimmte Verdichtungen oder Verrechnungen in genau begrenztem Umfang bereits in der Grundrechnung vorzunehmen, wenn daraus Daten gewonnen werden, die in mehreren Auswertungen erforderlich sind, wobei die urbelegnahen Daten nicht verlorengehen dürfen. Durch derartige Verrechnungen, die bereits als Übergang zu den Auswertungsrechnungen anzusehen sind und insb. die Bereiche der innerbetrieblichen Leistungsverrechnung sowie der Kalkulationssatzbildung betreffen, kann eine ggf. mehrfache Wiederholung identischer Verrechnungsvorgänge in verschiedenen Auswertungen vermieden werden[204]. Schließlich sollte die Erfassung der Rechengrößen bei dem jeweils speziellsten Klassifikationsobjekt unter Beibehaltung aller Merkmale erfolgen, die in späteren Auswertungsrechnungen gebraucht werden (könnten).

Aufgrund der zweckbedingten Verschiedenheit zwischen Ist- und Plan-Rechnungen muß die Grundrechnung einmal als Ist-Rechnung und einmal als Plan-Rechnung gestaltet werden[205]. Obwohl die grundlegenden Gestaltungsregeln auch für eine Plan-Grundrechnung Geltung besitzen, wird doch deutlich, daß sich die bisherigen Ausführungen vornehmlich auf eine Ist-Rechnung zur Erfassung der betrieblichen Wertströme bezogen. Da die Erfolgsplanung in einem Unternehmen des Anlagenbaus nur an den derzeit und zukünftig zu erstellenden Anlagen ansetzen kann, ist die erfolgswirtschaftliche Plan-Grundrechnung auf die ihr vorgelagerten Systeme der technisch-organisatorischen Projektplanung als Datenlieferant angewiesen. Die Plan-Grundrechnung erhält dadurch eine etwas veränderte Struktur, die sich vor allem durch die aus der Prognoseunsicherheit resultierenden Notwendigkeit einer stärkeren Aggregation der Plan-Daten auszeichnet. Ein zusammenfassender Überblick über die Grundstruktur des Rechnungswesens im industriellen Anlagengeschäft wird in Schaubild V.20 gegeben[206].

---

[202] Dieser Hinweis findet sich bereits bei Schmalenbach (1956, S. 269).

[203] Riebel spricht hier von "*sekundärer Grundrechnung*"; vgl. Riebel, 1979b, S. 883 f.

[204] Vgl. im einzelnen Riebel, 1979b, S. 885 ff.; Kilger, 1984, S. 415 ff.; Haun, 1987, S. 11 ff.

[205] Vgl. Engelmann, 1980, S. 151. Riebel äußert sich zu diesem Aspekt nur sehr vage; vgl. Riebel, 1979b, S. 891.

[206] Das System enthält neben der Bilanz und der unternehmens- und projektbezogenen Erfolgsrechnung eine rein finanzwirtschaftliche (Liquiditäts-)Rechnung, die sowohl als Istrechnung als auch als Planrechnung standardmäßig geführt wird. Das Rechnungswesen besitzt somit eine dreigliedrige Struktur, wie sie insb. von Chmielewicz gefordert wird, wobei die Erfolgs- und Finanzrechnung hinsichtlich ihrer wirtschaftlichen Aussagekraft der Bilanz überlegen sind; vgl. Chmielewicz, 1972, S. 6 ff. und S. 42 ff.

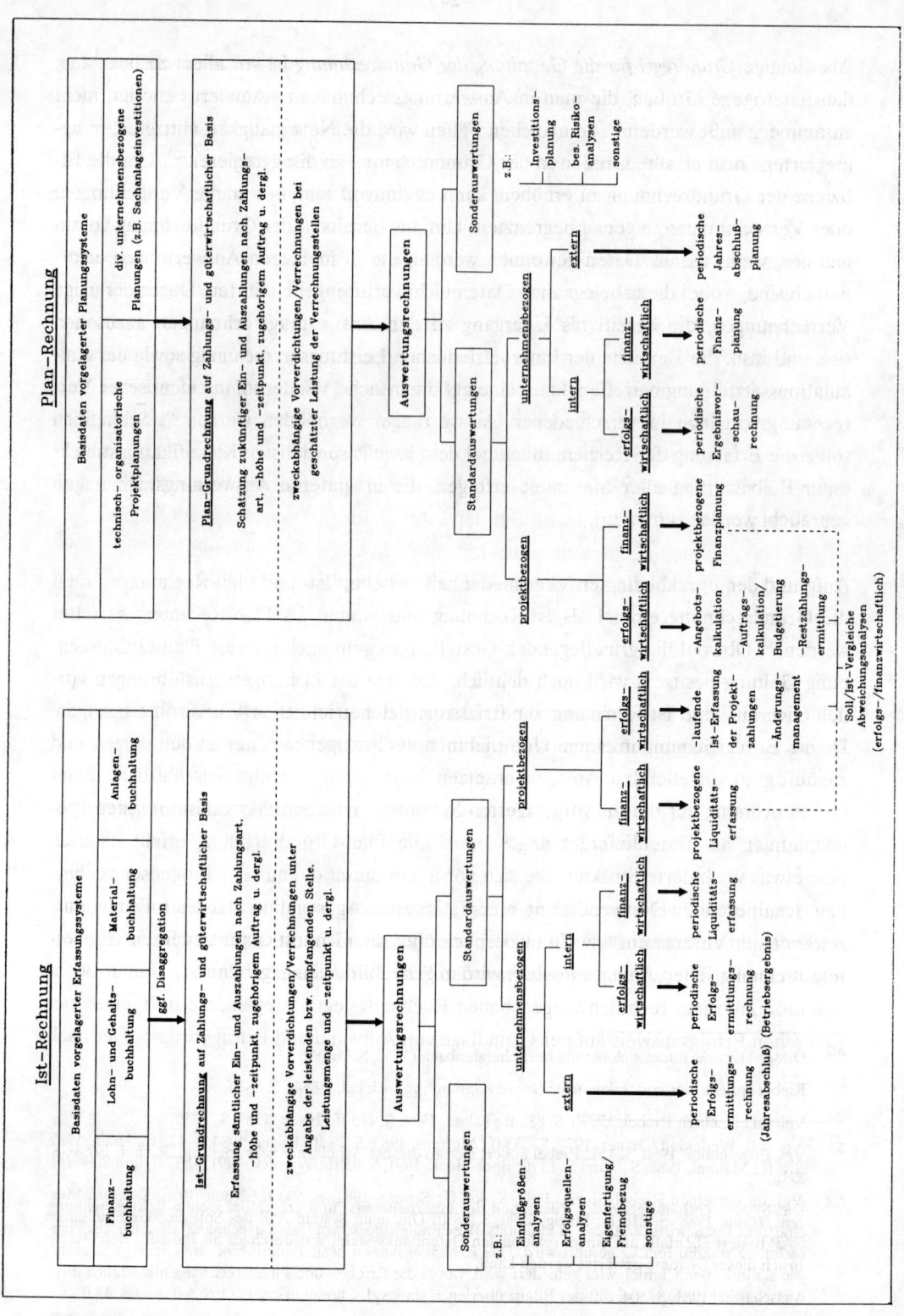

Ist-Rechnung

Basisdaten vorgelagerter Erfassungssysteme

| Finanz-buchhaltung | Lohn- und Gehalts-buchhaltung | Material-buchhaltung | Anlagen-buchhaltung |

ggf. Disaggregation

Ist-Grundrechnung auf Zahlungs- und güterwirtschaftlicher Basis

Erfassung sämtlicher Ein- und Auszahlungen nach Zahlungsart, -höhe und -zeitpunkt, zugehörigem Auftrag u. dergl.

zweckabhängige Vorverdichtungen/Verrechnungen unter Angabe der leistenden bzw. empfangenden Stelle, Leistungsmenge und -zeitpunkt u. dergl.

Auswertungsrechnungen

- Sonderauswertungen
- Standardauswertungen

Standardauswertungen:
- unternehmensbezogen
  - extern: erfolgswirtschaftlich — periodische Erfolgsermittlungsrechnung (Jahresabschluß)
  - intern:
    - erfolgswirtschaftlich — periodische Erfolgsermittlungsrechnung (Betriebsergebnis)
    - finanzwirtschaftlich — periodische Liquiditätserfassung
- projektbezogen
  - finanzwirtschaftlich — projektbezogene Liquiditätserfassung
  - erfolgswirtschaftlich — laufende Ist-Erfassung der Projektzahlungen, Änderungsmanagement

Sonderauswertungen z.B.:
- Einflußgrößenanalysen
- Erfolgsquellenanalysen
- Eigenfertigung/ Fremdbezug
- sonstige

Plan-Rechnung

Basisdaten vorgelagerter Planungssysteme

| technisch-organisatorische Projektplanungen | div. unternehmensbezogene Planungen (z.B. Sachanlageinvestitionen) |

Plan-Grundrechnung auf Zahlungs- und güterwirtschaftlicher Basis

Schätzung zukünftiger Ein- und Auszahlungen nach Zahlungsart, -höhe und -zeitpunkt, zugehörigem Auftrag u. dergl.

zweckabhängige Vorverdichtungen/Verrechnungen bei geschätzter Leistung der Verrechnungsstellen

Auswertungsrechnungen

- Sonderauswertungen
- Standardauswertungen

Standardauswertungen:
- projektbezogen
  - erfolgswirtschaftlich — Angebotskalkulation, Auftragskalkulation/ Budgetierung, Restzahlungsermittlung
  - finanzwirtschaftlich — projektbezogene Finanzplanung
- unternehmensbezogen
  - intern:
    - erfolgswirtschaftlich — periodische Ergebnisvorschaurechnung
    - finanzwirtschaftlich — periodische Finanzplanung
  - extern: periodische Jahresabschlußplanung

Soll/Ist-Vergleiche Abweichungsanalysen (erfolgs-/finanzwirtschaftlich)

Sonderauswertungen z.B.:
- Investitionsplanung
- bes. Risikoanalysen
- sonstige

Schaubild V.20   Grundstruktur des Rechnungswesens im industriellen Anlagengeschäft

Das Konzept einer Grundrechnung mit darauf aufbauenden Auswertungsrechnungen, in dem eine Vielzahl von Fachvertretern aufgrund der vielfältigen Auswertungs- und Integrationsmöglichkeiten die geeignete und zukunftsweisende Organisationsform des betrieblichen Rechnungswesens sehen, erhält erst in neuerer Zeit infolge der Entwicklungen moderner Informationstechnologien, vor allem der Daten- und Methodenbanken, die Voraussetzung einer praktischen Realisierbarkeit, auch wenn anforderungsadäquate und umfassend einsatzfähige Lösungen noch fehlen[207]. Vor allem *relationale Datenbanken* erweisen sich als besonders geeignet, da einerseits die Datenverknüpfungen über Zugriffspfade nicht einmalig festgelegt werden müssen, sondern in Abhängigkeit vom (veränderlichen) Auswertungszweck variabel sind, und andererseits nur hier Datenmanipulationssprachen eingesetzt werden können, die auch von System-Nutzern ohne weitreichende Programmierkenntnis schnell lern- und anwendbar sind, so daß Auswertungen unmittelbar durch die Fachabteilungen durchgeführt werden können[208]. Dies wird zusätzlich durch den bei Datenbanken leicht möglichen Dialogbetrieb begünstigt[209]. Angesichts der gewaltigen Datenmenge und der kaum mehr überschaubaren Verknüpfungsbeziehungen handelt es sich um ein sehr anspruchsvolles und aufwendiges, aber auch überaus leistungsfähiges Informationssystem.

2. Grundüberlegungen zur Überführung der dynamischen Zahlungsrechnung in die periodenbezogene Erfolgsrechnung

a. Probleme der Periodenerfolgsrechnung im industriellen Anlagengeschäft

Die dynamische Zahlungsrechnung bedarf als zentrales projektbezogenes Informationssystem einer Verzahnung sowohl mit der internen als auch mit der externen Periodenerfolgsrechnung. Die *externe unternehmensbezogene Periodenerfolgsrechnung* (Finanzbuchhaltung) unterliegt rechtlich vorgegebenen Rechnungslegungsregeln, die insb. einen periodischen Erfolgsausweis auf der Grundlage von Aufwand und Ertrag fordern. Der nach

---

[207] Vgl. z.B. Wedekind/Ortner, 1977, S. 533 ff.; Mertens, 1983, S. 23 ff.; Kilger, 1984, S. 428 ff.; Haun, 1987, S. 8 ff.; Männel, 1988, S. 8 und S. 13 ff.; Back-Hock, 1991, S. 95 ff.; Warnick, 1991, S. 37 ff. und S. 94 f.

[208] Vgl. im einzelnen Riebel/Sinzig, 1981, S. 466 ff.; Scheer, 1981, S. 500 ff.; Haun, 1988, S. 83 ff.; Mertens/Haun, 1988, S. 218 ff.; Sinzig, 1990, S. 78 ff. Das neue System R/3 des Software-Unternehmens SAP basiert ebenfalls auf einem relationalen Datenbanksystem, was durchaus als Indiz für den Durchbruch dieser Systeme gewertet werden kann.

[209] Vgl. Scheer, 1981, S. 504.

diesen Regelungen ermittelte *Jahresabschluß*[210] ist für die Unternehmensführung infolge der mittelbaren Verpflichtung, die Interessen insb. der Gläubiger des Unternehmens zu wahren[211], von erheblicher Bedeutung. Das Rechnungswesen muß deshalb durch eine Verknüpfung der projekt- und unternehmensbezogenen Rechnungen imstande sein, die Auswirkungen eines Projekts auf den handelsrechtlichen Jahresüberschuß der aktuellen sowie der zukünftigen Perioden darzustellen. Hieraus läßt sich der notwendige Handlungsbedarf im Hinblick auf eine gezielte Gestaltung des Jahresabschlusses und der Projekt(programm)planung ableiten. Bspw. erfordert die Diskontinuität des Auftragseingangs Maßnahmen, die auf eine Verstetigung der Ergebnisentwicklung hinwirken; die Festlegung der Abrechnungsperiode eines Großauftrags wird damit zu einer der wichtigsten bilanzpolitischen Entscheidungen.

Für die Aufstellung des Jahresabschlusses nach deutschem Handelsrecht ist - dem (Vorsichts- bzw.) Realisationsprinzip des § 252 I Nr. 4 HGB streng folgend - die sog. *completed contract*-Methode vorgeschrieben, wonach Gewinne erst nach Abnahme der gesamten Auftragsleistung durch den Kunden realisiert werden dürfen. Angesichts des Gesamtfunktionsrisikos und der zahlreichen anderen Risiken, die die Höhe des Auftragsgesamtergebnisses mit großer Unsicherheit versehen, ist diesem Verbot von Teilgewinnrealisierungen insb. mit Blick auf die Ausschüttungsbemessungs- bzw. -sperrfunktion des Jahresabschlusses grundsätzlich zuzustimmen[212]. Allerdings zeigt sich ein Jahresabschluß nach der *completed contract*-Methode nicht in der Lage, i.S. der Generalklausel von § 264 II Satz 1 HGB "ein den tatsächlichen Verhältnissen entsprechendes Bild der Vermögens-, Finanz- und Ertragslage der Kapitalgesellschaft zu vermitteln".

Die während der Erstellungsphase einer Anlage erbrachten Leistungen werden höchstens zu den (vollen) Herstellungskosten unter der Bilanzposition "Vorräte" als unfertige Erzeugnisse bzw. Leistungen ausgewiesen, um die Ergebniswirkungen eines Auftrags in den Geschäftsjahren bis zur Fertigstellung und Abrechnung zu neutralisieren. Da jedoch einzelne Herstellkostenbestandteile nicht in die aktivierbaren Herstellungskosten einbezogen werden dürfen[213], ist eine vollständig erfolgsneutrale Behandlung der Fertigungsprozesse nicht möglich. Das Unternehmensergebnis wird folglich in den Abwick-

---

[210] Die Erörterung der zahlreichen Vorschriften zum handelsrechtlichen Jahresabschluß sowie die in einigen Punkten davon abweichenden steuerrechtlichen Regelungen würde weit über den Rahmen dieser Arbeit hinausgehen und beschränkt sich deshalb auf einige Kernpunkte.

[211] Die Bedeutung der Bilanzrelationen für die Kreditkonditionen sowie der Dividendenkontinuität für den Kurs der Aktien bei börsengehandelten Gesellschaften zeigen dies exemplarisch. Vgl. auch die Überlegungen in Abschnitt II.C. zu den von einem Anlagenbauer verfolgten Zielen.

[212] Vgl. zu der diesbezüglichen Diskussion Freidank, 1989, S. 1203 f.

[213] Dies betrifft besonders die Vertriebskosten, auf die weiter unten noch eingegangen wird.

lungsperioden eines Auftrags zu niedrig, in der Abrechnungsperiode hingegen zu hoch ausgewiesen. Je nach Anzahl und Erfolgspotential der in einer Periode abgerechneten Aufträge kommt es vielfach zu einer sprunghaften Ergebnisentwicklung. Nach herrschender Meinung führt die strenge Beachtung des Realisationsprinzips bei der Bilanzierung langfristiger Anlagengeschäfte insgesamt dazu, daß die im Jahresabschluß dargestellte Vermögens-, Finanz- und Ertragslage eines Anlagenbauers erheblich von der tatsächlichen abweichen kann[214]. In Anbetracht der *geringen Aussagekraft des handelsrechtlichen Jahresabschlusses* benötigt man für Zwecke der zielgerichteten Unternehmenssteuerung ein zusätzliches Informationssystem, das eine realistischere Einschätzung der wirtschaftlichen Entwicklung des Unternehmens erlaubt.

Ein derartiges *internes unternehmensbezogenes* Informationssystem stellt die *Betriebsergebnisrechnung* der traditionellen Kosten- und Erlösrechnung dar[215]. Sie unterstützt die Planung und Überwachung des Unternehmenserfolgs, wie er sich aus der Summe der in bezug auf Wertigkeit und zeitliche Struktur verschiedenen Projekte ergibt, und zeigt den Einfluß eines Auftrags auf die Entwicklung des Unternehmensergebnisses auf. Da keine einheitliche Projektdauer vorliegt, ist die interne unternehmensbezogene Erfolgsrechnung *periodenbezogen* aufzustellen, woraus sich die Notwendigkeit einer Verwendung periodisierter Rechengrößen ergibt.

Um die Aussagedefizite des Jahresabschlusses im Hinblick auf die tatsächliche Unternehmenssituation auszugleichen, erscheint es bei Abwägung aller damit verbundenen Vor- und Nachteile und unter Berücksichtigung der Rechnungszwecke der internen Periodenerfolgsrechnung u.E. zweckmäßiger, *Teilgewinnrealisierungen* gemäß der sog. *percentage of completion*-Methode mit dem Ziel einer Ergebnisglättung zuzulassen[216]. Eine solche am Leistungsfortschritt ausgerichtete Betriebsergebnisrechnung kann nur dann tragfähige Informationen zur Beurteilung der gegenwärtigen und zukünftigen erfolgswirtschaftlichen Situation des Unternehmens bereitstellen, wenn sie eine Reihe von Anforderungen erfüllt. Die sehr restriktiven Bedingungen, die für die Zulässigkeit von Teil-

---

[214] Vgl. hierzu ausführlich Jung, 1990, S. 48 ff. mit der dort angegebenen Literatur. Der Informationsgehalt des Jahresabschlusses wird auch durch die obligatorischen zusätzlichen Erläuterungen im Anhang nicht wesentlich verbessert.

[215] Der projekt- und unternehmensbezogenen Steuerung der finanzwirtschaftlichen Prozesse dient die *Finanzplanungs- und -überwachungsrechnung*, auf deren Integration bereits in Abschnitt V.C.2.d eingegangen wurde.

[216] Vgl. auch Dietz, 1977, S. 125 ff.; Hilkert/Krause, 1978, S. 1655; Franzen, 1987, S. 36; Höffken/Schweitzer, 1991, S. 160 f.

gewinnrealisierungen im Jahresabschluß genannt werden[217], sind entsprechend den Rechnungszwecken der Betriebsergebnisrechnung zu modifizieren. Dabei erweist es sich als entscheidend, daß die interne Periodenerfolgsrechnung *keine Ausschüttungssperrfunktion* wahrnimmt.

Die meisten Voraussetzungen für die Zulässigkeit von Teilgewinnrealisierungen zielen auf eine eindeutige Abgrenzbarkeit einzelner Teilleistungen ab, die nicht dem Gesamtfunktionsrisiko unterliegen, so daß Teilabnahmen und -abrechnungen weitgehend ohne Gefährdung des Gläubigerschutzes erfolgen können. Die Teilgewinnrealisierung im Rahmen der Betriebsergebnisrechnung stellt aber auf den *Fertigstellungsgrad* der Anlage ab, der sich laufend verändert und nicht an genau abgrenzbare Bauabschnitte gebunden ist. Die Forderung nach klarer Trennbarkeit von Teillieferungen und -leistungen ist daher durch die Forderung nach eindeutiger Bestimmbarkeit des Fertigstellungsgrades zu ersetzen. Infolge der technisch-zeitlichen Strukturierung kann die dynamische Zahlungsrechnung dieser Forderung ebenso genügen wie der nach hinreichend genauer Abschätzbarkeit des voraussichtlichen Auftragsergebnisses. Als Hauptanforderung verbleibt schließlich eine angemessene *Beachtung des Vorsichtsprinzips*. Auch wenn der internen Periodenerfolgsrechnung nicht unmittelbar die Aufgabe der Wahrung von Gläubigerinteressen zukommt, darf sie auf eine ausreichende Berücksichtigung der Risiken nicht verzichten. Diese kann durch die Bildung von Risikorückstellungen sichergestellt werden, deren Bemessung sich auf die Erkenntnisse der projektbezogenen Risikoanalyse stützt.

b. Integration von dynamischer Zahlungsrechnung und Betriebsergebnisrechnung

Bei der Überleitung der auf Projektzahlungen basierenden dynamischen Zahlungsrechnung in die nach der *percentage of completion*-Methode erstellte *Betriebsergebnisrechnung* auf der Basis von Kosten und Erlösen ist von den *unsaldierten* Projektein- und -auszahlungen auszugehen, da die Saldierung innerhalb der Projekterfolgsrechnung der Ermittlung der Kapitalbindung dient, die in dieser Form in der Periodenerfolgsrechnung nicht erfolgt. Sämtliche Daten, die von der projekt- in die unternehmensbezogene Rechnung übergeben werden, sind hoch aggregiert, da eine Aufgliederung nach Arbeitspaketen

---

[217] Zu den Voraussetzungen und Möglichkeiten einer Teilgewinnrealisation bei langfristiger Einzelfertigung vgl. insb. Backhaus, 1980b, S. 354 ff.; Adler/Düring/Schmaltz, 1987, § 252, Rn. 85; Leffson, 1987, S. 287 f.; Freidank, 1989, S. 1199 ff.; Höffken/Schweitzer, 1991, S. 173 ff.

oder Vorgängen für die Unternehmenssteuerung von untergeordneter Bedeutung ist[218]. Die Integration der Rechnungssysteme muß an den möglichen Differenzen zwischen der dynamischen Zahlungsrechnung und der Periodenerfolgsrechnung ansetzen, die in bezug auf

1) den *Entstehungszeitpunkt* der Wertgrößen,
2) den *Umfang* der einzubeziehenden Wertgrößen,
3) die *Verrechnungsweise* sowie
4) die *Bewertung* der Wertgrößen

auftreten können.

1) Wie aus der Praxisstudie hervorgeht, unterscheiden sich Kosten und Projektauszahlungen vor allem im Hinblick auf den *Entstehungszeitpunkt*: Während die Projektauszahlungen zur realitätsnahen Ermittlung der Mittelbindung im wesentlichen auf den *Zahlungszeitpunkt* abstellen, werden Kosten der Periode zugerechnet, in der der zugrundeliegende *Faktoreinsatz* erfolgt. Zum Ausgleich dieser Differenz zwischen Zahlungs- und Verbrauchsperiode bei der Überleitung der dynamischen Zahlungsrechnung in die Betriebsergebnisrechnung sind die *Projektzahlungen* nach Maßgabe des jeweiligen Faktoreinsatzmonats zu *periodisieren*, wobei die hierzu benötigten Informationen dem Datenpool der Grundrechnung entnommen werden können. Die in der dynamischen Zahlungsrechnung enthaltenen Projektauszahlungen eines Betrachtungsmonats sind um diejenigen Beträge zu kürzen, bei denen in dem betreffenden Monat kein zugehöriger Faktorverbrauch stattfindet. Erfolgt im Betrachtungsmonat umgekehrt ein Faktoreinsatz, dessen zugehörige Projektauszahlung(en) in eine (oder mehrere) andere Periode(n) fällt (fallen), so sind die Werte des Betrachtungsmonats entsprechend zu erhöhen[219]. Aus der Saldierung dieser zeitlichen Umverteilungsrechnung ergibt sich das *Auszahlungsverrechnungsergebnis*.

Die zeitliche Korrektur der Projekteinzahlungen, die der Bestimmung der einer Periode zuzurechnenden Erlöse (= periodisierte Projekteinzahlungen) dient, vollzieht sich in Anlehnung daran über das *Einzahlungsverrechnungsergebnis*. Dabei empfiehlt es sich, die Erlöse der in der Betrachtungsperiode abgerechneten Aufträge gesondert von den anteiligen Erlösen noch nicht abgerechneter Aufträge auszuweisen.

---

[218] Vgl. Saynisch, 1979, S. 163.

[219] In analoger Weise wurde - allerdings in entgegengesetzter Richtung - im Rahmen der Praxisstudie bei der Transformation der Kosten- in die Zahlungsrechnung vorgegangen; vgl. Abschnitt V.D.2 und 3 mit Schaubild V.13.

Die anteiligen Periodenerlöse der noch in Arbeit befindlichen Aufträge bestimmen sich nach Maßgabe des *Fertigstellungsgrades* der Anlage, der hier durch die sog. *cost-to-cost-*Methode ermittelt wird[220]. Der Fertigstellungsbeitrag einer Periode kann danach durch den Anteil der periodisierten Projektauszahlungen der Periode an den gesamten Soll-Projektauszahlungen des Auftrags bemessen werden. Der sich daraus ergebende Prozentsatz wird mit dem Verkaufspreis multipliziert, woraus der *anteilige Periodenumsatz* resultiert. Bei der Bestimmung des Leistungsfortschritts in einer Periode ist allerdings nicht auf die erfaßten Ist-Projektauszahlungen abzustellen, da diese z.B. auch Verbrauchsabweichungen u. dergl. beinhalten und somit keine zuverlässigen Aussagen über den technischen Fertigstellungsgrad erlauben; vielmehr sind die bis zu einem, am jeweiligen Monatsende erreichten Fertigstellungsgrad vorgesehenen "normalen" Projektauszahlungen heranzuziehen. Für die hierbei erforderliche Zuordnung eines monatlichen Fertigstellungsbeitrages zu den dafür geplanten Projektauszahlungen kann auf die Informationen des Projekt-Netzplans zurückgegriffen werden. Da der Betriebsergebnisrechnung ebenso wie der dynamischen Zahlungsrechnung ein *monatlicher* Zeitraster zugrunde liegt, tritt bezüglich der Periodenlänge kein Anpassungsbedarf auf.

2) Wesentliche Unterschiede zwischen den Projektzahlungen und den Kosten/Erlösen bezüglich ihres *Umfangs* sind nicht zu beobachten, wobei hier auf die Abgrenzung der Projektzahlungen insb. von den Finanzzahlungen verwiesen werden kann[221].

3) Eine Integration der dynamischen Zahlungsrechnung mit der Betriebsergebnisrechnung erfordert des weiteren eine Berücksichtigung der *verrechnungsbedingten* Differenzen, die zwischen den auf die Projekte verrechneten und den in einer Periode tatsächlich entstandenen Kosten bzw. Projektauszahlungen auftreten[222]. Dies betrifft zunächst die über normalisierte Stundensätze verrechneten Konstruktions-, Fertigungs- und Montagekosten/-auszahlungen (Verarbeitungsbereiche) sowie die über durchschnittliche Zuschlagssätze verrechneten Gemeinkosten/-auszahlungen für Material, Entwicklung, Vertrieb und Verwaltung. Die Differenz zwischen den *auftragsweise verrechneten* und den in einer Periode *effektiv angefallenen* Kostenstellenkosten/-auszahlungen wird im *Kosten- bzw. Auszahlungsstellenverrechnungsergebnis* ausgewiesen. Aus den dadurch sichtbar werdenden Über-/Unterdeckungen lassen sich wichtige Erkenntnisse hinsichtlich der Beschäftigungssituation gewinnen. Zur Ableitung gezielter Kapazitätsanpassungsmaßnahmen sind die Verrechnungsergebnisse deshalb je Kosten-/Auszahlungsart getrennt zu erstellen.

---

[220] Vgl. z.B. Hilkert/Krause, 1978, S. 1656; Freidank, 1989, S. 1203.
[221] Vgl. Abschnitt IV.B.2.
[222] Vgl. dazu auch Funk, 1979, S. 158 f.; VDMA, 1985, S. 101 ff.; Höffken/Schweitzer, 1991, S. 157 ff.

Ein Ausgleich zwischen verrechneten und entstandenen Kosten/Auszahlungen ist auch bei den Wagnissen erforderlich, soweit diese über durchschnittliche Zuschläge auf die Projekte verteilt werden. Das *Wagnisverrechnungsergebnis* spiegelt die hierbei auftretenden Unterschiede wider. Diese werden allerdings geringer ausfallen als bei der Überleitung von der traditionellen projekt- zur periodenbezogenen Kosten- und Erlösrechnung, da die Wagnisauszahlungen im Rahmen der dynamischen Zahlungsrechnung verstärkt projektindividuell und nur sehr begrenzt über durchschnittliche (kalkulatorische) Wagniszuschläge in Ansatz gebracht werden.

Das *Zinsverrechnungsergebnis* schließlich zeigt die Differenz zwischen den Zinsen und Zinseszinsen, die sich für die Projekte im Rahmen der dynamischen Rechnung ergeben, und den kalkulatorischen Zinskosten, die i.d.R. bestandsorientiert auf der Grundlage des betriebsnotwendigen Kapitals des Unternehmens ermittelt werden.

Werden die Verlustrückstellungen in der Projektrechnung abweichend von der Betriebsergebnisrechnung gebildet bzw. verändert, so ist auch hierfür ein Ausgleichsposten vorzusehen. Der gesonderte Ausweis der *Veränderungen von Verlustrückstellungen* spielt vor allem bei der Betriebsergebnisrechnung nach der *percentage of completion*-Methode eine wichtige Rolle. Darin erfaßt werden
- Zuführungen zu Rückstellungen bei Inauftragnahme von voraussichtlichen Verlustprojekten,
- Nachdotierungen bei bislang zu niedrig angesetzten Rückstellungen,
- Auflösung zu hoher Rückstellungen sowie
- Inanspruchnahme gebildeter Rückstellungen bei der Abrechnung von Aufträgen[223].

4) *Bewertungsbedingte* Unterschiede zwischen der dynamischen Zahlungsrechnung und der periodischen Kostenrechnung sind - wie auch die Praxisstudie gezeigt hat - nur in vergleichsweise geringem Umfang festzustellen, so daß sich der Bedarf an Bewertungskorrekturen in vergleichsweise engen Grenzen bewegt. Während die Primärkosten aufgrund ihrer anschaffungspreisorientierten Bewertung i.d.R. in gleicher Höhe wie die Primärauszahlungen angesetzt werden, kann es bei den über Kostenstellen verrechneten Sekundärkosten prinzipiell zu größeren Unterschieden kommen. Für einen ebenfalls recht hohen Grad an Übereinstimmung spricht hier jedoch, daß
- es sich bei einer Reihe von Sekundärkostenarten - wie insb. den anteilsmäßig gewichtigen Personalkosten - um auszahlungsnahe Kostenarten handelt;
- auch in der dynamischen Zahlungsrechnung Tageswertumrechnungen zur Substanzerhaltung vorgenommen werden.

---

[223] Vgl. Funk, 1979, S. 159 f.; Höffken/Schweitzer, 1991, S. 162.

Bei der Ermittlung der Verrechnungssätze für die Verarbeitungs- und Gemeinkosten/ -auszahlungen im Rahmen der periodischen Betriebsergebnisrechnung erweist es sich als überaus zweckdienlich, diese *Verrechnungssätze* hinsichtlich ihrer Bewertungskomponente *zahlungsorientiert* festzulegen, weil dadurch einerseits die Genauigkeit der dynamischen Zahlungsrechnung erhöht wird und andererseits Bewertungsdivergenzen zusätzlich verringert werden. Verbleibende Bewertungsunterschiede wie z.B. bei den Abschreibungen sind bei der Überleitung der Projekt- in die Betriebsergebnisrechnung durch *Wertberichtigungen* zu neutralisieren. Diese Bewertungsunterschiede sind gesondert von den *sonstigen Erfolgsveränderungen* auszuweisen, die z.B. Währungsgewinne/-verluste aus nicht kursgesicherten Geschäften umfassen[224]. Die Brücke zwischen den (nominellen) Projektein-/-auszahlungen der dynamischen Zahlungsrechnung und dem Monatsergebnis der - nach der *percentage of completion*-Methode erstellten - Betriebsergebnisrechnung kann mithin in der durch Schaubild V.21 dargestellten Weise geschlagen werden.

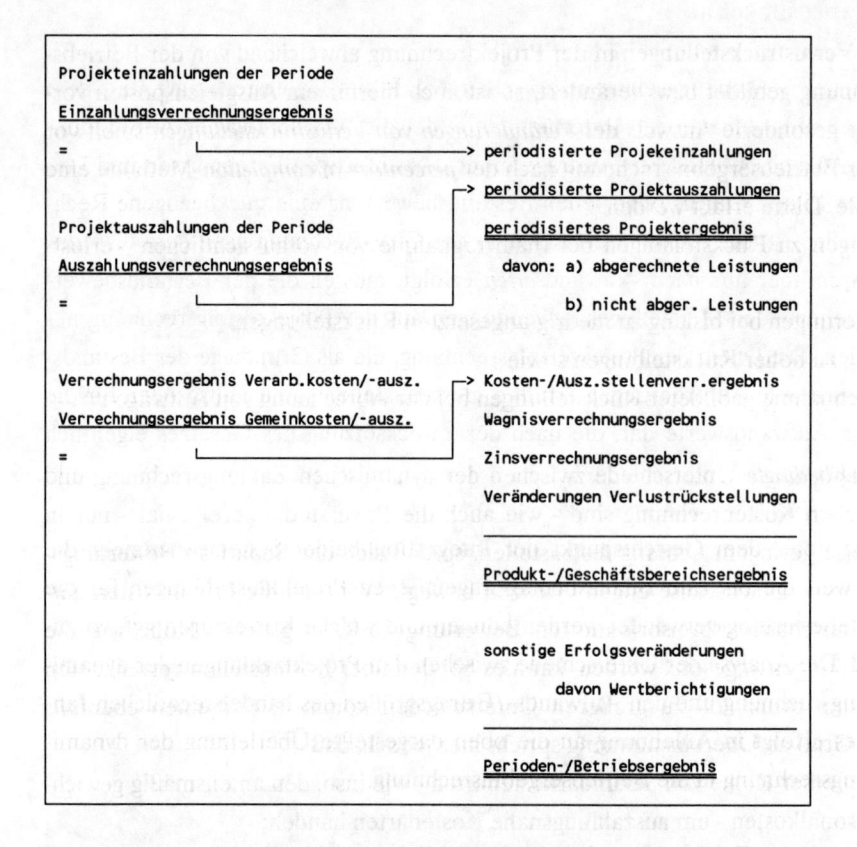

```
Projekteinzahlungen der Periode
Einzahlungsverrechnungsergebnis
=                                    ─> periodisierte Projekeinzahlungen
                                     ─> periodisierte Projektauszahlungen
Projektauszahlungen der Periode         periodisiertes Projektergebnis
Auszahlungsverrechnungsergebnis         davon: a) abgerechnete Leistungen
=                                              b) nicht abger. Leistungen

Verrechnungsergebnis Verarb.kosten/-ausz.  ─> Kosten-/Ausz.stellenverr.ergebnis
Verrechnungsergebnis Gemeinkosten/-ausz.      Wagnisverrechnungsergebnis
=                                             Zinsverrechnungsergebnis
                                              Veränderungen Verlustrückstellungen
                                              ─────────────────────────────────
                                              Produkt-/Geschäftsbereichsergebnis

                                              sonstige Erfolgsveränderungen
                                                davon Wertberichtigungen
                                              ─────────────────────────────────
                                              Perioden-/Betriebsergebnis
```

Schaubild V.21   Überführung der projektbezogenen dynamischen Zahlungsrechnung in die Betriebsergebnisrechnung

---

[224] Vgl. Höffken/Schweitzer, 1991, S. 159.

Um einen differenzierten Einblick in die voraussichtliche Entwicklung des Unternehmensergebnisses zu erhalten, empfiehlt sich im Rahmen der *Plan-Periodenerfolgsrechnung* ein in folgender Weise gestaffelter Ergebnisausweis[225]:
- Projekte in Arbeit → Ergebnis laufende Aufträge
- Projekte im Auftragsbestand → Ergebnis neue Aufräge
- Projekte in Verhandlung → Ergebnis potentielle Aufträge

Eine solche Unterteilung der Plan-Periodenergebnisse läßt einen ggf. vorhandenen Handlungsbedarf z.B. im Hinblick auf Art und Umfang verstärkter Akquisitionsbemühungen sichtbar werden.

c. Integration von dynamischer Zahlungsrechnnung und handelsrechtlichem Jahresabschluß

Ein wesentliches Verbindungselement zwischen der Projekterfolgsrechnung und dem Jahresabschluß anlagenbauender Unternehmen bildet die Aktivierung der Aufwendungen für die in Arbeit befindlichen Aufträge unter den unfertigen Erzeugnissen und Leistungen in der Bilanz. Da zur bilanziellen Bestandsbewertung eine *stück*bezogene Rechnung erforderlich ist, die Aufwandserfassung in der GuV-Rechnung nach dem Gesamtkostenverfahren aber nur nach Aufwands*arten* erfolgt, müssen die der Bestandsbewertung zugrundeliegenden Herstellungsaufwendungen aus der Projekterfolgsrechnung abgeleitet werden. Die Daten der Projekterfolgsrechnung, die als Grundlage der Bestandsbewertung bestimmte Anforderungen erfüllen müssen, stellen somit Hilfsgrößen für die pagatorischen Aufwandswerte dar, die nach der Zwecksetzung des Gesetzes eigentlich anzusetzen wären.

Es stellt sich unter dem Gesichtspunkt der Integration beider Systeme nunmehr die Frage, inwieweit die bis zum Bilanzstichtag angefallenen Projektauszahlungen für die Halbfabrikatebewertung verwendet werden können und welche Korrekturen ggf. vorzunehmen sind. Die Analyse der Unterschiede zwischen den Projektzahlungen der dynamischen Zahlungsrechnung und den Aufwands-/Ertragsgrößen des handelsrechtlichen Jahresabschlusses erfolgt in Anlehnung an die oben dargestellte Überleitung der dynamischen Zahlungsrechnung in die Betriebsergebnisrechnung.

1) Der *Zeitpunkt der Erfolgswirksamkeit* des betrieblichen Aufwands richtet sich - wie in der Kostenrechnung - nach dem Einsatz- oder Verbrauchszeitpunkt der jeweiligen Gü-

---

[225] Vgl. auch VDMA, 1985, S. 106.

ter. Für Zwecke der Halbfabrikatebewertung ist deshalb ebenfalls von *periodisierten Projektauszahlungen* auszugehen, zu deren Bestimmung anhand des Auszahlungsverrechnungsergebnisses auf den vorangehenden Abschnitt verwiesen werden kann.

Bezüglich der Bilanzierung von erhaltenen Anzahlungen, die den während der Abwicklungsphase eingehenden *Projekteinzahlungen* entsprechen, besteht gemäß § 268 V Satz 2 HGB die Wahl, diese entweder unter den Verbindlichkeiten gesondert auszuweisen oder offen (in einer Vorspalte) von den Vorräten abzusetzen, wobei die Bilanzierungspraxis i.d.R. die offene Saldierung mit den Vorräten bevorzugt. Die offene Absetzung *aller* erhaltenen Anzahlungen von der Gesamtsumme der Vorräte ist allerdings dann nicht zulässig, wenn zur Abwicklung des Projekts, für das man erhebliche Anzahlungen erhalten hat, noch keine Vermögensgegenstände angeschafft bzw. hergestellt wurden. Ferner darf die Absetzung nicht zu einem Negativbetrag führen, d.h. sie darf nicht höher als der unter den Vorräten ausgewiesene Betrag sein[226].

2) Als besonders klärungsbedürftig erweist sich die Festlegung des *Umfangs der handelsrechtlich aktivierungsfähigen Projektauszahlungen*. Die Material- und Fertigungseinzelauszahlungen sowie die Sondereinzelauszahlungen der Fertigung sind gemäß § 255 II Satz 2 HGB als Untergrenze der handelsrechtlichen Herstellungskosten stets zu aktivieren. Ein Wahlrecht besteht bezüglich der Einbeziehung der Material-, Fertigungs- und (allgemeinen) Verwaltungsgemeinauszahlungen, der Abschreibungen auf das zur Fertigung eingesetzte Anlagevermögen sowie bestimmter Auszahlungen für betriebliche Sozialleistungen des Unternehmens[227]. Zinsen auf Fremdkapital, das für die Finanzierung der Produktion eines Vermögensgegenstandes genutzt wird, dürfen eingerechnet werden, soweit sie im Zeitraum der Herstellung anfallen (§ 255 III Satz 2 HGB).

Bei den Entwicklungsgemeinauszahlungen ist zu unterscheiden, ob es sich um Grundlagenforschung, Neuentwicklungen oder Weiterentwicklungen vorhandener Produkte handelt. Während bei den Auszahlungen für die Grundlagenforschung aufgrund des fehlen-

---

[226] Vgl. Wirtschaftsprüfer-Handbuch, 1992, Rn. F 106 ff.

[227] Zu den zahlreichen Einzelheiten der Abgrenzung der Kostenarten wird auf die einschlägigen Kommentare verwiesen. Der beträchtliche Handlungsspielraum, den die umfangreichen Aktivierungswahlrechte im Hinblick auf die Bildung stiller Rücklagen eröffnen, entbebt das Unternehmen nicht von der Verpflichtung einer sorgfältigen Risikoschätzung und -überwachung. Insb. beim erstmaligen Bau einer neuartigen Anlage kann die Bildung von Risikorücklagen durch die Aktivierung nur der Einzelkosten sinnvoll sein, da auch beim Eintritt nicht berücksichtigter Risiken ggf. noch eine verlustfreie Bewertung gewährleistet ist. Dies führt jedoch zu einer zusätzlichen Verschlechterung der Aussagefähigkeit der Jahresergebnisse eines Anlagenbauers, da während der Abwicklung große Teile der Projektkosten das Jahresergebnis belasten und dem Erlös bei der Auftragsabrechnung nur die aktivierten Einzelkosten gegenübergestellt werden, so daß ein überhöhter Gewinn ausgewiesen wird. Vgl. hierzu auch Höffken/Schweitzer, 1991, S. 177 ff.

den Bezugs zum Auftrag grundsätzlich ein Aktivierungsverbot gilt, dürfen Auszahlungen für Weiterentwicklungen einbezogen werden, falls sie nicht ohnehin schon in den Fertigungsgemeinkosten enthalten sind[228]. Die mit der Neuentwicklung von Produkten zusammenhängenden Auszahlungen sind einbeziehungspflichtig und entsprechen den Anlagenkonstruktionsauszahlungen, die einem Auftrag nicht über einen Zuschlagssatz, sondern über Konstruktionsstundensätze direkt zugerechnet werden. Die Entwicklungsgemeinauszahlungen beinhalten somit im wesentlichen nur Auszahlungen für projektunabhängige Forschungsleistungen und sind demnach von der Aktivierung ausgeschlossen.

Das *Aktivierungsverbot für Vertriebskosten* (§ 255 II Satz 6 HGB) wird für das Anlagengeschäft im allgemeinen als nicht sachgerecht angesehen und ist deshalb immer wieder heftiger Kritik ausgesetzt. Der Gesetzgeber ignoriert hier, daß die Vertriebsprozesse im Anlagengeschäft vor der Fertigung liegen und ein zu aktivierendes Projekt i.d.R. bereits verkauft ist. Ein vertraglich fixierter Verkauf einer Anlage an sich besitzt für das Unternehmen allein schon deshalb einen erheblichen Wert, weil er zur Sicherung der zukünftigen Beschäftigung beiträgt[229].

Infolge des hohen Anteils, den die *Sondereinzelkosten des Vertriebs*[230] an den Gesamtprojektkosten einnehmen, kommt der Frage ihrer Einordnung für den Aktivierungsumfang besondere Bedeutung zu. Die handelsrechtlichen Bestimmungen beinhalten keine näheren Erläuterungen zu den Sondereinzelkosten des Vertriebs, die vor allem für die Auftragsakquisition anfallen, so daß sich die Abgrenzung dessen, was unter die Vertriebskosten i.S. des § 255 II Satz 6 zu subsumieren ist, auf jede einzelne der sehr heterogenen Kosten/Projektauszahlungsarten der Sondereinzelkosten des Vertriebs beziehen muß[231]. Eine Überprüfung der begriffsbestimmenden Merkmale der bilanziellen Vertriebskosten zeigt, daß aus deren Aktivierungsverbot kein generelles Verbot der Einbeziehung der Sondereinzelkosten des Vertriebs in die aktivierbaren Herstellungskosten abgeleitet werden kann. Bei genauer Betrachtung stellt sich nämlich heraus, daß einige der Kosten/Projektauszahlungsarten - angesichts der engen Verzahnung von Vertriebs-

---

[228] Vgl. Adler/Düring/Schmaltz, 1987, § 255, Rn. 179 f.; Küting/Weber, 1990, § 255, Rn. 325 ff. Hierbei treten auch - wie im folgenden Absatz gezeigt wird - Abgrenzungsprobleme zu den Vertriebskosten auf.

[229] Vgl. Höffken/Schweitzer, 1991, S. 180 f.

[230] Diese werden im Rahmen der dynamischen Zahlungsrechnung als *Vertriebseinzelauszahlungen* bezeichnet.

[231] Eine eingehende Untersuchung dieser Frage würde zu weit vom Thema wegführen, so daß hier lediglich das Ergebnis der Überprüfung dargestellt wird. Vgl. dazu ausführlich Adler/Düring/Schmaltz, 1987, § 255, Rn. 247 ff.; Fröschle, 1987, S. 95 ff.; Weber, E., 1987, S. 393 ff. mit den dort angegebenen Literaturhinweisen.

und Fertigungsprozessen - eher den Charakter von *Sondereinzelkosten der Fertigung* tragen und als solche sogar zwingend zu erfassen sind. Dies betrifft sämtliche auftragsweise zurechenbaren Kosten/Auszahlungen für Aktivitäten, die wie die Angebotserstellung und Projektierung eine unabdingbare Voraussetzung der Herstellungsprozesse darstellen[232].

Ein weiterer Anpassungsbedarf resultiert daraus, daß in der dynamischen Zahlungsrechnung Zinsen und Zinseszinsen auf den gesamten Kapitaleinsatz, d.h. auch auf Eigenkapital, berechnet werden, im Jahresabschluß hingegen nur der Zinsaufwand für den projektbezogenen Fremdkapitaleinsatz angesetzt werden darf. In diesem Zusammenhang ist auch die Frage zu klären, wie ggf. anfallende Zinserträge aus hohen Kundenanzahlungen, die in der dynamischen Zahlungsrechnung aus der Anlage von Projekteinzahlungsüberschüssen entstehen, zu behandeln sind. Entgegen den Vorschlägen, die Zinserträge unter Hinweis auf das Realisationsprinzip bis zur Auftragsabrechnung erfolgsneutral zu bilanzieren, ist es in der Praxis auch wegen der damit verbundenen praktischen Probleme üblich, diese in der Periode ihres Anfalls erfolgswirksam zu vereinnahmen[233].

3) Die *verrechnungsbedingten* Unterschiede verhalten sich analog zur Integration mit der internen Periodenerfolgsrechnung, auf die hierbei verwiesen werden kann[234]. Es sind folgende *Korrekturposten* vorzusehen:
- *Verrechnungsergebnisse* der *Verarbeitungsbereiche* und *Gemeinkostenstellen* zur Einbeziehung der Differenzen zwischen entstandenen und projektweise verrechneten Aufwendungen;
- *Wagnisverrechnungsergebnis* zum Ausgleich der Abweichungen zwischen den über Zuschläge verrechneten Wagniskosten und dem tatsächlich angefallenen Wagnisaufwand;
- *Zinsverrechnungsergebnis* zur Berücksichtigung der handelsrechtlich abweichenden Zinsbehandlung.

Daneben sind die ebenfalls im vorigen Abschnitt beschriebenen Veränderungen der *Verlustrückstellungen* sowie die *sonstigen Erfolgsveränderungen* zu berücksichtigen.

4) Unterschiede in der *Höhe* der Wertansätze ergeben sich in erster Linie aus den jeweils geltenden *Bewertungsregeln*. Die handelsrechtlichen Rechnungslegungsvorschriften

---

[232] Bspw. wird das *basic engineering* bereits im Vorfeld der Angebotsabgabe erstellt; dabei handelt es sich offensichtlich nicht um Vertriebskosten.

[233] Vgl. Breng, 1975, S. 546 ff.; Hilkert/Krause, 1978, S. 1658; Adler/Düring/Schmaltz, 1987, § 253, Rn. 140; Küting/Weber, 1990, § 253, Rn. 87 f.

[234] Vgl. auch VDMA, 1985, S. 103.

schreiben in § 253 I Satz 1 HGB eine Bewertungsobergrenze in Höhe der *Anschaffungs- oder Herstellungskosten* vor. Die *Anschaffungskosten* spezifiziert der Gesetzgeber in § 255 I Satz 1 HGB als die für den Erwerb eines Vermögensgegenstands zu leistenden Aufwendungen, woraus folgt, daß dieser Bewertungsmaßstab für die von außen bezogenen Güter (Primärkosten) zu verwenden ist. Nach herrschender Meinung handelt es sich hierbei um *pagatorische Anschaffungskosten*, d.h. die Bewertung muß im Grundsatz auf Zahlungsvorgängen mit externen Dritten beruhen, was auch aus der auf dem Anschaffungspreis basierenden Berechnungsvorschrift hervorgeht[235]. Den Anschaffungskosten liegen somit nicht kalkulatorische Werte der Kostenrechnung, sondern pagatorische Werte der Finanzbuchhaltung zugrunde. Die *Herstellungskosten* umfassen gemäß § 255 II Satz 1 HGB "die Aufwendungen, die durch den Verbrauch von Gütern und die Inanspruchnahme von Diensten für die Herstellung eines Vermögensgegenstands (...) entstehen". In die Herstellungskosten, die als Bewertungsansatz auf die von der Unternehmung selbst hergestellten Vermögensgegenstände (Sekundärkosten) anzuwenden sind, dürfen nur solche Werteverzehre eingehen, die zu Ausgaben führen oder geführt haben und in der GuV-Rechnung als Aufwand erfaßt sind. In der Absicht, daß die selbsterstellten Bestände mit den anteiligen Anschaffungspreisen anzusetzen sind, stellt der Gesetzgeber in § 255 II HGB auf den *pagatorischen Herstellungsaufwand* ab, obwohl er am Begriff der Herstellungs*kosten* festhält; ein Bezug zum betriebswirtschaftlichen (wertmäßigen) Kostenbegriff soll damit nicht hergestellt werden[236].

Die im wesentlichen an den tatsächlichen Auszahlungen orientierte Bewertungskomponente der dynamischen Zahlungsrechnung entspricht im Gegensatz zur Kostenrechnung dem pagatorischen Grundprinzip der handelsrechtlichen Erfolgsermittlung. Da die Ermittlung der Sekundär- bzw. Gemeinauszahlungen, die zur Bewertung der Halb- und Fertigfabrikate projektweise verrechnet werden müssen, in der dynamischen Zahlungsrechnung ebenfalls vornehmlich zahlungsorientiert erfolgt, wird man der Intention des Gesetzgebers hiermit in besserer Weise gerecht. Lediglich in den Fällen, bei denen der Bewertungsansatz aus Gründen der Substanzerhaltung nach dem Tageswertprinzip bestimmt wird, entsteht bei der Überführung der dynamischen Zahlungsrechnung in die handelsrechtliche Ergebnisrechnung die Notwendigkeit einer Wertberichtigung. Diese ist insb. dann zu bilden, wenn in der Projektrechnung wiederbeschaffungspreisorientierte Abschreibungen vorgenommen werden, die zu Abweichungen von den an ursprünglichen Anschaffungspreisen orientierten bilanziellen Abschreibungen führen.

---

[235] Vgl. Adler/Düring/Schmaltz, 1987, § 255, Rn. 10 ff.; Küting/Weber, 1990, § 255, Rn. 1 ff. und die dort angegebenen Literaturhinweise und Gerichtsurteile.

[236] Vgl. Adler/Düring/Schmaltz, 1987, § 255, Rn. 126 ff.; Leffson, 1987, S. 252 ff.; Küting/Weber, 1990, § 255, Rn. 120 ff.

Als Ergebnis ist somit festzuhalten, daß die Höhe der Wertansätze in der dynamischen Zahlungsrechnung und der GuV-Rechnung infolge des identischen Bewertungsgrundsatzes in sehr enger Weise miteinander korrespondieren, was der Integration beider Systeme sehr entgegen kommt[237]. Sowohl den Aufwands- und Ertragsgrößen als auch den Projektzahlungen müssen i.d.R. zahlungswirksame Vorgänge zugrunde liegen. Die wesentlichen Unterschiede bestehen neben der Periodisierung nach Maßgabe des Verbrauchszeitpunktes[238] in der Zinsberechnung sowie in der Nichtaktivierbarkeit einzelner FuE- und Vertriebsauszahlungsbestandteile.

---

[237] Ähnlich auch Kosiol, 1979, S. 36; Buchmann/Chmielewicz, 1990, S. 4.
[238] Eine ähnliche Überlegung findet sich auch bei Witte, 1981, Sp. 546 f.

VI. Zusammenfassung der Untersuchungsergebnisse

Die vorliegende Arbeit ist vor dem Hintergrund der vielschichtigen Probleme bei der Vor- und Begleitkalkulation industrieller Anlagengeschäfte zu sehen, die in erster Linie auf eine inadäquate Berücksichtigung der Besonderheiten dieses Geschäftstyps zurückzuführen sind und von Seiten der Betriebswirtschaftslehre bislang nur in unbefriedigendem Maße aufgegriffen wurden. Den Ausgangspunkt der Untersuchung bildete die Überlegung, daß es sich bei der auftragsbezogenen Erfolgsrechnung im Anlagengeschäft um eine *langfristige Projektrechnung* handelt, die eine Reihe von Analogien zur Investitionsrechnung aufweist. Zur Lösung investitionstheoretischer Problemstellungen wird von Fachvertretern die Anwendung finanzmathematischer Verfahren der Wirtschaftlichkeitsrechnung auf der Grundlage von Zahlungen in großer Übereinstimmung befürwortet, so daß sich die in dieser Arbeit zu beantwortende Frage stellte, ob und in welcher Form ein *dynamischer Ansatz auf Zahlungsbasis* auch im Rahmen der *Erfolgsrechnung industrieller Anlagengeschäfte* anwendbar ist und inwieweit er zu betriebswirtschaftlich fundierteren Ergebnissen führt als die traditionelle projektbezogene Kosten- und Erlösrechnung.

Die Gestaltung einer Erfolgsrechnung zur wirtschaftlichen Planung und Steuerung eines industriellen Anlagengeschäfts ist durch eine hohe *Unvollkommenheit der* zugrundeliegenden *Informationen* gekennzeichnet, deren Ursachen hauptsächlich in der allgemeinen Prognoseunsicherheit sowie im geringen technischen Detaillierungsgrad der Anlage in den frühen Projektphasen zu suchen sind. Das Fundament der Erfolgsrechnung besteht somit in der planerischen Durchdringung der komplexen technischen Lösung einer Industrieanlage, die durch eine aufbau- und ablauforganisatorische Strukturierung anhand von *Projektstruktur- bzw. Netzplänen* gewährleistet werden kann. Da sich die Anforderungen und Gestaltungsgrundsätze einer Erfolgsrechnung zu ganz wesentlichen Teilen aus den zahlreichen *spezifischen Eigenschaften und Risiken* ergeben, die diesen Geschäftstyp vom Sorten- und Seriengeschäft in einschneidender Weise unterscheiden, muß ein *projektbezogener Weiterentwicklungsansatz zur Ergänzung der Periodenerfolgsrechnung* unter strenger Beachtung dieser einleitend dargestellten Faktoren konzipiert werden. Die Erfolgsrechnung soll als betriebliches Informationssystem der Erreichung der Unternehmensziele dienen, so daß die daran gestellten Anforderungen auch von den Zielsetzungen der Unternehmung abhängig sind. Die Überlegungen zum *Zielsystem eines anlagenbauenden Unternehmens* haben gezeigt, daß die mit einem Projekt verfolgten Ziele aus dem unternehmensbezogenen Oberziel der Erfolgsoptimierung abzuleiten sind. Daraus ergibt sich die Notwendigkeit, bei der erfolgs- und finanzwirtschaftlichen Vorteilhaftigkeitsbeurteilung eines Auftrags *neben der projektbezogenen Betrachtung* stets auch - auf

einer zweiten unternehmensbezogenen Beurteilungsebene - dessen *Auswirkungen auf das Gesamtunternehmen* einzubeziehen. Die grundlegenden *Anforderungen* an eine Erfolgsrechnung industrieller Anlagengeschäfte lassen sich folgendermaßen zusammenfassen:
- Ergänzung der Perioden- um eine Projektbezogenheit,
- wertmäßige Berücksichtigung der Langfristigkeit durch genaue Zins/Zinseszinsberechnung,
- Erfassung der Liquiditätswirkungen eines Projekts,
- möglichst weitgehende Verrechnung von Einzelkosten/-auszahlungen,
- inhaltliche Vergleichbarkeit der verschiedenen Kalkulationsformen,
- Flexibilität sowie Anwendbarkeit auf alle Auftragstypen,
- wirtschaftlich angemessene Genauigkeit der Rechnung,
- EDV-Orientierung,
- Integrierbarkeit mit periodenbezogenen, projektübergreifenden und lebenszyklusorientierten Rechnungen,
- Entscheidungsorientierung und
- angemessene erfolgswirtschaftliche Berücksichtigung der Projektrisiken.

Fußend auf der Klärung dieser grundlegenden sowie einer Vielzahl von rechnungszweckabhängigen Anforderungen und Gestaltungsgrundsätzen wurde im dritten Kapitel die im Anlagengeschäft traditionelle kalkulatorische Erfolgsrechnung auf Kosten- und Erlösbasis einer *kritischen Analyse* unterzogen. Dabei konnte die eingangs aufgestellte These bestätigt werden, daß die in der Praxis verbreitete Kosten- und Erlösrechnung zu stark auf die Belange des eher kurzzyklischen Sorten- und Seriengeschäfts ausgerichtet ist und in nur unzureichendem Maße eine Anpassung an die Wesensmerkmale der langfristigen Einzelfertigung komplexer Projekte erfahren hat. Im einzelnen seien folgende *systemimmanenten* Schwachstellen besonders herausgehoben:
- Unzureichende Berücksichtigung des Zeitaspekts,
- ungenaue Bestimmung der Auftragszinsen und Finanzierungskosten,
- ungenügende Aussagekraft bezüglich der Liquiditätswirkungen eines Auftrags,
- Vernachlässigung projektübergreifender Zusammenhänge.

Zusätzlich sind in der Praxis einige *gestaltungsbedingte* - und insofern vermeidbare - Mängel erkennbar:
- Realitätsfremde Annahmen und unzureichende theoretische Fundierung der Angebotskalkulationsverfahren,
- Mängel bei der Erfassung und erfolgswirtschaftlichen Berücksichtigung von Risiken,
- geringe Entscheidungsorientierung der konventionellen vollkostenorientierten Vor- und Begleitkalkulation,
- unzulässige Globalisierungen bei der Gemeinkostenverrechnung.

Die kritische Analyse der Eignung der kalkulatorischen Erfolgsrechnung hat verdeutlicht, daß diese den gestellten Anforderungen in zahlreichen Punkten nicht oder nur ungenügend gerecht wird. Als erfolgswirtschaftlich besonders relevant zeigt sich vor allem die *Vernachlässigung des Zeitaspekts*, die insb. auf den statischen Charakter sowie die fehlende zeitlichen Struktur der kalkulatorischen Rechnung zurückzuführen ist und eine ungenügende wertmäßige Vergleichbarkeit der Rechengrößen bedingt. Die pauschalierende und stark vereinfachende Berechnungsweise der Auftragszinsen, die angesichts der Langfristigkeit und hohen Wertigkeit der Einzelaufträge von erheblicher wirtschaftlicher Tragweite sind, trägt eine schwerwiegende Ungenauigkeit in die Erfolgsrechnung und kann als eine wesentliche Ursache für die in der Praxis oft beklagten Fehlkalkulationen angesehen werden. Für eine *Projekterfolgsrechnung* einzelner Anlagengeschäfte, die das Kernsystem der *Periodenerfolgsrechnung* im Hinblick auf die dort auftretenden Informationsdefizite *ergänzt*, erweist sich daher ein *finanzmathematischer Ansatz* analog zu investitionstheoretischen Überlegungen als *problemadäquater*. Die finanzmathematischen Verfahren der Wirtschaftlichkeitsrechnung, die für eine realistische Bestimmung der wirtschaftlichen Auswirkungen der Zeit- bzw. Zinskomponente entwickelt wurden, dürfen nicht länger ignoriert werden. Hierbei stellt sich einerseits die Frage nach der zu verwendenden Rechengröße, andererseits nach der Anwendbarkeit der aus der dynamischen Investitionsrechnung bekannten klassischen Verfahren der Wirtschaftlichkeitsrechnung.

Als *Rechengröße* erweisen sich Zahlungen, bzw. ein genau spezifizierter *Projektzahlungsbegriff*, als zweckmäßiger. Eine realitätsnahe Bestimmung der Mittelbindung im Projekt und eine darauf aufbauende Berechnung der Auftragszinsen sind aus betriebswirtschaftlicher Sicht nur auf der Grundlage von Zahlungen möglich. Zudem kommt eine zahlungsorientierte Erfolgsrechnung den im Anlagengeschäft sehr *ausgeprägten finanzwirtschaftlichen Informationsbedürfnissen* entgegen. Aus den entstehenden Synergien zwischen erfolgs- und finanzwirtschaftlicher Rechnung resultieren nicht nur in großem Umfang Arbeitserleichterungen, man verfügt darüber hinaus auch über eine sehr viel *genauere Finanzplanungs- und -überwachungsrechnung*, die zuverlässige Informationen bspw. im Hinblick auf eine liquiditätsorientierte Preisstellung liefert. Das *Lücke-Theorem* kann als Rechtfertigung der Verwendbarkeit von Kostengrößen für eine finanzmathematisch fundierte Erfolgsrechnung im Anlagengeschäft insb. deshalb nicht überzeugen, weil es von den Wesensverschiedenheiten der beiden Rechengrößen abstrahiert, und die notwendige Berechnung der kalkulatorischen Zinsen in der erforderlichen Genauigkeit - wenn man sie überhaupt für durchführbar hält - einen außerordentlich hohen Rechenaufwand verursachen würde.

Hinsichtlich der *Anwendbarkeit der klassischen Verfahren* der dynamischen Investitionsrechnung hat die Untersuchung zu dem Ergebnis geführt, daß sich die dynamische Investitionsrechnung und eine dynamische Erfolgsrechnung industrieller Anlagengeschäfte in ihrer Problemstruktur doch wesentlich voneinander unterscheiden. Der *Kalkulationszinsfuß* dient hier nicht als Ausdruck für die Verzinsung des eingesetzten Kapitals, sondern ausschließlich der *Berücksichtigung der Gegenwartspräferenz*. Durch das *Fehlen einer Kapitalbindung* im Anlagengeschäft zu Beginn der Projektdauer, die bei investitionsrechnerischen Fragestellungen i.d.R. durch die Anschaffungsauszahlung gegeben ist, werden der einfachen und modifizierten internen Zinsfußmethode sowie der Kapitalwertrate und Amortisationsdauer die logische Anwendungsgrundlage entzogen. Es sind mithin *neue spezifische Ergebniskennzahlen* zu bilden, die im wesentlichen auf der Bar- bzw. Endwertmethode beruhen.

Die *dynamische Zahlungsrechnung* bildet einen finanzmathematischen Ansatz der Projekterfolgsrechnung industrieller Anlagengeschäfte auf der Basis zahlungsorientierter Rechengrößen (Projektzahlungen). Die Projektzahlungen stellen grundsätzlich auf die effektiven Zahlungszeitpunkte und -beträge ab und dürfen nur in den Fällen, in denen es die Substanzerhaltung erfordert, durch "kalkulatorische" Elemente und Tageswertumrechnungen abgewandelt werden. Die *Projektzahlungserfassung* kann bei Primärvorgängen (Projekteinzelauszahlungen) sowie bei den Projekteinzahlungen durch eine entsprechende auftragsweise Kontierung in der Finanzbuchhaltung auf einfache Weise sichergestellt werden. Die Ermittlung der Sekundärauszahlungen (Projektgemeinauszahlungen) erfordert teilweise die Einführung von Annahmen, die eine Bestimmung der Zahlungswirksamkeit der innerbetrieblichen Prozesse mit hinreichender Genauigkeit erlauben.

Der *Auftragsendwert* als Summe der mit dem Kalkulationszinsfuß auf den Zeitpunkt der Auftragsabrechnung bezogenen Projektzahlungen stellt die zentrale Kennzahl zur Bemessung des *dynamischen Auftragserfolgs* dar. Zur Bestimmung der monatlich anfallenden Zinsen und Zinseszinsen wird der Auftragsendwert anhand einer kumulativen Rechnungsweise ermittelt, die auch die Berücksichtigung eines gespaltenen (Haben/Soll-)Zinssatzes erlaubt. Als weitere Ergebniskennzahlen kommen die *dynamische Umsatzrendite*, die *Kapazitätsrendite* sowie ggf. die *Zinsquote* in Betracht.

Der *Projekt-Netzplan* als konstitutiver Bestandteil der dynamischen Zahlungsrechnung stellt die integrierende und koordinierende Klammer zwischen der kapazitiven, terminlich-technischen sowie erfolgs- und finanzwirtschaftlichen Auftragsplanung und -überwachung dar. Zur Erfolgsplanung eines Projekts baut die dynamische Zahlungsrechnung auf einem *zeitstrukturierten Mengengerüst* auf, das mit Hilfe der Netzplantechnik erstellt und auch für Zwecke der technisch-zeitlichen Ablaufplanung benötigt wird. Daraus wird der *projektbezogene Auszahlungsstrom*, der die wesentliche Bestimmungsgröße der Projekteinzahlungen (Preisforderung) darstellt, abgeleitet und anschließend in zeitlicher und sachlicher Hinsicht aggregiert. Mit besonderer Sorgfalt sind dabei die *projektspezifischen Risiken* aufzuspüren, in ihrer erfolgswirtschaftlichen Relevanz zu beurteilen und durch angemessene Maßnahmen zu berücksichtigen. Da bei einem Anlagengeschäft niemals alle Risiken vollständig abgedeckt werden können, ergibt sich für den Anlagenbauer ein beträchtliches *Unternehmenswagnis*, dem durch eine angemessene *Eigenkapitalvorsorge* Rechnung zu tragen ist. Neben der Erfolgsplanung dient die dynamische Zahlungsrechnung auch als Grundlage der *projekt- und unternehmensbezogenen Liquiditätsplanung* und schafft Transparenz im Hinblick auf die finanzwirtschaftlichen Auswirkungen eines Auftrags. Erste Einblicke vermitteln diesbezüglich die Auszahlungsdeckungsquote, die zeitliche Liquiditätsüberschußquote i.V.m. dem durchschnittlichen Liquiditätsüberschuß bzw. die zeitliche Liquiditätsbedarfsquote i.V.m. dem durchschnittlichen Liquiditätsbedarf. Eine fundierte Finanzrechnung muß jedoch stets auf die *Liquiditätssalden der Projekte in den einzelnen Perioden* unter Einbeziehung der projektunabhängigen Zahlungsvorgänge zurückgreifen. Die dynamische Zahlungsrechnung erweist sich des weiteren als geeignete Grundlage für eine auf die *Nutzungsdauer* ausgedehnte Rechnung zur optimalen Anlagenauslegung sowie für eine *projektübergreifende* Erfolgsrechnung zur Erfassung der Auswirkungen auf Folgeprojekte.

Die *Entscheidungsfindung* im Hinblick auf die Auftragsakzeptanz und selektion, zu deren Unterstützung u.a. die (spezifischen) dynamischen Bruttoüberschüsse I und II sowie monetär nicht oder schwer quantifizierbare Kriterien heranzuziehen sind, stellt ein *multidimensionales Entscheidungsproblem* dar, bei dem neben der projektbezogenen Bewertung auch zu beurteilen ist, wie sich ein Auftrag im Zusammenhang mit den übrigen Aufträgen im Unternehmen darstellt.

Während der Abwicklungsphase sind die Projektzahlungen unter Berücksichtigung der kunden- und anbieterbedingten Änderungen laufend zu erfassen und unter Verwendung eines *klassifizierenden Nummernsystems* datenbankgestützt dergestalt aufzubereiten und abzulegen, daß sie für Folgeaufträge zur Verfügung stehen. Eine *Standardisierung* wiederholt benötigter Anlagenteile ist hier mit vielfältigen Vorteilen verbunden. Die *begleitende Erfolgskontrolle* zur Sicherung einer zielorientierten Auftragsrealisierung deckt entscheidungs-, ausführungs- und risikobedingte *Mengenabweichungen* sowie *Preisabweichungen* auf und leitet korrigierende Maßnahmen ein. Außer der vergangenheitsbezogenen *Abweichungsanalyse* ist eine vorausschauende Betrachtung der bis zur Fertigstellung erwarteten Erfolgsabweichungen von besonderem Interesse.

Das empirische *Fallbeispiel* legt die Divergenzen zwischen der traditionellen kalkulatorischen Erfolgsrechnung und der dynamischen Zahlungsrechnung in detaillierter Form offen und verdeutlicht Ansatzpunkte einerseits für die *praktische Realisierung* einer zahlungsorientierten Erfolgsrechnung auf Basis der Zinseszinsrechnung sowie andererseits für eine *Annäherung* beider Systeme. Die *Zahlungsbedingungen* als wichtige Determinate der Zahlungsstruktur eines Auftrags verfügen aufgrund der daraus folgenden Zinswirkungen über einen signifikanten Einfluß auf den Auftragserfolg, der bislang offensichtlich unterschätzt wird. Die *substitutionale Beziehung* zwischen *Preis* und *Zahlungsbedingungen*, die anhand der dynamischen Zahlungsrechnung genau abgeschätzt werden kann, eröffnet dem Anbieter in den Verhandlungen die Chance, beide Gestaltungsparameter gezielt zur Erreichung eines angestrebten Auftragserfolgs einzusetzen.

Die dynamische Zahlungsrechnung geht aus einer umfassenden *Grundrechnung* hervor und läßt sich sowohl in die interne Betriebsergebnisrechnung (*percentage of completion*-Methode) als auch in die externe Jahresabschlußrechnung (*completed contract*-Methode) überführen.

Insgesamt erlaubt die dynamische Zahlungsrechnung eine *betriebswirtschaftlich fundierte Beurteilung der erfolgs- und finanzwirtschaftlichen Auswirkungen eines Anlagengeschäfts* und zeigt den in der Praxis verbreiteten kalkulatorischen Systemen Wege auf, wie die Genauigkeit ihrer Ergebnisse erhöht werden kann. Zusammen mit den unternehmensbezogenen Periodenerfolgsrechnungen (Betriebsergebnisrechnung und Jahresabschluß) verfügt man über ein integriertes Informationssystem, das auf die Belange des industriellen Anlagengeschäfts zugeschnitten ist und somit eine zielorientierte Steuerung anlagenbauender Unternehmen ermöglicht.

Anhang I   Beispiele für Schemata zur Anfragenbewertung

Checkliste[1]

Anfrage vom:	Bestimmungsland:	Kennwort:
Anfrager:	Länderschl.:	Produktgruppe:
Kunde:	Consultant:	
Gegenstand/Objektumfang: (Prog.-Leistung, Papiersorte, ca. Siebbr.)		

Beschreibung

gewünschter Angebotstermin:	gewünschter Liefertermin:	gewünschte Zahlungsbedingung: ☐ keine Angabe ☐ normal ☐ ...... Jahre ab Lieferung/Inbetriebn.
Projektrealisierungs-Chancen: ☐ hoch ☐ unbekannt ☐ gering	Vergabe bis:	Realisierungschance-Voith: ☐ hoch ☐ unbekannt ☐ gering	polit./kfm. Risiken: ☐ gering ☐ unbekannt ☐ gering	Hermes-Deckung: ☐ notwendig ja/nein ☐ zu erwarten ja/nein ☐ beantragt
techn. Risiko: ☐ gering ☐ unbekannt ☐ hoch	Entwicklungsaufw. erforderlich: ☐ nein ☐ Ja ...... TDM	Referenzen Voith: ☐ vorhanden ☐ nicht vorhanden	Gründe für/gegen eine Angebotsabgabe, Bemerkungen:
Mitbewerber:		

Vorklärung kfm./techn.

Bearb./Spezifikationen klären mit: ☐ Kunden ☐ Consultant ☐ Vertreter ☐	☐ Zwischenbescheid an Kunden	Bearbeitung freigegeben als: ☐ Richtpreis-Angebot (RA) ☐ ausführl. Angebot (AA)	☐ Anfrage zur Bearb. weiterl. an: _____	☐ Bearbeitung ablehnen
	erledigt mit:	zu bearbeiten bis:............	erledigt mit:	
Hinweise/Gründe für Anfrage - Weiterleitung bzw. Ablehnung:			Datum:	
			Unterschrift	

Entscheidg./Freigab.

[1] Entnommen aus Heger, 1988, S. 23.

Wertziffernverfahren nach Kambartel[2]

Kriterium	Bewertung					
	sehr gut	gut	durchschnittlich	schlecht	sehr schlecht	kein Angebot
Zuverlässigkeit des Kunden a) auftragsbezogen	Auftragsrate des Kunden liegt über mittlerer Auftragsrate des Unternehmens. Kunde und Unternehmen stehen in langjährigen erfolgreichen Geschäftsbeziehungen.	Auftragsrate des Kunden liegt über mittlerer Auftragsrate des Unternehmens. Weitere Geschäftsabschlüsse sind wahrscheinlich.	Auftragsrate des Kunden entspricht mittlerer Auftragsrate des Unternehmens. Aussage nicht möglich (Erstanfrager, neuer Kunde).	Auftragserteilung kaum zu erwarten (Daueranfrager)	Auftragserteilung nicht zu erwarten (Konkurrenzanfrager)	
b) projektbezogen	Folgeanfrager aus früherem Auftrag	Folgeauftrag zu erwarten	Folgeauftrag nicht abschätzbar	Folgeauftrag zu erwarten	Folgeauftrag nicht zu erwarten	
$W_{K1} = (a+b)/4$	a) 30 b) 10	a) 21 b) 7	c) 18 b) 6	a) 12 b) 4	a) 6 b) 2	a) -- b) --
Bonität des Kunden	Zahlungsstandard gesichert bzw. Kreditwürdigkeit durch Bürgschaften von Staat, Banken und entsprechenden Gesellschaften	Kreditvolumen überwiegend durch Banken etc. gedeckt, ansonsten Mehrfachsicherheit durch Anlage- und Umlaufvermögen	Kreditvolumen teils durch Banken etc., teils durch Anlage- und Umlaufvermögen voll gedeckt	Kreditvolumen zum Teil gedeckt	Sicherheiten unbekannt	Anfrager ist in Wechselpreisliste aufgeführt
W_{K2}	10	8	6	4	2	0
Datennutzung	Standarderzeugnis	Unterlagen vollständig bzw. im wesentlichen vollständig. Änderungen von Gestalt und Dimension der Elemente möglich (Variantenkonstruktion)	Unterlagen zum großen Teil vorhanden. Änderungen von Funktionen oder Gestalt einzelner Elemente möglich (Anpassungskonstruktion)	Unterlagen teilweise vorhanden. Änderung von Funktion oder Gestalt mehrerer Elemente möglich (umfangreiche Anpassungskonstruktion)	Unterlagen kaum bzw. nicht vorhanden. Neue Gesamtfunktion notwendig (Neukonstruktion)	Produktion wurde eingestellt
W_{K3}	27600	10	8	2,7	0,01	0
Technologisches Risiko	nicht vorhanden		auf Grund bisheriger Erfahrung zu erwarten	bezogen auf untergeordnete Leitungs- und Funktionswerte	besteht für wesentliche Leitungs- und Funktionswerte bzw. nicht abschätzbar	
W_{K4}	1	--	0,9	0,5	0,01	--
Angebotsfrist	besteht nicht	ausreichend	für intensive Bearbeitung unter Umständen unzureichend	nur globale Bearbeitung möglich	Aussage über Einhaltung nicht möglich	
W_{K5}	1	0,96	0,75	0,2	0,1	
Staatliche Verordnungen	bestehen nicht	allgemeine Zollbestimmungen	produktspezifische Export- und Importauflagen		besondere Auslieferungsgenehmigung erforderlich	totale Liefersperre für betreffendes Erzeugnis
W_{K6}	1	0,98	0,9	--	0,005	0
Schutzrechte	bestehen nicht bzw. Patente und Lizenzen in eigener Hand		Lizenzerwerb möglich	Lizenzverhandlungen noch nicht abgeschlossen	Lizenzerwerb noch ungeklärt	Lizenzerwerb nicht möglich
W_{K7}	1	--	0,8	0,4	0,01	0

Dominierende Kriterien

---

[2] Entnommen aus Kambartel, 1973, S. 68.

				Wertziffern		
Politische Risiken	nicht vorhanden (kein Export)	mit großer Wahrscheinlichkeit nicht gegeben (sehr gute zwischenstaatliche Beziehungen, stabile Verhältnisse im Empfängerland)	gering (normale zwischenstaatliche Beziehungen, stabile Innenpolitische Verhältnisse im Empfängerland)	gespannte zwischenstaatliche Beziehungen u./o. labile Innenpolitische Situation im Empfängerland	sehr schlechte zwischenstaatliche Beziehungen u/o anhaltende Unruhen im Empfängerland (Umsturzgefahr)	akute Kriegsgefahr bzw. Bürgerkrieg im Empfängerland und Versicherungsschutz nicht möglich
WK8	-	0,97	0,9	0,65	0,005	0
Mittlere Angebotskapazität	nicht relevant bzw. größer als benötigte Angebotskapazität		entspricht benötigter Angebotskapazität	kleiner als benötigte Angebotskapazität	Relation zur benötigten Angebotskapazität nicht abschätzbar	-
WK9	1		0,9	0,65	0,005	-
Technische Kapazität a) Vorhandensein der Produktionsmittel b) Verfügbarkeit der Produktionsmittel	sichergestellt; ab Bestellzeitpunkt gegeben	kurzfristig nicht gegeben	für alle wesentlichen Erzeugniselemente sichergestellt; mittelfristig nicht gegeben	langfristig nicht gegeben	keine Aussage möglich	nicht möglich
WK10 = (a+b)/4	a) 1 b) 3	a) - b) 2,6	a) 0,4 b) 1,2	a) - b) 0,1	a) 0,02 b) 0,06	a) 0 b) 0
Fremdbezug a) Einstandspreise b) Beschaffung	Festpreise; Lagervorrat	verbindl. Preisangaben jederzeit möglich	Katalogrichtpreise; bekannte Lieferzeit	unterliegen starken Schwankungen; ständige Schwierigkeiten	keine Preisangabe erhältlich; ungeklärt	Kapitalbindung nicht vertretbar und keine entsprechenden Zahlungsbedingungen durchsetzbar
WK11 = (a+b)/2	a) 1 b) 1	a) 0,96 b) 0,96	a) 0,8 b) 0,8	a) 0,25 b) 0,25	a) 0,1 b) 0,1	a) 0 b) 0
Kapitalbedarf	Deckung durch Eigenfinanzierung bzw. festverzinsliche Kredite möglich	-	Deckung durch Kredite mit veränderlichem Zinssatz möglich	-	Kapitalbindung nicht abschätzbar	-
WK12	1	-	0,7	-	0,01	-
Personalbedarf a) Vorhandensein der Fachkräfte b) Verfügbarkeit der Fachkräfte	sichergestellt; ab Bestellzeitpunkt gegeben	kurzfristig nicht gegeben	auf Grund bisheriger Erfahrung gegeben; mittelfristig nicht gegeben	langfristig nicht gegeben	keine Aussage möglich	nicht möglich
WK13 = (a+b)/4	a) 1 b) 3	a) - b) 2,6	a) 0,4 b) 1,2	a) - b) 0,1	a) 0,02 b) 0,06	a) - b) -
Preisvorgabe	besteht nicht bzw. liegt über dem Preis ähnlicher Produkte	liegt zum Teil über dem Preis ähnlicher Produkte	entspricht dem Preis ähnlicher Produkte	Einhaltung nicht möglich bzw. Preisvorgabe liegt zum Teil unter dem Preis ähnlicher Produkte	Aussage über Einhaltung nicht möglich	Kapitalbindung nicht vertretbar und keine entsprechenden Zahlungsbedingungen durchsetzbar
WK14	1	0,96	0,8	0,5	0,4	-
Terminvorgabe	besteht nicht	Einhaltung bei normalem Beschäftigungsgrad wahrscheinlich	Einhaltung möglich, eventuell kurzzeitige Erhöhung des Beschäftigungsgrades	Einhaltung nicht möglich, nur bei zeitiger Erhöhung des Beschäftigungsgrades oder Fremdvergabe möglich	Aussage über Einhaltung nicht möglich	-
WK15	1	0,96	0,8	0,6	0,4	-
Investitionszeitraum	kurzfristig bzw. keine explizite Angabe	-	mittelfristig	langfristig	langfristig	-
WK16	1	-	0,5	0,005		-

Ergänzende Kriterien

Profilvergleich nach Barrmeyer[3]

			Punktwerte				
			4	3	2	1	0

Vorbehaltskriterien

I. Sicherheitsvorbehalt
   1. Fertigungstechnische Risiken
   2. Bonität des Kunden
   3. Liquiditätssicherung

II. Unabhängigkeitsvorbehalt
   1. Erhaltung der Unabhängigkeit gegenüber Lieferanten und Subunternehmen
   2. Erhaltung der Unabhängigkeit gegenüber Kunden

III. Beschäftigungsvorbehalt
   Sicherung der Beschäftigung - Ausnutzung verfügbarer Kapazitätsreserven

Erfolgsfaktoren

I. Nachhaltige Erfolgsfaktoren (Absatzbereich)
   1. Erschließung neuer Marktsegmente
      a) Auftragsbezogen
      b) Regional
   2. Verdrängung der Konkurrenz
   3. Erhaltung bzw. Verbesserung der Geschäftsbeziehung zum Kunden
   4. "Öffentlichkeitswirkung"

Nachhaltige Erfolgsfaktoren (Produktionsbereich)
   1. Produktivitätsverbesserung
   2. Technologie und Know-how-Zuwachs

II. Kurzfristige Erfolgsfaktoren
   1. Kostensituation
   2. Konkurrenzlage
   3. Allgemeine Gewinnerwartung aufgrund vergleichbarer Aufträge

---

[3] Entnommen aus Barrmeyer, 1982, S. 132. Die durchgezogene Linie stellt das Mindestprofil dar, die gestrichelte Linie das Profil der ausgeschriebenen Anlage.

Anhang II   Risiko-Checkliste zur Projektbeurteilung

RISIKEN	Risikoabwälzung möglich durch		Nicht abwälzbare Risiken			Weitere
	Vertrags-gestaltung	Versiche-rung	wirtschaftl. Tragweite in TDM	Eintritts-wahrsch. in %	Berücksich-tigung in Kalkulation	empfohlene Maßnahmen
I. TECHNISCHE RISIKEN						
1. Beherrschung der Aufgabenstellung						
2. Innovationsgrad - neues Produkt - neues Fertigungsverfahren - neue Anlagentechnologie						
3. Entwicklungsrisiko - Neu-Entwicklung erforderlich - Überalterungsgefahr - Entwicklungsprozeß beherrschbar						
4. Komplexität des Projekts						
5. Leistungsgarantien						
6. zugesicherte Eigenschaften						
7. gesetzliche Vorschriften / Genehmigungspflichten						
8. fremde technische Normen / Standards						
9. Schnittstellenprobleme / Abhängigkeit von Teilleistungen - von Subunternehmen - von Konsorten - vom Kunden						
10. Lokale Fertigung						
11. Erforderliche Kapazitätsanpassungen - quantitativ - qualitativ						
12. Qualitätsanforderungen						
13. Bemessung der gewünschten Lieferzeit						
14. Nebenwirkungen des Projekts (insbes. für die Umwelt)						
15. Transport - Empfindlichkeit des Transportgutes - ausreichende Transportkapazitäten - allgemeine Abwicklungsprobleme beim Transport						
16. Verpackung						
17. Sonstige technische Risiken						

II. WIRTSCHAFTLICHE RISIKEN

1. Im Vergleich zur Unternehmensgröße hoher Auftragswert

2. Angebotsrisiko
   - Auftrags-Realisierungswahrscheinlichkeit
   - Wettbewerbsintensität
   - Angebotsaufwand /-zeit
   - Klarheit der Anfrage

3. Kalkulationsrisiko
   - Vollständigkeit
   - Richtigkeit (Mengen/Preise)
   - Preisgleit-Vereinbarungen
   - Festpreisrisiko

4. Zahlungs-/ Finanzierungsrisiken
   - Bonität des Kunden
   - Welche Zahlungsbedingungen sind durchsetzbar ?
   - Währung (Konvertierbarkeit, Wechselkurserwartung, Inflation)
   - Hermes-Deckung / Bankgarantien / Bürgschaften
   - Zinsänderung bei Auftragsfinanzierung
   - Sonstige Risiken der Einzahlungen

5. Kundenrisiken
   - Vorleistungen des Kunden erforderlich
   - Zuverlässigkeit bei Lieferungen von Unterlagen und Material
   - Änderungswünsche

6. Länderrisiken
   - politische, wirtschaftl., rechtl. Stabilität
   - steuerliche Besonderheiten Doppelbesteuerungsabkommen
   - Behörden-/ Genehmigungs-/ Streikrisiken
   - klimatische / geologische Gegebenheiten
   - sprachliche Probleme
   - Zollbestimmungen / Importrestriktionen
   - Infrastruktur
   - religiöse Besonderheiten
   - Akzeptanz des Projektes beim Volk

7. Gewährleistungsrisiko
   - Umfang / Inhalt
   - Fristen
   - Produkthaftung / Folgeschäden

8. Pönale, Konventionalstrafen, Preisminderung

9. Kooperation Anbietergemeinschaft
   - Erfahrungen mit Konsorten
   - fremde Federführung
   - Eindeutigkeit der Leistungsabgrenzung / Risikoübernahme

10. Montagerisiken
   - Baustelleneinrichtung
   - Energie-/ Wasserversorgung
   - Baugenehmigung erteilt			

11. Kompensation
   - Anteil
   - Verwertbarkeit			

12. Abnahme
   - Termin
   - Bedingungen			

13. Gültigkeit welchen Rechts (Sitz von Gericht / Schiedsstellen)			
14. Vertragliche Besonderheiten			
15. Handhabung höherer Gewalt			
16. Betriebsführung / Beteiligungsübernahme			
17. Allgemeine Abwicklungserschwernisse (z.B. Materialbeschaffung)			
18. Sonstige kaufmännische Risiken			

Literaturverzeichnis

Es werden folgende Abkürzungen verwendet:

BFuP:	Betriebswirtschaftliche Forschung und Praxis
DB:	Der Betrieb
DBW:	Die Betriebswirtschaft
FB/IE:	Fortschrittliche Betriebsführung/Industrial Engineering
HBR	Harvard Business Review
HMD:	Handbuch der modernen Datenverarbeitung
HWB:	Handwörterbuch der Betriebswirtschaft
HWF:	Handwörterbuch der Finanzwirtschaft
HWO:	Handwörterbuch der Organisation
HWPlan:	Handwörterbuch der Planung
HWProd:	Handwörterbuch der Produktionswirtschaft
HWR:	Handwörterbuch des Rechnungswesens
HWW:	Handwörterbuch der Wirtschaftswissenschaft
IO:	Management Zeitschrift Industrielle Organisation
JfB:	Journal für Betriebswirtschaft
KRP:	Kostenrechnungs-Praxis
WiSt:	Wirtschaftswissenschaftliches Studium
WISU:	Das Wirtschaftsstudium
ZfB:	Zeitschrift für Betriebswirtschaft
ZfbF:	Schmalenbachs Zeitschrift für betriebswirtschaftliche Forschung
ZfhF:	Schmalenbachs Zeitschrift für handelswissenschaftliche Forschung
ZfO:	Zeitschrift für Organisation

Abell, Derek F. (1980)
   Defining the Business: The Starting Point of Strategic Planning, Prentice Hall: Englewood Cliffs, N.Y. 1980.

Ackhoff, Russell Lincoln (1974)
   Management-Misinformations-Systeme, in: Management. Aufgaben und Instrumente, hrsg. von E. Grochla, Düsseldorf/Wien 1974, S. 370-381.

Adler, Hans/Düring, Walther/Schmaltz, Kurt (1987)
   Rechnungslegung und Prüfung der Unternehmung, 5. Aufl., Stuttgart 1987.

Albach, Horst (1959)
   Wirtschaftlichkeitsrechnung bei unsicheren Erwartungen, Köln/Opladen 1959.

Albach, Horst (Hrsg.) (1975)
   Investitionstheorie, Gütersloh 1975.

Albach, Horst (1988)
   Praxisorientierte Unternehmenstheorie und theoriegeleitete Unternehmenspraxis, in: ZfB, 58. Jg. (1988), S. 630-647.

Alter, Roland (1991)
   Integriertes Projektcontrolling - Ein ganzheitlicher Ansatz auf Grundlage des Lebenszyklus von Systemen, hrsg. von K. Bleichert und D. Hahn, Gießen 1991.

Altrogge, Günter (1979)
  Netzplantechnik, Wiesbaden 1979.

Andrä, Bernd Olaf (1975)
  Die Zielhierachie des Betriebes, Frankfurt a.M. 1975.

Ansorge, Dieter (1987)
  Die Risiken des Exporteurs bei langfristig finanzierten Anlagengeschäften, in: Auftragsfinanzierung im industriellen Anlagengeschäft, Berichte aus der Arbeit der Schmalenbach-Gesellschaft - Deutsche Gesellschaft für Betriebswirtschaft e.V., hrsg. von K. Backhaus und H.-M. Siepert, Stuttgart 1987, S. 22-38.

Arbeitskreis Hax der Schmalenbach-Gesellschaft (1964)
  Wesen und Arten unternehmerischer Entscheidungen, in: ZfbF, 16. Jg. (1964), S. 685-715.

Arbeitskreis "Marketing in der Investitionsgüterindustrie" der Schmalenbach-Gesellschaft (1975)
  Systems Selling, in: ZfbF, 27. Jg. (1975), S. 757-773.

Arbeitskreis "Marketing in der Investitionsgüterindustrie" der Schmalenbach-Gesellschaft (1977)
  Standardisierung und Individualisierung - ein produktpolitisches Entscheidungsproblem, in: Anlagen-Marketing, hrsg. von W.H. Engelhardt und G. Laßmann, ZfbF-Sonderheft 7, 1977, S. 39-56.

Arbeitskreis "Marketing in der Investitionsgüterindustrie" der Schmalenbach-Gesellschaft (1978)
  Einige Besonderheiten der Preisbildung im Seriengeschäft und Anlagegeschäft, in: ZfbF, 30. Jg. (1978), S. 2-18.

Autorenkollektiv (1970)
  Möglichkeiten einer systematischen Angebotsplanung in Unternehmen mit auftragsgebundener Fertigung, in: Industrieanzeiger, 96. Jg. (1970), S. 1566-1572.

Backhaus, Klaus (1979)
  Preisgleitklauseln als risikopolitisches Instrument bei langfristigen Fertigungs- und Absatzprozessen, in: ZfbF-Kontaktstudium, 31. Jg. (1979), S. 3-10.

Backhaus, Klaus (1980a)
  Auftragsplanung im industriellen Anlagengeschäft, Stuttgart 1980.

Backhaus, Klaus (1980b)
  Die Gewinnrealisation bei mehrperiodigen Lieferungen und Leistungen in der Aktienbilanz, in: ZfbF, 32. Jg. (1980), S. 347-360.

Backhaus, Klaus (1986)
  Grundbegriffe des Industrieanlagen- und Systemgeschäfts, München/Mainz 1986.

Backhaus, Klaus (1990)
  Investitionsgüter-Marketing, 2. Aufl., München 1990.

Backhaus, Klaus et al. (1990)
  Multivariate Analysemethoden, 6. Aufl., Berlin u.a. 1990.

Backhaus, Klaus/Dringenberg, Herbert (1984)
  Anfrageselektion, in: Planung im industriellen Anlagegeschäft, hrsg. von K. Backhaus, Düsseldorf 1984, S. 53-92.

Backhaus, Klaus/Günter, Bernd (1976)
  A Phase-Differentiated Interaction Approach to Industrial Marketing Decisions, in: Industrial Marketing Management, 5. Jg. (1976), S. 255-270.

Backhaus, Klaus/Meyer, Margit (1987)
  Die Beurteilung von Länderrisiken beim Anlagenexport, in: Auftragsfinanzierung im industriellen Anlagegeschäft, Bericht aus der Arbeit der Schmalenbach-Gesellschaft - Deutsche Gesellschaft für Betriebswirtschaft e.V., hrsg. von K. Backhaus und H.-M. Siepert, Stuttgart 1987, S. 39-61.

Backhaus, Klaus/Molter, Wolfgang (1983)
  Finanzierungskosten im Anlagengeschäft - Kalkulation mit Hilfe von Standardformeln ?, in: ZfbF-Kontaktstudium, 25. Jg. (1983), S. 1078-1093.

Backhaus, Klaus/Molter, Wolfgang (1984)
  Risikomanagement im internationalen Großanlagenbau, in: Harvard Manager, Heft 2, 6. Jg. (1984), S. 36-43.

Backhaus, Klaus/Molter, Wolfgang (1985)
  Die Kalkulation auftragsspezifischer Finanzierungskosten im Großanlagenexport, Arbeitspapiere zur Betriebswirtschaftslehre des industriellen Anlagengeschäfts, Nr. 6, Mainz 1985.

Backhaus, Klaus/Plinke, Wulff (1978)
  Der Einfluß von Kosteninformationen auf Preisentscheidungen, Arbeitspapiere zum Marketing, Nr. 3, 1978, hrsg. von W.H. Engelhardt und P. Hammann, Bochum 1978.

Backhaus, Klaus/Ueckermann, Heinrich (1990)
  Projektfinanzierung - Eine Methode zur Finanzierung von Großprojekten, in: WiSt, 19. Jg. (1990), S. 106-112.

Back-Hock, Andrea (1991)
  Perspektiven für die DV-Unterstützung des Controlling, in: Controlling, 3. Jg. (1991), S. 94-99.

Bamberg, Günter/Coenenberg, Adolf Gerhard (1991)
  Betriebswirtschaftliche Entscheidungslehre, 6. Aufl., München 1991.

Barrmeyer, Martin-Christian (1982)
  Die Angebotsplanung bei Submission, Münster 1982.

Baumann, H.C. (1964)
  Fundamentals of Cost Engineering in the Chemical Industry, New York/London 1964.

Beier, Jörg (1989)
  Markt- und kostenorientierte Preispolitik - dargestellt am Beispiel der Wälzlagerindustrie, in: KRP, o. Jg. (1989), S. 197-208.

Beitz, Wolfgang (1977)
Senkung des Konstruktions- und Fertigungsaufwands durch Einsatz bereits konstruierter Teile und Baugruppen, in: DIN-Mitteilungen, 56. Jg. (1977), S. 351-359.

Berthel, Jürgen (1973)
Zielorientierte Unternehmenssteuerung - Die Formulierung operationaler Zielsysteme, Stuttgart 1973.

Betzing, Gerhard (1980)
Einmalkosten in der Produktkalkulation bei Serienfertigung, in: ZfbF, 32. Jg. (1980), S. 681-689.

Bidlingmaier, Johannes/Schneider, Dieter J.G. (1976)
Ziele, Zielsysteme und Zielkonflikte, in: HWB, hrsg. von E. Grochla und W. Wittmann, 4. Aufl., Stuttgart 1976, Sp. 4731-4740.

Biel, Alfred (1981)
Konzept Kalkulationswesen für Anlagen- bzw. Apparatebau, in: Controller Magazin, 6. Jg. (1981), S. 89-95.

Blanchard, Benjamin (1978)
Design and Manage to Life Cyle Cost, Portland 1978.

Blecke, Ulrich/Wilhelm, Winfried (1977)
Permanent aus Pannen lernen, in: Manager Magazin, Nr. 4, 1977, S. 42-52.

Bleicher, Knut (1987)
Grenzen des Rechnungswesens für die Lenkung der Unternehmensentwicklung, in: Die Unternehmung, 41. Jg. (1987), S. 380-397.

Blohm, Hans/Lüder, Klaus (1991)
Investition, 7. Aufl., München 1991.

Börner, Dietrich (1981)
Kostenverteilung, Prinzipien und Technik, in: HWR, hrsg. von E. Kosiol, K. Chmielewicz und M. Schweitzer, Stuttgart 1981, Sp. 1105-1114.

Börschlein, Hans/Kleiner, Fritz (1984)
Consulting Engineers im industriellen Anlagengeschäft - Bedeutung, Markteinfluß, Arbeitsweise, in: Planung im industriellen Anlagengeschäft, hrsg. von K. Backhaus, Düsseldorf 1984, S. 31-51.

Bohr, Kurt (1988)
Zum Verhältnis von klassischer Investitions- und entscheidungsorientierter Kostenrechnung, in: ZfB, 58. Jg. (1988), S. 1171-1180.

Bosse, Andreas (1991)
Langfristige Preiskalkulation auf Basis von dynamischen Investitionskalkülen, in: KRP, o. Jg. (1991), S. 103-106.

Bratschitsch, Rudolf (1981)
Aufwand und Ertrag, in: HWR, hrsg. von E. Kosiol, K. Chmielewicz und M. Schweitzer, 2. Aufl., Stuttgart 1981, Sp. 88-93.

Braun, Herbert (1984)
: Risikomanagement. Eine spezifische Controllingaufgabe, hrsg. von P. Horváth, Darmstadt 1984.

Breng, Ernst-Günther (1975)
: Bilanzmäßige Abgrenzung von "Erträgen" aus erhaltenen Anzahlungen zur Vermeidung unrealisierter Gewinne, in: Die Wirtschaftsprüfung, 28. Jg. (1975), S. 546-550.

Bretschneider, Klaus (1986)
: Akquisition im Anlagenbau durch strukturorientiertes Projektmanagement, in: DBW, 46. Jg. (1986), S. 557-567.

Brink, Alfred (1990)
: Netzplantechnik, in: WISU, 19. Jg. (1990), S. 405-408.

Bröker, Erich W. (1991)
: Erfolgsplanung und -überwachung im industriellen Anlagengeschäft - Entwicklung eines zahlungsorientierten Ansatzes unter Anwendung finanzmathematischer Verfahren und Vergleich zur herkömmlichen Kosten- und Erlösrechnung, in: Beiträge zur Betriebswirtschaft des Anlagenbaus, Arbeitskreis "Internes Rechnungswesen" der Schmalenbach-Gesellschaft - Deutsche Gesellschaft für Betriebswirtschaft e.V., hrsg. von E. Höffken und M. Schweitzer, ZfbF-Sonderheft 28, 1991, S. 192-236.

Brunner, Manfred/Laßmann, Gert (1983)
: Verfahren zur Prognose und Planung von Mengenstrukturen bei betriebswirtschaftlichen Entscheidungsrechnungen, in: BFuP, 35. Jg. (1983), S. 509-525.

Buchmann, Ruth/Chmielewicz, Klaus (Hrsg.) (1990)
: Finanzierungsrechnung, Empfehlungen des Arbeitskreises "Finanzierungsrechnung" der Schmalenbach-Gesellschaft - Deutsche Gesellschaft für Betriebswirtschaft e.V., ZfbF-Sonderheft 26, 1990.

Burger, Anton (1989)
: Zur Revisionshypothese in entscheidungsorientierten Kostenrechnungen, in: ZfB, 59. Jg. (1989), S. 957-967.

Buskies, Ulrich/Ternirsen, Klaus (1991)
: Optimierung verfahrenstechnischer Anlagen mit Hilfe finanzmathematischer Methoden, in: Beiträge zur Betriebswirtschaft des Anlagenbaus, Arbeitskreis "Internes Rechnungswesen" der Schmalenbach-Gesellschaft - Deutsche Gesellschaft für Betriebswirtschaft e.V., hrsg. von E. Höffken und M. Schweitzer, ZfbF-Sonderheft 28, 1991, S. 237-268.

Busse von Colbe, Walther (1964)
: Entwicklungstendenzen in der Theorie der Unternehmung, in: ZfB, 34. Jg. (1964), S. 615-627.

Busse von Colbe, Walther/Laßmann, Gert (1990)
: Betriebswirtschaftstheorie, Bd. 3, Investitionstheorie, 3. Aufl., Berlin u.a. 1990.

Buttler, Günter (1970)
: Finanzwirtschaftliche Anwendungsmöglichkeiten der Netzplantechnik, in: ZfB, 40. Jg. (1970), S. 183-201.

Chmielewicz, Klaus (1972)
: Integrierte Finanz- und Erfolgsplanung - Versuch einer dynamischen Mehrperiodenplanung, Stuttgart 1972.

Chmielewicz, Klaus (1973)
: Grundzüge einer integrierten Finanz- und Erfolgsplanung, in: Modell- und computer-gestützte Unternehmensplanung, hrsg. von E. Grochla und N. Szyperski, Wiesbaden 1973, S. 571-595.

Chmielewicz, Klaus (1974)
: Anwendungsbeispiel und Grundzüge einer integrierten Finanz- und Erfolgsplanung, in: WiSt, 3. Jg. (1974), S. 474-478 und S. 526-532.

Chmielewicz, Klaus (1976a)
: Betriebliche Finanzwirtschaft, Bd. I: Finanzierungsrechnung, Berlin/New York 1976.

Chmielewicz, Klaus (1976b)
: Finanz- und Erfolgsplanung, integrierte, in: HWF, Enzyklopädie der Betriebswirtschaftslehre, Bd. VI, hrsg. von H.E. Büschgen, Stuttgart 1976, Sp. 616-630.

Chmielewicz, Klaus (1981a)
: Finanzierung IV: Finanzplanung, in: HWW, hrsg. von W. Albers et al., Bd. 3, Stuttgart u.a. 1981, S. 83-97.

Chmielewicz, Klaus (1981b)
: Unternehmensziele und Rechnungswesen, in: HWR, hrsg. von E. Kosiol, K. Chmielewicz und M. Schweitzer, 2. Aufl., Stuttgart 1981, Sp. 1606-1616.

Chmielewicz, Klaus (1983)
: Podiumsdiskussion, in: Entwicklungslinien der Kosten- und Erlösrechnung, hrsg. von K. Chmielewicz, Stuttgart 1983, S. 157-160.

Chmielewicz, Klaus (1988a)
: Rechnungswesen, Bd. 1, Der Jahresabschluß als Einzelabschluß, Bochum 1988.

Chmielewicz, Klaus (1988b)
: Rechnungswesen, Bd. 2, Pagatorische und kalkulatorische Erfolgsrechnung, Bochum 1988.

Chmielewicz, Klaus (1990)
: Die Bedeutung von Bilanzierungsprinzipien für die Gewinn- und Verlust- sowie Kosten- und Erlösrechnung, in: Kosten und Erlöse - Orientierungsgrößen der Unternehmenspolitik, hrsg. von R. Steffen und R. Wartmann, Festschrift für Gert Laßmann zum 60. Geburtstag, Stuttgart 1990, S. 315-346.

Chmielewicz, Klaus/Caspari, Britta (1985)
: Zur Problematik von Finanzierungsrechnungen, in: DBW, 45. Jg. (1985), S. 156-169.

Clark, Forrest D./Lorenzoni, Albert B. (1978)
: Applied Cost Engineering, New York/Basel 1978.

Coble, Fred W. (1981)
: LCC Analysis, A Must for Designing Affordable Systems, RCA PRICE Systems, Hollywood 1981.

Coenenberg, Adolf Gerhard (1970)
    Zur Bedeutung der Anspruchsniveau-Theorie für die Ermittlung von Vorgabekosten, in: DB, 23. Jg. (1970), S. 1137-1141.

Coenenberg, Adolf Gerhard/Fischer, Thomas M. (1991)
    Prozeßkostenrechnung - Strategische Neuorientierung der Kostenrechnung, in: DBW, 51 Jg. (1991), S. 21-38.

Coenenberg, Adolf Gerhard/Raffel, Hans (1988)
    Integrierte Kosten- und Leistungsanalyse für das Controlling von Forschungs- und Entwicklungsprojekten, in KRP, o. Jg. (1988), S. 199-207.

Cooper, Robin (1990)
    Activity-Based Costing, in: KRP, o. Jg. (1990), S. 210-220, 271-279 und 345-351.

Diehl, Herbert (1977)
    Probleme der Preisfindung im industriellen Anlagengeschäft, in: Anlagen-Marketing, hrsg. von W.H. Engelhardt und G. Laßmann, ZfbF-Sonderheft 7, 1977, S. 173-184.

Dietz, Heinz (1977)
    Interne Periodenerfolgsrechnung bei Unternehmen mit langfristiger Auftragsfertigung, in: Controller Magazin, 2. Jg. (1977), S. 125-131.

DIN e.V. (1980)
    DIN 69901: Projektmanagement, Berlin/Köln 1980.

Dorin, Ingo (1979)
    Multiprojektplanung in der Angebotsphase, in: Projektmanagement, hrsg. von M. Saynisch, H. Schelle und A. Schub, München/Wien 1979, S. 229-243.

Dreger, Wolfgang (1973)
    Management-Informationssysteme. Systemanalyse und Führungsprozeß, Wiesbaden 1973.

Dreger, Wolfgang (1977)
    So sichern wir Projekte gegen Fehlentwicklungen, in: IO, 46. Jg. (1977), S. 23-28.

Dülfer, Eberhard (1982)
    Projekte und Projektmanagement im internationalen Kontext, in: Projektmanagement international, hrsg. von E. Dülfer, Stuttgart 1982, S. 1-30.

Dünnweber, Inge (1984)
    Vertrag zur Erstellung einer schlüsselfertigen Industrieanlage im internationalen Wirtschaftsverkehr, Berlin/New York 1984.

Dyckhoff, Harald (1988)
    Zeitpräferenz, in: ZfbF, 40. Jg. (1988), S. 990-1008.

Ebbeken, Klaus (1972)
    Primärkostenrechnung - Stückbezogene primäre Kostenartenrechnung als Instrument zur Unternehmungsführung, Bochum 1972.

Ebisch, Hellmuth/Gottschalk, Joachim (1987)
    Preise und Preisprüfungen bei öffentlichen Aufträgen, einschließlich Bauaufträge, Kommentar, 5. Aufl., München 1987.

Eilenberger, Guido (1986)
: Währungsrisiken, Währungsmanagement und Devisensicherung, 2. Aufl., Frankfurt a.M. 1986.

Eisenführ, Franz (1988)
: Zeitpräferenzen über buchmäßigen Erfolgen, in: Unternehmenserfolg: Planung - Ermittlung - Kontrolle, hrsg. von M. Domsch et al., Wiesbaden 1988, S. 127-139.

Ellinger, Theodor (1959)
: Ablaufplanung, Stuttgart 1959.

Ellinger, Theodor (1963)
: Industrielle Einzelfertigung und Vorbereitungsgrad, in: ZfhF (N.F.), 15. Jg. (1963), S. 481-498.

Endell, Lothar (1984)
: Die Kontrolle finanzieller Risiken beim Anlagenexport, in: ZfbF-Kontaktstudium, 36. Jg. (1984), S. 306-316.

Endell, Lothar/Reichelt, Joachim (1987)
: Liquiditätsvorsorge eines Unternehmens bei Großaufträgen im Anlagengeschäft, in: Auftragsfinanzierung im industriellen Anlagengeschäft, Berichte aus der Arbeit der Schmalenbach-Gesellschaft - Deutsche Gesellschaft für Betriebswirtschaft e.V., hrsg. von K. Backhaus und H.-M. Siepert, Stuttgart 1987, S. 194-207.

Engelhardt, Werner Hans (1976)
: Erscheinungsformen und absatzpolitische Probleme von Angebots- und Nachfrageverbunden, in: ZfbF, 28. Jg. (1976), S. 77-90.

Engelhardt, Werner Hans (1977)
: Grundlagen des Anlagen-Marketing, in: Anlagen-Marketing, hrsg. von W.H. Engelhardt und G. Laßmann, ZfbF-Sonderheft 7, 1977, S. 9-37.

Engelhardt, Werner Hans (1981)
: Einnahmen und Erträge, in HWR, hrsg. von E. Kosiol, K. Chmielewicz und M. Schweitzer, 2. Aufl., Stuttgart 1981, Sp. 451-463.

Engelhardt, Werner Hans/Günter, Bernd (1981)
: Investitionsgüter-Marketing, Stuttgart 1981.

Engelmann, Ralph (1980)
: Grundlagen und Aufbau der Kostenkontrolle unter Berücksichtigung stochastischer Aspekte, Saarbrücken 1980.

Erwart, Helmuth (1985)
: Projekt-Cost-Controlling (P.C.C.): Ein System der Kostenplanung, -überwachung und -steuerung bei Investitionsvorhaben, in: Projektmanagement, Beiträge zur Jahrestagung 1985 der Gesellschaft für Projektmanagement INTERNET Deutschland e.V., hrsg. von S. Dworatschek, H. Reschke und H. Schelle, München 1985, S. 53-63.

Eversheim, Walter/Koch, Rainer (1984)
    Systematische Angebotsplanung in der Investitionsgüterindustrie, in: Planung im industriellen Anlagengeschäft, hrsg. von K. Backhaus, Düsseldorf 1984, S. 113-151.

Eversheim, Walter/Minolla, Wolfgang/Fischer, Werner (1977)
    Angebotskalkulation mit Kostenfunktionen, Berlin/Köln 1977.

Faßnacht, Karl (1989)
    Ziel-Mittel-Schema und Planung, in: HWPlan, hrsg. von N. Szyperski, Stuttgart 1989, Sp. 2296-2301.

Fastrich, Henrik/Hepp, Stefan (1991)
    Währungsmanagement international tätiger Unternehmen, Stuttgart 1991.

Fettel, Johannes (1959)
    Ein Beitrag zur Diskussion um den Kostenbegriff, in: ZfB, 29. Jg. (1959), S. 567-569.

Feuerbaum, Ernst (1978)
    Das Rechnungswesen in einem Unternehmen des Großanlagenbaus, in: DB, 31. Jg. (1978), S. 993-998 und 1041-1046.

Feuerbaum, Ernst (1979a)
    Controlling in einem projektorientierten Unternehmen, in: Projekt-Controlling - Planungs-, Steuerungs- und Kontrollverfahren für Anlagen- und Systemprojekte, hrsg. von D. Solaro et al., Stuttgart 1979, S. 1-48.

Feuerbaum, Ernst (1979b)
    Risk Management in der Investitionsgüter-Industrie, in: Risk Management - Strategien zur Risikobeherrschung, hrsg. von W. Goetzke und G. Sieben, Köln 1979, S. 87-94.

Fickert, Reiner (1986)
    Investitionsrechnung und Kostenrechnung - Eine Synthese, in: KRP, o. Jg. (1986), S. 25-32.

Fietz, Günter (1986)
    Kurzfristige Finanzplanung und Großprojektfertigung, Frankfurt a.M. 1986.

Fischer, Werner (1977)
    Rationelle Erstellung von Angeboten, Diss., Aachen 1977.

Fischer, Werner/Minolla, Wolfgang (1981)
    Rationalisierung der technischen Angebotsbearbeitung, Berlin/Köln 1981.

Fisher, Irving (1930)
    The Theory of Interest, New York 1930.

Flocke, Hans-Joachim (1986)
    Risiken beim Intenationalen Anlagenvertrag, Heidelberg 1986.

Förschle, Gerhart (1987)
    Bilanzierung sogenannter Sondereinzelkosten des Vertriebs aus handelsrechtlicher Sicht, in: ZfbF-Ergänzungsheft 1, 1987, S. 95-117.

Franke, Armin (1985)
Auftragserfolgskontrolle im Großanlagenbau, in: Projektmanagement, Beiträge zur Jahrestagung 1985 der Gesellschaft für Projektmanagement INTERNET Deutschland e.V., hrsg. von S. Dworatschek, H. Reschke und H. Schelle, München 1985, S. 73-84.

Franke, Armin (1990)
Risikoanalyse und Risikobewertung - eine spezifische Aufgabe erfolgreichen Projektmanagements, in: Risikomanagement von Projekten, hrsg. von A. Franke und M. Fürnrohr, Köln 1990, S. 15-33.

Franke, Armin/Fürnrohr, Michael (Hrsg.) (1990)
Risiko-Management von Projekten, Köln 1990.

Franke, Günter/Hax, Herbert (1990)
Finanzwirtschaft des Unternehmens und Kapitalmarkt, 2. Aufl., Berlin u.a. 1990.

Franke, Günter/Laux, Helmut (1968)
Die Ermittlung der Kalkulationszinsfüße für investitionstheoretische Partialmodelle, in: ZfbF, N.F., 20. Jg. (1968), S. 740-759.

Franz, Otmar (1982)
Dienstleistungen im internationalen Anlagengeschäft, in: ZfbF-Kontaktstudium, 34. Jg. (1982), S. 456-461.

Franzen, Wolfgang (1985)
Entscheidungswirkungen von Kosteninformationen. Eine experimentelle Untersuchung zum Einfluß von Voll- oder Teilkosten auf betriebliche Entscheidungen, Frankfurt a.M. 1985.

Franzen, Wolfgang (1987)
Projekt-Controlling zur Steuerung von Rentabilität und Liquidität bei Auftragsfertigung, in: DBW, 47. Jg. (1987), S. 33-39.

Freidank, Carl-Christian (1989)
Erfolgsrealisierung bei langfristigen Fertigungsprozessen, in: DB, 42. Jg. (1989), S. 1197-1204.

Freimann, Jürgen (1988)
Wirtschaftlichkeitsbeurteilung in einzelwirtschaftlichen Investitionsentscheidungen - Ergebnisse einer empirischen Studie, in: KRP, o. Jg. (1988), S. 17-21.

Fröhling, Oliver/Spilker, Dirk (1990)
Life Cycle Costing, in: IO, 59. Jg. (1990), Heft 10, S. 74-78.

Funk, Joachim (1979)
Risikobewertung und Bilanzierung von Projekten des Anlagenbaus, in: Projekt-Controlling - Planungs-, Steuerungs- und Kontrollverfahren für Anlagen- und Systemprojekte, hrsg. von D. Solaro et al., Stuttgart 1979, S. 149-161.

Funk, Joachim (1986)
Volkswirtschaftliche Bedeutung und betriebswirtschaftliche Besonderheiten des industriellen Anlagengeschäfts, in: Langfristiges Anlagengeschäft - Risiko-Management und Controlling, hrsg. von J. Funk und G. Laßmann, ZfbF-Sonderheft 20, 1986, S. 9-19.

Gabele, Eduard/Dannenberg, Jan (1989)
>Investitionsplanung mit dem PC, in: IO, 58. Jg. (1989), S. 67-72.

Gahrmann, Arno (1990)
>Die finanzwirtschaftliche Beurteilung von Investitionen mit Hilfe zahlungsorientierter Rendite- und Rückflußrechnungen, in: WiSt, 19. Jg. (1990), S. 141-143.

Gareis, Roland (1984)
>Einsatz der flexiblen Plankostenrechnung als Projektmanagementinstrument im Anlagenbau, in: Projektmanagement: Beiträge zur Jahrestagung 1984 der Gesellschaft für Projektmanagement INTERNET Deutschland e.V., hrsg. von H. Reschke und H. Schelle, München 1984, S. 33-47.

Gayer, Stephan (1988)
>Mängel und Gefahren der traditionellen Vollkosten- und Nettoergebnisrechnung, in: KRP, o. Jg. (1988), S. 182-183.

Gerke, Willi F. (1979)
>Manuelle und EDV-gestützte Projektplanungs- und Kontrollverfahren in einem Ingenieurunternehmen des Industrieanlagenbaus, in: Projektcontrolling - Planungs-, Steuerungs- und Kontrollverfahren für Anlagen- und Systemprojekte, hrsg. von D. Solaro et al., Stuttgart 1979, S. 81-118.

Gewald, Klaus/Kasper, Konrad/Schelle, Heinz (1974)
>Netzplantechnik - Methoden zur Planung und Überwachung von Projekten, Bd. 3: Kosten- und Finanzplanung, München/Wien 1974.

Goetz, Billy E. (1949)
>Management Planning and Control, A Managerial Approach to Industrial Accounting, 5. Ed., New York/Toronto/London 1949.

Grabowski, Hans (1972)
>Ein System zur Technischen Angebotsplanung in Unternehmen mit auftragsgebundener Fertigung, Diss. Aachen 1972.

Grabowski, Hans/Kambartel, Karl-Heinz (1977)
>Rationelle Angebotsbearbeitung in Unternehmen mit Auftragsfertigung, Essen 1977.

Groetschel, Eberhard (1989)
>Matrixprojektorganisation: Bedingungen für den erfolgreichen Einsatz in industriellen Großunternehmen, Diss., München 1989.

Große-Oetringhaus, Wigand F. (1974)
>Fertigungstypologie, Berlin 1974.

Große-Oetringhaus, Wigand F. (1979)
>Praktische Projektgestaltung mit Netzplantechnik, 2. Aufl., Gießen 1979.

Groth, Uwe (1989)
>Informationssysteme zur Investitionsplanung, in: FB/IE, 38. Jg. (1989), S. 104-107.

Günter, Bernd (1979)
>Die Referenzanlage als Marketing-Instrument, in: ZfbF-Kontaktstudium, 31. Jg. (1979), S. 145-151.

Günther, Thomas (1988)
Computergestützte Finanzplanung, in: DBW, 48. Jg. (1988), S. 109-129.

Hackstein, Rolf/Buscholl, Franz (1984)
Rationalisierung der Angebotserstellung, in: FB/IE, 33. Jg. (1984), S. 285-290.

Hahn, Dietger (1975)
Produktionsverfahren (Produktionstypen), in: HWB, Bd.2, hrsg. von E. Grochla und W. Wittmann, 4. Aufl., Stuttgart 1975, Sp. 3156-3164.

Hahn, Dietger/Laßmann, Gert (1990)
Produktionswirtschaft - Controlling industrieller Produktion, Bd. 1, 2. Aufl., Heidelberg/Wien 1990.

Hampl, Rainer (1985)
Vertriebssteuerung mit Branchenkennzahlen, Frankfurt a.M. 1985.

Haun, Peter (1987)
Entscheidungsorientiertes Rechnungswesen mit Daten- und Methodenbanken, Berlin u.a. 1987.

Haun, Peter (1988)
Datenbanken, Methodenbanken und Planungssprachen als Hilfsmittel für das interne Rechnungswesen, in: KRP-Sonderheft 1, 1988, S. 83-92.

Haun, Peter/Mertens, Peter (1986)
Die Nutzung von Daten- und Methodenbanken für das entscheidungsorientierte Rechnungswesen, in: HMD, 23. Jg. (1986), Heft 132, S. 36-50.

Hauschildt, Jürgen (1974)
Entwicklungsschritte auf dem Weg zu einer integrierten Erfolgs- und Finanzplanung, in: Beiträge zur Finanzplanung und Finanzpolitik, Schriftenreihe des österreichischen Forschungsinstituts für Sparkassenwesen, 14. Jg. (1974), S. 17-30.

Hauschildt, Jürgen (1977)
Entscheidungsziele, Tübingen 1977.

Hauschildt, Jürgen (1980)
Zielsysteme, in: HWO, hrsg. von E. Grochla, 2. Aufl., Stuttgart 1980, S. 2419-2430.

Hax, Herbert (1967)
Bewertungsprobleme bei der Formulierung von Zielfunktionen für Entscheidungsmodelle, in: ZfbF, 19. Jg. (1967), S. 749-761.

Hax, Herbert (1982)
Finanzierungs- und Investitionstheorie, in: Neuere Entwicklungen in der Unternehmenstheorie, hrsg. von H. Koch, Festschrift zum 85. Geburtstag von E. Gutenberg, Wiesbaden 1982, S. 49-68.

Hax, Herbert (1985)
Investitionstheorie, 5. Aufl., Würzburg/Wien 1985.

Hax, Herbert (1991)
    Dynamische Investitionsrechnung bei Unsicherheit, in: Lexikon des Rechnungswesens, hrsg. von W. Busse von Colbe, 2. Aufl., München/Wien 1991, S. 152-155.

Hax, Herbert/Laux, Helmut (1972a)
    Flexible Planung - Verfahrensregeln und Entscheidungsmodelle für die Planung bei Ungewißheit, in: ZfbF, 24. Jg. (1972), S. 318-340.

Hax, Herbert/Laux, Helmut (1972b)
    Zur Diskussion um die flexible Planung, in: ZfbF, 24. Jg. (1972), S. 477-479.

Heger, Günther (1984)
    Das Rollenverhalten des Akquisiteurs im industriellen Anlagengeschäft, in: Marketing, Zeitschrift für Forschung und Praxis, 6. Jg. (1984), S. 235-244.

Heger, Günther (1988)
    Anfragebewertung im industriellen Anlagengeschäft, Berlin 1988.

Heinen, Edmund (1970)
    Zielanalyse als Grundlage rationaler Unternehmenspolitik, in: Zielprogramm und Entscheidungsprozeß in der Unternehmung, Schriften zur Unternehmensführung, Bd. 11, hrsg. von H. Jacob, Wiesbaden 1970, S. 7-26.

Heinen, Edmund (1972)
    Zur empirischen Analyse des Zielsystems der Unternehmung durch Kennzahlen, in: Die Unternehmung, 26. Jg. (1972), S. 1-13.

Heinen, Edmund (1975)
    Kosteninformationen und Preispolitik bei Auftragsfertigung, in: KRP, o. Jg. (1975), S. 55-62.

Heinen, Edmund (1976)
    Grundlagen betriebswirtschaftlicher Entscheidungen - Das Zielsystem der Unternehmung, 3. Aufl., Wiesbaden 1976.

Heinen, Edmund (1983)
    Betriebswirtschaftliche Kostenlehre, 6. Aufl., Wiesbaden 1983.

Hennicke, Ludwig (1991)
    Wissensbasierte Erweiterung der Netzplantechnik, Heidelberg 1991.

Herdmann, Günter (1982)
    Marktstrategien im Anlagenbau in Japan, USA und der Bundesrepublik Deutschland, in: ZfbF, 34. Jg. (1982), S. 70-75.

Hildenbrand, Karlheinz (1988)
    Systemorientierte Risikoanalyse in der Investitionsplanung, Berlin 1988.

Hilkert, Otto/Krause, Wolfgang (1978)
    Controllingprobleme im langfristigen Anlagengeschäft, in: DB, 31. Jg. (1978), S. 1601-1605 und S. 1653-1659.

Hitschler, Werner
    Verwaltungsgemeinkostenplanung mit Zero-Base Budgeting (ZBB), in: KRP, o. Jg. (1990), S. 287-293.

Höffken, Ernst (1986)
   Das Anlagengeschäft im Jahresabschluß, in: Langfristiges Anlagengeschäft - Risiko-Management und Controlling, hrsg. von J. Funk und G. Laßmann, ZfbF-Sonderheft 20, 1986, S. 101-122.

Höffken, Ernst (1990)
   Probleme der Kosten- und Erlösschätzung als eine der Grundlagen für unternehmerische Entscheidungen, in: Kosten und Erlöse - Orientierungsgrößen der Unternehmenspolitik, hrsg. von R. Steffen und R. Wartmann, Festschrift für Gert Laßmann zum 60. Geburtstag, Stuttgart 1990, S. 137-152.

Höffken, Ernst/Schweitzer, Marcell (Hrsg.)(1991)
   Beiträge zur Betriebswirtschaft des Anlagenbaus, Arbeitskreis "Internes Rechnungswesen" der Schmalenbach-Gesellschaft - Deutsche Gesellschaft für Betriebswirtschaft e.V., ZfbF-Sonderheft 28, 1991.

Hofmann, Rolf (1966)
   Koordinierung des Abrechnungsschemas in Vor- und Nachkalkulation bei Unternehmen mit Einzelfertigung, in: DB, 19. Jg. (1966), S. 1025-1028.

Hombach, Hans (1984)
   Exportkreditversicherung und Exportfinanzierung - Wettbewerbsverzerrung durch Subventionierung, Arbeitspapiere zur Betriebswirtschaftslehre des industriellen Anlagengeschäfts, Nr. 2, hrsg. von K. Backhaus, 2. Aufl., Mainz 1984.

Hombach, Hans (1987)
   Exportkreditversicherung und Exportfinanzierung im internationalen Vergleich, in: Auftragsfinanzierung im industriellen Anlagengeschäft, Berichte aus der Arbeit der Schmalenbach-Gesellschaft - Deutsche Gesellschaft für Betriebswirtschaft e.V., hrsg. von K. Backhaus und H.-M. Siepert, Stuttgart 1987, S. 108-144.

Hopfenbeck, Waldemar (1974)
   Planung und Errichtung von kompletten Industrieanlagen in Entwicklungsländern, Diss., München 1974.

Horváth, Péter (1991)
   Controlling, 4. Aufl., München 1991.

Horváth, Péter/Mayer, Reinhold (1989)
   Prozeßkostenrechnung, in: Controlling, 1. Jg. (1989), S. 214-219.

Hübers-Kemink, Rainer (1987)
   Angebotspreiskalkulation in der Bauwirtschaft, in: KRP, o. Jg. (1987), S. 199-203.

Hummel, Siegfried (1970)
   Wirklichkeitsnahe Kostenerfassung. Neue Erkenntnisse für eine eindeutige Kostenermittlung, Berlin 1970.

Hummel, Siegfried, (1981)
   Kosten, relevante, in: HWR, hrsg. von E. Kosiol, K. Chmielewicz und M. Schweitzer, 2. Aufl., Stuttgart 1981, Sp. 968-974.

Hummel, Siegfried/Männel, Wolfgang (1986)
   Kostenrechnung 1, 4. Aufl., Wiesbaden 1986.

Hummel, Siegfried/Männel, Wolfgang (1990)
Kostenrechnung 2, 3. Aufl., Wiesbaden 1990.

Hunsdorfer, Joachim (1985)
Warum scheitern Projekte? Vorbeugen durch gezielte Risikominderung, in: Projektmanagement, Beiträge zur Jahrestagung 1985 der Gesellschaft für Projektmanagement INTERNET Deutschland e.V., hrsg. von S. Dworatschek, H. Reschke und H. Schelle, München 1985, S. 215-224.

Institut der Wirtschaftsprüfer in Deutschland e.V. (1992)
Wirtschaftsprüfer-Handbuch 1992, Handbuch für Rechnungslegung, Prüfung und Beratung, Bd. I, 10. Aufl., Düsseldorf 1992.

Jaeschke, Lothar/Feuerbaum, Ernst (1984)
Controlling im Industrieanlagenbau, in: DB, 37. Jg. (1984), S. 1633-1635.

Johnson, H. Thomas/Kaplan, Robert S. (1987)
Relevance Lost, Boston 1987.

Jonssen, Peter (1981)
Der Industrieanlagen-Vertrag, Heidelberg 1981.

Jung, Alwin (1990)
Erfolgsrealisation im industriellen Anlagengeschäft: Ein Ansatz zur Operationalisierung einer zusätzlichen Angabepflicht, Frankfurt a.M. u.a. 1990.

Jung, Jürgen (1982)
Sensitivitätsanalyse typischer Fehler bei der Kostenschätzung von Projekten am Beispiel der chemischen Industrie, in: KRP, o. Jg. (1982), S. 71-80.

Kairies, Klaus (1990)
Liquiditätsplan als Instrument zur Gestaltung einer optimalen Liquidität, in: KRP, o. Jg. (1990), S. 171-176.

Kaiser, Klaus (1991)
Kosten- und Leistungsrechnung bei automatisierter Produktion, Wiesbaden 1991.

Kambartel, Karl-Heinz (1973)
Systematische Angebotsplanung in Unternehmen der Auftragsfertigung, Diss., Aachen 1973.

Kegel, Klaus-Peter (1991)
Risikoanalyse von Investitionen - Ein Modell für die Praxis, Darmstadt 1991.

Keil, Andreas (1990)
Liquiditätsorientierte Preisuntergrenzenermittlung bei langfristiger Einzelfertigung, in: KRP, o. Jg. (1990), S. 67-71 und S. 128-130.

Keist, Daniel (1984)
Auftragsbezogene Vorschaurechnung für Großprojekte - Dargestellt am Beispiel des Anlagenbaus, Bern 1984.

Kern, Werner (1969)
Der Impulsbezug dynamischer Fragestellungen in der Betriebswirtschaftslehre, in: ZfB, 39. Jg. (1969), S. 343-368.

Kern, Werner (1976)
    Netzplantechnik als Instrument der Investitions- und Finanzplanung, in: HWF, hrsg. von H.E. Büschgen, Stuttgart 1976, Sp. 1387-1395.

Kerzner, Harold (1979)
    Project Management - A System Approach to Planning, Scheduling and Controlling, London/Toronto/Melbourne 1979.

Kesselring, Fritz (1954)
    Technische Kompositionslehre, Berlin/Göttingen/Heidelberg 1954.

Kilger, Wolfgang (1957)
    Die Berücksichtigung von Rohstoffpreis- und Lohnsatzschwankungen in der Plankalkulation, in: ZfhF, N.F., 9. Jg. (1957), S. 619-632.

Kilger, Wolfgang (1961)
    Flexible Plankostenrechnung, 2. Aufl., Wiesbaden 1961.

Kilger, Wolfgang (1965a)
    Kritische Werte in der Investitions- und Wirtschaftlichkeitsrechnung, in: ZfB, 35. Jg. (1965), S. 338-353.

Kilger, Wolfgang (1965b)
    Zur Kritik am internen Zinsfuß, in: ZfB, 35. Jg. (1965), S. 765-798.

Kilger, Wolfgang (1968)
    Kostenrechnung oder Zahlungsstromanalyse, in: Der Volkswirt, 22. Jg. (1968), S. 32-34.

Kilger, Wolfgang (1969)
    Die Verrechnung von Material-, Verwaltungs- und Vertriebsgemeinkosten in Kalkulationen zur Bestimmung von Selbstkosten für Aufträge mit atypischer Kostenstruktur, in: ZfB, 39. Jg. (1969), S. 475-496.

Kilger, Wolfgang (1980)
    Soll- und Mindest-Deckungsbeiträge als Steuerungselemente der betrieblichen Planung, in: Führungsprobleme industrieller Unternehmungen, Festschrift für Friedrich Thomée zum 60. Geburtstag, hrsg. von D. Hahn, Berlin 1980, S. 299-326.

Kilger, Wolfgang (1983)
    Grenzplankostenrechnung, in: Entwicklungslinien der Kosten- und Erlösrechnung, hrsg. von K. Chmielewicz, Stuttgart 1983, S. 57-81.

Kilger, Wolfgang (1984)
    Die Konzeption der Grundrechnung als Grundlage einer datenbankorientierten Kostenrechnung, in: Rechnungswesen und EDV - Einsatz von Personal-Computern, 5. Saarbrücker Arbeitstagung 1984, hrsg. von W. Kilger und A.-W. Scheer, Würzburg/Wien 1984, S. 411-434.

Kilger, Wolfgang (1986)
    Diskussionsbeitrag, in: Langfristiges Anlagengeschäft - Risiko-Management und Controlling, hrsg. von J. Funk und G. Laßmann, ZfbF-Sonderheft 20, 1986, S. 133-136.

Kilger, Wolfgang (1988)
   Flexible Plankostenrechnung und Deckungsbeitragsrechnung, 9. Aufl., Wiesbaden 1988.

Kirchgässer, Werner (1981)
   Die rechtliche und wirtschaftliche Bedeutung des Anlagenvertrages, in: ZfbF, 33. Jg. (1981), S. 936-946.

Kirsch, Werner (1968)
   Gewinn und Rentabilität, Wiesbaden 1968.

Klein, Manfred (1984)
   Finanzplanung im industriellen Anlagengeschäft, in: Planung im industriellen Anlagengeschäft, hrsg. von K. Backhaus, Düsseldorf 1984, S. 323-348.

Kley, Andreas (1986)
   Beurteilung von Zinsrisiken der Absatzfinanzierung, in: Langfristiges Anlagengeschäft - Risiko-Management und Controlling, hrsg. von J. Funk und G. Laßmann, ZfbF-Sonderheft 20, 1986, S. 61-79.

Kloock, Josef (1981)
   Mehrperiodige Investitionsrechnungen auf Basis kalkulatorischer und handelsrechtlicher Erfolgsrechnungen, in: ZfbF, 33. Jg. (1981), S. 873-890.

Kloock, Josef (1986)
   Perspektiven der Kostenrechnung aus investitionstheoretischer und anwendungsorientierter Sicht, in: Zukunftsaspekte der anwendungsorientierten Betriebswirtschaftslehre, hrsg. von E. Gaugler et al., Stuttgart 1986, S. 289-302.

Kloock, Josef/Bommes, Wolfgang (1982)
   Methoden der Kostenabweichungsanalyse, in: KRP, o. Jg. (1982), S. 225-237.

Knolmayer, Gerhard (1989)
   Die Berücksichtigung des Zeitbezugs von Daten bei der Gestaltung computergestützter Informationssysteme, in: Zeitaspekte in betriebswirtschaftlicher Theorie und Praxis, hrsg. von H. Hax, W. Kern und H.-H. Schröder, Stuttgart 1989, S. 77-88.

Koch, Helmut (1958)
   Zur Diskussion über den Kostenbegriff, in: ZfhF, N.F., 10. Jg. (1958), S. 355-399.

Koch, Helmut (1959)
   Zur Frage des pagatorischen Kostenbegriffs, in: ZfB, 29. Jg. (1959), S. 8-17.

Koch, Helmut (1966)
   Zur Kontroverse: "wertmäßiger" - "pagatorischer" Kostenbegriff, in: Koch, Helmut: Grundprobleme der Kostenrechnung, Köln/Opladen 1966, S. 48-62.

Koch, Helmut (1991)
   Die Sicherungskosten - Begriff, Verwendung und Ermittlung, in: ZfB, 61. Jg. (1991), S. 489-508.

Kosiol, Erich (1949)
   Bilanzreform und Einheitsbilanz, 2. Aufl., Berlin 1949.

Kosiol, Erich (1958)
: Kritische Analyse der Wesensmerkmale des Kostenbegriffs, in: Betriebsökonomisierung, Festschrift für Rudolf Seyffert zum 65. Geburtstag, hrsg. von E. Kosiol und F. Schlieper, Köln 1958, S. 7-37.

Kosiol, Erich (1960)
: Die Plankostenrechnung als Mittel zur Messung der technischen Ergiebigkeit des Betriebsgeschehens (Standardkostenrechnung), in: Plankostenrechnung als Instrument moderner Unternehmensführung, hrsg. von E. Kosiol, 2. Aufl., Berlin 1960, S. 15-48.

Kosiol, Erich (1966)
: Die Unternehmung als wirtschaftliches Aktionszentrum, Reinbek 1966.

Kosiol, Erich (1968)
: Einführung in die Betriebswirtschaftslehre, Wiesbaden 1968.

Kosiol, Erich (1979a)
: Kostenrechnung der Unternehmung, 2. Aufl., Wiesbaden 1979.

Kosiol, Erich (1979b)
: Kosten- und Leistungsrechnung, Berlin/New York 1979.

Kraus, Rudolf (1986)
: Vorkalkulation bei langfristiger Einzelfertigung, hrsg. von A.G. Coenenberg und K. Wysocki, Frankfurt a.M. 1986.

Kruschwitz, Lutz (1990)
: Investitionsrechnung, 4. Aufl., Berlin/New York 1990.

Kücken, Norbert (1974)
: Notwendigkeit und Möglichkeiten einer Bilanzierungshilfe durch Erzeugnisbewertung bei langfristiger Fertigung, in: DB, 27. Jg. (1974), S. 1969-1976.

Küpper, Hans-Ulrich (1979)
: Produktionstypen, in: HWProd, hrsg. von W. Kern, Stuttgart 1979, Sp. 1636-1647.

Küpper, Hans-Ulrich (1985)
: Investitionstheoretische Fundierung der Kostenrechnung, in: ZfbF, 37. Jg. (1985), S. 26-46.

Küpper, Hans-Ulrich (1989)
: Gegenstand und Ansätze einer dynamischen Theorie der Kostenrechnung, in: Zeitaspekte in betriebswirtschaftlicher Theorie und Praxis, hrsg. von H. Hax, W. Kern und H.-H. Schröder, Stuttgart 1989, S. 43-59.

Küpper, Hans-Ulrich (1990)
: Verknüpfung von Investitions- und Kostenrechnung als Kern einer umfassenden Planungs- und Kontrollrechnung, in: BFuP, 42. Jg. (1990), S. 253-267.

Küpper, Hans-Ulrich (1991)
: Bestands- und zahlungsorientierte Berechnung von Zinsen in der Kosten- und Leistungsrechnung, in: ZfbF, 43. Jg. (1991), S. 3-20.

Küpper, Hans-Ulrich/Weber, Jürgen/Zünd, André (1990)
Zum Verständnis und Selbstverständnis des Controlling, Thesen zur Konsensbildung, in: ZfB, 60. Jg. (1990), S. 282-293.

Küpper, Hans-Ulrich/Wolf, Jürgen (1990)
Diskrete oder kontinuierliche Verzinsung in investitionstheoretischen Ansätzen?, in: WiSt, 19. Jg. (1990), S. 171-177.

Küting, Karlheinz/Weber, Claus-Peter (1990)
Handbuch der Rechnungslegung - Kommentar zur Bilanzierung und Prüfung, 3. Aufl., Stuttgart 1990.

Kunerth, Walter/Werner, Günter (1981)
EDV-gerechte Verschlüsselung - Grundlagen und Anwendung moderner Nummernsysteme, 2. Aufl., Stuttgart/Wiesbaden 1991.

Kupsch, Peter (1979)
Unternehmungsziele, Stuttgart/New York 1979.

Kutschker, Michael (1972)
Verhandlungen als Elemente eines verhaltenswissenschaftlichen Bezugsrahmens des Investitionsgütermarketing, Diss., Mannheim 1972.

Landsberg, Georg von (1988)
Control Reporting - Informationsverdichtung und Abweichungserklärung, in: KRP, o. Jg. (1988), S. 101-106.

Lange, Reinhard (1989)
Steuern in der Preispolitik und bei der Preiskalkulation, Wiesbaden 1989.

Langen, Heinz (1964)
Die Prognose von Zahlungseingängen - Die Abhängigkeit der Bareinnahmen von Umsätzen und Auftragseingängen in dynamischer Betrachtung, in: ZfB, 34. Jg. (1964), S. 289-326.

Langen, Heinz (1965)
Betriebliche Zahlungsströme und ihre Planung in dynamischer Sicht, in: ZfB, 35. Jg. (1965), S. 261-279.

Langen, Heinz (1966a)
Das Handikap der Statik, in: Der Volkswirt, 20. Jg. (1966), S. 2307-2310.

Langen, Heinz (1966b)
Grundzüge der betrieblichen Dispositionsrechnung, in: ZfB, 36. Jg. (1966), 1. Ergänzungsheft, S. 71-81.

Laßmann, Gert (1968)
Die Kosten- und Erlösrechnung als Instrument der Planung und Kontrolle im Industriebetrieb, Düsseldorf 1968.

Laßmann, Gert (1973)
Gestaltungsformen der Kosten- und Erlösrechnung im Hinblick auf Planungs- und Kontrollaufgaben, in: Die Wirtschaftsprüfung, 26. Jg. (1973), S. 4-17.

Laßmann, Gert (1976)
Die Deckungsbeitragsrechnung als Instrument der Verkaufssteuerung, in: ZfbF-Kontaktstudium, 28. Jg. (1976), S. 87-93.

Laßmann, Gert (1978)
: Meinungsspiegel, in: BFuP, 30. Jg. (1978), S. 577-589.

Laßmann, Gert (1979)
: Erlösrechnung und Erlösanalyse bei Großserien- und Sortenfertigung, Teil A: Erlösdokumentation, in: ZfbF-Kontaktstudium, 31. Jg. (1979), S. 135-142, Teil B: Erlösanalyse in ihrer Bedeutung für die Situationsbeurteilung im Absatzbereich und für die Verkaufssteuerung, in: ZfbF-Kontaktstudium, 31. Jg. (1979), S. 153-166.

Laßmann, Gert (1980)
: Neue Aufgaben der Kosten- und Erlösrechnung aus Sicht der Unternehmensführung, in: Führungsprobleme industrieller Unternehmungen. Friedrich Thomée zum 60. Geburtstag, hrsg. von D. Hahn, Berlin/New York 1980, S. 327-347.

Laßmann, Gert (1981)
: Kostenerfassung, Prinzipien und Technik, in: HWR, hrsg. von E. Kosiol, K. Chmielewicz und M. Schweitzer, 2. Aufl., Stuttgart 1981, Sp. 1020-1027.

Laßmann, Gert (1984)
: Aktuelle Probleme der Kosten- und Erlösrechnung sowie des Jahresabschlusses bei weitgehend automatisierter Serienfertigung, in: ZfbF, 36. Jg. (1984), S. 959-978.

Laßmann, Gert (1986)
: Diskussionsbeitrag, in: Langfristiges Anlagengeschäft - Risiko-Management und Controlling, hrsg. von J. Funk und G. Laßmann, ZfbF-Sonderheft 20, 1986, S. 123-139.

Laßmann, Gert (1987)
: Die Berücksichtigung von Zinsen auf Vorauszahlungen in der Kostenrechnung für Zwecke der Preisermittlung bei öffentlichen Aufträgen, in: DB, 40. Jg. (1987), S. 1599-1603.

Laßmann, Gert (1990)
: Meinungsspiegel, in: BFuP, 42. Jg. (1990), S. 312-329.

Laßmann, Gert (1991)
: Einflußgrößenrechnung, in: Lexikon des Rechnungswesens, hrsg. von W. Busse von Colbe, 2. Aufl., München/Wien 1991, S. 162-164.

Laßmann, Gert/Vogt, Alfons (1989)
: Periodenbezogene Kosten- und Erlösrechnung, in: HWPlan, hrsg. von N. Szyperski, Stuttgart 1989, Sp. 1341-1349.

Leffson, Ulrich (1987)
: Die Grundsätze ordnungsmäßiger Buchführung, 7. Aufl., Düsseldorf 1987.

Lehmann, Matthias (1975)
: Zur Theorie der Zeitpräferenz - Ein Beitrag zur mikroökonomischen Kapitaltheorie, Berlin 1975.

Lewin, Carl M. (1909)
: Theorie und Praxis der industriellen Selbstkostenermittlung, Leipzig 1909.

Lindeiner-Wildau, Klaus von (1982)
: Die eigentliche Bewährungsprobe des Anlagenbaus, in: Blick durch die Wirtschaft, 25 Jg. (1982), Nr. 10, S. 3.

Lindeiner-Wildau, Klaus von (1986)
: Risiken und Risiko-Management im Anlagenbau, in: Langfristiges Anlagengeschäft - Risiko-Management und Controlling, hrsg. von J. Funk und G. Laßmann, ZfbF-Sonderheft 20, 1986, S. 9-19.

Lücke, Wolfgang (1955)
: Investitionsrechnung auf der Grundlage von Ausgaben oder Kosten ?, in: ZfhF, N.F., 7. Jg. (1955), S. 310-324.

Lücke, Wolfgang (1965a)
: Die kalkulatorischen Zinsen im betrieblichen Rechnungswesen, in: ZfB, 35. Jg. (1965), Ergänzungsheft, S. E3-E28.

Lücke, Wolfgang (1965b)
: Finanzplanung und Finanzkontrolle in der Industrie, Wiesbaden 1965.

Lücke, Wolfgang (1987)
: Die Ausgleichsfunktion der kalkulatorischen Zinsen in der Investitionsrechnung, in: WISU, 16. Jg. (1987), S. 369-375.

Lücke, Wolfgang (Hrsg.) (1991)
: Investitionslexikon, 2. Aufl., München 1991.

Lüder, Klaus (1969)
: Investitionskontrolle - Die Kontrolle des wirtschaftlichen Ergebnisses von Investitionen, Wiesbaden 1969.

Lüder, Klaus (Hrsg.) (1977)
: Investitionsplanung, München 1977.

Madauss, Bernd J. (1985)
: Kostenschätzmethoden und ihre Anwendung im Projekt, in: Projektmanagement, Beiträge zur Jahrestagung 1985 der Gesellschaft für Projektmanagement INTERNET Deutschland e.V., hrsg. von S. Dworatschek, H. Reschke und H. Schelle, München 1985, S. 303-315.

Madauss, Bernd J. (1990)
: Handbuch Projektmanagement, 3. Aufl., Stuttgart 1990.

Männel, Wolfgang (1978)
: Preiskalkulation nach den Grundsätzen der Deckungsbeitragsrechnung, in: KRP-Extra, 1978, S. 3-26.

Männel, Wolfgang (1983)
: Die Einzelkosten- und Deckungsbeitragsrechnung - ein Konzept zur Abbildung der Realität durch das Rechnungswesen, in: ZfB, 53. Jg. (1983), S. 1187-1196.

Männel, Wolfgang (1985)
: Integration von Kostenrechnung und Investitionsrechnung ?, in: KRP, o. Jg. (1985), S. 121-122.

Männel, Wolfgang (1988)
: Entwicklung der Kostenrechnung zum Controlling-Instrument, in: KRP-Sonderheft 1, 1988, S. 4-18.

Männel, Wolfgang/Hehn, Friedrich (1988)
: Begriff, Wesen und Bedeutung der Kostenspaltung, in: KRP, o. Jg. (1988), S. 226 f.

Mag, Wolfgang (1977)
: Entscheidung und Information, München 1977.

Mag, Wolfgang (1990)
: Grundzüge der Entscheidungstheorie, München 1990.

Mahlert, Arno (1976)
: Die Abschreibungen in der entscheidungsorientierten Kostenrechnung, hrsg. von H. Albach et al., Opladen 1976.

Management Planning Systems Company (Hrsg.) (1963)
: Advanced PERT/COST Implementation, Washington 1963.

Massig, Dieter (1975)
: Zur Problematik der Kombination einer Liquiditäts-Finanzrechnung mit einer Kosten-Leistungsrechnung, Diss., Würzburg 1975.

Matthes, Winfried (1979)
: Netzplantechnik, Erweiterungen der, in: HWProd, hrsg. von W. Kern, Stuttgart 1979, Sp. 1327-1340.

Mellerowicz, Konrad (1968)(1980)
: Kosten und Kostenrechnung, Bd. 2, 2. Teil, 1. Aufl., Berlin/New York 1968; 5. Aufl., Berlin/New York 1980.

Mellerowicz, Konrad (1977)
: Neuzeitliche Kalkulationsverfahren, 6. Aufl., Freiburg i. Br. 1977.

Menrad, Siegfried (1983)
: Vollkostenrechnung, in: Entwicklungslinien der Kosten- und Erlösrechnung, hrsg. von K. Chmielewicz, Stuttgart 1983, S. 1-20.

Mertens, Peter (1983)
: Einflüsse der EDV auf die Weiterentwicklung des betrieblichen Rechnungswesens, in: Rechnungswesen und EDV, 4. Saarbrücker Arbeitstagung 1983, hrsg. von W. Kilger und A.-W. Scheer, Würzburg/Wien 1983, S. 23-36.

Mertens, Peter/Haun, Peter (1988)
: Daten- und methodenbankorientiertes Rechnungswesen - eine 3. Generation der Computerunterstützung?, in: Betriebswirtschaftliche Steuerungs- und Kontrollprobleme, hrsg. von W. Lücke, Wiesbaden 1988, S. 211-230.

Meßkirch, Detlef Heinrich (1988)
: Deckungsbeitragsrechnung als Instrument der Entscheidungsfindung, in: WISU, 17. Jg. (1988), S. 441-443.

Meyer, Hans (1977)
: Zur allgemeinen Theorie der Investitionsrechnung, Düsseldorf 1977.

Meyer, Hans (1978)
    Die Fragwürdigkeit der Einwände gegen die interne Verzinsung, in: ZfbF, 30. Jg. (1978), S. 39-62.

Michaelis, Hans/Rhösa, Carl-Arthur (1990)
    Preisbildung bei öffentlichen Aufträgen, einschließlich Beschaffungswesen, Kommentar, Loseblatt-Sammlung, 2. Aufl., Wiesbaden 1990.

Michaelis de Vasconcellos, Harald (1988)
    Garantieklauseln und Risikoverteilung im internationalen Anlagenvertrag, Heidelberg 1988.

Michels, Wolfgang (1971)
    Anlagen- und Geräteklassifizierung, in: Industrie-Anzeiger, 93. Jg. (1971), S. 502-506.

Miller, Robert W. (1965)
    Zeit-Planung und Kosten-Kontrolle durch PERT, Hamburg/Berlin 1965.

Milling, Peter (1984)
    Kosten- und Erlössteuerung im Großanlagenbau, in: Internationale und nationale Problemfelder der Betriebswirtschaftslehre, hrsg. von G. von Kortzfleisch und B. Kaluza, Festgabe für Heinz Bergner zum 60. Geburtstag, Berlin 1984, S. 65-83.

Möckelmann, Klaus (1970)
    Kalkulation und Preisbildung bei langfristiger Fertigung - insbesondere im Schiffbau, Berlin 1970.

Molter, Wolfgang (1984)
    Vertragliche Handhabung des Verzugspönalerisikos bei konsortial abgewickelten Anlagenprojekten, in: Planung im industriellen Anlagengeschäft, hrsg. von K. Backhaus, Düsseldorf 1984, S. 191-220.

Mrosek, Dietmar (1983)
    Zurechnungsprobleme in einer entscheidungsorientierten Kostenrechnung, Diss., München 1983.

Müller-Ettrich, Roswitha (1979)
    Anforderungen an ein computergestütztes Projektinformationssystem, in: Projektmanagement, hrsg. von M. Saynisch, H. Schelle und A. Schub, München/Wien 1979, S. 317-328.

Müller-Hagedorn, Lothar (1976)
    Zinsen in einer strategischen Kostenrechnung, in: ZfB, 46. Jg. (1976), S. 777-800.

Munzel, Gerhard (1966)
    Die fixen Kosten in der Kostenträgerrechnung, Wiesbaden 1966.

Mus, Gerold (1988a)
    Das Prinzip der Zeitdominanz, in: ZfbF, 40. Jg. (1988), S. 504-516.

Mus, Gerold (1988b)
    Überlegungen zur Zweckmäßigkeit einer Gleichsetzung von Aufwand und Kosten, in: KRP, o. Jg. (1988), S. 113-116.

Nährig, Werner/Ziegler, Hans (1961)
: Kosten- und Leistungsrechnung bei langfristiger Einzelfertigung, Bd. 4 der Schriftenreihe der Arbeitsgemeinschaft Planungsrechnung e.V. AGPLAN, Wiesbaden 1961.

Natan, Lothar (1985)
: Kostenplanung von Betriebsmitteln - Entwicklung einer Methode zur Kalkulation von Objekten der Einzelfertigung in der Konzeptionsphase der Konstruktion, Diss., Aachen 1985.

Neipp, Gerhard (1979)
: Flexibilität bei Angebotserstellung und Projektierung, in: Zukunftssicherung durch Flexibilität in Konstruktion und Produktion, VDI-Bericht 340, Düsseldorf 1979, S. 15-24.

Neubauer, Heinz (1989)
: Lebenswegorientierte Planung technischer Systeme, Heidelberg 1989.

Neubert, Helmut (1952)
: Pagatorische Kalkulation, in: ZfhF, N.F., 4. Jg. (1952), S. 18-35.

Nickel, Edmund (1985)
: Computergestützte Projektinformationssysteme, Idstein 1985.

Nicklisch, Fritz (Hrsg.) (1984)
: Bau- und Anlagenverträge - Risiken, Haftung, Streitbeilegung, Heidelberger Kolloquium Technologie und Recht 1983, Heidelberg 1984.

Niebling, Helmut (1973)
: Kurzfristige Finanzrechnung auf der Grundlage von Kosten- und Erlösmodellen, Wiesbaden 1973.

Opitz, Herwart/Brankamp, Klaus/Kambartel, Karl-Heinz (1971)
: Systematisierung der Angebotsplanung im Rahmen des integrierten Informationsflusses des Unternehmens, Opladen 1971.

Opitz, Herwart/Brankamp, Klaus/ Wiendahl, Hans-Peter (1970)
: Aufbau und Anwendung eines funktionsorientierten Baugruppenklassifizierungssystems, in: Industrie-Anzeiger, 92. Jg. (1970), S. 663-666.

Ossadnik, Wolfgang (1988)
: Investitionsentscheidungen unter Berücksichtigung mehrerer Kriterien, in: DB, 41. Jg. (1988), S. 62-68.

o.V. (1978)
: Großanlagenbau: Vertriebsstrategie und ihre Kosten, in: Absatzwirtschaft, 21. Jg. (1978), S. 36-44.

Paranka, Stephen (1971)
: Competitive Bidding Strategy: A Procedure for Pre-bid Analysis, in: Business Horizons, Vol. XIV, June 1971, S. 39-43.

Pfohl, Hans-Christian/Wübbenhorst, Klaus L. (1983)
: Lebenszykluskosten - Ursprung, Begriff und Gestaltungsvariablen, in: ZfB, 33. Jg. (1983), S. 142-155.

Philipp, Fritz (1960)
: Unterschiedliche Rechnungselemente in der Investitionsrechnung, in: ZfB, 30. Jg. (1960), S. 26-36.

Plinke, Wulff (1982)
: Der Einfluß von Kosteninformationen auf Preisentscheidungen, in: Marketing, Zeitschrift für Forschung und Praxis, 4. Jg. (1982), S. 246-254.

Plinke, Wulff (1983)
: Diskussionsbeitrag, in: Entwicklungslinien der Kosten- und Erlösrechnung, hrsg. von K. Chmielewicz, Stuttgart 1983, S. 197-198.

Plinke, Wulff (1984)
: Kosten- und Erlösplanung im industriellen Anlagengeschäft auf der Grundlage eines projektorientierten Rechnungswesens, in: Planung im industriellen Anlagengeschäft, hrsg. von K. Backhaus, Düsseldorf 1984, S. 265-287.

Plinke, Wulff (1985)
: Erlösplanung im industriellen Anlagengeschäft, Wiesbaden 1985.

Plinke, Wulff (1986)
: Diskussionsbeitrag, in: Langfristiges Anlagengeschäft - Risiko-Management und Controlling, hrsg. von J. Funk und G. Laßmann, ZfbF-Sonderheft 20, 1986, S. 137-138.

Plinke, Wulff (1991)
: Industrielle Kostenrechnung für Ingenieure, 2. Aufl., Berlin u.a. 1991.

Plinke, Wulff/Heger, Günther (1983)
: Das "Akquisiteurs-Dilemma" - Konfliktverhaltensmuster im Akquisitionsprozeß, Arbeitspapiere zum Investitionsgüter-Marketing, Heft 1, Universität Hannover 1983.

Post, Alfred (1984)
: Systematische Planung der Projektabwicklung, in: Planung im industriellen Anlagengeschäft, hrsg. von K. Backhaus, Düsseldorf 1984, S. 153-182.

Pukowski, Christian (1984)
: Projekt-Matrix-Organisation im industriellen Anlagengeschäft, in: Planung im industriellen Anlagengeschäft, hrsg. von K. Backhaus, Düsseldorf 1984, S. 221-238.

Radomski, Jürgen/Betzing, Gerhard (1977)
: Die kalkulatorische Behandlung von Einmalausgaben für Produkt-Entwicklung, -Herstellung und -Markteinführung aus absatzpolitischer Sicht, in: Anlagen-Marketing, hrsg. von W.H. Engelhardt und G. Laßmann, ZfbF-Sonderheft 7, 1977, S. 185-196.

Raffée, Hans (1961)
: Kurzfristige Preisuntergrenzen als betriebswirtschaftliches Problem, Köln/Opladen 1961.

Ramsauer, Helmut (1987)
: Der (Aufwands-)äquivalente Kostenbegriff, in: KRP, o. Jg. (1987), S. 117-121.

Reichmann, Thomas (1990)
   Controlling mit Kennzahlen - Grundlagen einer systemgestützten Controlling-Konzeption, 2. Aufl., München 1990.

Reeder, Wolfgang (1982)
   Exportfinanzierung im Anlagenbau, in: ZfB, 52. Jg. (1982), S. 117-125.

Rensing, Otger (1984)
   Zahlungsorientierte Projektzeitplanung, Münster 1984.

Riebel, Paul (1959)
   Das Rechnen mit Einzelkosten und Deckungsbeiträgen, in: ZfhF (N.F.), 11. Jg. (1959), S. 213-238.

Riebel, Paul (1964)
   Die Preiskalkulation auf Grundlage von "Selbstkosten" oder von relativen Einzelkosten und Deckungsbeiträgen, in: ZfbF, 16. Jg. (1964), S. 549-612.

Riebel, Paul (1969)
   Die Fragwürdigkeit des Verursachungsprinzips im Rechnungswesen, in: Rechnungswesen und Betriebswirtschaftspolitik. Festschrift für Gerhard Krüger zum 65. Geburtstag, hrsg. von M. Layer und H. Strebel, Berlin 1969, S. 49-64.

Riebel, Paul (1970)
   Die Bereitschaftskosten in der entscheidungsorientierten Unternehmerrechnung, in: ZfbF, 22. Jg. (1970), S. 372-386.

Riebel, Paul (1979a)
   Zum Konzept einer zweckorientierten Grundrechnung, in: ZfbF, 31. Jg. (1979), S. 785-798.

Riebel, Paul (1979b)
   Gestaltungsprobleme einer zweckorientierten Grundrechnung, in: ZfbF, 31. Jg. (1979), S. 863-893.

Riebel, Paul (1980)
   Neuere Entwicklungen in der Kostenrechnung, in: Online-Systeme im Finanz- und Rechnungswesen, hrsg. von P. Stahlknecht, Berlin/Heidelberg/New York 1980, S. 1-31.

Riebel, Paul (1983)
   Thesen zur Einzelkosten- und Deckungsbeitragsrechnung, in: Entwicklungslinien der Kosten- und Erlösrechnung, hrsg. von K. Chmielewicz, Stuttgart 1983, S. 21-47.

Riebel, Paul (1988)
   Sequentielle Entscheidungsrechnung in Planungs- und Kontrollrechnungen, in: Betriebswirtschaftliche Steuerungs- und Kontrollprobleme, hrsg. von W. Lücke, Wiesbaden 1988, S. 257-283.

Riebel, Paul (1989a)
   Probleme der Abbildung zeitlicher Strukturen im Rechnungswesen, in: Zeitaspekte in betriebswirtschaftlicher Theorie und Praxis, hrsg. von H. Hax, W. Kern und H.-H. Schröder, Stuttgart 1989, S. 61-76.

Riebel, Paul (1989b)
Wirtschaftsdynamik, Unternehmensführung und Unternehmensrechnung, in: ZfB, 59. Jg. (1989), S. 247-259.

Riebel, Paul (1990a)
Einzelkosten- und Deckungsbeitragsrechnung - Grundfragen einer markt- und entscheidungsorientierten Unternehmensrechnung, 6. Aufl., Wiesbaden 1990.

Riebel, Paul (1990b)
Meinungsspiegel, in: BFuP, 42. Jg. (1990), S. 312-329.

Riebel, Paul/Sinzig, Werner (1981)
Zur Realisierung der Einzelkosten- und Deckungsbeitragsrechnung mit einer relationalen Datenbank, in: ZfbF, 33. Jg. (1981), S. 457-489.

Rieger, Wilhelm (1928/1964)
Einführung in die Privatwirtschaftslehre, 1. Aufl., Erlangen 1928; 3. Aufl., Erlangen 1964.

Rinza, Peter (1985)
Projektmanagement - Planung, Überwachung und Steuerung von technischen und nichttechnischen Vorhaben, 2. Aufl., Düsseldorf 1985.

Ritter, Anton (1988)
Optimierung der Produktionskapazität bei zyklischer Nachfrage, Berlin 1988.

Roth, Paul (1989)
Planung im Anlagenbau, in: HWPlan, hrsg. von N. Szyperski, Stuttgart 1989, Sp. 33-41.

Rückle, Dieter (1970)
Zielfunktion und Rechengrößen der Investitionsrechnung, in: Der österreichische Betriebswirt, 20. Jg. (1970), S. 39-76.

Rüschenphöler, Hans (1975)
Ein Millionen-Mißverständnis ?, in: Blick durch die Wirtschaft, 18. Jg. (1975), Nr. 234, S. 1

Rummel, Kurt (1967)
Einheitliche Kostenrechnung auf der Grundlage einer vorausgesetzten Proportionalität der Kosten zu betrieblichen Größen. Unveränderter Nachdruck der 3. Aufl., Düsseldorf 1967.

Sackerer, H. (1988)
Kaufmännische Preisprüfung und technische Aufwandsermittlung bei öffentlichen Aufträgen gem. VOL Heft 3 der Schriften zum öffentlichen Auftragswesen, Tangstedt bei Hamburg 1988.

Saynisch, Manfred (1979)
Die Projektkostenrechnung und ihre Integration mit dem betrieblichen Rechnungswesen, in: Projektmanagement, hrsg. von H. Saynisch, H. Schelle und A. Schub, München/Wien 1979, S. 245-271.

Schäfer, Erich (1978)
Der Industriebetrieb, 2. Aufl., Wiesbaden 1978.

Schäfer, Erich (1980)
Die Unternehmung, 10. Aufl., Wiesbaden 1980.

Scheer, August-Wilhelm (1981)
Einsatz von Datenbanksystemen im Rechnungswesen - Überblick und Entwicklungstendenzen, in: ZfbF, 33. Jg. (1981), S. 490-507.

Schelle, Heinz (1969)
Kosten- und Finanzplanung mit Methoden der Netzplantechnik, in: Anwendung der Netzplantechnik im Betrieb, hrsg. von H. Jacob, Wiesbaden 1969.

Scherer, Werner/Seyfferth, Ludwig (1970)
Planung und Kontrolle der Kosten bei langfristigen Großprojekten, in: AG-PLAN-Handbuch zur Unternehmensplanung Bd. 2, hrsg. von J. Fuchs und K. Schwantag, Berlin 1970, S. 1-49.

Scherrer, Gerhard (1992)
Erfassung und Kalkulation der Zinskosten bei langfristiger Fertigung von Produkten und Anlagen, in: Handbuch der Kostenrechnung, hrsg. von W. Männel, Wiesbaden 1992, S. 1008-1016.

Schierenbeck, Henner (1987)
Grundzüge der Betriebswirtschaftslehre, 9. Aufl., Oldenburg 1987.

Schirmeister, Raimund (1990)
Theorie finanzmathematischer Investitionsrechnungen bei unvollkommenem Kapitalmarkt, München 1990.

Schill, Jörg (1989)
Die Nachfrage erreicht fast das Niveau des bisherigen Rekordjahres 1981, in: Handelsblatt, Nr. 209, 27./28.10.1989.

Schmalenbach, Eugen (1928)
Buchführung und Kalkulation im Fabrikgeschäft. Unveränderter Nachdruck aus der deutschen Metallindustrie-Zeitung, 15. Jg. (1899), Leipzig 1928.

Schmalenbach, Eugen (1948)
Pretiale Wirtschaftslenkung, Bd. 2: Pretiale Lenkung des Betriebs, Bremen 1948.

Schmalenbach, Eugen (1962)
Dynamische Bilanz, 13. Aufl., Köln/Opladen 1962.

Schmalenbach, Eugen (1956)(1963)
Kostenrechnung und Preispolitik, 6. Aufl., Köln/Opladen 1956 und 8. Aufl., Köln/Opladen 1963.

Schmidt, Ferdinant (1930)
Das Rechnungswesen in Fabrikbetrieben mit langfristiger Einzelfertigung, Diss., Köln 1930.

Schneeweiß, Christoph (1989)
Der Zeitaspekt in der Planung, in: Zeitaspekte in betriebswirtschaftlicher Theorie und Praxis, hrsg. von H. Hax, W. Kern und H.-H. Schröder, Stuttgart 1989, S. 3-19.

Schneider, Dieter (1966)
: Grundlagen einer finanzwirtschaftlichen Theorie der Produktion, in: Produktionstheorie und Produktionsplanung, Festschrift für Karl Hax zum 65. Geburtstag, Köln/Opladen 1966, S. 337-382.

Schneider, Dieter (1971)
: Flexible Planung als Lösung der Entscheidungsprobleme unter Ungewißheit ?, in: ZfbF, 23. Jg. (1971), S. 831-851.

Schneider, Dieter (1972)
: "Flexible Planung als Lösung der Entscheidungsprobleme unter Ungewißheit?" in der Diskussion, in: ZfbF, 24. Jg. (1972), S. 456-476.

Schneider, Dieter (1974)(1980)
: Investition und Finanzierung, 3. Aufl., Opladen 1974; 5. Aufl., Wiesbaden 1980.

Schneider, Dieter (1987)
: Allgemeine Betriebswirtschaftslehre, 3. Aufl., München 1987.

Schneider, Dieter (1988)
: Reformvorschläge zu einer anreizverträglichen Wirtschaftsrechnung bei mehrperiodiger Lieferung und Leistung, in: ZfB, 58. Jg. (1988), S. 1371-1386.

Schneider, Dieter (1990)
: Investition, Finanzierung und Besteuerung, 6. Aufl., Wiesbaden 1990.

Schneider, Erich (1968)
: Wirtschaftlichkeitsrechnung, 7. Aufl., Tübingen 1968.

Schneider, Erich (1975)
: Das Wirtschaftlichkeitsproblem bei Investitionen, in: Investitionstheorie, hrsg. von H. Albach, Gütersloh 1975, S. 76-91.

Schneider, Wilhelm (1984)
: Die Wettbewerbsfähigkeit der deutschen Anlagenbauer stärken: Die Butter nicht vom Brot nehmen lassen, in: Die Produktion, 23. Jg. (1984), Nr. 11, S. 4.

Schnorrenberg, Uwe (1990)
: Expertensysteme zur Analyse von Projektrisiken - REGULA - ein Werkzeug für die Entwicklung von Expertensystemen, speziell zur Projekt-/Angebotsentscheidung, in: Risikomanagement von Projekten, hrsg. von A. Franke und M. Fürnrohr, Köln 1990, S. 129-151.

Schoof, H.J. (1984)
: Risikobeherrschung im Anlagengeschäft, in: VDI-Berichte: Das internationale Geschäft mit Industrieanlagen, Nr. 513, Düsseldorf 1984, S. 1-10.

Schub, Adolf/Stark, Karlhans (1985)
: Life Cycle Cost von Bauprojekten - Methoden zur Planung von Erst- und Folgekosten, Köln 1985.

Schubert, Werner (1969)
: Das Rechnen mit stückbezogenen primären Kostenarten als Entscheidungshilfe, in: Das Rechnungswesen als Instrument der Unternehmensführung, hrsg. von W. Busse von Colbe, Bielefeld 1969, S. 57-74.

Schulze, Hermann/Sedlmayr, Hanns (1975)
> Kostenkontrolle und Projektsteuerung, in: ZfO, 44. Jg. (1975), S. 261-266.

Schwanfelder, Werner (1989)
> Internationale Anlagengeschäfte: Anbieterkonsortium, Projektabwicklung, Projektcontrolling, Wiesbaden 1989.

Schwarze, Jochen (1979)
> Netzplantechnik als allgemeines Prinzip der Projektablaufplanung - VPN, VKN und EKN als Sonderfälle eines allgemeinen Ablaufmodells, in: Projektmanagement - Konzepte, Verfahren, Anwendungen, hrsg. von M. Saynisch, H. Schelle und A. Schub, München 1979, S. 195-211.

Schwarze, Jochen (1990)
> Netzplantechnik, 6. Aufl., Herne/Berlin 1990.

Schweitzer, Marcell/Küpper Hans-Ulrich (1991)
> Systeme der Kostenrechnung, 5. Aufl., Landsberg 1991.

Schwermer, Walter (1971)
> Kosten- und Erlösrechnung oder Zahlungsstromanalyse als Grundlage unternehmerischer Entscheidung, Diss., Saarbrücken 1971.

Seicht, Gerhard (1990a)
> Investition und Finanzierung, 6. Aufl., Wien 1990.

Seicht, Gerhard (1990b)
> Moderne Kosten- und Leistungsrechnung - Grundlagen und praktische Gestaltung, 6. Aufl., Wien 1990.

Sertl, Walter/Kotek, Heinz (1981)
> Kosten, Einzel- und Gemein-, in: HWR, hrsg. von E. Kosiol, K. Chmielewicz und M. Schweitzer, 2. Aufl., Stuttgart 1981, Sp. 945-950.

Sieben, Günter/Schildbach, Thomas (1990)
> Betriebswirtschaftliche Entscheidungstheorie, 3. Aufl., Düsseldorf 1990.

Siepert, Hans-Martin (1986)
> Projektcontrolling im Großanlagenbau, in: KRP, o. Jg. (1986), S. 47-50 und 85-92.

Siepert, Hans-Martin (1988)
> Projektcontrolling im Großanlagenbau, in: Integrierte Anlagenwirtschaft, hrsg. von W. Männel, Köln 1988, S. 331-349.

Singer, Hans (1986)
> Dienstleistungen als Wettbewerbsinstrument im industriellen Anlagengeschäft, in: ZfbF, 38. Jg. (1986), S. 84-96.

Sinzig, Werner (1981)
> Zum Verhältnis von Grund- und Sonderrechnung, in: ZfbF, 33.Jg. (1981), S. 144-145.

Sinzig, Werner (1990)
> Datenbankorientiertes Rechnungswesen, 3. Aufl., Berlin u.a. 1990.

Sonnenschein, Michael (1990)
> Meinungsspiegel, in: BFuP, 42. Jg. (1990), S. 312-329.

Spickhoff, F. (1966)
　　Anwendung der Netzwerktechnik bei der langfristigen Finanzplanung, in: ZfB, 36. Jg. (1966), S. 592-604.

Spielberger, Michael (1983)
　　Betriebliche Investitionskontrolle, Würzburg/Wien 1983.

Spiller, Kurt (1979)
　　Finanzielle Risiken im Anlagengeschäft, in: ZfbF-Kontaktstudium, 31. Jg. (1979), S. 209-214.

Steffen, Reiner (1987)
　　Maßnahmen zur Rüstzeitminderung, in: IO, 56. Jg. (1987), S. 581-585.

Stein, Heinz-Gerd (1991)
　　Konzernbilanzpolitik in einem diversifizierten internationalen Konzern, Vortrag im Rahmen des Wirtschaftswissenschaftlichen Forums des Instituts für Unternehmungsführung und Unternehmensforschung der Ruhr-Universität Bochum am 25. Juni 1991 in Bochum.

Steiner, Jürgen (1981)
　　Investitionsrechnung auf der Basis von Periodengewinnen: Eine Alternative zu klassischen Modellen, in: DBW, 41. Jg. (1981), S. 91-102.

Stewart, Rodney D. (1982)
　　Cost Estimating, New York u.a. 1982.

Studt, Jürgen (1983)
　　Projektkostenrechnung, Frankfurt a.M. 1983.

Süchting, Joachim (1989)
　　Finanzmanagement - Theorie und Politik der Unternehmensfinanzierung, 5. Aufl., Wiesbaden 1989.

Sürth, H. (1984)
　　Kostenfaktoren bei Abwicklung von Aufträgen in Entwicklungs- und Schwellenländern, in: VDI-Berichte: Das internationale Geschäft mit Industrieanlagen, Nr. 513, Düsseldorf 1984, S. 57-62.

Switalski, Marion/Kistner, Klaus-Peter (1988)
　　Produktionstypen und die Struktur des Produktionsprozesses, in: WISU, 17. Jg. (1988), S. 332-337.

Ternirsen, Klaus (1990)
　　Die Risikoproblematik in der Kalkulation von Projekten des Anlagenbaus, in: Kosten und Erlöse - Orientierungsgrößen der Unternehmenspolitik, hrsg. von R. Steffen und R. Wartmann, Festschrift für Gert Laßmann zum 60. Geburtstag, Stuttgart 1990, S. 137-152.

Thiele, Wolfram (1977)
　　Produkt- und marktspezifisch bedingte Erlösplanung und -kontrolle im Großmaschinen- und Anlagenbau, in: Anlagen-Marketing, hrsg. von W.H. Engelhardt und G. Laßmann, ZfbF-Sonderheft 7, 1977, S. 79-85.

Thumb, Norbert (1975)
　　Grundlagen und Praxis der Netzplantechnik, Bd. 1 und 2, 3. Aufl., München 1975.

VDI (Hrsg.) (1983)
Angebotserstellung in der Investitionsgüterindustrie, VDI-Gesellschaft Konstruktion und Entwicklung, Düsseldorf 1983.

VDMA (Hrsg.) (1983)
Vor- und Nachkalkulation aus einem Guß, 3. Aufl., Frankfurt a.M. 1983.

VDMA (Hrsg.) (1985)
Projekt-Controlling bei Anlagengeschäften, Betriebswirtschaftliche Veröffentlichungen Nr. 187, 4. Aufl., Frankfurt 1985.

Vollrodt, Werner (1964)
Die pagatorischen Erfolgskomponenten im Blickwinkel der Gewinnmaximierung, in: Organisation und Rechnungswesen, Festschrift für E. Kosiol, hrsg. von E. Grochla, Berlin 1964, S. 385-409.

Vormbaum, Herbert (1977)
Kalkulationsarten und Kalkulationsverfahren, 4. Aufl., Stuttgart 1977.

Vormbaum, Herbert (1978)
Kalkulationsformen und -verfahren, in: Betriebswirtschaftslehre, Teil 2: Betriebsführung, hrsg. von E. Grochla, Stuttgart 1978, S. 346-354.

Warnick, Bernd (1989)
PC-gestütztes Investitionskalkül bei der langfristigen Disposition über Eigenfertigung und Fremdbezug, in: KRP, o. Jg. (1989), S. 131-134.

Warnick, Bernd (1991)
Dezentrale Datenverarbeitung für Kostenrechnung und Controlling, Wiesbaden 1991.

Wasielewski, Erwin von (1975)
Praktische Netzplantechnik mit Vorgangsknotennetzen, Wiesbaden 1975.

Wasielewski, Erwin von (1979)
Modell zur Bestimmung der Kosten von Netzplänen, in: Projektmanagement - Konzepte, Verfahren, Anwendungen, hrsg. von M. Saynisch, H. Schelle und A. Schub, München/Wien 1979, S. 541-555.

Weber, Eberhard (1987)
Die Einordnung von Sondereinzelkosten des Vertriebs bei langfristiger Auftragsfertigung nach neuem Recht, in: DB, 40. Jg. (1987), S. 393-398.

Weber, Helmut Kurt (1981)
Ausgaben und Einnahmen, in: HWR, hrsg. von E. Kosiol, K. Chmielewicz und M. Schweitzer, 2. Aufl., Stuttgart 1981, Sp. 93-100.

Weber, Helmut Kurt (1991)
Grundgrößen des Rechnungswesens, in: Lexikon des Rechnungswesens, hrsg. von W. Busse von Colbe, 2. Aufl., München 1991, S. 243-248.

Weber, Jürgen/Kalaitzis, Dimitrios (1984)
Aufgaben, Zwecke und Grundanforderungen einer entscheidungsorientierten Kosten- und Leistungsrechnung, in: WISU, 13. Jg. (1984), S. 447-451.

Wedekind, Hartmut/Ortner, Erich (1977)
  Der Aufbau einer Datenbank für die Kostenrechnung, in: DBW, 37. Jg. (1977), S. 533-541.

Weiber, Rolf (1985)
  Dienstleistungen als Wettbewerbsinstrument im internationalen Anlagengeschäft, Berlin 1985.

Weigand, Christoph (1988)
  Entscheidungsorientierung im Rahmen der Kostenrechnung, in: KRP, o. Jg. (1988), S. 134-155.

Weinrich, Günter/Hoffmann, Ulrich (1989)
  Investitionsanalyse: unter Anwendung eines Tabellenkalkulationsprogramms, München/Wien 1989.

Weiss, Heinrich (1981)
  Internationale Kooperationsstrategien im Großanlagenbau, in: ZfbF, 33. Jg. (1981), S. 947-953.

Weiss, Werner (1975)
  Kalkulatorische Zinsen - Kritik am gleichnamigen Aufsatz von Wolfgang Bischoff, in: KRP, o. Jg. (1975), S. 129-135.

Welge, Martin K. (1988)
  Unternehmensführung Bd. 3: Controlling, Stuttgart 1988.

Wenzel, Hans-Heinrich/Schmidt, Heino (1989) (1990)
  Probleme bei der Ermittlung kalkulatorischer Abschreibungen und kalkulatorischer Zinsen, Teil 1 in: KRP, o. Jg. (1989), S. 255-269, Teil 2 in: KRP, o. Jg. (1990), S. 24-27.

Westphalen, Friedrich Graf von (1987)
  Rechtsprobleme der Exportfinanzierung, 3. Aufl., Heidelberg 1987.

Widmer, Hans Ulrich (1962)
  Kostenprognosen mit mathematisch-statistischen Methoden für Angebotskalkulation und Budget, Diss., Zürich 1962.

Wiederstein, Arno (1979)
  Anwendungsbeispiel einer EDV-unterstützten Auftragskostenkontrolle im Anlagenbau, in: Projektcontrolling - Planungs-, Steuerungs- und Kontrollverfahren für Anlagen- und Systemprojekte, hrsg. von D. Solaro et al., Stuttgart 1979, S. 49-80.

Wildemann, Horst (1982)
  Kostenprognosen bei Großprojekten, Stuttgart 1982.

Withauer, Klaus F. (1971)
  Planung und Kontrolle von Kosten und Leistungen bei Projekten, in: BFuP, 23. Jg. (1971), S. 609-622.

Witte, Eberhard (1953)
  Der Zusammenhang von Kalkulation und Finanzplanung im Industriebetrieb, Diss., Berlin 1953.

Witte, Eberhard (1964)
: Krise des finanzwirtschaftlichen Denkens in der Unternehmung, in: Hamburger Jahrbuch für Wirtschafts- und Gesellschaftspolitik, 9. Jg., Tübingen 1964, S. 130-138.

Witte, Eberhard (1981)
: Finanzrechnung, insbesondere Finanzplanung, in: HWR, hrsg. von E. Kosiol, K. Chmielewicz und M. Schweitzer, 2. Aufl., Stuttgart 1981, S. 544-557.

Wittmann, Waldemar (1959)
: Unternehmung und unvollkommene Information, Köln/Opladen 1959.

Wolter, G. (1984)
: Rechnerunterstützte Vorkalkulation im Anlagenbau, in: Rechnungswesen und EDV - Einsatz von Personal-Computern, 5. Saarbrücker Arbeitstagung 1984, hrsg. von W. Kilger und A.-W. Scheer, Würzburg/Wien 1984, S. 507-518.

Wübbenhorst, Klaus L. (1984)
: Konzept der Lebenszykluskosten - Grundlagen, Problemstellungen und technologische Zusammenhänge, Darmstadt 1984.

Wurl, Hans-Jürgen (1990)
: Betriebliche Liquiditätskontrolle als Informationssystem, Göttingen 1990.

Zahn, Johannes C. D./Eberding, Ekkard/Ehrlich, Dietmar (1986)
: Zahlung und Zahlungssicherung im Außenhandel, 6. Aufl., Berlin/New York 1986.

Zelewski, Stephan (1988)
: Ansätze der künstlichen Intelligenz-Forschung zur Unterstützung der Netzplantechnik, in: ZfbF, 40. Jg. (1988), S. 1112-1129.

Zimmermann, Hans-Jürgen (1971)
: Netzplantechnik, München/Wien 1971.

Zimmermann, Hans-Jürgen/Gutsche, Lothar (1991)
: Multi-Criteria Analyse - Einführung in die Theorie der Entscheidung bei Mehrfachzielsetzungen, Berlin/Heidelberg 1991.

Zoller, Horst (1988)
: Entscheidungsorientierte Preisuntergrenzen- Ermittlung im Rahmen der baubetrieblichen Angebotskalkulation, Diss., München 1988.